李炳坤（1951—2009），江苏江都人，毕业于复旦大学政治经济学系，历任国务院研究室农村经济组副组长、组长，农村经济研究司司长，国务院研究室副主任、党组成员。是我国农业政策研究领域的优秀领导干部，著名的农村经济理论与政策研究专家。李炳坤同志以强烈的责任感和使命感积极投身于改革发展的伟大实践，多次参与起草党和国家重要文件，发表多篇有关农村改革和发展的重要学术文章，在农业战线影响广泛，主编或参与编著了《论农业社会化服务》《中西部地区乡镇企业发展战略》《农村·市场·政府》《粮棉主产区经济发展问题》《当代中国的农业》等重要专著。

历史的足音——改革开放 40 年研究文库

关于加快农村改革发展的几个问题

李炳坤◎著

中国言实出版社

图书在版编目（CIP）数据

关于加快农村改革发展的几个问题 / 李炳坤著. -- 北京：
中国言实出版社,2017.9

ISBN 978-7-5171-2553-2

Ⅰ.①关… Ⅱ.①李… Ⅲ.①农村经济—经济体制改
革—研究—中国 Ⅳ.①F320.2

中国版本图书馆 CIP 数据核字（2017）第 215129 号

出 版 人：王昕朋
总 监 制：朱艳华
责任编辑：肖　彭
文字编辑：张　强
出版统筹：冯素丽
责任印制：佟贵兆
封面设计：徐　晴

出版发行　**中国言实出版社**
　　　　　地　址：北京市朝阳区北苑路 180 号加利大厦 5 号楼 105 室
　　　　　邮　编：100101
　　　　　编辑部：北京市海淀区北太平庄路甲 1 号
　　　　　邮　编：100088
　　　　　电　话：64924853（总编室）　64924716（发行部）
　　　　　网　址：www.zgyscbs.cn
　　　　　E-mail：zgyscbs@263.net
经　　销　新华书店
印　　刷　北京京华虎彩印刷有限公司
版　　次　2018 年 1 月第 1 版　　2018 年 1 月第 1 次印刷
规　　格　710 毫米×1000 毫米　1/16　28.75 印张
字　　数　356 千字
定　　价　168.00 元　　ISBN 978-7-5171-2553-2

目　录

农业宏观经济与管理

1

粮食和农业生产发展

农业结构调整与产业化经营

乡镇企业发展

农产品流通与农村市场体系建设

城镇化与新农村建设

深化农村改革

农业宏观经济与管理

农业现代化建设中的资金问题*

农业现代化是整个社会主义现代化的一个重要组成部分。如何对待农业现代化建设中的资金问题，是摆在我们面前的一个重要的现实问题。本文拟就此问题谈一些看法。

一、正确认识农业资金的作用

农业资金是农业现代化建设的重要物质条件。我国农业现代化建设能否顺利进行，在很大程度上取决于农业资金问题能否得到较好的解决。

农业现代化同工业现代化一样，也必须用先进的劳动资料和科学技术装备农业，例如农业机械、化学肥料和农药、农用塑料制品、农业电气设备以及水利排灌设施，农业科学研究、教育和技术推广等。这方面的发展程度越高，表明这个国家的农业现代化水平越高。国外一些农业发达国家在农业上取得比较显著的成果，其中一个重要原因，就是农业技术装备水平比较高，按农业劳动力平均的固定资产增长较快。而农业固定资产的形成，是同用于农业的资金多少直接联系在一起的。

我国人多地少，农业劳动力充裕，宜于发展劳动密集型的现代化农业，按农业劳动力平均的固定资产数量不一定要达到国外一些农业发达国家的水平（例如美国 1977 年平均每个农业劳动力拥有固定资产 4.75 万美元）。但是，目前我国平均每个农业劳动力拥有固定资产仅 330 多元，这是远远不能适应农业现代化要求的。

当前我国农业增产主要靠政策、靠科学。但这并不意味着我国农业

---

* 本文原载《经济研究》1981 年第 12 期。

现代化建设不需要资金，特别从长远的发展规划来看更是如此。例如，根据国民经济发展对农产品的要求，我们应当建立一批包括商品粮、经济作物、林业、畜牧业和渔业在内的农业商品生产基地。但是近几年来除极少数外，绝大多数农业商品生产基地都未能正式投建。究其原因，主要是资金问题尚未解决。在已经规划的 13 个商品粮生产基地中，只有东北（黑龙江省和吉林省中部地区）商品粮生产基地正式投资建设，其余生产基地由于国家财力有限和农村社队缺乏资金不能正式开展大规模建设。如果上述状况长期持续下去，势必影响农业现代化以至整个社会主义现代化的建设。因此，我们对于解决农业现代化资金问题，必须给予足够的重视。

有的同志提出"一五"时期国家对农业基本建设投资的比重只占全部基本建设投资的 7.8%，农业发展却很快，看来增加农业资金对于促进农业发展并不是十分必要的。我认为，这种看法是片面的。对"一五"时期的情况应作具体分析。第一，当时国民经济的各种比例并不是很协调。在受苏联偏重重工业的建设方针的影响下，农业并没有得到应有的重视。我国后来长期存在的重工轻农的倾向，实际上在"一五"时期就已萌芽。毛泽东同志在《论十大关系》一文中对这种现象做过批评。第二，"一五"时期的投资比例是在旧中国留给我们的重工业极其落后的基础上制定的。而现在重工业已经得到了相当程度的发展，相比之下，农业和轻工业落后了。在这种情况下，应当加快发展农业和轻工业，这就需要增加农业投资。第三，应当用发展的眼光来看农业投资与农业发展要求的关系。"一五"时期农业生产基数较低。后来随着农业生产基数不断提高，落后的生产条件日益不适应加快发展农业的要求。从今后的发展前景来看，农业要长期保持较快的增长速度，必须用先进的科学技术改造农业，大力改进生产条件，逐步改变以手工劳动为主的传统的耕作方法，这就需要大量增加农业投资。

二、广开财源，为农业现代化筹集资金

据有关部门估算，全国初步实现农业现代化需要投资 1 万亿元以

上。如果今后用 20 年时间初步实现农业现代化，平均每年需要投资 500 亿元。目前，我国能够直接用于农业基本建设的资金，包括国家农业基本建设投资、国家财政支持农村人民公社的资金、国家对小型水利补助费，加上农业基本核算单位的公共积累、社队企业利润中用于农业的部分，以及银行对农业基本建设贷款净增数等，合计 200 多亿元，平均每年差额达 250 亿元以上。如果不解决这笔农业资金来源问题，我国初步实现农业现代化就要延长到 40 年以上。

如何筹集这样巨大的一笔资金呢？比较可靠的办法应该是把国家、集体和社员个人三者的经济力量聚集在一起，从各个方面进行努力，充分挖掘潜力，才有可能较好地解决资金来源问题。这就涉及许多体制、政策上的问题。

首先，改变国家对农业投资的形式，是解决农业资金问题的一条重要途径。长期以来，国家对农业的扶持，主要是通过国家财政对农业基本建设无偿投资来进行的。同时，由于所有制的不同，国家对农业基本建设投资一般只用于国营农业部门和大中型水利建设工程，而不用于农村集体经济，这就使得农村社队的农业基本建设在资金来源上受到很大限制。这种情况对于加速农业现代化建设是不利的。况且目前国家财政并不宽裕，农业基本建设投资不可能大幅度增加，甚至还有减少的趋势，继续沿用这种方法，已远远不能适应农业发展对资金的需要。比较现实的办法是改变国家投资的方式，把对农业的基本建设投资由无偿拨款改为有偿贷款。国家可以把一部分拨款改为贷款并委托银行具体承办信贷业务，还可以把另一部分拨款作为银行低息农业贷款利率差额补贴。这样银行就能真正按照发展农业的实际需要发放贷款，而又不致因农贷利率低而在经济上蒙受损失。目前世界上一些农业发达的国家，一般都程度不同地采用了这种方法。例如，法国通过银行给农业以大量的低息贷款，一般每年达 250 亿法郎，其利率比一般贷款利率低一半左右，国家每年补给银行低息贷款的亏额 30 亿法郎。也就是说，30 亿法郎的财政补贴推动了 250 亿法郎的资金投入农业。我国今后也应当考虑实行这种贷款方式，从而在一定程度上缓和国家财力不足与农业迫切需要大量资金之间的尖锐矛盾，同时，还能改变国家基本建设投资不能直接用于农村集体经济的状况，使农村社队也能够获得农业现代化建设所需要的资金。

其次，在已提高农产品收购价格的情况下，推广农产品收购合同制，实行超产归己，允许农民自行出售自产农副产品，增加农村社队和农民的收入，是解决农业资金来源的另一条途径。我国农业经济力量薄弱，积累很少，一个重要原因，就是工农业产品比价不合理，剪刀差长期偏大。然而要改变这种状况，需要经过相当长的时间。目前国家经济比较困难，靠再次较大幅度地提高农产品收购价格来增加农业积累，是不太现实的。较为稳妥的办法，是在一些地区进行农产品收购合同制试点，合理确定农产品的交售基数。农民在完成交售任务后，对剩余的农产品有权自行处理。这样，农民便可以以接近农产品价值的价格自行出售自产的农副产品，增加农村社队和社员个人的经济收入，也有利于缩小工农业产品价格剪刀差。自行销售超基数农产品所增加的经济收入，必然会产生极大的推动力，刺激农民去生产更多的社会所需要的农产品，进而获得更大的农产品自行处理权，增加更多的经济收入，逐步增加农业自身的资金积累，有助于解决农业现代化建设资金的来源问题。

再次，积极开展多种经营，鼓励社员从事家庭副业，壮大农业经济力量，是解决农业资金来源的又一有效途径。我国农业自身积累少的另一个重要原因是长期实行单一经营的方针。就生产结构而言，在整个农村经济活动中，单一经营农业（广义的），忽视社队工商业；在农业生产中，又片面强调种植业（即狭义的农业），损害了林业、牧业、副业和渔业；在种植业内部，又片面强调粮食生产，限制了经济作物的发展。这样的生产结构把农村经济束缚在一个狭窄的天地里，使农业资源和多余劳动力都得不到合理而充分的利用，社队工副业和社员家庭副业得不到应有的发展，从而严重影响了农业自身积累资金的能力。应当看到，在我国目前的情况下，发展经济作物和林、牧、副、渔业（包括社员家庭副业），比单一经营粮食能带来更多的经济收入，发展社队工业和社队商业所能带来的经济利益也是相当可观的。因此，要合理调整农业生产结构，积极开展多种经营。在合理安排粮食生产的同时，更快地发展经济作物生产，在继续发展种植业的同时，更快地发展林业、牧业、副业和渔业。山东省 1980 年调整了农业生产结构，增加了棉花等经济作物的种植面积，取得很好的经济效果。全省棉花产量获得大幅度增长，向国家交售皮棉 1000 万担，比 1979 年全省棉花总产量 330 多万担还超过 2 倍以上。多种经营的开展，使农业收入也有较大增长，全省出现每人平均分配 300 元以上的大队 644 个，比 1979 年的 47 个增加了 12.7 倍。如果全国各地都像山东那样，因地制宜地大力发展多种经营，并且长期坚持下去，我国农民的经济收入就会有较大幅度的增长。同时，要逐步实行农工商综合经营，多发展本地生产的农产品粗加工，以及服务、建筑、运输等行业。目前我国农业现代化水平较高的是江苏省，20 世纪 70 年代以来，该省农产品单产水平及增长速度均高于其他省份。其所以如此，就是该省农业有三大支柱：水利、化肥和社队企业，其中最重要的是社队企业。江苏省不少粮食高产地区种粮食是亏损的，农民收入的很大部分来自社队企业，农业基本建设资金也有相当部分来源于此。据统计，30 年来该省以社队企业收入为主的农村自筹水利建设投资达 38 亿元，与国家对该省农业拨款的数额相等，对发展农业起了重要作用。

上述三方面是解决农业现代化建设资金来源的基本途径。除此以外，还应当尽可能多地寻找其他门路。例如，可以通过银行筹集资金，向农业贷款。日本在这方面有经验可资借鉴。日本"农协"通过信用、保险等形式，用高利（年利率 5.5%）鼓励农民储蓄，用低利（年利率 3.5%）发放长期贷款，支持农业生产。1977 年吸收农民存款 20 兆日元，发放农业贷款 10 兆日元，比当年农业总产值 8.5 兆日元还高 17.6%，在农业生产和建设中发挥了重要作用。

当前，各地农村普遍实行多种形式的联产计酬生产责任制，大大调动了广大社员的生产积极性，农业生产发展较快，许多地方的社队集体和社员个人都大幅度地增加了收入，许多穷队很快改变了面貌，这对于增加农业现代化的资金当然是有利的，许多地区的事实已经证明了这一点。例如，安徽省嘉山县太平公社从 1979 年开始先后实行包产到组、包干到户等责任制，农业生产和农民收入都发生了很大的变化。随着收入的增加，社员纷纷联户或独户购买拖拉机和其他农业机械。仅一年多时间，全社就购买大小拖拉机 306 台，脱粒机 65 台，粮、棉加工机械 15 套。全社耕地、收打、运输、加工等主要农活，已经基本上实现了机械化。

三、农业资金的使用必须讲究经济效果

我国农业长期发展缓慢，农业资金偏少的原因固然重要，但是对已有的资金使用不科学、不合理，经济效果差，也是一个不可忽视的因素。这种状况必须尽快改变。

怎样才能用好农业资金，提高经济效果呢？我认为可以从以下几个方面努力。

第一，用经济手段管理农业资金，促使资金使用者关心经济效果。长期以来，国家对农业投资往往达不到预期的经济效果，原因很多，主要是因为国家对农业投资是无偿的，使用者不必偿还，同自身经济利害关系不大。改变这种状况的有效办法，是把国家财政无偿拨款改为由银行有偿贷款。国家可以利用贷款的条件和利率，调节、引导和影响农业资金的投放方向、投放数额等，使农业贷款不断适应发展农业的需要。资金使用单位不仅要偿还所贷资金，而且还要依据具体情况支付一定数量的利息，这就迫使这些单位加强经济核算，改善经营管理，提高农业投资的经济效果。这种做法也有利于制止盲目争投资、争项目、争物资的现象，促使农业各部门在靠政策、靠科学方面挖潜力，从而使有限的农业资金真正用在那些能够带来较大经济效果的建设项目上。

第二，农业资金的使用应当同农业内部结构的调整结合起来，建立与之相适应的资金投放结构。今后我国农村经济要向农工商综合经营的方向发展，农业也将逐步走上农、林、牧、副、渔全面发展的轨道。农业资金的投放应同这一趋势相适应。过去，农业资金主要投放给水利部门，这种资金投放结构与我国水旱灾害频繁有关。不可否认，加强水利建设对于抗御自然灾害、保障农业稳步发展有重要作用。但根据合理调整农业内部结构、稳步发展粮食生产、加快发展经济作物和林、牧、副、渔业的需要，现行的农业资金投放结构显然应当加以调整，直接用

于农、林、牧、副、渔业的资金比重应当有所增加。这样才能在逐步实现水利化的同时，加强农业机械化、良种化和化学化的建设，加快商品粮基地、经济作物基地、林业基地、畜牧业基地和渔业基地的建设，农业经济效果也会显著提高。

第三，农业资金的投放要优先保证重点项目。过去，农业资金往往平均分摊使用，不能保证重点项目，投资效果不明显。今后，应将有限的农业资金有重点地、合理地集中使用，优先建设那些潜力大、见效快的项目。例如，黑龙江省和吉林省中部，非常适宜建立商品粮生产基地，只要国家重点支持、提高农业机械化程度，不仅可以解决人少地多的矛盾，而且也可以提高粮食单位面积产量，增加总产，提供大量商品粮，支援其他地区合理调整农业内部结构，把整个农业经济搞活。

第四，农业资金的使用要考虑近期经济效果和长远经济效果的结合。在农业现代化建设中，我们不仅要看到农、林、牧、副、渔业生产直接带来的经济效果，而且还要看到农业科研、教育所产生的长远经济效果。农业科研、教育是决定农业生产力发展的重要因素。必须把农业生产和农业科研、教育有机地结合起来，用农业科研、教育来保证和推动农业现代化的发展。这在农业资金的使用上也应当充分体现出来。必须看到：当前科学、教育是我国国民经济最薄弱的环节之一，农业科研、教育又是薄弱环节中的薄弱环节。以高等教育为例，目前其他部门的高等院校在招生人数、师资力量和校舍等方面都已基本恢复到 1965 年的水平，有的还略有超过，唯独农业高等院校还远远没有恢复到原有的水平。这种状况不利于农业现代化建设，必须迅速改变。为此，需要相应增加农业科研、教育经费，以保证农业生产不仅当前能取得较好的经济效果，而且在今后能够持续取得较好的经济效果。

政府对农业实行宏观调控的三大要素*

作为与农村市场经济直接相关的现阶段政府主要职能之一，宏观调控是不可能凭空而立的，必须建立在较为齐全的基础条件之上。宏观调控本身也不是空泛无物的，必须具备较为充实的调控手段。宏观调控在实际运行中更不是可以随心所欲的，必须遵循较为规范的操作要点。由此可见，基础条件、主要手段和操作要点是保证宏观调控有效实行的三大要素，而且三者相互依存、缺一不可；否则，对农村市场经济实行宏观调控，是很难取得预期效果的。

一、宏观调控的基础条件

政府实行宏观调控，是以与农业和农村经济直接相关的市场为依存基础的。没有现代意义上的"市场"，就不能称其为市场经济，宏观调控也就失去了存在的必要性。可以说，是否具备现代意义上的"市场"是衡量是否真正实行市场经济的基本标志，农村市场经济同样如此。需要指出，现代意义上的"市场"，并不仅指市场本身，其内容要广泛得多，主要包括市场主体、市场体系和中介组织。在农村市场经济中，这三项主要内容之间的关系显得尤为紧密，并且共同构成了宏观调控的基础条件。就目前现实状况而言，与农村市场经济直接相关的市场主体、市场体系和中介组织离现代市场经济的要求还有很大差距，需要加紧培育和发展。

（一）市场主体建设。任何国家的市场经济都是由微观经济作为基础的，与农村市场经济直接相关的微观经济基础通常是农户，为数众多

---

* 本文原载《农业经济问题》1995 年第 9 期。

的农户构成了庞大的市场微观主体。这种由农户构成的市场微观主体，在我国农村市场经济中的重要位置是不言自明的。我国拥有世界上数量最多的农户，实行以家庭承包为主的农业生产责任制，使农户已经成为最基本的生产经营单位，在市场经济条件下还将成为农村市场经济的细胞。根据现代市场经济的特点和要求，尤其是市场竞争的巨大压力，目前经营规模过于细小而又过于分散的农户直接进入市场是相当困难的，必须通过某些有效形式将他们组织起来，使他们能够有组织有秩序地进入市场，以增强自身在市场经济中的适应能力和竞争能力。

在众多的组织形式中，最具发展价值的是农民自己的合作经济组织，即通过社区性合作经济组织、专业性合作经济组织等形式将农户组织起来。农村合作经济组织的范围扩大到什么程度为好，要根据各地不同情况而定。从目前我国现实状况来看，以县域为单位组织农民，发展专业化、社会化生产，是推进农村市场经济的有效途径。因此，可以着重考虑在县域范围建立和发展专业性合作经济组织，根据国内外市场的需求及其变化，围绕能够充分发挥当地优势的主导产业，开展生产、加工、包装、储运、销售、出口。社区性合作经济组织由于受到地缘因素的限制较多，一般仍应以乡村为单位进行组织。在农村合作经济组织较为充分的前提下，既可以带领农户直接进入市场，也可以与经济实力较强的其他经济实体实行多种形式的联合，共同进入市场，进一步增强市场适应能力和竞争能力。

（二）市场体系建设。与我国传统的城乡集贸市场不同，现代市场经济所要求的市场体系是多种功能有异而又互为补充的市场构成的，城乡集贸市场只是其中的一种市场形态。根据国外已有的实践经验和国内现实情况分析，我国与农村市场直接相关的市场体系，通常由一级市场（产区收购市场）、区域性批发市场（包括产区和销区）、中央级批发市场（主要建在产区）和零售市场构成。在市场体系中，批发市场发挥着中心作用。我国所要建立的正是以批发市场为中心的市场体系。有必要指出，建设县以上批发市场，并不等于各个县都要建立批发市场，而是说粮食批发市场至少也要建在县一级。各个省可以根据粮食产销流向和各种条件，有选择地建立一至几个区域性粮食批发市场，并形成一定的交易规模和辐射能力，解决省内不同地区的粮食余缺调剂问题。至于跨省域的粮食批发业务，应当通过中央级批发市场进行，不属于区域性批发市场的业务范围。

中央级批发市场通常由中央政府直接干预并对全国市场价格产生决定性的重大影响，区域性批发市场的辐射力往往是区域性的。与现货批发市场相对应的还有期货市场，期货市场的功能与现货市场有很大不同，主要是发现价格和套期保值，并对现货市场的价格走向产生影响，而极少以实物形态进行交割。在中央级批发市场与区域性批发市场、期货市场与现货市场之间需要实行电子计算机联网，建立准确、快捷、方便的信息网络，迅速将中央级现货批发市场和期货市场的交易价格、数额、品种等信息传送到全国各地市场直至生产、流通企业。根据我国粮棉的产销布局，可以考虑在东北、冀鲁豫和赣湘鄂分别建立中央级的玉米、小麦与稻米批发市场，在冀鲁豫和长江中下游地区分别建立中央级的棉花批发市场。中央政府实行宏观调控，应主要通过中央批发市场和期货市场进行吞吐调节，进而影响区域性批发市场和其他各类市场。目前对农村市场发展影响最大的是从事现货交易的农产品批发市场和生产资料批发市场，应当作为市场体系建设的重点。期货市场需要更为健全完善的运行规则，近些年内在我国尚不具备充分发展的条件，应当继续进行试验和探索。

经过十多年的实践与研究，与农业和农村经济直接相关的市场体系框架，在我国应当说是比较明确的。现阶段面临的课题主要是加大推进力度，力争在 20 世纪末基本形成一个覆盖全国绝大多数地区、能够活跃农村商品流通又有利于宏观调控的市场体系。为达到这个改革目标，需要抓紧解决几个突出问题：

1. 继续开放农产品市场。现在绝大多数农产品的市场、价格和经营已经放开，但是影响最大的粮食、棉花市场尚未放开，成为农产品市场体系建设的主要制约因素。可以考虑在保证国家定购粮任务的前提下常年开放粮食市场，特别是一级市场和县以上（含县）粮食批发市场。跨区域的粮食购销活动主要通过县以上粮食批发市场进行，销区流通企业（包括国有、集体、个体和私营）不得到产区农村基层（包括集贸市场、农户、个体私营粮商、集体粮食企业和国有粮食企业）直接收购原粮。同时，也要有秩序地开放一级市场，应允许产区基层粮食企业（包括国有、集体粮食企业和个体私营粮商）通过市场竞争收购农户完成国家定购任务后的商品粮，但这些粮食应主要通过当地县以上粮食批发市场销售，不得越过当地县以上粮食批发市场直接与销区粮食企业（包括个体、私营、集体和国有等）成交。

2. 全面实行场内交易。除国家定购粮和中央政府直接调拨的粮食以外，所有属于批发性质的粮食购销业务，都必须在国家指定的县以上粮食批发市场通过拍卖、竞价等公开方式进行，严格禁止和打击场外批发交易，以增强交易透明度、杜绝私下回扣等不正之风，同时便于实行市场调控。

3. 建立健全粮食企业资格审查制度。对进入粮食批发市场开展购销业务的各种粮食企业，提出和规定若干必备的条件，如应有的流动资金和仓库等固定资产，要求这些粮食企业承担相应的社会责任，保持合理比例的粮食库存量等。同时，全面实行登记制度和资格审查，对达到规定条件的粮食企业发放允许从事粮食批发业务的营业证书，严格禁止无证企业和个人从事粮食批发业务。

4. 全面取消地区封锁和部门垄断。任何地区对县以上粮食批发市场成交的粮食外运一律不得实行封锁，铁路、公路和水路等运输部门优先安排运输。国有粮食部门除承担国家定购粮和国家指定的粮食进出口业务外，同样也要参与市场竞争，不得擅自关闭粮食市场和禁止粮食外运，以使粮食市场保持足够的粮食流通量，促进市场粮价相对稳定。

5. 参照粮食批发市场的运行制度，进行棉花批发市场体系建设的试验，待取得较为成熟的经验后加以逐步推广。

我国农村以市场为取向的经济体制改革已经进行多年，但是粮棉等大宗农产品的市场体系建设进展滞缓。几经周折至今尚未成型，既极大地制约了农村市场经济的发展，又给中央政府宏观调控的有效实施带来很大困难。现在应当更加清醒、更加客观地评价和对待市场体系建设问题。可以说，我国农村市场经济发展已经进入艰难的攻坚阶段，市场体系建设已经成为深化农村改革甚至全国经济体制改革的关键战役。真正而又全面地建立市场体系，并且有序而又有效地投入运行，是我国农村市场经济格局基本奠定的主要标志。在实现这个改革目标之前，对我国农村市场经济发展的前景，则难以作出较为乐观的肯定性结论。

（三）中介组织建设。农户与市场之间往往存在空当，需要依托中介组织把两者联结起来，使农户能够有组织、有秩序地进入市场，使市场能够吸纳更多的农户。中介组织的具体形式是多种多样的，除了农村社区性合作经济组织和专业性合作经济组织外，还包括国家建立的各种农业服务机构（如农业技术推广站、农机服务站、水利服务站、林业服务站、经营管理站等）和农村供销合作社、农村信用合作社，现在进入中介组织行列的还有越来越多的贸工农一体化组织（如以农产品为原料的加工企业和各种公司）。从严格意义上说，被列为农村流通主渠道的国有商业企业、国有粮食企业和国有物资企业等，都应当划入中介组织的范围之内。诸如此类的众多中介组织，不论属于国有、集体性质的还是属于个体、私营性质，不论属于事业单位还是属于企业单位，其根本宗旨应当是共同的，这就是为发展农村经济服务，为带领农户走向市场服务。在服务中拓展各自的业务领域，提高各自的经济效益和各自的市场竞争能力。从这个角度考虑，也可以把中介组织称作为中介服务组织。

然而，目前我国与农村市场直接相关的中介服务组织建设，还远没有达到令人较为满意的程度，需要在深化农村改革中不断加强和完善。主要是解决不同类别的中介服务组织之间各行其是、过多追求经济利益的问题，可以通过股份合作制等有效途径建立合理的分工协作关系，充分发挥各自的优势，形成推动农村市场经济发展的合力，在带领农户进入市场、参与竞争的过程中起更大的作用。供销合作社、信用合作社原先属于农民自己的中介服务组织，应当及早而又切实恢复它们的本来性质。以加工企业为龙头，采用公司建基地、基地带农户的途径，实行贸工农一体化，推进农业企业化，多层次大幅度地增加农产品附加价值，是带领农户进入市场、参与竞争的一种有效形式，应当大力加以推广。今后要重点提倡实力雄厚的大型公司介入农业和农村经济，建立和发展一批具有国际先进水平的农产品加工企业，逐步提高国内外市场占有率，更加稳定地增加农民收入。

二、宏观调控的主要手段

仅仅具备由市场主体、市场体系和中介组织构成的基础条件，还不能实行有效的宏观调控，中央政府还必须具备可以直接掌握的调控手段。从市场经济发达国家的已有经验来看，中央政府所直接掌握的调控手段必须坚强而有力，而且从上到下自成体系，其基本要求是能够足以影响市场交易的大致走向，在市场发生较大波动时能够及时纠正市场自发调节的偏差，使之迅速回归到有序运行的轨道，最大限度地减少由于波动给市场经济正常发展造成的不利影响。鉴于我国的现实与可能，现阶段中央政府实行宏观调控必须具备的主要手段是：农产品储备调节制度、农产品风险基金制度、农业政策性贷款制度。这些调控手段本身的性质属于经济手段，同时还应当通过立法程序赋予法律手段的性质，使之在规范化进程中日趋完善。

（一）农产品储备调节制度。中央政府实行宏观调控时最常见的方式是通过农产品实物形态进行吞吐调节，即通过调节农产品流通量达到控制价格波动幅度的目的。在这里，农产品储备调节制度建设具有决定性的意义。只有建立了较为完备的农产品储备调节制度，才能在市场供不应求或供大于求时迅速有效地进行吞吐调节；否则，只能运用强制性的行政手段，而行政手段往往会带来较大的负面影响。同时，完全依赖行政手段也未必能够取得预期效果，因而市场经济发达国家实行宏观调控时尽量少用甚至不用行政手段。我国是一个经济还不发达尤其是财政力量还比较弱的国家，近期内难以建立包括所有重要农产品在内的储备调节制度，只能对其中关系最为重大的粮食、棉花等主要农产品优先建立储备调节制度，尽可能对食油、肉类、食糖、羊毛、天然橡胶和蔬菜、水产品等建立储备调节制度。具体储备数量的多少，根据对不同农产品的调控需要和财政能力确定。

在所有立项的农产品储备制度中，粮食储备调节制度对稳定大局始终起着最为重要的作用。我国农产品储备调节制度的建立之所以从粮食开始，原因就在这里。从 1990 年开始建立粮食储备调节制度（也称作粮食专项储备制度）到现在已有四五年时间，实践证明其对粮食市场的吞吐调节是发挥了积极作用的，特别在 1991 年华东特大洪涝灾害后对稳定人心、平抑粮价起到了明显作用，1993 年第四季度对平抑南方稻米价格过快上涨也起到一定作用。但是，还存在着若干严重缺陷，其中最突出的问题是国有粮食部门的商业性经营与政策性经营尚未真正分开，商业性亏损往往转移到政策性亏损中来，用于调控市场的专项储备粮又容易转移到商业性经营中去。虽然国家财政为保证政策性经营需要支付大量资金，但是在对粮食市场进行调控时又往往不能及时适量地提供消费者所需要的粮食，使专为市场调控设立的粮食储备调节制度难以发挥应有的作用。1994 年全国粮价持续过快上涨，同粮食储备调节制度存在的严重缺陷有重大关系，因此，完善粮食储备调节制度的首要工作，就是将商业性经营与政策性经营真正分开，在机构、人员、账目、仓库、财务等方面实行两条线运行。如果只是在账目、财务等某些方面实行分开，其余方面仍然合在一起，就不可能是真正意义上的"两条线运行"。权衡利弊得失，还是应当在全国从上到下建立独立于商业性粮食管理机构之外的粮食储备系统，具体承担市场调控的职责。为了及时有效地进行吞吐调节，必须建立国家粮食储备直属仓库，并且主要建立在粮食销区。因为粮食缺口通常发生在销区，产区本身很少出现粮食缺口，减产带来的直接后果是外销粮食下降，但产区本身粮食供应一般不成问题。国家定购粮的供应重点应当逐步转向城镇居民中的低收入者。中等收入以上的居民阶层购买的通常是质量较好但价格相对较高的精细粮食。

商业性粮食管理机构的基本职责，是指导各类粮食企业按国家有关政策法规参与市场竞争，开展商业性经营业务。国有粮食企业作为全国粮食流通的主渠道，仍应赋予其独立承担国家定购粮购销业务的职责。政府通过制定合理的粮食购销差率、批零差率等规范性措施，使国有粮食企业能够通过正常经营获得虽然较低但却比较稳定的合理收益，基本消除这种具有国家委托任务性质的商业性经营业务的市场风险。同时，支持国有粮食企业参与平等竞争，根据随行就市原则开展议价粮经营活动，通过市场收购掌握更多的粮食，以扩大粮食购销业务，保证市场供应，充分发挥粮食流通主渠道的作用。此外，还应支持国有粮食企业开展多种经营，进一步提高经济效益。在此基础上，国有粮食企业实行自负盈亏，政府不再给予财政补贴。

（二）农产品风险基金制度。农产品储备调节制度的主要作用在于以实物形态参与市场调节，农产品风险基金制度的主要作用是以资金形态参与市场调节。具体地说，农产品风险基金制度是对吞吐调节发生的亏损在资金上进行弥补，以保证宏观调控得以延续和加强，因而具有某种程度的服务性质和保障性质，必须列入财政预算。农产品风险基金的数额，应当根据市场调控需要和财政力量许可而确定。农产品风险基金原则上应由调控主体即中央政府承担，但在目前中央财政困难较大的情况下，由地方财政（主要是省级财政）按比例分担一部分是必要的。对地方分担的农产品风险，一般只能用于本地区的市场调控，不应调往其他地区使用。今后随着分税制改革的逐步到位和中央财政力量的逐步增强，应当相应提高中央财政在农产品风险基金中的所占比重。

我国目前已经建立的主要有粮食风险基金和副食品风险基金，但作为一项制度而言，还存在一些不完善之处，突出问题是风险基金与储备调节不能同步运行，往往是储备调节走在前面，风险基金迟迟不到位，增加了储备调节在运作上的困难，进而采取银行挂账的办法，这又影响银行信贷资金的正常周转，挤占其他方面的信贷资金。解决这个问题的途径：

1．财政部门根据预算方案将资金及时足额地拨付到位。

2．实行钱随粮走，由财政部门拨给从事政策性信贷业务的农业发展银行进行投放和管理，严格实行专款专用，结余部分允许顺延使用，改变由财政系统层层下拨的做法，防止在财政系统改变用途。当前一些市、县在财政困难较大的情况下，擅自改变粮食风险基金用途的可能性是存在的。

3．由政府有关部门和人大常委会等立法机构对粮食风险基金的使用计划与实施情况进行全面监督检查，防止粮食风险基金在储备调节系统改变用途。

（三）农业政策性贷款制度。与农产品风险基金制度一样，农业政策性贷款制度也是以资金形态参与宏观调控。所不同的是：农产品风险基金制度属于财政性质的无偿使用,农业政策性贷款属于金融性质的有偿使用;农产品风险基金制度涉及的主要是市场调控,农业政策性贷款制度除涉及市场调控外,还涉及农产品正常收购、农业综合开发、农业扶贫开发等项内容,并且根据需要有可能相应增加新的内容。这些政策性贷款项目,虽然不是直接用于市场调控,但是,可以归结为广义的宏观调控。我国农业政策性贷款制度自 1993 年正式确定以来,机构改革进展是相对较快的,到 1994 年下半年已经正式组建了专门承担政策性贷款业务的农业发展银行,与商业性银行实行了较为彻底的分离,初步形成了真正意义上的"两条线运行"。这些都为更好地落实包括粮食储备调节在内的农业政策性贷款制度确立了良好的开端。

目前存在的突出问题主要是农业政策性贷款所包括的项目范围还比较狭窄,有些属于政策性的贷款项目未能纳入,只能由商业性银行来承担,这就产生了相互矛盾的现象。其结果往往是政策性贷款色彩基本上被消除,而按照商业性贷款项目对待又使原先确定的贷款项目迟迟不能落实,即使落实的部分项目也很难保证按所要求的基准利率投放。如 1993 年 10 月中央农村工作会议确定的中西部地区乡镇企业贷款、粮棉大县贷款等,使用贷款的部门和地区纷纷反映落实情况不理想。产生这类问题的主要原因在于政策性贷款与商业性银行在性质上是不一致的。商业性银行根据自身的经营特点,难以避免采用商业性贷款标准对待政策性贷款,进而使政策性贷款实际上改变为商业性贷款。解决这个问题的途径是:

1. 将所有的政策性贷款纳入政策性银行的业务范围,采用政策性贷款的管理方式和要求按计划落实。

2. 根据量力而行的原则,对不同政策性贷款项目的利率差给予必要的财政补贴,确保政策性贷款业务能够保持正常运转。

3. 根据政策性贷款的需要,通过由商业性银行认购金融债券等方式,解决政策性银行的信贷资金来源问题。

4. 强化对政策性贷款使用单位的审核监督,确保资金用途和资金效益符合规定,进而确保政策性贷款能够按计划回收和投入再使用。

三、宏观调控的操作要点

在具备宏观调控的基础条件和主要手段之后,有效实施宏观调控的关键在于如何操作。作为政策研究本身,与操作实践毕竟有所不同,研究不可能解决操作过程中的所有问题。操作过程中的各种具体问题,需要在操作实践中不断探索、不断解决。然而,为使宏观调控能够较为有效地付诸实施,在政策研究中有必要提出较为明确和具有较强可行性的操作要点,以利于在宏观调控的实践过程中有所遵循和把握。

(一)努力造就相对宽松的供求关系。粮棉等主要农产品供求关系的相对宽松是市场稳定和社会稳定的基础。在我们这样一个人多地少、农业资源短缺的国家,农产品供求关系偏紧是长期存在的基本趋向。这是导致市场波动、价格上升的根本原因。在这种特有的基本国情中,要实现和保持农产品供求关系的相对宽松确实很不容易。但是,从国民经济和社会发展的需要出发,又不得不努力实现和保持农产品供求关系的相对宽松。世界上一些市场经济发达国家,通货膨胀率之所以较低,与这些国家的农产品供求关系较为宽松有着密切联系。美国、德国、法国、澳大利亚等国的主要农产品都是供大于求的,本国基本消费需求都是有保证的。农业年景的好坏,直接影响的只是农产品剩余量的多少,并不构成对正常消费量的威胁。因而,这些国家的农产品供求关系较为宽松,农产品尤其是食品的消费价格较为稳定。与我国不同,这些国家最为关切的是如何缓解农产品过剩问题。

由于基本国情的差异,我国农产品供求关系在可以预见的数十年内,不可能达到美国、德国、法国和澳大利亚等国那样宽松的程度,但是经过多方努力,在今后一定时期内完全有可能实现和保持相对宽松的农产品供求关系,至少在舆论宣传上不宜加剧人们的紧张心理。因为心理预期紧张,消费者就容易产生抢购行为,生产者就容易产生惜售行为,经营者又容易产生囤积居奇、地区封锁、部门垄断等行为,上述三种社会群体的不正常行为合在一起,必然会强烈地冲击原有的供求关系,使之严重扭曲甚而造成社会经济生活的剧烈动荡。实际上,从1989年到1993年上半年,我国已经连续几年实现和保持了较为宽松的农产品供求关系。在这期间，除了个别年份棉花供求关系稍紧外，绝大多数农产品的供求关系都是比较宽松的。其中，最重要的事实是粮食等大多数农产品连年出现卖难。从1994年开始，我国粮食、棉花、食油、食糖等主要农产品虽然再次出现供求关系紧张状况，但是并不能说明今后再也不会出现粮食等农产品卖难现象。我们应当认真总结和吸取有益的经验教训。

为争取尽快改变目前粮棉等主要农产品供求关系极度紧张的现状，努力造就和保持相对宽松的供求关系，可以考虑着重在下列方面进行努力：

1. 根据市场需求的增长和变化，采用有力措施刺激农业发展，保持主要农产品有效供给的较快增长，做到国内粮棉基本自给。

2. 利用国内外两个市场的资源转换优势，大力增加高价值农产品及其加工品的出口量，适当增加粮食等初级农产品的进口量，保证国内粮食等农产品供求基本平衡或略有盈余。需要特别指出，主要农产品的进出口安排与调整，必须以保证国内市场供应为首要目标，务求杜绝各种损害国内市场稳定的逆向调节行为。

3. 保持粮食等主要农产品在国内市场上足够的流通量，政府应当致力规范包括国有企业流通主渠道在内的各种流通企业的市场行为，但不宜采取客观上导致市场关闭和地区封锁的政策措施，而应始终把确保货畅其流作为一项基本准则。多年来的实践证明，市场流通量与市场价格通常成反向变化。市场流通量大则市场价格低，市场流通量小则市场价格高。1993年下半年以来，国内市场粮食价格持续过快上升，同供给存在一定缺口（主要是地区布局和品种结构不够协调）固然有很大关系，但更重要的是粮食主产区实行地区封锁，人为地加剧和扩大了供求关系的紧张状况。

4. 保持多种流通渠道并存与合理竞争的局面。政府可以通过委托国有粮食企业从事定购粮购销任务，以发挥其在粮食流通中的主渠道作用，但切不可采用客观上导致垄断经营的政策措施。任由从事商业性经营的国有粮食部门实行垄断经营，不利于增强农产品生产发展的内在动力和活力，不利于增加农产品的市场流通量和保持市场价格相对稳定。

改革开放以前的长期历史事实，已经作了最为充分的说明。实行改革开放以来，已经逐步地改变了垄断经营状况，在今后进一步转向市场经济过程中更不应恢复实行垄断经营。

（二）掌握充足可靠而又适销对路的实物储备。粮食等主要农产品的储备调节制度已经在我国初步建立起来，然而仅仅满足于这一步是不够的，艰巨的任务还在于使粮食储备如何及时有效地运用于市场调控。其中关系最为重大的是中央政府要确实能够掌握数量充足可靠、产品适销对路的实物储备。在 1994 年全国市场粮价过快上涨的情况下，国家专项储备粮未能有效地起到平抑市场的作用，除了由于地区封锁而人为扩大市场供给缺口外，从国家专项储备粮本身的运转情况来看，至少存在两个缺陷：一是专项储备粮不能及时地投放市场；二是专项储备粮品种不对路，而且陈粮比例过大，与市场消费需求不符，即使投放市场也未必能够真正发挥应有的作用。在操作要点上存在的这两个缺陷，不能不在相应程度上削弱了宏观调控的实际效果。

为确保中央政府掌握充足可靠而又适销对路的实物储备，使宏观调控能够起到预期效果，在操作过程中需要就下列几点加以改进：

1. 保持适当的粮食储备数量。国内外专家一致认为，粮食储备保持在粮食供给安全线以上就可以，即粮食储备量不低于粮食消费总量的16%。我国由于农民所消费的粮食由自己解决，他们的粮食储备量一般都明显高于粮食安全线。政府所要解决的是保证城镇居民和缺粮地区农民的粮食储备问题。全国贸易粮总量每年在 1200 亿公斤左右，据此推算国家用于市场调控的储备粮达到 250 亿公斤就已超过粮食安全线。1993 年我国粮食专项储备粮已经达到 400 亿公斤，远远高于粮食安全线所规定的要求。今后若干年内，只要全国粮食储备量通常保持在250 亿公斤至 400 亿公斤，并且数量确实可靠，至少可以应付两个歉收年，再加上适量增加进口粮食，应当说是没有多大危险的。

2. 努力做到品种适销对路，使之与市场消费需求相符。随着人们消费水平的上升，今后保持普通粮食储备规模的同时，应当逐步增加优质粮食储备的比重，努力提高市场调控的有效性。

3. 定期更新储备粮，使储备粮保持较高的新鲜程度。储备粮更新可以与救灾济贫、以工代赈、食品工业和饲料工业等项用粮有机结合起来，并且形成制度投入正常运转，既可以较好地解决陈粮的出路，又可以提高和保持储备粮中的新粮比例。

（三）清醒地对待市场波动。由于粮食生产受自然因素和经济因素的双重制约，尤其在今后若干年内我国农业基础薄弱状况不可能根本改变的情况下，出现粮食供求关系变化、引起市场粮价波动是难以完全避免的。在对待市场波动这个最为紧要的操作要点上，必须冷静、恰当地处理，务求避免出现重大失误，使粮食的生产与流通尽快恢复到正常状态；否则，任何一个重大失误都很有可能造成一次重大挫折。而农业一旦出现重大挫折，往往三五年时间还不一定能恢复过来。80年代中期，我国农业在连续几年丰收后，曾经出现过一次重大挫折，粮食总产量自1985年大幅度减产达280亿公斤后，直到1989年才基本恢复到1984年的历史最高水平，整整用去五年时间。自1989年开始到1993年，我国粮食生产连续五年保持丰收，粮食总产量比1984年增加500亿公斤以上，但在1994年却减产120亿公斤左右。从历史上看，粮食减产数量并不算很大，然而市场粮价上涨幅度之大却是少有的。这次市场粮价波动已经影响到社会经济生活的诸多方面，而且还可能继续扩展。现实再次提示我们：务必清醒地对待市场波动，务求避免农业出现新的重大挫折。

总结国内外的经验教训，清醒地对待市场波动，有几点是值得考虑的：

1．实行内紧外松、多做少说的市场调控策略。粮食等主要农产品减产本身会自然而又迅速地影响到供求关系和市场价格。在这种情况下，尤其需要正确的舆论导向和有利于抑制市场波动的政策信息，但不宜过于声张，注意保持较为平稳的社会心理预期。

2．赋予国家粮食储备部门一定的自主权，但需要规定相应的限量。在限量以内，可由国家粮食储备局根据市场调控需要，自行决定通过抛售进行调控。超出限量的先抛售限量以内的粮食，同时紧急报请国务院审批，追加抛售数量。

3．明确所有从事商业性经营业务的粮食流通企业的社会责任，规定合理的库存数量，制止和打击各种形式的囤积居奇，尤其要坚决反对和取消各种地区封锁行为，撤除妨碍流通的各种关卡，保持甚至加大粮食流通量和销售量。在这个方面，国有粮食企业要充分发挥带头示范作用和主渠道作用，对集体、个体、私营等粮食流通企业都必须按规定销售粮食，通过批零差率强化价格管理，抑制市场粮价的过快上涨。

4. 对市场粮价上涨幅度控制应掌握适当的力度。在粮食减产情况下，市场粮价上涨是必然的，有利于提高农民种粮积极性，增加粮食供给总量，为市场粮价的稳定和回落创造条件。宏观调控所应防止的只是市场粮价的过快上升。

5. 注意提高宏观调控的操作水平。在发生市场波动时，不一定立即动用所有宏观调控手段，而应以较少的手段办尽可能多的事情，主要运用经济手段、法律手段进行调控。由于行政手段往往容易带来负面影响，有的负面影响还比较严重，一般不到万不得已之时不应轻易动用行政手段。即使非采用行政手段不可，也应将其负面影响降低到最小限度。

农业宏观管理体制改革的回顾与深化*

深化农业宏观管理体制改革，对农业和农村经济的持续、稳定发展至关重要，也是国家宏观管理体制改革的重要组成部分。农村社会主义市场经济能否顺利发展，固然有赖于在构造市场体系等方面进行努力，但是同样迫切需要改革国家宏观管理体制，建立与社会主义市场经济要求相适应的农业宏观管理体制。可以说，没有一个与市场经济要求相适应的国家宏观管理体制，就不可能形成比较完备、比较成熟的社会主义市场经济体制。

一、农业宏观管理体制改革的进展及其评价

我国农村实行改革开放以来，影响最大的改革举措，莫过于以家庭联产承包为主的农业生产责任制，由此引发了全国农村以市场为导向的经济改革，有力地推动了农业和农村经济的发展，取得了举世瞩目的成绩。我国农业宏观管理体制就是在这种形势下进行改革的，至今已经历了 20 个年头，现在仍然处于继续深化的改革过程中。

*（一）原有农业宏观管理体制存在的弊端。*从 20 世纪 50 年代中期到 70 年代末期，我国一直实行以高度集中管理为主要特征的计划经济体制。计划经济体制的直接体现者是各级政府机构，尤其是中央政府机构。国民经济和社会发展的各个方面，都在政府机构的直接控制之下。首先是由中央政府机构制订计划，然后由地方政府机构层层贯彻落实，各个经济实体只能无条件地执行。所谓传统计划经济体制，实际上就是政府机构运用行政手段直接管理经济活动的体制。不可否认，这种计划

* 本文原载《中国农村经济》1998 年第 11 期。

经济体制对于集中力量进行重点建设，曾经起到一定的促进作用。

但是，由于政府机构直接管理经济，排斥了市场机制的作用，抑制了经济实体自身的活力，对经济发展所产生的负面影响越来越严重。政府机构直接管理经济的弊端，同样也覆盖了与农业和农村经济相关的农业宏观管理体制的各个重要方面。比较突出的是：在农业生产方面，政府机构层层下达指令性的面积、产量指标，农民没有按照市场需求和效益高低进行选择的自主权；在农产品购销方面，政府机构通过指令性的统购派购指标，基本上割断了农民与市场的联系；在农村产业结构方面，政府机构严格限制多种经营等非农产业的发展，致使过多的农村劳动力集中在容量有限的粮食种植业上；在城乡关系方面，政府机构制定了严密的户籍、口粮控制制度，造成农村劳动力由于城乡分割、地区分割而不能合理流动。这种体制既延缓了我国由经济落后的传统农业大国转向现代工业化国家的历史进程，更阻碍了传统农业大国中更为落后的农村经济的发展。因此，对于存在种种严重弊端的原有农业宏观管理体制，必须从根本上进行改革，创立一种能够最大限度地推动农业和农村经济发展的新型农业宏观管理体制。

（二）农业宏观管理体制改革的阶段性成就。经过自 70 年代末期以来的改革开放，我国计划经济体制已经发生了根本性的变革，农业宏观管理体制改革也取得了相当大的进展。其中令人瞩目的是：农业生产中的指令性计划全部取消，对部分重要农产品生产改为实行指导性计划，农民有权根据市场需求和效益高低自主安排生产；农产品收购中的统购派购任务已陆续取消，除粮食、棉花等少数农产品实行国家定购外，大多数农产品都可以直接通过市场销售；农村产业政策已经由限制转变为支持农民发展多种经营和非农产业，为拓宽农民致富门路和加快剩余劳动力转移创造了较好的外部条件；城乡之间的分割政策也在不断修正，以乡镇工业小区为依托的小城镇建设得到普遍重视，沿袭了几十年的口粮管理制度已经废弃，支持具备条件的农民到小城镇安家落户的新型户籍管理制度正在建立，农村劳动力跨区域流动（包括到大中城市务工经商）已经成为解决中西部地区农民就业的一条重要途径。

目前农业宏观管理体制改革，无论在深度还是在广度上，所取得的成就都是令人鼓舞的。正是由于农业宏观管理体制改革的逐步深入，并与整个农村经济体制的改革相配套，使经济运行中的诸多关系得以不同程度的理顺，在农业和农村经济持续快速发展中产生了显著的积极作用。自 80 年代以来，我国粮食、棉花、肉类、禽蛋、水产品等重要农产品的产量大幅度增加，其中多数已经居于世界首位，极大地缓解了农产品长期严重短缺的矛盾，市场上与农产品相关的食品、衣着和日用品供应充裕，开始出现相对过剩的情况；农村以乡镇企业为主体的非农产业发展更是迅速，乡镇企业增加值达到农村国内生产总值的一半以上，乡镇工业增加值占全国工业增加值的 1/3 左右，已经分别成为农村经济的主要组成部分和国民经济的一个重要支柱，所产生的作用和影响不断增大；农民物质、文化生活明显改善，人均纯收入得到较快增加，反映农民基本生活的饮食、穿衣和住房的水平得到较快提高，医疗、教育、交通和娱乐等生活条件得到较大改进，95%左右的农民已经解决了温饱问题，开始陆续迈进小康生活。

（三）90 年代中期农业宏观管理体制尚存的缺陷。无论从发展农村生产力的要求来看，还是从建立社会主义市场经济体制的要求来看，直到 90 年代中期，我国农业宏观管理体制还远远没有达到完善、成熟的地步，仍然存在着不少缺陷，在不同程度上产生着不利的影响。其中，在机构设置和职能转换等方面，尚未完全摆脱传统计划经济观念的束缚，没有真正建立起一套适应社会主义市场经济要求的农业宏观管理机构。

1. 政府与市场的关系尚未理清。由于我国长期处于计划经济体制下，政府部门习惯于用计划经济的办法考虑和处理农村经济发展中的诸多问题，政府部门管的事情过多过细，管了许多不该管的事情，而这些事情本来是属于市场主体自己完全可以解决的。这样做的结果，一方面是市场运行由于政府的过度干预而发育迟缓，正常的市场制度很难建立起来，即使初步建立起来也难以得到发展和完善，总是处于"长不大"的试验阶段，不能尽早进入比较成熟的有序运行状态；另一方面，政府管理机构常年忙于本该属于市场主体自行处理的事情，没有时间和精力来做自己该做的事情，导致顾此失彼，更不可能很好地考虑和实行引导市场规范运行的宏观调控措施,因而至今尚未建立起有效的农业宏观调控体系,尤其在农产品市场调控方面的问题更为突出。市场调控效率较低,不能向农民提供比较准确的市场信号,往往造成不少农产品生产的过大波动,进而造成市场供给的大起大落,对社会经济生活的稳定产生了极大的负面影响,也加剧了农产品市场制度建设的曲折和反复。

2. 相关政府部门之间的关系尚未理清。政府部门之间分工过细的现象仍然存在,本来完全可以由一个部门处理的事情,却由众多相关部门实行分段管理或交叉管理,需要相关部门协商一致方能作出决策。而不同部门之间由于考虑问题的角度不同,加之相互之间的职能界限不够清晰,对同一件事情往往作出不同的判断,通常难以很快达成一致意见,需要更高领导出面反复协商才能形成决议。这至少会大大降低办事效率,影响到政府决策的及时性和有效性。然而,问题远远不止这些。一个更为严重的问题是,大多数政府部门都分别直接管理着本系统的企业,并为所管企业的经营业绩承担一定的责任,因而事实上演变为所管企业的利益代表者和政府代言人,形成了一种顽强的部门利益观念,作出决策往往以部门利益为依据,符合部门利益的政策自然容易制定、接受和贯彻,否则就不容易制定、接受和贯彻。这样,作出的决策往往成为不同部门反复磋商的妥协产物,在很多情况下不能按照事物本来的是非曲直进行判断,因而也就难以非常有效地解决客观存在的矛盾,有时反而容易产生新的矛盾。

3. 中央政府与地方政府的关系尚未理清。主要表现为中央与地方的事权关系不清,中央管的事情过多过细,包揽了许多属于地方政府应该承担的事项,影响了本该专属中央承担的宏观调控等政府职能的充分发挥。同时,地方政府也没有把自己放在恰当的位置上,在许多情况下不是从全局的利益出发,而是从地方的利益出发,对于根据事权划分属于地方承担但不符合地方利益的事项采取消极推诿的态度,即使中央三令五申也不积极贯彻执行,而对于符合地方利益要求的政策自然比较容易制定、接受和贯彻,有时甚至越权作出违背全局利益的决策。最为突出的事例是,对于中央已经明确规定建立全国统一的粮食销售市场,主产区和主销区之间由于利益关系不同,所作出的反应也不同。在粮食供给短缺、市场价格上涨的情况下，主产区往往不愿意如实执行已经签订的售粮合同，甚至实行地区封锁，不让粮食出省；而在粮食供给充裕、市场价格回落的情况下，主销区又不愿意如实执行已经签订的购粮合同，一再压低价格和库存，加剧市场滞销积压的严重局面。地方政府的这些行为，极大地影响了全国统一市场的形成，放慢了全国粮食市场制度建设的进程，也给中央与地方的事权关系带来了不利因素。

二、深化农业宏观管理体制改革需要明确的几个关系

我国农业宏观管理体制改革，大体上是从三个方面展开的，即中央政府部门的政策调整、职能转换和机构改革。迄今为止，在政策调整方面取得的成效最为明显，在职能转换方面已经初步明确改革目标，在机构改革方面几经努力也取得了一定进展。但是，相对而言，职能转换和机构改革所取得的进展远不如政策调整，尤其是机构改革更为滞后，在相当程度上影响了职能转换和政策调整的更好展开。今后在继续稳定和完善农村基本政策的同时，应当更加重视推行职能转换和机构改革，并在一定时期内作为重点来对待，以全面建立适应社会主义市场经济要求的农业宏观管理体制，更好地促进农村生产力的发展。其中有几个基本关系，无论政府机构改革还是政府职能转换，都需要予以正确处理。

（一）明确政府与市场之间的关系。在农业宏观管理体制深化改革过程中，政府与市场的关系是必须弄清的首要关系。由于市场经济的发展，原先由政府包揽的职能已经分散，有些已转变为市场调节，有些则仍然需要政府承担。即使仍然需要由政府承担的事情，也存在承担到什么程度以及采用何种手段承担的问题。因此，如果不明确政府与市场的关系，政府机构改革和政府职能转换都将无所遵循。

如何明确政府与市场之间的关系？第一，凡属于市场调节能够实现和保持正常运行的经济活动，都应当由市场进行调节。政府在现阶段主要是培育市场体系和中介服务体系，对在市场竞争中处于不利地位的基础设施、基础产业给予必要的支持和保护，对市场经济活动进行规范化管理和宏观调控，在一般情况下不应当直接干预正常的市场经济活动。

第二，属于政府职能范围内的事情，政府干预应当保持适宜的程度。政府干预的目的，在于保护市场经济的正常运行。政府干预的程度，以实现这个目的为限。第三，属于政府职能范围的事情，应当采用适宜的手段去干预。在一般情况下，应当更多地运用经济手段、法律手段，并逐步过渡到以法律手段为主，尽量不采用或少采用行政手段。

（二）明确政府不同部门之间的关系。农业宏观管理所涉及的范围相当广泛，包括产前、产中和产后的各个相关领域，应当通过新的职能分工，政府不同部门各负其责，保证农业宏观管理的有效运行。如果政府不同部门的关系不清楚，不能形成有效的分工协作，农业宏观管理体系改革也是难以实现预期目标的。

如何明确政府不同部门之间的关系？第一，尽量减少职能交叉、政出多门的现象，应当根据产业发展和有利于宏观管理的要求，减少过多过细的政府部门职能分工，赋予主管部门更多的综合管理职能，努力提高政府机构的决策能力和办事效率。第二，对食物性农产品生产、加工、流通等环节的管理，应借鉴市场经济发达国家的成功经验，实行由主管部门综合管理的体制。其中，由粮食、肉类、食油、食糖、蔬菜、水产品等构成的食物性农产品，具有鲜嫩、易腐烂等特点，客观上更是要求在生产、加工、储存、运输、销售、出口等不同环节之间实行一体化的宏观管理体制。第三，建立健全相应的制约机制。应当建立强有力的监督检查制度，包括加强农业主管部门与相关部门的内部监察审计制度，以及这些部门向国务院的请示汇报制度、向立法机构的报告制度和向社会公众的报告制度等。通过建立健全制约机制，确保农业宏观管理部门的运转符合法律规范，真正达到精干、高效、廉洁的要求。

（三）明确中央政府与地方政府之间的关系。中央政府与地方政府之间在农业方面的关系，说到底就是中央政府应当做什么和地方政府应当做什么，以及两者之间的界限如何划分。我们的努力目标，应当是既能够充分发挥地方政府的积极性，也能够有效地发挥中央政府的宏观调控作用，从而确保我国农业和农村经济的持续稳定发展。

如何明确中央政府与地方政府在农业方面的关系？第一，合理划分中央政府与地方政府的事权范围。双方在分工的基础上实行相互配合和协调一致。第二,中央政府对于地方政府分管的事情应当予以指导。在尊重地方政府职权的基础上,可以对地方政府在农业方面的工作提出要求、建议和批评,并且根据情况给予必要的支持,保证地方政府分管的农业工作能够确实得到加强和改进。第三,中央政府对于直接分管的农业事项应当采取较为灵活的管理方式。为增强农业宏观调控能力,对直接分管的农业事项原则上应当更多地实行垂直管理的方式,例如粮食、棉花等重要农产品的市场调控等,以利于打破行政区域界限,实行全国统一的规范管理,更好地适应市场经济发展的要求。

三、继续推进政府农业管理机构的职能转换

早在 90 年代中前期,在政府农业管理机构的职能转换方面,已经基本明确了现阶段的改革目标,即初步建立与农村市场经济发展相适应的政府职能体系。现阶段,政府主要职能有四项:一是加强对农村经济发展的引导,帮助农民进入社会主义市场经济轨道;二是加强对农业和农村经济的支持,改善农业和农村经济发展的外部环境;三是加强对农业的保护,促进农业生产持续稳定发展;四是加强和改善宏观调控,确保农村市场经济的正常运行。以上四项政府农业相关职能概括起来,可以表述为"引导、支持、保护、调控"八个字。由这些职能构成的改革目标还没有达到完美无缺的程度,但是已经在实践中发挥了相当的作用。1994 年国务院批准的农业部机构改革方案就是根据这些职能设计的。尽管如此,政府职能转换仍然处于初期阶段,已经确定的政府职能体系正在逐步建立,并且随着农村市场经济的发展,必然会要求建立更加完善的政府职能体系。这些因素综合发生作用的结果,决定了现阶段以至下个世纪若干年内政府职能转换的基本趋向。

(一)逐步由引导农民进入市场经济的职能转化为依法管理的职能。引导农民进入市场经济轨道,在现阶段政府职能体系建设中本来就是作为一项过渡性职能而设置的。在市场经济发达的国家,直接引导农民进入市场经济轨道是由中介服务组织承担的,政府在这方面的职能是依法进行管理。在我国由于特定的社会经济环境,中介服务组织和农产

品市场体系的发育严重滞后,现阶段农民进入市场在相当程度上需要借助行政力量的推动,因而政府还不得不直接承担起这方面的职能。随着中介服务组织和农产品市场发育程度的不断提高,政府将相应减少直接引导农民进入市场经济的职能,逐步强化依法管理的职能,并实现两者的转化。政府依法进行管理,不等于放弃对农民进入市场经济的引导责任,而是通过原有职能的升华,以新的形式间接地体现这种责任。在这个方面,政府职能改变的不是内容实质,而是形式。

市场经济实质上是法制经济。政府对农民进入市场的引导,则体现在依法管理的职能之中,即通过法律手段对农民进行引导和规范。应当看到,政府职能的这种转化是一个历史性的进步,也是我国农村市场经济由不成熟走向比较成熟的一个重要标志。为了推进政府职能的这个演变,在加快以批发市场为中心的农产品市场体系和多种形式中介服务组织建设的同时,有必要加快经济立法进程和执法队伍建设,尽早建立健全与农村市场经济发展相关的法律制度。

(二)继续强化生产支持、农业保护和市场调控等项职能。随着国民经济实力的增强和整个市场经济环境的改善,政府机构将能够集中更多的财力,重点用于市场竞争中处于不利地位的农业等基础产业。政府在农村市场经济发展中的作用,必将由于财力的增长而得到相应的强化。这里所说的强化,包括充实内容和加大力度两层含义在内。就充实内容而言,政府将根据农村市场经济发展的要求,增加一些新的项目,以扩大政府职能发挥作用的范围。就加大力度而言,政府也将根据需要增加政府干预的强度,为农村市场经济发展提供更加可靠的保证。

通过充实内容和加大力度两个方面的努力,政府在农村市场经济发展中的职能将会有不同程度的强化。具体来说,在生产支持职能方面,政府对农业和农村经济的扶持重点可能会有所调整,但是政府扶持的范围和力度将会有所增大。对于农业和农村经济中的一些薄弱环节,诸如农业技术推广、农村教育培训、粮棉主产区经济发展、中西部地区乡镇企业发展、农业产业化经营和经济落后地区扶贫开发等,政府应当给予比现阶段更加有力的支持。在农业保护职能方面,政府不仅要增加对粮食的价格保护力度,适当扩大农产品的价格保护品种,强化对重要农产品和农业生产资料的价格监控制度，使生产者和消费者得到更多的实惠，而且要健全和完善价格保护以外的其他保护措施，建立起比较全面的农业保护制度。其中包括：建立内容更加广泛的农业保险制度，强化以农产品等级制度为重点的农业标准化体系和监测体系等。在市场调控职能方面，同样需要采取相应的强化措施。除了继续完善粮食专项储备制度，增加棉花、食油、食糖、猪肉、羊毛、橡胶等项储备以外，应当重点增强中央政府的市场调控能力，确保统一、开放、竞争、有序的全国大市场、大流通的及早形成和有效运转。根据农产品专项储备品种的增加和市场调控的需要，相应追加粮食等农产品的风险基金。适当划分农村政策性银行的业务范围，保证国家政策性金融业务的全面落实和安全运行，增强防范金融风险的能力。在扩充农产品储备调节制度、农产品风险基金和农村政策性银行三大调控手段的同时，从增强国家宏观调控的实际需要出发，探索建立新的调控手段。总之，通过上述种种努力，逐步形成坚强有力、运行规范的农业服务体系、农业支持保护体系和农产品市场体系，并使政府生产支持、农业保护和市场调控等项职能的作用得以更好发挥。

（三）增加农村社会保障职能。增设农村社会保险职能，符合推进我国社会保障制度建设的要求。社会保障制度主要由养老保险、失业保险和医疗保险等项保险制度构成。当今在一些经济发达国家，农村已全面建立了项目齐全、水平较高的社会保障制度，农民退休后能够通过养老金等享有与在职时相当或接近的生活水平。与经济发达国家相比，我国的现实差距还相当大，社会保障制度建设只能逐步推进。预计在本世纪内，城市社会保障制度可以基本建立起来，但是农村社会保障制度只能在局部地区推开，需要到下个世纪并经过若干年的努力，才能在全国范围内基本建立起来。农村社会保障制度建设，优先解决的应当是几千年来农民最关切的老有所养问题，然后再根据情况相应扩大到医疗保险、失业保险。即使养老保险，在较长时间内一般也只能是较低水平的，是保证基本生活需求的，以后再逐步提高。政府社会保障职能的主要内容，是开展调查研究和编制保险规划，制定和完善保险规则，培育和健全保险服务组织，监督保险制度的实践，并在财政预算中提供资金支持，有步骤地推进社会保险活动。概括地说，农村社会保障职能的全面建立标志着政府职能体系建设已经进入比较健全的程度，但是还不能说已经完全适应农村市场经济发展的要求。因为农村市场经济发展是永不停息的动态过程，政府职能体系建设只是适应这个运动过程的必备条件。能否完全适应农村市场经济发展的要求，还取决于政府职能体系在实际运作中的不断完善。

四、政府农业管理机构深化改革的基本趋势

由于政府机构是政府职能的载体，政府职能转换必然要求政府机构进行相应改革，政府机构改革同样会促进政府职能转换。我国农业宏观管理体制改革能否达到预期目标，进一步推进与农业相关的政府机构改革，并在此基础上继续转换政府职能，已经成为人们关注的重点问题。政府农业相关机构改革的基本趋向，是由农业市场经济发展的客观要求所决定的。

（一）农业经营方式的变革趋势。在计划经济体制下，我国农业的经营方式是分段型的，农产品的生产、加工和流通等不同运行环节，分别由不同的经济主体承担。具体来说，农产品的生产环节由农民负担，农产品的加工环节由加工企业承担，农产品的流通环节由流通企业承担，三种不同经济主体之间通行的是产品买卖关系，经济利益在实质上是相互冲突的。当时在农村商品率极低的情况下，依靠指令性计划指标，这种分段型的农业经营方式可以勉强维持，但是为此付出了沉重的代价。一是农业生产环节比较利益低。农业本身属于自身经济效益相对较低、社会效益高的基础产业，加上我国人多地少，农业劳动力平均占有自然资源的数量极为有限，仅依靠生产环节所获得的经济收益必然比较低，从事粮食等大宗农产品生产的农民更是如此。二是相互之间经济关系极不稳定。单纯的商品买卖关系往往导致三种经济主体过于追求各自的经济利益，尤其是加工企业、流通企业为实现利润最大化而不惜损害农民的经济利益，而农民为维护和扩大自己的经济利益也常常进行不同形式的抵制，结果造成农产品生产大起大落，市场供给忽多忽少，市场

价格时高时低,加剧了社会经济生活的波动。三是农村产业结构难以优化。由于加工、流通环节主要布局在城市,农民只能提供原料型农产品,使农村经济资源不能得到合理配置,产业结构长期陷入单一化,剩余劳动力不断增加,农村落后于城市的经济差距愈益拉大,尤其在粮棉主产区表现得更为突出。

显然,在农民经营自主权日趋扩大的情况下,这种以损害农民经济利益为代价的分段型农业经营方式是难以持久的,迟早肯定会被新的经营方式所取代。事实上,自 80 年代中期起,我国部分地区已经开始出现一些新的经营方式,即将农产品的生产、加工、流通等运行环节紧密联结起来,实行经营一体化。这种经营方式其实质在于利益一体化,也就是将农产品生产、加工、流通三个环节的经济收益结成一体,由追求各自环节的利润最大化变为追求整个农业产业体系的利润最大化,农民除继续享有生产环节的经济收益外,也享有加工和流通两个环节的经济收益。在具体形式上,主要通过入股分红、利润返还、价外加价等途径予以实现,改变农民在生产环节收益偏低的状况。在推进经营一体化这种经营方式的过程中,有农民自己组织起来从事农产品生产、加工、流通等综合经营活动的,也有农民、加工企业和流通企业联合起来的,但目前更多的是由加工企业或流通企业牵头,通过建立农产品生产基地与农民结成利益共同体,将过去的商品买卖关系变为经济合作关系。实践证明,不论采用何种具体形式,只要相互之间利益关系处理得比较好,各自能够实现应有的经济利益,就可以形成较强的凝聚力和生命力,进而在市场经济中显示出较强的竞争力。

(二)农业管理方式的变革趋势。管理方式是与经营方式相联系的。与农产品生产、加工、流通实行分段型经营的情况相适应,我国农业管理也长期实行分段型的管理方式。具体地说,就是农产品生产由政府农业部门管理,农产品加工由政府工业部门管理,农产品流通由政府流通部门管理。其中,不同农产品的加工、流通,又细化为政府不同的工业部门、流通部门管理。除极少数特殊产品外,基本上没有一种大宗农产品的生产、加工、流通是由一个政府部门实行全过程管理的。这种分段型的管理方式,往往缺乏对全局的统筹考虑,过多地从各个运行环节自身的发展需要出发，追求本部门、本系统的利益最大化，而且往往容易将局部偏差扩展到作为全局来对待。其结果必然是加剧农产品的生产、加工、流通等环节的利益冲突，损害不同环节之间的协调运转，并且对整个国民经济发展产生日趋扩大的不利影响。

在农业经营方式越来越多地转变为一体化经营的情况下，再长期保持分段型的管理方式已经与客观形势相悖，而且会对农村市场经济发展起到延缓或阻碍作用。自 80 年代中期以来，在某些地区有些很有发展前途的一体化经营方式，由于分段型管理造成的种种障碍而面临重重困难，有的甚至出现了曲折和反复。我们发现，在农村市场经济发展较快的经济发达地区，不仅分段型的农业经营方式已经发生重大变革，而且分段型的农业管理方式也已经发生重大变革，对农产品生产、加工、流通实行一体化管理正在日趋增多地出现。当然，在农业宏观管理格局尚未发生重大变革的现阶段，这种管理方式还只属于临时性的过渡形态，主要通过几个相关部门的协商或建立临时机构予以体现。但是，无论如何，农村市场经济发展已经把建立管理一体化的新型管理方式提到议事日程上来，并且开始付诸实践。

（三）政府农业机构的变革趋势。我国农业开始由分段型管理方式转向一体化管理方式，客观上已经对政府农业相关机构的改革提出了新的要求。我国政府机构改革自 70 年代末期起已经历经几次，但是，政府机构改革与社会主义市场经济发展的要求还存在较大差距，计划体制下政府机构的框架仍然在相当程度上保留着，尤其是农业管理机构的设置在许多方面还处于适应分段型管理的状态。中央农业管理机构的设置是如此，地方各级农业管理机构的设置也是如此，而且分工更细、机构设置过多，机构臃肿、人浮于事的现象更为严重。必须指出，政府农业管理机构设置的这种状况，仍然需要通过深化改革加以调整，使之能够适应一体化管理的客观要求，更加有利于促进农村市场经济的发展。

继续推进农业宏观管理机构改革的必要性在于：如果政府农业管理机构仍然长期保持分段管理，对农产品生产、加工、流通等环节实行一体化管理就无法提供机构保障，而如果不实行一体化管理则不利于农村市场经济的发展。这是因为在不同部门分段管理的基本框架下，即使通过协商和建立临时机构也往往难以使政策得到有效实施。与部门利益的刚性要求相比,协商或协调只是属于弹性要求。当协商或协调与部门利益发生冲突时,往往是协商或协调难以取得理想结果,纵然能够勉强取得较为理想的协议,也难以得到完全的贯彻落实。这方面的实例几乎经常碰到。退而言之,即使通过不同部门之间的协商或协调达成的协议能够得到较好的贯彻落实,也是增加议事程序的结果,不利于提高政府机构的办事效率。相比之下,实行机构一体化,将农产品特别是主要食用农产品的生产、加工、流通等环节的管理职能划归一个政府部门,或者将几个不同的相关部门通过改革合并为一个政府部门,尽快形成一个能够通观全局、步调一致的政府职能运行机制,消除职能交叉和利益分割等现象,可以更有效地协调不同运行环节、不同经济主体的利益关系,促进农业和农村市场经济的持续、稳定、健康发展。

1998年3月举行的九届全国人大一次会议,对中央政府机构改革作出了新的重大决策,使国家宏观管理体制改革又一次向前大大推进了一步。这次机构改革的力度之大、震动之强,可以说是前所未有的。其中,涉及农业宏观管理机构的改革措施也是相当有力的,除了精简机构、转换职能、压缩人员、提高效率等普遍性改革措施外,对于推进一体化管理的基本趋势也是有利的。这些改革措施,进一步增强了农业宏观管理体制适应市场经济发展要求的能力,对于促进农业和农村经济的持续、稳步发展将会发挥更大的积极作用。当然,政府机构改革并不是轻而易举的事情,还有待于在实践中继续检验和逐步完善。这个问题应当作为一个动态过程来看待,而不能作为一个静态目标来看待。

关于全面加快农村小康建设的几个问题*

近一段时间，笔者就如何全面加快农村小康建设进行了一些初步的研究，现就其中的几个有关问题谈谈个人的看法。

一、21世纪头20年农村小康建设目标的初步设想

党的十六大提出了21世纪头20年全面建设小康社会的宏伟奋斗目标。农村小康建设是全面建设小康社会的重要组成部分，是实现全面建设小康社会目标的关键。我们认为，全面提高农村小康水平，既要抓好社会主义物质文明建设，又要加强社会主义精神文明建设，还要推进社会主义政治文明建设。其目标应当包括经济更加发展、民主更加健全、科教更加进步、文化更加繁荣、社会更加和谐、人民生活更加殷实六个方面的内容，做到"三个文明"协调发展、相互促进。

（一）农村经济更加发展。农业发展注重产业结构和区域布局优化、综合效益提高、农产品的市场竞争力全面增强，基本适应全面小康社会消费需求的变化。

1. 农业综合生产能力持续提高。在保持农产品数量增长略快于全国人口总量增长的基础上，重点提高农产品的质量和安全水平。粮食等重要农产品的综合生产能力进一步增强，人均粮食产量大体保持在390—400公斤的水平上，国内粮食自给率保持在95%左右。农产品及其加工品出口额大幅度上升，在世界农产品贸易中的地位明显提高。畜产品、水产品、蔬菜、水果、花卉等劳动密集型产品，在国际市场的竞争力明显增强。农业基础设施大幅度增强，生产工具现代化程度和经营

---

* 本文原载《管理世界》2003年第7期。

管理水平进一步提高，与现代农业发展要求基本适应。

2．农业增加值稳步增长。农业增加值年均增长速度保持在 3%左右（近些年年均增长 2.8%左右），力争达到 4%。按 2000 年价格计算，2020 年农业增加值总量达到 2.5 万亿元至 3.1 万亿元，比 2000 年增长 0.8 倍至 1.1 倍。农业增加值的增长，主要是通过产品质量和效益的提高来获得。农村人均农业增加值由 2000 年的 1758 元上升到 3600 元左右。农业增加值占国内生产总值的比重，由 2000 年的 15.9%下降到 7% 至 9%，平均每年下降速度在 0.4 个百分点左右。加上农村非农产业增加值，预计 2020 年农村社会生产总值达到 14.5 万亿元左右，占全国国内生产总值 35 万亿元的 40%左右。

3．农村非农产业持续发展。以乡镇企业为主体的农村中小企业的增长速度，平均每年达到 8%左右，仍将明显快于农业。个体、私营经济和股份、股份合作制经济，作为乡镇企业发展主要推动力量的地位继续增强。按 2000 年价格计算，预计 2020 年农村中小企业增加值达到 12 万亿元左右，比 2000 年增加 3.6 倍，其中第三产业所占比重将由目前不足 23%上升到 40%左右。非农产业增加值在农村社会增加值中所占比重达到 83%左右，比 2000 年的 65%大体增加 18 个百分点。50% 以上的农村中小企业，集中布局在乡镇政府所在地和县城的工业小区与商贸小区，对农村经济社会发展的积聚效应和拉动作用明显增强。

4．人口城镇化率大幅度上升。2020 年全国人口总量可能由 2000 年的 12.67 亿上升到 14.5 亿左右，其中 7.3 亿以上居住在城镇，人口城镇化率由 2000 年的 36.1%上升到 50%以上，平均每年上升幅度超过 0.7 个百分点（2001 年、2002 年城镇人口比重分别上升 1.6 个百分点、1.4 个百分点）。城镇人口将比 2000 年的 4.59 亿增加 2.4 亿以上，除城镇人口自身自然增长 5000 多万外，约有 1.9 亿—2.2 亿人口则由农村迁入城镇居住，平均每年转移人口 1000 万左右（2001 年和 2002 年分别有 1800 多万农村人口转入城镇）。

5．劳动力结构发生根本性变化。考虑到老龄化趋势和人口自然增长率等因素，2020 年劳动力在人口总量的比重将由目前 58%左右下降到 55%左右，全国劳动力总量将比目前有一定增加，达到 7.7 亿—8 亿。

农业劳动力将出现由持续增加转为逐步减少的趋势，2020 年农业劳动力总量将由 2000 年的 3.65 亿下降到 2.7 亿左右，大体减少 9500 万。农业劳动力在全国劳动力总量中所占比重，由目前的 50%左右下降到 35%左右，平均每年大约下降 0.75 个百分点。非农产业劳动力将达到 5 亿—5.3 亿，在全国劳动力总量中所占比重提升到 65%左右。农村中的兼业农户将大量增加。

（二）农村民主更加健全。农村法制建设明显加强，各项重要法律比较健全，农村民主不仅空前发展，且更加规范有序。

1. 农村居民法制观念显著增强。农村法制宣传教育深入人心，干部和群众遵纪守法的自觉性普遍提高。农村基层组织和司法机构依法办事的能力明显增强，各类民事纠纷能够得到妥善排解和公正处理，干部与群众之间关系明显好转。

2. 农民各项经济权利得到尊重。农民在生产经营活动中的自主权得到充分保护，农民依法进行生产经营活动的意识普遍增强，行为符合法律规范要求。农民具有建立和参与各种合作经济组织的自决权，合作经济组织按照民主原则产生，真正代表农民的利益和意志。农民通过合作经济组织取得与农产品加工、流通企业及各有关方面进行谈判和对话的平等地位，组织化程度明显提高。

3. 农民在社区事务中各项权利得到保障。农民的村民自治权更加受到尊重，农民依法在社区经济社会事务中当家做主。农民对社区重大事务拥有充分的发言权、表决权和否决权，凡是涉及农民切身利益的事项都将经过农民民主讨论决定。村党组织领导下的充满活力的村民自治机制得到不断完善。

4. 农民政治权利更加健全。农民参与更大区域范围和全国性政治活动的各项法定权利进一步得到体现。在改进和完善村民委员会选举制度基础上，经过试点和总结经验，适当扩大村民直选的范围，乡镇政权组织负责人实行村民直接选举。

（三）农村科教更加进步。农村科学技术水平和教育水平明显提高，建成比较完善的科研、教育和推广服务网络体系，农村劳动力科技文化素质有较大提高。

1. 农业科技贡献率继续上升。农村95%以上的乡镇建立比较完备的农业综合服务机构，95%以上的行政村与远程教育和技术指导的电脑专用网络直接连接，农民在生产生活中遇到的各种难题可以得到快捷、方便、优质的咨询服务。科技进步在农业发展中的贡献率，由2000年的50%左右上升到70%以上，接近中等发达国家的水平。

2. 基本普及高中阶段教育。在全面提高九年义务教育质量的基础上，农村高中阶段教育基本普及，90%以上的农村青年能够完成高中阶段学业。农村青少年中新的文盲现象不再发生，成年人文盲率下降到3%以下。

3. 农业劳动力素质普遍提高。农业劳动力70%以上达到中等职业学校毕业生的科技文化水平，其中大专及其以上毕业生占农业劳动力总数的比重有明显增加。经国家有关部门正式认可的绿色证书，成为从事农业的基本资格证书。

4. 农业科技在各个生产环节广泛运用。农业生产环境、农业投入品和储存、分装、运销等设施及其经营管理，普遍达到无公害食品和绿色食品生产的各项要求，食品质量和安全得到可靠保证。

（四）农村文化更加繁荣。农村各项文化事业空前发展，人们的思想道德素质明显提高，进一步形成有利于人的全面发展的社会氛围。

1. 农村文化娱乐设施建设基本齐全配套。农民普遍能够比较方便地享受现代精神文明，文化生活丰富多彩、健康向上。农村家庭生活消费支出中，教育娱乐支出比重超过15%。彩色电视机普及率达到95%以上。

2. 农村卫生医疗网络比较健全。农村居民医疗保健水平明显提高，人们健康素质明显增强，人口自然增长率进一步下降；人均预期寿命达到70岁以上；婴儿死亡率下降到3%以下；卫生保健基本合格县比重达到100%。

3. 农村居民思想道德素质显著提高。讲道德、讲文明、讲卫生成为人们普遍养成的良好习惯，遵守法纪、保护环境、爱护绿化成为人们自觉的社会风尚。

（五）农村社会更加和谐。农村社会公益事业发展达到较高水平，

39

社会分配公平程度明显提高，各种社会矛盾以及人与自然界的矛盾大大缓解。

1. 农村社会保障体系比较健全。全国农村基本建立社会保障制度，农村居民普遍享有养老保险、医疗保险和最低生活保障待遇。城乡居民在社会保障方面历史形成的差距显著缩小。农村经济欠发达地区群众普遍稳定地解决温饱问题，基本生活得到保障。

2. 农村社会治安明显好转。社会治安综合治理水平不断提高，社会犯罪率大幅下降，人们的社会安全感大大增强。基本建立健全完备、运行有效的社会稳定机制，农村社会秩序良好，人们安居乐业。

3. 农村生态环境明显好转。森林覆盖率超过20%，草原建设和湿地保护取得重大进展，水土流失现象得到有效遏制，土地沙化扩大趋势初步扭转。各类防灾基础设施进一步增强，抗御自然灾害能力大幅度提高。人类与自然界的关系趋向协调，自然灾害对经济社会发展的损害显著减轻，由此引发的社会矛盾大大减少。

（六）农村居民生活更加殷实。农村居民生活登上新台阶，生活水平和质量明显提高，基本达到目前城镇居民的平均水平。

1. 农村居民收入有较大幅度提高。农村居民收入增长速度接近、达到或超过城镇居民，2020年农村人均纯收入达到6500元左右，略高于2000年城镇居民人均可支配收入6280元的水平，即在2000年农村居民人均纯收入2253.4元的基础上增加4300元左右，增长1.9倍左右，年平均增加额超过200元，年平均增幅达到5.5%。初步设想，在第十个五年计划期间尽力控制和缩小城乡居民收入增幅差距，在第十一个五年计划期间实现城乡居民收入同步增长，在尔后10年中实现农村居民收入增长快于城镇居民收入增长。2020年农村居民收入中来自非农产业的比重，由目前的45%左右上升到60%以上，成为农村居民收入的主要来源。财政对农民的各种补贴，将成为农村居民收入增加的一个重要来源。农村居民人均纯收入与城镇居民人均可支配收入之间的差距，由目前的1:3左右缩小到1:2.5左右。如果统一按可支配收入计算，则由目前的1:4左右缩小到1:3左右。

2. 农村居民生活方式和生活质量发生重大变化。由目前的半自给

性、半商品性经济基本上转变为商品性经济。人均现金消费支出达到
4000 元左右，比 2000 年的 1284.74 元增长 2 倍以上，在消费支出总额
中所占比重由目前的 77%左右提高到 85%左右。生活消费支出中的恩
格尔系数下降到 40%以下。人均蛋白质日摄入量高于 75 克，其中来自
动物性食品的比重明显提高。

3．农村居民生活环境明显改善。村镇合理布局初步形成，建设规
划比较科学并在实际执行中得到较好体现。农村卫生环境显著好转，落
后面貌得到重大改进。道路、水利、能源、通信、供水、绿化、排污和
垃圾处理等基础设施基本配套。农村通公路行政村比重达到 95%以上。
农村居民住房由目前主要追求宽敞、结实，转变为更多地追求舒适、整
洁、美观、方便；钢木结构住房人均使用面积达到 20 平方米以上。

二、全面建设小康社会的重点和难点在农村

因为农村小康建设存在着许多独特的情况，构成了全面建设小康社
会的重点和难点。要实现全面建设小康社会的目标，必须努力解决农村
小康建设这个重点和难点问题。

（一）全面建设小康社会与农村小康建设。农村小康是全面小康社
会的一个重要组成部分，并不是在全面小康社会之外单独建设一个农村
小康社会。与目前已经实现的总体小康相比，全面小康社会对农村小康
建设提出了新的更高的要求。农村小康建设进展如何，直接制约着全面
小康社会建设的进程。

1．农业提供的农产品是全面小康社会的重要物质基础。全面建设
小康社会不仅对农产品数量增长提出了新的要求，也对农产品质量提高
提出了新的要求。数量充足、质量优良、供应均衡的农产品，是全面建
设小康社会的最重要的物质基础。虽然我国粮食等农产品自 20 世纪 90
年代中后期开始出现了供大于求的局面，但是这种局面是在农村存在
2820 万没有解决温饱的绝对贫困人口和 6000 万还没有稳定解决温饱问
题的低收入人口以及城镇存在 2000 万困难群体的情况下出现的，是在
人们消费动物性食品普遍仍然较低、我国养殖业没有充分发展的情况下

出现的，是在我国农产品出口规模较小、劳动力和自然资源优势远没有得到充分发挥的情况下出现的。按照全面小康社会消费需求的上升和今后人口增长、经济发展的需要，目前我国农产品在数量上依然存在一定的差距，在质量上存在的差距则更大，在国际市场上仍然明显缺乏竞争力。因此，我们绝不能轻言我国农业已经"过关"，至少在 2020 年之前不能说这个话。今后我们既要保持农产品数量的适度增长，更要注重农产品质量安全水平的不断提高，还要致力于农产品出口的大规模增加。

2．农村市场扩大是经济发展持续快速发展的重要拉动力量。我国是世界上最大的潜在市场，主要表现为农村的市场潜力巨大。目前我国市场主要是由城市市场构成的，2001 年全国消费品零售总额 37595.2 亿元，其中市级零售额 23543.4 亿元，所占比重高达 62.6%，县及县以下（主要由农村市场构成，但包括居住在县城和建制镇的城镇人口构成的市场）零售额 14051.8 亿元，所占比重仅为 37.4%。农村市场容量过小，是造成近些年来国内需求不足、商品供大于求的主要因素。按照全面建设小康社会的要求，从 2000 年到 2020 年我国国民经济要实现翻两番的目标，平均每年国内生产总值必须达到 7.2%的增幅。我国是一个发展中的人口大国，如果国内没有足够的市场需求来拉动，很难在长达 20 年的时间内实现和保持这样快的经济增长速度。由目前仍然占人口总量 60%以上的农村居民为主体而构成的农村市场，是我国市场容量扩大的主要潜力所在，一旦转化为现实的市场购买力，必将成为我国国民经济持续快速协调发展的一支重要拉动力量。

3．农村居民生活改善是社会长期保持稳定的基本条件。全面建设小康社会必须要有一个长期稳定的社会环境。社会长期保持稳定必须要遵循"效率优先、兼顾公平"的原则，将收入分配差距控制在一定的限度以内。在我们这样一个农村人口仍然占绝大多数的国度里，农村能否保持长期稳定，对现代化建设和改革开放全局关系重大。目前农村人均纯收入与城镇居民可支配收入之间的比例，2001 年达到 1：2.9，2002 年达到 1：3.11，已经明显高于改革开放之前 1978 年 1：2.57 的水平。如果将农村人均纯收入中的不可比因素扣除，城乡居民收入都按照人均可支配收入计算，城乡居民之间的收入差距将会更大。而且，根据近些年来农村人均纯收入增长仍然明显低于城镇居民可支配收入增长的状况,今后若干年内城乡居民收入差距仍将呈现继续扩大的趋势。因此,必须从全面建设小康社会的要求出发,努力控制和逐步缩小城乡收入差距,千方百计地增加农村居民收入,不断提高农村居民生活水平和质量,为农村保持长期社会稳定奠定牢固的物质基础。

(二)农村小康建设是全面建设小康社会的重点所在。从现在到2020年的较长时期内,城镇小康建设无疑将会继续走在全面小康社会建设的前列。种种情况表明,今后城镇小康建设的各项指标相对比较容易达到甚至超过,全面建设小康社会的重点应当放在农村。可以说,只要农村小康建设的各项指标能够实现,全面建设小康社会的总体目标就能够实现。农村小康建设之所以成为全面建设小康社会的重点,更主要的是在于农村小康建设的任务更艰巨、工作量更大、付出努力更多。

1.实现和保持农村居民收入长期快速增长是一项伟大的历史性任务。改革开放以来,农村居民收入出现过快速增长的时期,1985年全国城乡居民收入差距曾经缩小到1:1.7,但是自那以后农村居民收入增长总体上一直慢于城镇居民收入增长,尽管1996年又一次出现9%的高增幅,但是随后几年农村居民收入增长幅度持续走低,2000年增幅最低曾下降到2.1%,这两年增幅回升到4%以上也属于恢复性的。2002年与1997年相比,农村人均纯收入由2090.1元上升到2476元,按可比价格平均每年增长3.8%,城镇人均可支配收入由5160.3元上升到7703元,按可比价格平均每年增长8.3%。在这种情况下,只有实现农村居民收入增长明显快于城镇居民收入增长的历史性转折,才能逐步缩小城乡收入差距,这意味着需要付出极大努力和采取突破性的重大举措。

2.农村劳动力转移到非农产业和城镇是一个史无前例的浩大工程。2001年农业劳动力36513万人,在全国劳动力总量中占50%,表明我国工业化进程还远远没有充分吸纳农业富余劳动力。2001年城镇人口在全国人口总量中的比重仅占37.7%,比经济发展水平与我国相当的发展中国家大体相差10个百分点,滞后15年到20年。农村富余劳动力和农村人口过多,造成农村自然资源和经济发展空间的人均水平过低,根本不可能满足全面建设小康社会对农村经济发展和农村居民收入增长的要求，大规模地转移农业富余劳动力和农村人口势在必行。这需要几十年持续不断地努力，主要是在非农产业和城镇创造充分吸纳农村富余劳动力的就业机会，在城镇创造吸纳数量庞大的农村转移人口的良好生活环境。

3. 农村社会事业发展需要付出相当艰巨的努力。目前城乡二元经济结构仍然没有根本改变，农村社会事业发展与城镇特别是大中城市的差距过大。农村教育落后，农民科技文化整体素质较低，农村医疗卫生网络和文化娱乐设施不健全，是农村现代化和全国现代化的重大制约因素。以农村劳动力文化程度而言，2000 年在全国农村劳动力中不识字或很少识字的占 8.09%，小学文化程度的占 32.22%，初中文化程度的占 48.07%，高中文化程度的占 9.31%，中专文化程度的占 1.83%，大专及大专以上文化程度的占 0.48%。显而易见，以初中和小学文化程度为主的农村劳动力队伍，与全面小康社会所要求达到的基本普及高中阶段教育之间相距太大。全面小康社会要求农村社会事业发展达到一个较高水平，这同样需要投入巨额的资金和大量的人力、物力，必须作为全面建设小康社会的重点来对待。尤其是在农村基本普及高中阶段教育，广泛开展职业教育和技术培训，全面提高农民科技文化素质和思想道德素质，更是一项巨大的社会工程。

4. 农村基础设施建设需要一个较长的过程。由于全国基础设施建设和投入的重点长期定位在大中城市，加上农村经济发展严重滞后于城镇，自身积累能力极为薄弱，导致农村基础设施建设落后的状况日益突出。目前农村建设缺乏长远、科学的规划，农民住房布局过于分散凌乱，农村道路、通信、供电、自来水、环境、生活服务等设施欠账过多，不仅远不能适应全面小康社会的需要，而且在许多地方连农民的基本生产生活条件也难以满足。全面小康社会要求农村基础设施建设达到较高水平，这同样需要国家和社会有关方面大幅度地增加投入，并且需要在科学规划基础上进行长期坚持不懈的努力。

（三）农村小康建设是全面建设小康社会的难点所在。与城镇小康建设相比，农村小康建设面临着更多的困难和矛盾，主要是农村小康建设的原有起点低、实际进展慢、发展很不平衡。这些困难和矛盾决定了全面建设小康社会的难点在农村。如果对农村这个难点没有予以充分重视，并采取切实有效的措施予以解决，必然会严重影响全面建设小康社会的进程。

1. 农村小康建设的原有起点较低。不仅衡量 2000 年农村小康的大多数指标明显低于城镇，而且目前农村实际达到的小康水平仍然很低。在 20 世纪 90 年代初期研究制定农村小康指标的时候，考虑到城乡二元社会结构所导致的农村发展滞后，就有意识地将农村小康指标定得比城镇低许多，特别是将农村人均纯收入指标按 1990 年不变价格确定为 1200 元，仅相当于城镇人均可支配收入 2400 元的一半。然而实际执行的结果是，城镇提前超额达到目标，农村至今仍未达到目标。2000—2002 年农村人均纯收入分别为 2253.4 元、2366.4 元和 2475.6 元，仅相当于城镇人均可支配收入的 35.8%和 32.1%，差距非但没有缩小，反而在进一步拉大。这必然会给城乡小康建设的均衡推进和协调发展增加难度。

2. 农村小康建设的实际进程较慢。国家计委、国家统计局等部门在 20 世纪 90 年代初期，曾经对如何评价 2000 年全国小康制定了 16 项指标。用综合评分方法对这 16 项指标进行测算，1990 年全国小康实现程度为 48%，2000 年为 95.6%，其中城镇为 96%，农村为 93%。根据国家统计局提供的资料，到 2000 年尚有 3 个指标没有达到小康标准，即农村人均纯收入、人均蛋白质日摄入量和农村初级卫生保健基本合格县比重，与原定小康目标仍有一段明显的距离。这 3 项没有实现的指标都是与农村直接相关的。最为突出的是农村人均纯收入指标完成进度过慢，按 1990 年不变价格计算，2000 年农村人均纯收入 1066 元，达到小康指标的 88.8%。2001 年农村人均纯收入增长 4.2%，按当年价格计算达到 2366.4 元，而按 1990 年不变价格计算为 1111 元，达到小康指标的 92.3%。2002 年农村人均纯收入增长 4.8%，按当年价格计算为 2476 元，按 1990 年不变价格计算为 1164 元，达到小康指标的 97%。如果 2003 年农村人均纯收入继续增长 3%以上，才能达到 2000 年就应当达到的水平，滞后时间达 3 年之久。在原有农村小康进程如此之慢的基础上，建设与全面小康社会相适应的农村小康，不可能不遇到较大的困难和矛盾。

3．农村小康建设的不平衡性更大。据有关部门分析，2000年不同地区农村小康生活的进展是不同的，东部地区农村小康实现程度约为97%，中部地区农村小康实现程度约为90%，西部地区农村小康实现程度约为70%。东部沿海发达地区和某些大中城市附近地区的农村已经提前好几年达到小康水平，而西部地区没有一个省份宣布本省农村已经整体达到小康水平。还应看到，目前我国仍然有2820万农村人口没有解决温饱问题，处于绝对贫困状态；还有6000万农村人口处于低水平的不巩固的温饱状态，一遇到重大的天灾人祸往往可能返回绝对贫困状态，这些低收入人口主要分布在西部地区农村。地区之间这种严重的不平衡性，将在相当程度上制约着农村小康建设的进程。

总之，全面建设小康社会重点和难点都在农村。我们必须充分认识农村小康建设的艰巨性，统筹城乡经济社会发展，加大对农业和农村的支持力度，采取切实有效的政策措施，真正解决存在的各种困难和问题，不断将农村小康建设推向前进。特别是要围绕最突出的农民增收难问题，研究制定突破性的重大举措，较快地增加农村居民收入，形成农村居民收入较快增长的良性循环机制，促进农村经济社会的协调发展，确保农村居民人均收入和其他各项指标如期达到全面小康社会的要求，加快农村小康建设的进程。

三、加快农村小康建设的基本思路

加快农村小康建设步伐，使之与全面建设小康社会的要求相适应，需要从各个方面采取有效措施。农村小康建设的基本思路，具体来说，就是加快农村小康建设必须坚持"发展、改革、转移、统筹"，即发展农业和农村经济、深化农村体制改革、转移农村富余劳动力、统筹城乡经济社会发展。

（一）加快农业和农村经济发展。鉴于全面建设小康社会的重点和难点在农村，必须对农村小康建设予以高度重视，采取切实有效的重大举措加速推进，逐步接近和达到全面建设小康社会所要求的预期目标。特别是要围绕农村中最突出的农民增收难问题，研究制定突破性的重大举措，较快地增加农村居民收入，形成农村居民收入长期持续较快增长的良性循环机制。

1. 大力推进农业结构调整。根据适应市场需求变化和各地自然经济条件，在科学规划的基础上，集中连片地发展具有比较优势的农产品。无论种植业还是养殖业，都应加大农业布局调整力度，促进各种生产因素向优势区域集中，逐步使各种重要农产品全面实现区域化布局，所有具备条件的主要农业区域都应逐步建成优势农产品产业带，在保持家庭承包经营的基础上形成区域规模经营优势，以产前、产中和产后的社会化服务降低生产成本，增强在国内外市场上的竞争能力。

2. 积极推行农业产业化经营。在发展优势农产品产业带的同时，广泛采用"公司+基地+农户"等途径，主要依托龙头企业建立原料生产加工基地，在原料生产加工基地建立和发展专业合作经济组织，通过合作经济组织和龙头企业的组织、带动作用，把过于分散的农户与经常变化的市场紧密地联结起来。农产品生产加工基地应主要分布在优势农产品产业带，以利于全面提高农产品尤其是食品的质量安全水平，逐步形成一批享誉世界的名牌农产品及其加工品。

3. 加快发展农产品加工业。根据市场需求的变化大规模地发展订单农业，按照加工销售的要求发展优质、专用农产品的生产，满足小康社会对农产品质量安全的消费要求。在这个基础上，大力发展农产品加工业和运销业，实现优势农产品产业带的产业层次全面提升，由主要提供原料等初级产品尽早变为主要提供食品等加工品，大范围、大幅度地实现农产品的价值提升和效益提高，促进农村居民收入的长期较快增长。

4. 健全农产品市场体系。根据农产品及其加工品的流向，加强农产品批发市场等流通基础设施的建设，建立健全市场交易规则，整顿和规范市场经济秩序，形成以批发市场为中心的农产品市场体系。国家通过市场吞吐调节进行宏观调控，减少和平抑市场价格的过大波动，正确引导农产品生产者、经营者的经济行为，实现和保持农产品供求关系的相对平衡，促进农村经济和整个国民经济的稳定运行。

（二）不断深化农村改革。继续深化农村改革，扫除各种体制障碍，充分调动一切积极因素，加快农业和农村经济的全面发展，既是深化体制改革的重要任务，也是加快农村小康建设的重大举措。

1．推动农村经营体制创新。在稳定农村土地家庭承包经营制度的基础上，对于有条件的地区，应根据依法、自愿、有偿的原则进行土地承包经营权流转，形成土地向种田能手集中的流转机制，逐步发展规模经营。健全和完善农村统分结合的双层经营体制，提高农民的组织化程度，不断改善和优化我国农业和农村经济发展的微观基础。继续推进农村所有制结构改革，提倡股份制和股份合作制，支持和鼓励发展个体、私营企业，采用参股、租赁等方式搞活集体资产，实现集体资产保值增值，壮大集体经济实力，发展农村公益事业。

2．建立健全农业社会化服务体系。继续加强农业产前、产中和产后的各种社会化服务，切实帮助农民解决各个环节遇到的难题。逐步扩大区域化布局所要求的农业专业户比重，形成生产社会化与农户专业化相结合的新格局，并加强生产技能、市场知识和法律知识等项培训，逐步提高农民科技文化素质和思想道德素质，使农业发展进一步转入提高劳动者素质和依靠科技进步的轨道。建立健全全国统一、权威的农产品质量标准体系、检验检测体系和认证体系，促进无公害农产品、绿色食品和有机食品的发展。

3．继续深化农村其他各项改革。农村税费改革的目标是规范农村税费征收，大幅度地减轻农民负担，保证农村义务教育和基层组织正常运转的需要。从长远来看，还应当探索如何取消农业税，改为征收产品销售税或增值税等，与世界各国通行的税收制度接轨，进一步减轻农民负担。继续深化粮食流通体制改革，积极创造条件全面推进主产区粮食购销市场化，健全和完善粮食储备制度，增强国家对粮食市场的宏观调控能力，并通过各种有效的直接补贴方式切实保护农民利益。加大农村金融体制改革力度，采用小额贷款和联保贷款等方式加大对农户的信贷支持，通过建立和完善信用等级制度加大对乡镇企业为主体的中小企业的信贷支持。

（三）加快农村富余劳动力转移。解决"三农"问题必须跳出农业和农村的传统界限，通过推进城镇化逐步减少农村劳动力和农村人口，降低农村自然资源的负载率，使农村劳动力和人口与自然资源的配比逐步趋于合理，增加农业和农村经济发展的人均资源空间，并为进一步改变城乡二元结构创造条件。

1. 逐步提高城镇化水平。人口城镇化水平的高低，对于加快农村小康建设具有举足轻重的作用。农村人口数量没有明显的减少，农村人均收入就不可能实现长期较快增长，城乡居民收入差距就不可能有明显缩小。加快城镇化进程，是控制城乡收入差距扩大、逐步实现城乡收入差距缩小的最有效手段。如果 2020 年全国人口城镇化率达到 50% 以上，将比 2000 年的 36.1% 增加 13.9 个百分点以上，平均每年增加 0.7 个百分点以上。应当说，这个转移速度是比较稳妥和留有余地的。根据世界其他国家城镇化的一般规律，城镇人口比重达到 30% 以后将会出现城市化加快推进的阶段。在我国，这样的阶段可以说已经到来，必须牢牢抓住并充分加以利用，不失时机地加快城镇化推进步伐。如果有可能，2020 年全国人口城镇化率的目标还可以再适当提高，有些年份由农村转入城镇居住的人口也可以再适当增加。实现农村人口的转移目标，必须做到大中小城市和小城镇协调发展，采用多种途径、多种方式吸纳农村人口。借助加快人口城镇化主要是减少农村人口，对城乡居民收入增长速度进行必要的调整，相对提高农村居民收入增长速度，逐步缩小城乡居民之间过大的收入差距。

2. 切实抓好小城镇发展规划。发展小城镇是推进城镇化的一个重要方面，必须做到科学规划、合理布局。农村社会事业布局和基础设施建设，必须与小城镇发展规划紧密结合，尽量避免重复建设和损失浪费。以现有的县城和有条件的建制镇为基础培育小城镇经济，可以考虑对现有县城行政体制作必要调整，将城关镇建制改为街道建制，以利于对县城更好地进行规划和建设。通过推进乡镇企业逐步向小城镇工业小区、商贸小区集中，形成连片发展的集聚效应，促进第三产业尤其是各种农村服务业的发展，创造更多的非农产业就业机会。在大力发展中小企业和非农产业、促进农村经济全面繁荣的基础上，不断发展和壮大县域经济。需要指出，现有的县城和中心镇在 2020 年前必然会有一部分发展成为人口规模超过 20 万的中等城市，对经济社会发展所产生的集聚效应将更大。现在支持小城镇发展，实际上是支持部分新兴中等城市的发展。

3．引导农村劳动力合理有序流动。消除不利于城镇化发展的体制和政策障碍，建立健全有利于城镇化发展的政策环境和法律制度。加强对劳动力市场的引导和规范，切实帮助解决农民工遇到的各种突出问题，依法保护农民工的合法权益。加强对农民工的职业技能培训和思想道德教育，不断提高农民工的整体素质，以适应在城镇工作和生活的要求。对于长期进城打工而回乡又有一定经济实力的农民工，要创造条件鼓励他们进入小城镇居住，并在非农产业领域创业或就业。要继续改革户籍管理制度，允许符合条件的农村居民在各类城市和小城镇安家落户。城镇居民通过直系亲属关系带动农村人口进入城镇居住，在推进城镇化进程中是一条更为经济、稳妥的途径之一，应当进一步放宽这方面的政策。

（四）统筹城乡经济社会发展。本世纪头 20 年农村小康建设的任务，绝不是依靠农村自身力量能够完成的，也不是依靠城市繁荣的自然带动作用能够完成的。要想按期、全面实现农村小康的各项目标，需对宏观经济政策进行重大调整，统筹城乡经济社会发展，将农村小康建设真正作为全面建设小康的重点和难点来对待。

1．全面建立公共财政制度。根据统筹城乡经济社会发展的要求，明确财政体制和投融资体制的改革方向，改变国家财政过多偏向城市特别是大城市的情况，真正建立公共财政制度，采用加大财政转移支付力度等有效方式，大幅度增强对农业和农村的支持力度，并带动社会资金进入农业和农村。建议从"十五"计划时期开始，大幅度增加各级财政支出用于农业和农村发展的比重，在保持财政支出存量结构大体不变的情况下，对财政新增部分的支出结构进行调整，将财政新增部分的支出主要用于农业和农村发展，所占比例至少应当达到 50%以上，各个涉农部门和行业都要这样做，并通过立法将这项重大改革措施以法律形式长期固定下来，从国家财政支出上为实现 2020 年农村小康建设目标提供可靠的保障条件。

2．加快农业和农村基础设施建设。重点是农村公路、农村通信、农村能源、农田水利、节水灌溉、农村教育、医疗卫生、文化设施、生态环境等项目，尤其要加快既能改善生产生活条件又能增加农民收入的中小型项目建设。退耕还林是增加生态脆弱地区农民收入的有效措施，应当充分利用当前粮食供给充裕的有利时机加大推进力度，并且同生态移民、农村能源建设、建造"淤泥坝"等配套措施紧密结合起来，消除今后可能引发重新砍伐林木的各种隐患，并注意利用和发挥生态系统的自我修复能力，以期取得更加明显的效果。

3．加快农村社会事业发展。农村经济发展明显落后于城市，农村社会发展更加落后于城市。在加快农村经济发展的同时，更要加快农村社会发展，坚持做到城乡之间和经济社会之间两个协调发展。农村社会发展的重点是农村义务教育和农民职业培训、农村医疗卫生和文化事业发展，以及农村社会保障制度建设和社区建设等。各级政府首先是中央政府要作为一项重要工作来抓，长期坚持不懈地抓下去。在 2020 年之前我国国民经济年均增长率达到 7.2%的基础上，国家财政收入有望继续保持较快增长，其中用于消费的比重应有相应增加，特别是用于农村教育、卫生、文化事业和社会保障制度建设等方面的公共消费更应有明显增加，使农村各项社会事业能够得到更快发展，促进农村物质文明、精神文明、政治文明建设的不断加强和协调推进。

关于统筹城乡发展的几点思考[*]

近些年来，统筹城乡发展已经从理论研究、方略制定进入实践探索阶段，日益凸显地摆到了人们面前。前两年国务院批准浦东新区等进行综合配套改革试点，就包括这方面的内容。特别是今年国务院批准重庆、成都规划和建设统筹城乡综合配套改革试验区，更引起人们对大中城市如何统筹城乡发展、突破城乡二元结构的高度关注。对此，本人作了一些调研和思考，形成了一些初步的看法。

一、科学规划城乡空间布局

科学规划城乡空间布局，是统筹城乡发展的重要前提和基础工作。我国正处于加快推进工业化、城镇化的过程中，城乡格局正在发生重大而深刻的变化。在一些经济发达地区和大中城市郊区，尽管城镇化水平已经很高，但是实际上还存在着大片农村，在这种情况下进行城乡空间布局规划，如何体现统筹城乡发展的基本方略，已经成为一个十分迫切而重要的现实问题。

"工业反哺农业、城市支持农村"，是新世纪新阶段做好"三农"工作、解决"三农"问题的基本方针。我们在推进工业化过程中不能忽视农业，在推进城镇化过程中不能忽视农村。但是，城镇化不等于把所有农村都变成城镇，城乡一体化绝不是城乡一样化。如果按照克隆现有城镇的思路去建设新农村，把大中城市附近的农村统统改造成城区，弄得看上去全是水泥、钢筋筑成的高楼，并认为这就是城乡一体化，那就大错特错了。我们追求的目标应该是，以现代城市支持农村，以现代工业

* 本文原载国务院研究室《研究报告》2007 年第 41 号。

反哺农业，进而实现城乡之间和工农之间互补共进、协调发展，推动整个经济社会又好又快地发展。

统筹城乡发展必须突破城乡二元结构、实现城乡一体化，这无疑是正确的。然而，有一个前提却不容改变，就是城镇与农村将始终分别而又独立地存在。我们的目的是要破除城乡二元结构，改变农村落后面貌，建设社会主义新农村，而绝不是要消灭农村，这一点必须要看得十分清楚。在欧洲一些发达国家，它们那里的城镇化水平更高，城镇人口比重一般已达到70%以上，有的甚至达到80%左右。但是从国土面积来看，农村依然占据绝大部分，一般要占到80%甚至更多。即便是大城市，郊区农村也占据相当大比例的国土面积。对于国土面积比例这样大的农村如何看待？显而易见，农村必将长期存在和发展，无论现在还是未来都不可能把所有农村全部变为城镇。

我国城镇化进程中的一个突出问题，是城乡规划严重滞后，导致城乡空间布局十分混乱，许多地方往往看起来既不像城镇也不像农村。有句话说："走过了一村又一村，村村像城镇；走过了一镇又一镇，镇镇像农村。"说不像城镇，是因为这些地方并没有按照城镇规划去建设，缺乏系统的城镇基础设施和公共服务，农村中的脏、乱、差面貌基本没有改变，有的甚至由于环境污染而变得更差；说不像农村，是因为这些地方已经将能够占用的农田都已占用，不应当占用的也已占用，田园风光已经丧失殆尽，取而代之的是没有规划、混乱不堪的水泥、钢筋建筑。这些地方已经不是一张白纸，上面已经涂鸦了许多杂乱无章的图画，在今后改造和建设中必将付出极大的甚至难以承受的代价。

因此，在城镇化过程中必须坚持科学规划在先，深刻吸取国内外正反两方面的经验教训，放眼长远，立足当前，在合理布局基础上设计和进行城乡建设。务必做到积极稳妥、扎实推进，避免出现大的折腾和反复，避免造成人力、物力和财力的巨大损失浪费。

二、充分认识农业多功能性

直到今天，我们谈起农业，在很多人的脑子里还停留于传统农业的概念，认为农业就是解决吃饭、穿衣问题，而且在国民经济发展中所占比重越来越低，全国国内生产总值中农业仅占不到12%，在一些发达地区生产总值中农业更是下降到5%以下，有的大中城市农业增加值所占比重仅有1—2个百分点，因此认为农业可有可无、无关紧要。这种观念是由于对农业的狭隘理解造成的。实际上，现代农业的功能是多种多样的，内涵极为广泛、深刻。工业化、城镇化越是发展，对农业多种功能的需求越趋增多，现代农业的地位和作用越突显。

我们过去所强调、所突出的只是农业中很少的一些功能，而对农业的大多数功能不是没有看到，就是没有重视。就农业本身来说，起码有六大基本功能：一是食品保障功能，二是原料提供功能，三是就业增收功能，四是生态维护功能，五是观光休闲功能，六是文化传承功能。农业的这六大功能，在2007年中央一号文件和领导同志的讲话中已经分别作了明确阐述。我们过去强调的往往只是食品保障功能和原料供给功能，即使这两个功能也是站在传统农业的角度来看待的，也远远没有看到这两个功能的全部内涵。因此，在思想上和行动上往往容易把农业当成是一个落后的传统产业，当成一个对地方经济发展没有多大带动力的弱质产业。

从现在开始，我们要建设和发展的农业是一个内涵广泛、深刻得多的现代农业。现代农业的一个重要特征就是承认农业的多功能性，并在实践中将这些功能充分发挥出来。特别是生态维护、观光休闲、文化传承、就业增收等功能，过去重视得不够、发挥得不好，今后特别要大力加强。随着城镇化水平的逐年提高，城镇居民对生态环境的需求、对旅游观光的需求、对文化传承的需求会相应增大，这是社会发展和消费层次上升的必然趋势。目前在发达国家已经表现得很明显，在我国也开始逐步显现出来。

即便是食品营养功能和工业原料功能，现在也被赋予许多新的含义。对于食品营养功能，过去追求的是在数量上增加食品供给，目标锁定在解决吃饱问题上，现在要在这个基础上追求食品的质量安全水平，甚至追求食品的健身、美容、长寿功效，这与过去产生了很大差别。对于工业原料功能，过去农产品只是作为传统工业的原料来源，现在开始已经作为许多新兴工业的原料来源,特别是生物质产业发展对农业提出了许多新的要求,也为农业开辟了一个广阔的发展领域。我国能源供给趋紧,农业中许多产品和副产品都将转化为生物能源,特别是农作物秸秆等各种非粮食资源在生物能源中将会产生越来越重要的作用。

农业上述六种功能的充分发挥,实际上是形成第一、第二、第三产业紧密连接、共同推进的产业体系,特别是农产品加工、流通以及由此派生的各种服务业,必然会大大扩充产业容量,创造许多新的劳动力就业机会、拓展许多新的农民增收渠道,也必然会促进地方经济发展和财政收入增加。在目前我国人口和就业压力持续增大的情况下,农业多功能所创造的就业增收机会更显得宝贵。这就使得农业的就业增收功能更加突出,不论农村还是城市居民都将从中获得巨大收益。

现代农业正是这多种功能并存而又充分展现的复合体,对于我们的经济社会生活已经开始产生重大影响,今后必将产生更大影响。可以说,城镇化率越高,对现代农业的需求就越高;城镇居民收入越高,对现代农业的期望就越高;城市人口规模越大,对现代农业的依赖程度就越高。从这些角度去看,我们就不难理解当今欧美发达国家为什么花费那么大的财力、物力、精力,去维持和增加农民收入、扶持和保护农业、规划和建设农村。

三、城乡建设重在优化环境

自 20 世纪 80 年代以来,推进城镇化、发展城市建设较为普遍地存在一个误区,就是城镇像摊大饼似的向外扩张,摊子越铺越大,结果把周围的农村都变成了城镇,由此导致交通越来越堵塞,污染越来越严重,喧嚣程度越来越厉害。这实际上是世界上一些超大型城市的通病,实践证明弊病很多,然而我国许多大中城市还在沿着这条路往下走。值得注意的是,一些大中城市往往将各种资源都集中用于城区建设,对郊区和农村投入极少,由此带来了一系列的问题,特别是导致郊区和农村面貌更显破旧,生存环境更显恶劣,农民增收更显困难。在这种情况下,城乡差距不是缩小而是扩大,二元结构不是弱化而是强化。

实际上，城镇与农村建设都要立足于环境保护和建设，都要努力形成一个各具特色的良好环境。在推进城镇化过程中必须及早考虑和解决环境问题，否则将会陷入为时已晚的境地，付出的代价将成几倍甚至几十倍地增加。借鉴国外的有益经验，对城乡建设应当从优化环境的角度出发，有一个长远的通盘考虑。扩大城市建设不一定平推式地向四周扩展，可以考虑采用放射式、跳跃式的扩展。特别是充分利用已有或规划中的交通设施，如城市地铁、高速公路和城市铁路等，在那些人口居住较为集中的地方设站，车站附近兴建小城镇或较大的集中居住区。这些小城镇或集中居住区之间由农田或林地隔开，空气清新流畅，令人心旷神怡；这些小城镇或社区内部环境优美，学校、医院、商店、道路、环保、绿化等软硬件设施齐备，而且具有较高的运转水平。可想而知，这些小城镇或集中居住区的居民生活舒适、安逸、恬静，不仅农村人愿意住在那里，而且很多城里人也愿意迁向这些地方居住。

近 20 多年来，西方发达国家出现了一种"逆城市化"倾向，也就是说，城里人而且是城里有钱人开始纷纷迁往农村居住。当然，这里面有个条件，就是农村的整体环境和小城镇及居民集中居住区的自身环境非常优越，而且生活舒适、服务周全、交通便捷。所以，我们到一些发达国家考察时看到，农村房价甚至比大城市房价还高。很多长期居住在农村、收入不高的人，将他们在农村的房屋卖掉，用其中一部分卖房款到城里买房居住，平时有农活就开车到农村上班。而城里有些有钱人向往农村的优美环境和田园风光，特别是那些积累了一定经济实力的中老年人，愿意花高价从农村买房迁去居住，或者作为周末和节假日休闲用房。记得 20 世纪 80 年代有一本非常流行的书——《第三次浪潮》，预测随着信息社会的发展，集中办公将会逐步变为分散办公。现在，随着无线通信、可视电话等现代联系手段的普及，这种情况在一些发达国家已经变为现实。特别是宽带网的迅速扩展及其性能的大幅提高，使得不少从事独立性相对较大行业的人，主要是从事创作、法律、咨询、教育等行业的人，已经不需要每天往返家庭与单位之间，可以在家里安安静静地工作，不需要为赶着上班而去分秒必争地拼搏，也避免了交通拥堵、事故频发和空气污染带来的烦恼。因而，这部分人感到居住在农村远比居住在大中城市好，兼有适宜工作与休闲的双重功效。

对于我们来说，规划和推进城乡建设也需要有一些超前的考虑，重庆、成都等试点城市和浦东等综合配套改革试验区应当在这方面多作一些探索。其中必须把握的一条，就是在推进城市建设过程中不要把现在所有的国土空间都占满，更不能都变成高楼大厦，在城乡建设过程中要保留农村，在大中城市扩展过程中要保留开阔的空地。正如有句话说的那样"请神容易送神难"。由农田建成高楼大厦容易，由高楼大厦再变回农田就难上加难，实际上几乎不可能。我们赖以生存和发展的粮食供给基础就会受到削弱，自然环境质量就会受到很大损害。在这个问题上，我们绝不能再犯不可改正的历史性错误，切记要为保护环境和长远发展着想。对规划布局的开阔空地要建成农田、林地或者公园，造成有利于保护生态环境和净化空气的隔离带，努力将农村建设得比城市更优美。这不仅有利于农村人的健康生活，也有利于城里人的健康生活。也许在不远的将来，我们国家的某些大中城市也会出现"逆城市化"趋势，许多城里人都愿意迁往农村居住。尽管现在尚未成为现实，但是应当留有充分余地。

四、城乡一体化必须抓住要领

打破城乡二元结构，实现城乡一体化，应当在保留城镇与乡村的前提下推进，真正做到以工促农、以城带乡。这就是说，既要保留城市与农村各自的特点，又要逐步缩小和消除城市与农村的巨大差别。这种差别实质上是一种不平等，固然与农村经济社会发展水平较低有关，但更重要的是歧视农村、剥夺农村的传统体制造成的。推进城乡一体化正是为了根除这种差别，一体化程度越高意味着城乡差别越小，意味着社会平等程度越高。如何推进城乡一体化，关键是要抓住要领。什么是城乡一体化的要领呢？主要体现在以下五个方面：

（一）实现城乡产业协调发展。城乡产业协调发展是城乡一体化的重要基础。近些年来，我国经济持续快速发展，引起全球的普遍关注和高度赞赏。但是，我国经济增长点主要集中在大中城市，县域经济发展相对滞后。由此导致很大一部分县乡财政相当困难，只能靠上级财政转移支付勉强维持正常运转，而上级财政转移支付与实际需要之间又往往有较大缺口，很少有财力用于基础设施建设、改善公共服务和健全社会保障等方面。因此，城乡协调发展必须以产业发展为基础，合理布局城乡产业结构，通过深入开展城乡产业协作，加大对县域经济发展的支持、辐射和带动。县域也要根据城乡协调的要求，主动与大中城市实行产业对接，在大力推进现代农业建设的同时，加快发展第二、第三产业特别是各种服务业，把小城镇建设成为人口、产业和市场的集聚点和城乡的连接点，创造大量的就业机会，形成新的经济增长点。从而不断增强县域综合经济实力和财政能力，使县域能够加快基础设施建设、改善公共服务和健全社会保障等，逐步缩小城乡差距。

（二）促进城乡劳动力平等就业。农村人口多、劳动力充裕，是我国的基本国情之一。实现农村劳动力的充分就业，是我们务必努力实现的一个重要目标。虽然目前农村劳动力构成发生了重大变化，不少地区青壮年劳动力很大部分外出务工经商，但是农村劳动力总体上过多的状况还远远没有改变。2006 年全国从事农业的劳动力达 32561 万人，占全国劳动力总量的 42.6%，仍然超过农业发展实际需要 20 个百分点左右。促进富余农业劳动力转向非农产业就业，仍然是任重道远。解决这个问题，需要实行就地转移和异地转移并重。就地转移，就是结合加快推进小城镇建设，积极发展农村非农产业，不断壮大县域经济，特别是增加服务业就业规模和容量。异地转移，就是支持和组织农民外出务工经商，维护和保障农民工合法权益，改善农民工就业环境和工作条件，推动城乡劳动力要素的合理配置。农村劳动力不论就地转移或者异地转移，都要统筹考虑城乡产业发展和就业安排，不断改进和完善就业服务，既满足农村劳动力加快转移的要求，又适应城乡经济社会协调发展的要求。

（三）加强农村基础设施建设。大力改善农村基础设施是城乡一体化的重要条件。对小城镇和集中居住区的基础设施建设，应当参考城市基础设施并考虑农村的实际需要。学校、医院、商店、道路、供水、排水、环保、绿化等城市拥有的现代基础设施建设，在小城镇和集中居住区也要逐步建设，并且达到国家相应标准。同时，根据发展现代农业的要求，抓好农田道路建设，方便机械作业。目前农村房屋布局极为分散，这是影响农村建设的最突出的问题。解决这个问题需要一个长期过程，不能过于着急，但要积极创造条件，引导农民逐步实现集中居住。最重要的是在合理规划的前提下，加强小城镇和集中居住区的基础设施建设，使农民看到美好前景，愿意集中居住。这里还要注意探索解决一个问题，就是农民新迁的住房应当与城镇原有居民一样，属于商品房性质，拥有房屋产权证和土地使用证，可以出售或者抵押。这样，通过若干年的努力和引导，就可以在有条件的地方逐步实现农民的集中居住，对于腾出来的宅基地可以进行复垦，进而建设集中连片的大块农田，推进规模经营和发展设施农业。

（四）发展农村公共服务。农村公共服务是衡量城乡一体化进展的重要标志。除了加强农村基础设施等硬件建设外，更应当加强农村教育、卫生、文化、交通、通信等公共服务的软件建设，使小城镇和集中居住区的居民能够享受到与附近城市大体相当的公共服务，甚至在某些方面更具特色、更有优势。这样，当地居民就会感到与附近城市同样方便、舒适，从而增强小城镇和集中居住区的凝聚力、吸引力。

（五）完善农村社会保障。社会保障与城乡居民的切身利益紧密相关，对于促进社会和谐稳定关系极大。农村社会保障涉及的问题很多，但人们最关心的仍然是最低生活保障、医疗保障、养老保障等，对于这些问题，应当根据当地条件特别是财政状况抓紧解决。短期内保障水平不一定做到与城市相同，可以先低后高、逐步提升，最终实现城乡同样水准的保障水平。有些地区在解决农村社会保障时与土地承包经营权或承包地使用权的流转挂钩，以促进规模经营和现代农业建设，即"用社保换土地"。这种做法值得探索和研究，其中最重要的是遵循有关法律，切实做到依法、自愿、有偿，确实解决好当前补偿、安置、就业等现实问题，并妥善安排失地农民的社会保障等长远生计。但是，要防止擅自把农用地转变为建设用地。

综上所述，在产业发展、劳动力就业、基础设施、公共服务和社会保障五个方面做到了城乡协调发展，就可以说基本实现了城乡一体化，也可以说城乡二元结构问题基本得到解决,农村整体面貌就会发生重大变化,整个城乡关系将会进入一个新的阶段。

五、高度重视城乡人口全面发展

贯彻落实科学发展观,以人为本是核心。所谓以人为本,既包括城市人口,又包括农村人口。在继续促进城市人口全面发展的同时,应该强化农村人口全面发展的促进工作。实行城乡产业发展和就业统筹,改善农村基础设施、公共服务和社会保障,目的是促进农村人口的全面发展。如何促进农村人口的全面发展,与统筹城乡产业发展、促进平等就业,改善农村基础设施、公共服务和社会保障紧密相关,但是还需要根据农村人口的特点,研究制定专门的针对性措施,抓紧解决促进农村人口全面发展面临的各种实际问题。

现在一提起农民,我们头脑往往还是认为农村人口素质低,属于社会竞争中的弱势群体。农村人口素质总体上为什么会低于城市?可以说,主要是外部环境条件造成的。当然,每个人的自身天赋和他的主观努力是有差异的,但是各人所处的外部环境特别是社会环境应该是大体一致的。所以,我们追求的平等实质上是追求外部环境的平等,构建平等的外部环境是我们的基本出发点。这既要有利于城镇人口的全面发展,也要有利于农村人口的全面发展。只有提供良好、平等的外部环境,城乡人口才有公平发展的机会,城乡人口自身素质的巨大差别才有可能在总体上逐步缩小。

教育公平是最大的公平。构建平等的外部环境,首先要为农村青年营造良好的教育环境。沿海发达地区和大中城市带动农村发展,一个很重要的任务就是要提高当地农村人口的综合素质。在推进城镇化过程中,不能只是把他们由农业劳动力变成简单的工业劳动力,只能从事一些简单的劳动,只能做那些又脏又累、工资报酬又低的工作。农村人口的综合素质如何提高?最理想的是上大学、读研究生、读博士生,但至少从目前讲,能够达到这个程度的毕竟是少数,多数青年人应该接受正规的职业教育,努力做到普及中等职业教育,其中成绩好的接受高等职业教育。接受职业教育后，这些农村青年人就能够掌握一定科学文化知识和职业操作技能，特别是职业教育毕业证书和技能资格证书的获得，能够增强他们在劳动力市场中的竞争能力，从而能够从事复杂程度较高的劳动、获得较高的收入，较快地缩小和城里人的差距。这是非常重要的。

随着沿海发达地区和大中城市经济发展，特别是先进制造业和现代服务业的发展，最短缺、最需要的恰恰是高级技工和技师。这是一些地方已经开始显露的劳动力"结构性短缺"问题。现在我们大学生、工程师并不是特别短缺，每年都有相当数量的普通大学毕业生很难找到合适的工作，招聘市场中白领岗位竞争非常激烈，但是高级技工和技师却极为抢手，比较容易找到合适的工作。我们有很多产品设计是很好的，但是问题出在加工的工艺上，从而造成质量达不到高标准，影响了市场竞争力。人们常说工艺、文艺、园艺，其中都有一个"艺"字。"艺"是指艺术，具有较高的水准。现在许多在生产第一线从事操作的人员，可以说达到了做工的要求，但是远远没有达到艺术的高度，努力方向就是不断提高工艺水平。这是当务之急。

当前，特别要加大对农村青年人进行培训特别是职业教育的力度，有些地区甚至西部地区已经开始这样做。如重庆，对贫困家庭子女和退伍军人，由政府提供两年、三年的免费中等职业教育，学费、住宿费、伙食费、课本费都由财政承担，并且与城里企业对接，实行定向培养。目标是培养高级技工或技师，完成学业后发给毕业证书和职业资格证书。这样，不但能够增强毕业生在就业市场上的竞争力，而且在城乡二元结构体制下也可以在城镇安家落户，为他们融入城市社会和个人长远发展打下良好基础。其他多数地区也应当而且有条件做好。

同时，还要考虑吸纳优秀的农民工在城镇落户，使他们能够享受当地城镇居民平等的福利待遇。农民工是介于城市与农村之间的流动人口，他们虽然在城市工作，甚至其中大部分已经在城市工作多年，但是并不能在所在城市落户，也不能享受城镇居民的社会保障和福利待遇。特别是1980年以后出生的农村青年已经成为农民工的主力军，他们大部分没有务农经历，渴望留在城市工作和生活，但是他们作为农民的身份和待遇还没有改变，仍然被城乡二元结构阻隔在城市主流社会之外。2006 年我国人口城镇化率在统计上已经达到 43.9%，但实际上很大一部分是农村流动人口组成的，并不是所有统计在城镇的人口都能够享受同等的社保和福利。对这个问题应当从实际出发，逐步予以解决。当然，流动人口的数量相当大，有的大城市达到几百万，不可能一下子全部吸纳，但是可以根据需要与可能，有选择、有步骤地推进，从吸纳优秀分子开始。对于那些在城镇工作多年、一贯表现较好、已经获得高级技工和技师证书的农民工，应当优先考虑吸纳。同时，抓紧落实国务院有关文件的精神，在城市住房建设中建设一部分农民工专用出租房，以农民工能够承受的合理租金向农民工出租，多渠道改善农民工居住条件，并优先解决这部分人的住房问题，使他们能够逐步过上正常的城里人生活。这无疑会激励广大农民工更加爱岗敬业，有利于逐步充实和优化产业大军队伍，有利于提高我国在国际市场上的整体竞争力，也有利于构建社会主义和谐社会。实际上，一个高级技工或技师在生产实践中所起的作用、对经济发展所作的贡献，往往不亚于一个普通大学生，我们应该同等地对待他们。

对于仍然留在农村从事农业的劳动力，同样要重视培训和教育。发展现代农业，依靠传统农民是不可能实现的，必须建立一支庞大的现代新型农民队伍。在建设现代农业过程中，应当结合普遍推进科技进村入户工程，根据农业发展的实际需要，加大科技推广服务力度，开展多种形式的培训活动，使农民掌握先进实用的种植、养殖技术。更为重要的是，要立足现代农业的长远发展，在普及九年义务教育的基础上，加快普及对农村青年人的正规职业教育，使他们能够掌握现代农业的基本知识和操作要领，逐步提高现代种植业和养殖业的科技水平，真正适应现代农业发展的要求。对于城乡职业教育尤其是农业职业教育，各级政府应当在资金投放、师资配备、教学设施等方面给予更大支持，对贫困家庭子女和退伍军人尽可能实行免费教育，使他们能够顺利接受中高等职业教育。对从事农业的中高等职业学校毕业生，应当继续给予必要扶持，切实帮助他们解决在生产生活中遇到的困难，使他们早日成为发展现代农业的中坚力量，从而加快实现农业现代化。

　　客观地讲，目前我国沿海发达地区和大中城市郊区，已经达到现代农业水准的只是少部分，已经达到社会主义新农村水准的村镇也不是很多，多数地方仍然处于由传统农业和农村向现代农业和新农村过渡的状态，所不同的是各地现代农业建设进展的程度有差别。沿海发达地区和大中城市郊区农业农村发展中的现代因素明显多于中西部地区，但总体上与现代农业和新农村的要求还有一定差距，必须用更大力量向前推进，率先做到第一、第二、第三产业相互协调促进、城市与农村共同繁荣发展，才能在建设现代农业农村方面走在前列，才能在破除城乡二元结构、推进城乡一体化方面取得重大进展，对全国统筹城乡发展真正起到示范和带动作用。

大力推动城乡统筹发展*

——认真贯彻落实党的十七届三中全会《决定》

党的十七届三中全会通过的《决定》，提出要加快形成城乡经济社会发展一体化新格局，这是新形势下推进农村改革发展的根本要求。实现这个目标，着力点在于破除城乡二元结构，建立起以工促农、以城带乡的长效机制，实现城乡统筹发展，资源良性互动。

一、统筹城乡发展是破解"三农"难题的基本方略

进入新世纪以来，我国统筹城乡经济社会发展的力度逐年增强，主要表现在：实行以工促农、以城带乡，坚持把国家基础设施和社会事业发展的重点转向农村，国家财政用于"三农"的投入逐年加大，取消农业税，终结了农民种田交税的历史，对农民进行直接补贴，全面放开农产品价格和经营，扎实推进现代农业和新农村建设。在统筹城乡经济社会发展基本方略带动下，我国农村经济社会发生了深刻的变化，农民收入水平和生活质量稳步提高。

但我们必须清醒地看到，目前我国城乡差距依然很大，特别是城乡居民收入差距 2007 年达 3.3∶1，已高于改革开放前 1978 年的水平。如果不及早采取有效措施加以遏制，必将进一步加剧城乡发展不平衡状况，影响经济社会又好又快发展。党的十七大报告对此给予高度重视，在分析我国经济社会发展状况时指出，协调发展取得显著成绩，同时农业基础薄弱、农村发展滞后的局面尚未改变，缩小城乡、区域发展差距

---

* 本文原载《求是》2008 年第 22 期。

和促进经济社会协调发展任务艰巨。党的十七届三中全会《决定》进一步强调：我国农村正在发生新的变革，推进农村改革发展具备许多有利条件，也面对不少困难和挑战，特别是城乡二元结构造成的深层次矛盾突出。农业基础仍然薄弱，最需要加强；农村发展仍然滞后，最需要扶持；农民增收仍然困难，最需要加快。我们只有深入领会党的十七大、十七届三中全会精神，不断深化农村改革，着力统筹城乡经济社会发展，才能尽快破除城乡二元结构，推动整个城乡关系进入一个良性互动的新阶段。

二、统筹城乡发展必须协调推进城镇化与新农村建设

建立城乡经济社会发展一体化新格局，一方面要大力推进城镇化，继续加快转移农村剩余劳动力；另一方面要建设社会主义新农村，逐步改变农村落后面貌。这两个方面相辅相成，不可或缺。

推进城镇化，关键要抓三个环节。一是大中城市扩展要公平对待被征地农民。改革征地制度，严格界定公益性和经营性用地，逐步缩小征地范围，完善征地补偿机制。在依法征收农村集体土地时，要按照同地同价原则，及时足额给予农村集体组织和农民合理补偿，解决好被征地农民的就业、住房和社会保障，使他们成为城镇化的真正受益者。二是大中城市的提升要合理吸纳农民工。现在有一个很好的条件，就是城市经济社会发展较快、财力增长较快，我们要抓住这个机遇，在推进全面小康建设进程中努力解决农民工问题。当然，现有农民工及其家属数量庞大，不可能全部在城市安家落户，应该研究完善相关制度，根据城市发展的吸纳能力逐步加以解决，使农民工有盼头，激励他们更好地为所在城市作贡献。三是加快小城镇建设和发展。小城镇包括县城和中心镇，与农村关系密切。小城镇的城市化可以相互兼顾，上与城市联结在一起，下与农村联结在一起。加快小城镇建设和发展，可以在加速城市化进程的同时，促进农村剩余劳动力的转移就业。小城镇的进入门槛较低，目前已有越来越多的农民具备了进入城镇的条件。应当在科学规划的基础上，有步骤地将当地农村大多数人口吸纳到小城镇安居乐业，不断创造

新的就业机会，推动农民收入的持续增长与地方经济社会的协调发展。

建设社会主义新农村，关键是要解决好三个问题。一是村庄如何建设？现在农民居住过于分散，大多数村落仍然是脏乱差的状况。应当从长计议，进行科学规划与合理布局，在有条件的地方，有步骤地建设具有一定规模的农村社区居民点，逐步推进农村居民的集中居住，做到基础设施建设配套，基本公共服务到位，方便群众生产生活。特别是实行农村集中居住后还可腾出部分土地用于复垦，经过努力可以实现占补平衡并提高耕地质量，从而确保国家粮食和农业综合生产能力的不断增强。二是农业如何发展？最根本的是要走中国特色农业现代化道路。现代农业是包含多种功能的产业，以往，我们强调的是农业的食品营养、工业原料、就业增收等功能，对于农业的生态维护、观光休闲、文化传承功能重视不够，应当及早更新观念，全方位挖掘农业的多种功能，以增强农业自我增值能力与发展后劲。当前，我国农业发展最大的制约因素，还是人多、地少、水缺。为突破这一限制，发展适度规模经营是方向。一个现实的途径是大力推动区域规模经营，即在一个区域范围内把一个产品做大做强，这不仅有利于发展农产品加工业，也有利于创建品牌。一个成功的案例是河南的优质专用小麦，现已形成规模化种植、加工、运销和自己的品牌，初步形成了以小麦为基础的较为完整的产业链，改变了我国大量进口外国优质专用小麦的局面。三是农民素质如何提高？目前的农民技能培训基本上是短期的，这是在农民科学文化素质普遍不高的情况下采取的一种补充措施。今后培养的农民最起码要达到正规中等职业教育的水平，使他们能够比较快地吸纳新知识，比较快地适应现代化生产生活方式，比较快地适应现代信息化高度发展的环境。只有这些新型农民成为我国农民的主体后，中国特色农业现代化才能从理想变为现实。

三、统筹城乡发展重点在于破除城乡二元结构

实施统筹城乡发展的基本方略，不仅要调整国民收入再分配结构，使农村发展能够获得更多的资源支撑，而且要从根本上破除城乡二元结

构，为城市和农村的同步发展提供制度保障。现阶段，统筹城乡发展的关键是要把握住十七届三中全会《决定》提出的要点。

（一）科学制定城乡建设规划。这是统筹城乡发展的前提与基础。毋庸置疑，我国的城镇与农村将长久地相互独立存在，我们建设社会主义新农村，是要从根本上改变农村落后面貌，绝不是要消灭农村。目前，许多地方在城乡建设中的一个突出问题是规划制定和执行存在严重缺失，导致城乡空间布局十分混乱，许多地方往往看起来既不像城镇，也不像农村。因此，开展城乡建设必须坚持科学规划在先，认真吸取国内外正反两方面的经验，在合理布局的基础上推进城乡建设，务必做到积极稳妥、扎实推进，避免出现大的折腾和反复，造成人力、物力和财力的巨大浪费。

（二）实现城乡产业协调发展。城乡产业协调发展是城乡一体化的重要基础。近年来，我国经济持续快速发展，引起全球的普遍关注和高度赞誉。但是，我国经济增长点主要集中在大中城市，县域经济发展相对滞后。由此，导致一部分县乡财政困难，只能靠上级财政转移支付维持行政机构的日常运转，基本上没有多少资金用于改善基础设施与改善公共服务。因此，城乡协调发展必须以产业发展为基础，合理布局城乡产业结构，通过深入开展城乡产业协作，加大大中城市对县域经济发展的支持、辐射和带动。县域也要根据协调发展的要求，主动与大中城市实行产业对接，在推进现代农业建设的同时，加快发展第二、第三产业特别是服务业，把小城镇建设成为人口、产业和市场的集聚点与城乡连接点，形成新的经济增长点、农民增收点和内需扩展点，不断增强县域综合经济实力和财政能力，逐步缩小城乡差距。

（三）促进城乡劳动力平等就业。实现农村劳动力充分就业，是统筹城乡发展的一个着力点。改革开放30年来，随着经济社会的发展，我国农村劳动力构成发生了重大变化，但农村劳动力总体上过多的状况没有改变，仍超过现代农业发展的实际需要。促进农村剩余劳动力转向非农产业就业，任重而道远。解决这个问题，需要实行就地转移和异地转移并重。就地转移的一个重要途径就是在加快推进小城镇建设中，积极发展非农产业，不断壮大县域经济，特别是增加服务业的就业规模和容量。异地转移，就是支持和组织农民外出务工经商，维护和保障他们的合法权益，改善他们的就业环境和工作条件，推动城乡劳动力要素的合理配置。不论是就地转移还是异地转移，都要实行城乡产业发展和就业安排统筹考虑，不断改进和完善就业服务，既满足农村劳动力加快转移的需要，又适应城乡经济社会协调发展的要求。

（四）加强农村基础设施建设。改善农村基础设施是城乡一体化的重要条件。对小城镇和集中居住区的基础设施建设，应当参考城市基础设施，并考虑农村的实际需要。学校、医院、商店、道路、供水、排水、环保、绿化等城市拥有的现代基础设施建设，在小城镇和集中居住区也要逐步建设，并且达到国家相应标准。同时，根据发展现代农业的要求，抓好农田道路、小型水利、节水灌溉、草场围栏、养殖小区、大中型沼气等基础设施建设，大规模开展土地整理，进而建设集中连片的大块农田，推进规模经营，发展设施农业。

（五）发展农村公共服务。农村公共服务是衡量城乡一体化进展的重要标志。除了加强农村基础设施等硬件建设外，更重要的是加强农村教育、卫生、文化、交通、通信等公共服务的软件建设，大力推进城乡基本公共服务均等化，不断提高农村公共服务水平，使小城镇和集中居住区的居民能够享受到与附近城市大体相当的公共服务，甚至在某些方面更具特色、更有优势。这样，当地居民就会感到生活与附近城市同样方便、舒适，从而增强小城镇和集中居住区的凝聚力与吸引力。

（六）完善农村社会保障。社会保障与城乡居民的切身利益紧密相关。农村社会保障涉及的面更广，当前人们最关心的仍然是最低生活保障、医疗保障、养老保障等，对此应当根据各地条件特别是财政状况抓紧解决。短期内，保障水平不一定能够做到与城市相同，可以先低后高、逐步提升，最终实现保障水平的城乡统一。有些地区在解决农村社会保障时与土地承包经营权或承包地使用权的流转挂钩，以促进规模经营和现代农业建设，即"用社保换土地"。这种做法还需要进一步探索与论证，其中最重要的是遵循有关法律，切实做到依法、自愿、有偿，确实保护农民合法权益，认真解决补偿、安置、就业等现实问题，并妥善安排失地农民的社会保障等长远生计。

（七）统筹城乡社会管理。重点是推进户籍制度改革，放宽中小城市落户条件，使在城镇稳定就业和居住的农民有序转变为城镇居民。同时，加强对流动人口的服务和管理，积极推进管理体制创新，促进城乡经济社会和谐。

粮食和农业生产发展

粮食对策：寻求和注入多种刺激因素[*]

1985 年全国粮食总产量有较大幅度的下降，客观上起到了清醒剂的作用，迫使人们摒弃种种不切实际的幻想，认真地思考粮食的发展问题。笔者认为，发展粮食问题的重点不在于如何确定粮食增产的目标，而在于确定实现粮食增产目标的对策。寻求和注入多种刺激因素，是实现粮食增产目标的有效办法。

一、刺激：实现粮食增产目标的基本对策

20 世纪 80 年代前半期，我国粮食供给与需求之间出现了基本平衡的良好局面。作为一个有 10 亿人口的发展中国家，取得如此奇迹般的成就在世界上尚无先例，确实是一件了不起的大事。但是，历史已经跨入 80 年代的后半期，在到达本世纪末以前的人口增长高峰期内，我国粮食供求关系能否保持基本平衡，这是摆在我们面前的新的考验。考验的严峻性在于：粮食需求量的增长是一个难以逆转的已知数，而粮食生产量的增长却是一个难以驾驭的未知数。人们常说农业是国民经济的基础，而这个基础的作用首先是通过粮食来体现的。供给主要来自生产。粮食生产量与需求量之间的平衡，对于保证国民经济的协调发展和人民生活的稳步提高至关重要。

粮食需求量的增长是由人均消费量和人口数量的变化决定的。根据有关部门测算，我国平均每人占有粮食 400 公斤方可基本满足需要。这个数字虽然略高于 1984 年全国人均占有粮食 395.5 公斤的水平，但是与同年世界人均占有量 429.5 公斤相比仍然是比较低的。另外，在进行

---

[*] 本文原载《中国农村经济》1986 年第 5 期。

71

上述比较时人们通常忽略了这样一个事实，即 1984 年我国人均占有量是按国内当年粮食生产量计算的，如果加上粮食净进口数量（全国粮食净进口 68.4 亿公斤，平均每人 6.5 公斤），实际人均占有粮食达到 402 公斤。从今后粮食发展战略来看，我国将由粮食净进口国转变为净出口国，加上人们食物结构变化引起的对粮食消费总量（集中表现为与动物性食品相关的粮食间接消费量）的增加，说明全国人均占有粮食 400 公斤不仅是必要的而且还显得不够。人均占有量确定以后，粮食需求量的增长则取决于人口数量的增长。根据预测，1990 年全国人口有可能达到 11.3 亿以上，2000 年则可能达到 12.5 亿以上。这样，1990 年要求粮食达到 4500 亿公斤，2000 年则要求达到 5000 亿公斤。以 1985 年粮食总产量为基数，80 年代后半期平均每年需要增产粮食 140 亿公斤，90 年代平均每年需要增产粮食 50 亿公斤。从我国粮食生产已经达到的水平和增产潜力看，实现上述粮食增产目标确实有相当难度，尤其是 80 年代后半期的增产任务更为艰巨。

正是基于上述分析，我们认为，实现粮食增产目标的对策的确定，远比粮食增产目标本身的确定要困难和重要得多。从总体上看，可供选择的粮食增产对策有以下四个方面：一是资源因素，即粮食的种植面积。在我国现有土地资源和没有突破性增产措施的条件下，粮食种植总面积不能低于 16.5 亿亩，并且要求粮食亩产在 1990 年和 2000 年分别达到 272.5 公斤和 303 公斤，比 1984 年分别增加 32 公斤和 62.5 公斤，其中 80 年代后半期平均每年亩产要增加 6.4 公斤，90 年代平均每年亩产要增加 3.05 公斤。实现上述亩产指标并非易事。如果没有足够的种植面积来保证，实现预定的总产量指标是十分困难的。二是物质因素，即加强农业基本建设和增加物质投入。粮食的投入与产出之间存在相应的比例关系，只有适当增加投入，才能相应增加产出。三是技术因素，即广泛采用良种和先进栽培技术。通过确保单位面积产量增长，实现粮食总产量的逐步增长。四是刺激因素，即以经济政策调动农民的种粮兴趣，保持粮食生产发展的内在动力。

实现粮食增产目标是诸因素综合作用的结果。但是，在上述四个方面的因素中，必然有一个因素起到主导的作用。这就是经济政策的刺激因素。确认这一点，并非忽视或限制其他因素效能的发挥，恰恰是以充分发挥其他因素的效能为前提的。首先，资源配置同刺激因素直接相关。我们知道，从事经济活动必然追求经济效益。经济效益的高低决定着种粮兴趣的高低，种粮兴趣的高低制约着粮田面积的多少，这是农业生产取消指令性计划以后出现的客观现实。在这个意义上可以说，保证粮田面积的基础在于对从事粮食生产注入有效的刺激因素。其次，物质投入也同刺激因素密切相关。投入不是一种游戏，其目的在于获得价值更大的产出。较高的产出才能吸引较多的投入，而较低的产出自然要减少投入的兴趣。鉴于国家财政力量有限的状况，用于农业的投资纵有增加也相当有限，农业投入的增加主要依靠农民本身，1985 年全国粮食总产量较大幅度下降的直接原因之一，就是农民用于粮食生产的投入减少。而粮食投入减少又根源于种粮经济效益的下降。再次，技术措施也离不开刺激因素。先进技术措施的小面积运用不能解决全局性粮食增产问题，而大面积普及推广则需要借助于农民的种粮兴趣，较高的种粮兴趣才会促使农民钻研和运用先进技术。很难设想，在农民缺乏种粮兴趣的情况下，技术措施的效能能够得到充分的发挥。

从以上分析不难看出，以经济政策构成的刺激因素作为实现粮食增产目标的基本对策，确实有其客观的必然性。这种客观必然性来自两个方面：其一，刺激因素本身能够有效地推进粮食增产目标的实现；其二，其他因素效能的发挥也需要刺激因素的辅佐。下面就谈谈推动粮食生产的几种刺激因素。

二、价格：这种刺激因素的效能与局限

价格通常是最有效的刺激因素。如果说经济效益与种粮兴趣之间存在正相关关系，那么粮食价格则与经济效益之间存在正相关关系。在生产成本已定的情况下，粮食价格越高则意味着经济效益越高；即使在生产成本上升的情况下，只要粮食价格的上升高于生产成本的上升，经济效益依然可以相应提高。但是，粮食价格的高低是比较而言的。衡量粮食价格水平的高低，既要看其绝对价格，更要看其相对价格，即粮食与

其他产品之间的比价关系。与绝对价格相比，相对价格更能刺激农民的种粮兴趣，因为相对价格非但要求从事粮食生产具有一定的经济效益，同时要求这种经济效益与从事其他产品生产的经济效益大体均等。粮食价格若能达到这一水平，就可以保持农民种粮的兴趣；若能高于这一水平，就可以提高农民的种粮兴趣。上述任何一种情况的出现，都能够有利于促进粮食生产的发展。我国粮食具有需求弹性小、生产弹性大的特点，实现预定的粮食增产目标关键在于运用什么样的价格来收购粮食。

从当前的现实情况来看，确实存在着粮食收购价格偏低的问题。1985 年开始在全国实行对粮食统一按比例价收购的政策，这本来对于解决各地由于原有统购基数不同而形成的苦乐不均有一定的积极意义。但是"倒三七"比例价本身是以稳定和减少财政补贴为主要目标的，实行的结果是降低了国家的粮食收购价格的总水平。另一方面更为严重的是化肥、农药、柴油、农机、农具等生产资料销售价格大幅度上升，这就进一步造成了粮食生产成本的大幅度上涨。再加上肉、奶、蛋、禽、鱼、菜、果等主要副食品购销价格的放开，相比之下粮食收购价格显得更低，绝对价格的下降使得种粮的经济效益减少，相对价格的下降使得粮食与其他产品的比价的不合理程度加重。由此导致了农民种粮兴趣的下降，不少地区的农民往往只愿意把粮食生产保持在满足自身需要的水平线上，而不愿意向国家提供更多的商品粮。这就是当前粮食问题的症结所在。

价格政策的选择是相当明显的，即再次较大幅度地提高粮食收购价格，改变粮食比价偏低的状况。但是，粮食是国民经济中数量巨大的基础性产品，提高粮食收购价格受到四个因素限制：一是目前粮食购销价格仍然倒挂，在销售价格不动的情况下提高收购价格则意味着再次增加国家财政补贴，同时也相应增加今后理顺粮食购销价格关系的难度；二是较大幅度地提高第一性产品粮食的收购价格，势必对以粮食为基础的肉、奶、蛋、禽、鱼等第二性产品以及其他农产品的价格产生一系列连锁反应，造成农产品以及一部分以农产品为原料的轻工业产品价格的轮番上涨，从而可能造成社会经济生活的动荡；三是粮食相对价格过高则可能影响粮食转化，再次出现像 1984 年那样粮食转化难的状况，再次出现"卖粮难"的问题；四是较大幅度提高粮食收购价格则有可能影响农业劳动力向非农产业的转移，不利于农业劳动生产率的提高和向现代化农业的迈进。因而，较大幅度地提高粮食收购价格的药方尽管比较灵验，然而在没有充分准备尤其在没有充分财政准备之前，是不能轻易使用的。

由于粮食收购价格较大幅度的提高存在上述困难，价格作为刺激因素的效能也就受到限制。在这种情况下只能采用相应的补偿性措施。第一，实行以工补农。除了乡以下从乡镇企业利润中提取一部分资金对粮食实行价外补贴和加强农业基本建设以外，国家在宏观上也要从工业缴纳的税金中提取一部分专项资金，重点用于扶持商品粮集中产区的农业基础设施建设，把以工补农同商品粮的调出挂起钩来，刺激商品粮生产的发展。第二，完善合同定购制度，实行粮食定购与供应平价生产资料、优先提供优惠贷款结合起来，以此吸引农民向国家多交售商品粮。第三，减少合同定购数量，适当扩大市场调节部分，逐步放开粮食购销价格，除了确保城镇居民口粮和军工用粮平价供应外，用于其他方面的粮食一律实行议购议销，相应缩小国家财政补贴的范围。从上述分析看来，过多地提高粮食价格固然不好，而适当地提高粮食价格却未尝不可。所谓适当，是指种粮的直接经济效益接近于或者不过分悬殊地低于从事其他农产品生产，努力做到既有利于调动和保持农民的种粮兴趣，又有利于粮食同其他农产品的协调发展。与此同时，还要逐步建立合理的品质差价、季节差价和地区差价，不仅在数量上，而且在品种、季节和产品流向等方面也符合消费者的要求。但是这里需要着重指出的是，粮食购销价格倒挂并不符合经济运行的规律。这种被扭曲的价格关系，妨碍着粮食生产、流通和消费的正常进行，也不利于国家财政的合理使用和协调运转。需要在条件成熟时果断而又缜密地取消粮食购销价格倒挂，并且将直接发给消费者的粮食价格补贴尽可能计入工资，使之作为劳动力再生产必要费用的一部分构成生产成本。从而理顺我国农产品价格体系中这个难度最大的价格关系，促进粮食生产的持久稳定而又协调的发展。

三、规模：孕育着长期经济效益的刺激因素

从事粮食生产的经济效益偏低，价格不合理固然是一个重要原因，经营规模过小也是一个不可忽视的事实。经营规模同经济效益之间同样存在着密切的关系。在粮食单位产量经济效益已定的情况下，经营规模的扩大则意味着经济效益的提高。如果随着经营规模的扩大，粮食单位产量的生产成本有所下降，其经济效益还会进一步提高。从农业长期战略的角度考察，经营规模与经济效益的关系甚至比产品价格与经济效益的关系更有意义。因为经营规模的扩大除了相应提高经济效益之外，还符合由传统农业向现代农业演变的历史规律。

通过扩大经营规模提高经济效益，不仅在多数经济发达国家已经成为普遍存在的经济现象，而且在我国某些地区也开始出现萌芽。根据江苏省苏州、无锡、常州三市的统计，1984年平均每个农村劳动力的收入，务工为1217元，务商为1029元，务副为975元，种植经济作物为848元，而从事粮食生产只有669元，处于不同经营项目收入曲线的谷底。但是，那些经营规模较大的专业户情况则大不相同。昆山县陆杨乡17个粮食专业户，1984年平均每个劳动力收入2300元，是全乡务农劳动力平均收入的3倍，比务工劳动力的平均收入也高得多。（引自俞敬忠、徐元昌：《苏南地区三种典型给我们的启示》，载《农业调查与研究》1986年第1期）。形成规模效益的奥秘实际上极其简单：在苏南目前种一亩粮田，亩产700公斤左右，纯收入约140元，一个劳动力种3亩只有420元，如果扩大到15亩，纯收入就可达到2100元左右。粮食经营规模的扩大促使农民专心致志地学习钻研种粮技术，相应增加物质投入，努力提高粮食产量。因此，从农业长期战略的要求出发，可以考虑把适当扩大经营规模作为发展粮食生产的一项重要政策。这里所说的适当扩大经营规模是指形成适度经营规模。所谓适度经营规模，不是一个静态概念，而是一个动态概念。以家庭为基本生产单位的经营规模究竟多大较为适宜，在不同地区、不同时间往往表现为不同的量。选择适度的经营规模，提高规模经济效益，至少要受到以下五个因素的制约：一是承包者的经营管理能力；二是资金、技术、劳动力的合理组合；三是

信息的灵通程度；四是社会化服务体系健全与否；五是土地资源扩展的可能性。但是，以上几个方面仅是从微观经济角度考察的。适度经营规模除了受到微观经济因素的制约，还将受到宏观经济因素的制约。宏观经济对适度经营规模的要求是：单位面积的平均产量、产值、收益应当达到最高点，一旦由于经营规模过大或过小而引起单位面积的平均产量、产值、收益下降，就应当对家庭经营规模进行调整，使之始终保持在较为理想的范围之内。从以上分析可以看出，适度经营规模比起运用价格手段刺激农民种粮兴趣有其独特的积极意义，但是作为一种刺激因素的作用也是有限的。适度经营规模的普遍形成是一个较长时期的渐进过程。在经济发达地区和少数条件特殊的地区发展速度会相对快一些，而在多数地区则相对较慢。这样，80 年代后半期适度经营规模的效能主要体现在经济发达地区和少数条件特殊的地区，进入 90 年代以后适度经营规模的效能有可能从上述地区扩展到其他地区，构成全国性的发展粮食生产的一种刺激因素。适度经营规模由局部到全局的演进，正是我国粮食生产发展的巨大动力所在。但是，相对全国农村大部分地区而言，适度经营规模效能的发挥在近几年内毕竟还不可能是普遍的，仍然有必要寻求和注入其他新的刺激因素。

四、增值：适应现有经营规模的刺激因素

换一个角度考察，我们可以发现，现时从事粮食生产的经济效益低，其实是直接经济效益低，即农民从粮食价格与生产成本之间直接获得的差额较少。如果扩大视野，围绕粮食发展多种经营，其间接经济效益则未必很低。所谓间接经济效益，即不是直接来自粮食本身，而是来自其他以粮食作为原料的产品的经济效益。粮食经济效益由直接到间接的扩展，我们称之为"效益增值"。它同样能够起到刺激粮食生产发展的作用。如果说适度经营规模是利用扩展宽度刺激粮食生产的发展，那么效益增值则是通过挖掘深度刺激粮食生产的发展，两者具有异曲同工的效能。

与适度经营规模相比，效益增值作为一种刺激因素在我国农村具有

更大的适应性。它虽然也与适度经营规模相关，但是不以扩大粮食的土地经营规模为先决条件。即使现有经营规模不变或稍作调整，也同样能够取得较好的经济效益。就全国多数地区的农村而言，都可以以现有经营规模为基础开辟效益增值的途径，是一种短期内就可以见效的刺激因素。首先，效益增值在现阶段往往能够比扩大经营规模带来更高的经济效益。原因在于它不需要像扩大经营规模增加那样多的投资用于添置农业机械等固定资产，相比之下投入的物质成本较低，适应多数地区农村的现有经济能力，尤其比较适应实行家庭联产承包责任制以后的现实状况。其次，效益增值在技术方面也具有较大的可行性。以粮食为基础开展多种经营的方法是一般农民比较熟悉或容易掌握的，通常只进行短期的技术培训就可以取得显著的成效。

现实经济生活中，我国有些地区的农民已经摸索出了比较成熟的效益增值经验。例如，河南省沈丘县莲池乡有一户农民，全家 12 口人承包了 12 亩责任田和 17 亩水面。责任田主要用于生产粮食，然后用作物秸秆或粗粮喂牛，牛粪作为饲料养鱼，鱼塘的淤泥作为粮食的肥料，卖了鱼再买一些饲草饲料喂牛，从而形成了生态系统的良性循环，促进了以粮为基础的多种经营的发展。1985 年大灾之年小麦亩产仍然达到400 多公斤。尽管单项经济效益不算太高，而综合经济效益却相当显著，预计全年收入达到 3 万元，扣除物质成本后纯收入达到 2.5 万元，平均每人 2000 多元。

诸如此类的事例，在我国各地农村到处都可以发现。这种增值方式导致的结果，既在价值形态上改变了粮食直接经济效益低的局面，又在实物形态上改变了农民单纯提供粮食的状况。农民向社会不仅提供粮食，还提供包括肉、奶、蛋、禽、鱼等内容日趋丰富、数量日趋充足、质量日趋提高的多种农畜产品，可以有效地实现粮食就地转化，增加动物性食品的供应量，改善人们的食物构成和健康程度。因此，同调整农业内部结构的长期目标也是并行不悖的。

事实上，上述效益增值方式还只是停留在第一产业的"转化增值"上。较为理想的效益增值方式，应该是既要充分利用第一产业的广阔天地，更要致力于开拓第二、第三产业的浩瀚领域，即在"转化增值"的基础上增添"加工增值"。在发展粮食和其他相关农产品的同时，根据市场的多种需求，对这些产品进行加工、包装、运输、销售，使粮食的间接经济效益进一步提高，以致形成一个倒宝塔形的粮食经济效益体系。位于底端的粮食直接经济效益虽然较小，但是竖立其上的其他层次的间接经济效益逐步扩大。粮食这个基础越牢固，间接经济效益的提高越有保证。这样，不仅粮食生产的动力自然会得到增强，而且用于粮食生产的物质技术条件也将有所改善，从而必然有力地推动粮食生产的发展。

效益增值作为粮食生产的一种刺激因素，短期内所能显示的特殊效能是相当明显的，长期战略中也可以与适度经营规模并重发展，倘若加上粮食价格有所提高所产生的刺激效能，则构成了推动粮食生产的三大刺激因素。只要加以合理地调配和运用，同时配合其他有效措施，必定有助于我国粮食增产目标由计划变为现实。

对推进农业规模经营的几点看法*

农业规模经营由点上试验到面上推进，是当前和今后较长时期内沿海发达地区农村改革与发展面临的一个重大历史任务。规模经营在我国农村涉及的问题相当广泛，尤其与家庭联产承包制联系更为密切，因而成为一个相当敏感的政策问题，需认真研究和探讨。

一、农业规模经营的意义及条件

现在有一种情况必须高度重视和认真对待，即有些地区经济发达了、工业发展了，农业反而萎缩了。如何使经济发达地区在工业高速增长的同时农业也稳步发展，就需要逐步推进规模经营。从 20 世纪 80 年代末期开始，广东、福建、浙江、江苏、上海等沿海地区的一些市、县进行了农业规模经营的试验。通过试验不仅积累了不少有益的经验，而且对规模经营的认识也逐步趋于一致。因为，规模经营不仅是农业现代化的一个重要途径，而且对于农民收入的增长也是很重要的。发展农村经济，很重要的一个环节就是要实行目标转换。我们过去主要强调的是发展经济、保障供给，现在也要响亮地提出增加农民收入，这应该是我们 90 年代面临的重要奋斗目标。而推进规模经营，提高规模效益，正是增加农民收入的最佳途径之一。

然而，推进农业规模经营需要具备相应的条件。其中最基本的条件，就是剩余农业劳动力向非农产业的转移。具备了这个基本条件，就具备了推进规模经营的可能。目前，东南沿海等经济发达地区的这一条件已基本具备，在面上推进农业规模经营的时机已经成熟，要在积极引导上

---

* 本文原载《开放潮》1995 年第 3 期。

多做工作。

不仅经济发达地区存在规模经营问题,而且在经济欠发达地区甚至在比较落后的地区,也程度不同地存在着规模经营问题。因为现在这些地区已经存在一个很重要的经济现象,即很多农业劳动力已经外出打工,他们承包的土地没有人耕种,撂荒现象已屡见不鲜。与其让土地在那里撂荒,还不如把这些土地集中起来再进行招标承包,实行规模经营。这样做,并不需要集体经济组织投入多少资金,也不需要等到大多数农业劳动力都转入非农领域。实际上,土地集中本身就可以形成新的生产力。在这个基础上,规模经营就可以由少而多地逐渐发展起来。

二、需要进一步探讨的几个问题

应当承认,东南沿海地区一些市、县的农业规模经营试验是成功的。然而,点上试验成功并不等于在面上推进也一定能获得成功。要使农业规模经营由点上试验转入面上推进,还有很多工作要做,还有不少问题要研究。

(一)经营规模是否适度的问题。我们提倡的规模经营,并不是经营规模越大越好,而是要保持在适度范围内,即适度规模经营。判断经营规模是否适度,最重要的不是看劳动生产率、经济效益、商品率是否提高,而应当看土地生产率是否提高。对我们这样一个人多地少的国家来说,能否在同等数量的土地上生产出更多的农产品,增加社会生产总量,应当成为判断经营规模是否适度的首要依据。因此,土地经营规模究竟多大为宜,应根据有利于提高土地生产率的要求来确定。在达到这个要求的前提下,再看劳动生产率、经济效益和商品率是否提高。

(二)规模经营的补贴问题。在农业规模经营试验过程中,不少乡村都以不同方式进行了大量的资金补贴,或者称作以工补农建农。这是规模经营试验获得成功的重要因素。但是,在面上推进规模经营的过程中,应注意使补贴控制在乡村集体经济实力所能承受的限度以内,以后随着农业自身经济效益的提高而相应减少。同时,对农业的资金支持也应当由以工补农逐步转为以工建农,主要用于扶持农业发展所必需的农田水利基本建设和农业机械等固定资产购置更新。这样，有利于培育和增强农业发展的内在动力和活力，使农业本身能够成为效益较高的产业，减少对非农产业的依附性。

（三）土地流转的机制问题。这是农业规模经营在面上推进能否获得成功的一个关键问题。其目的就是要使已经稳定转入非农产业的农民愿意让出土地，有利于过于分散的土地向种田能手集中，进而实现规模经营。现在，对这个问题引起较多议论的主要有两种类型的做法：一种做法是以苏南为代表的"两权制"，即土地所有权和土地承包权分离，将农民自愿放弃的承包地连同使用权集中起来，重新招标承包，建立集体农场或家庭农场。另一种做法是以珠江三角洲为代表的"三权制"，即明确土地所有权是集体的，土地承包权是农户的，土地使用权可以流转。为了土地使用权能够流转，有些乡村采取土地使用权入股方式，农民凭借这种股份可以参与分红，即使不种田也可以获得一定的收益。应当说，"两权制"和"三权制"各有利弊。"两权制"的不利之处在于目前可能会放慢土地流转和集中的进程，有利之处在于能够较彻底地割断已经转入非农产业的农民与承包地的直接联系，减轻农业经营者的负担。"三权制"的有利之处在于能够促进承包地的流转和集中，不利之处在于很可能会使农民与承包地的关系凝固化、永久化，增加农业经营者的负担。对于这两种类型的做法，都应当允许继续进行实践和探索，通过比较和修正，逐步趋于完善。我个人的看法，无论"两权制"还是"三权制"，都应当在国家规定的承包期内实行，为今后的调整和完善留有余地。尽量避免给今后的工作造成被动。

（四）规模经营的形式问题。目前农业规模经营大体有两类形式：一类是村办农场、站办农场、厂办农场和合作农场，统称集体农场；一类是种田大户，包括家庭农场。集体农场和种田大户各有其存在的客观必然性，也各有其利弊，应当允许各地有不同的选择。通常在集体经济实力较强的乡村，采用集体农场这类形式的可能会占一定比重，甚至可能居于主导地位。而对于大多数集体经济实力不太强的乡村，采用种田大户这类形式的可能更适宜。就全国农村大部分地区而言，今后农业规模经营的形式适宜以种田大户为主，或者说是以种田大户为主的多种规模经营形式并存，其中不应排斥某些集体经济实力较强的地区以集体农场为主。种田大户和集体农场这两类形式完全可以并存，在相互比较中取长补短，共同发展。

（五）保障体系的建设问题。农业面临的自然风险和市场风险本来就比较大，实行规模经营以后面临的风险更大。尤其是一旦遇到自然灾害，损失往往是毁灭性的。因此，必须加快与规模经营相关的保障体系建设步伐。不仅要建立自然风险保障制度，而且要建立市场风险保障制度。在自然风险保障制度建设方面，应该根据农业的特点，建立相应政策性保险制度，除了合理收取保险费外，可以考虑给予必要的财政支持。在市场风险保障制度建设方面，主要是确立保护价制度，当市场价格低于保护价时，由国家粮食储备部门按保护价敞开收购，由此产生的亏损从已经开始建立的风险基金中解决。除了与规模经营直接相关的风险保障制度建设外，还应当建立与规模经营间接相关的风险保障制度，其中主要是已经转入非农产业的农村劳动力的失业保障制度。现在不少农村劳动力已经转入非农产业，但是还不愿意放弃承包地，其中很重要的一个原因是这些劳动力存在后顾之忧，把承包地作为最保险的退路来对待，以防在万不得已的时候可以回家种地。恰恰由于这个原因，致使许多有条件的地区规模经营推进速度缓慢，甚至出现大面积撂荒。如果在乡镇集体企业和个体私营企业及早建立失业保险制度，就有可能较好地改变这种状况，既有利于促进已经转入非农产业的农村劳动力及早与承包地脱钩，也有利于防止已经转入非农产业的农村劳动力大量回流到农业中来。

不断提高农业综合生产能力[*]

我国农业和农村经济已经进入全面走向社会主义市场经济的时期。在市场经济条件下，稳步提高农业综合生产能力，保证农产品有效供给和农民收入较快增长，是我国农业和农村经济发展需要解决的一个跨世纪主题。农业综合生产能力是指一个国家或一个地区，在一定的社会经济技术条件下，由农业生产诸要素综合投入所形成，可以相对稳定地达到一定水平的综合产出能力。它是社会生产力在农业方面的具体体现，也是衡量一个国家或一个地区农业总体生产水平和农村经济实力的基本标志。

随着我国人口总量的增加及其对农产品需求的增长，提高农业综合生产能力的任务将越来越艰巨。以粮食生产为代表，根据预测在 2000 年和 2010 年，我国人口总量将分别达到 13 亿和 14 亿，按人均粮食产量 400 公斤计算，粮食综合生产能力应当达到 5200 亿公斤和 5600 亿公斤。然而，目前粮食综合生产能力大体上是 4500 亿公斤，尚存在较大的差距，必须持续不断地加以提高。由于农业属于经济效益低而社会效益高的基础产业，在我国国民经济中长期是一个最薄弱的环节，因而提高农业综合生产能力需要农民和农业企业的不懈努力，更需要政府在政策措施上给予重点支持。

一、增加对农业的资金投入，优先解决农业固定资产投入和资源开发投入严重不足等突出问题

我国农用土地资源有限，农业综合生产能力的提高主要依靠农业集

＊ 本文原载《生产力研究》1996 年第 2 期。

约化程度的提高，依靠农业资金投入的稳定增长。为了确保农业资金投入的稳定增加，提高农业资金使用效益，政府必须采取切实有效的具体措施。农业是国民经济中最重要的基础产业，应当同能源、交通、原材料等基础产业一样，列为各级政府投资的重点，并在基础产业中排序第一，即首先满足农业的需要，然后再安排其他投资项目。能否确定做到这一点，是衡量各级政府是否真正把农业放在各项经济工作首位的主要标志。

为确保农业综合生产能力的稳步提高，农业资金投入的重点应放在农业基础设施建设和资源开发上。80年代以来，我国农业资金投入虽有较大幅度的增加，但总的看流动资金投入增加较快，固定资本投入增加相对较少，特别是一些大中型农业基础设施投资不能满足农业发展的需要，造成了在农业流动资金投入增加的同时，农业抗灾能力下降，农业投资整体效益不高，带来很大的浪费。根据固定资产与流动资金之间所要求的合理比例，今后农业资金投入，特别是政府的农业投资，一定要把重点转向农业基础设施建设和农业资源开发，使资金投入构成逐步趋于合理。

增加农业基础设施和资源开发的资金投入，不仅是必要的，而且是可以做到的。解决的办法是采取有效措施多渠道筹集资金，尤其是国家投资的部分要确保及时足额到位，对于整个投入目标的实现将起到关键作用。其中，属于农业基础设施建设的资金投入，是保证农业稳定发展、提高抗灾能力的基本条件，在国家"九五"的基本建设投资计划中应有所加强，优先予以安排落实；属于农业资源开发的资金投入，是推动农业向广度进军的基本条件，应当由财政部门作为农业资金供给计划列入财政预算，分年支出，继续实行有偿使用和周转使用，不列入国家基本建设投资总规划。国家直接用于水利建设、林业建设的资金，也应相应增加。同时，还应根据农业发展的需要，新增一些财政用于农业的资金项目，如农业服务体系建设专项资金、高产优质高效农业专项资金等。目前已经安排的国家对农业的资金投入，与实际需要之间的缺口还比较大，亟待调整和增加，以保证不断提高农业综合生产能力的需要。国家投资以外的部分，分别通过银行贷款、农村集体经济组织、国有企业和农户自筹等途径解决。

二、加快发展农用工业，保证农业物质投入增长的需要

提高农业综合生产能力，必须高度重视农业生产资料的生产和供应。如果没有数量充足、质量可靠的农业生产资料供应，所增加的农业资金投入也就难以顺利转化为有效的物质力量。根据我国的农业发展目标和提高农业综合生产能力的需要，到本世纪末，我国农用化肥（按有效成分计算）的投入需要达到 3700 万吨，农田灌溉面积需要达到 8 亿亩，良种面积需要达到 18 亿亩，农机总动力需要达到 28500 万千瓦，农膜需要达到 45.6 万吨，农药需要达到 67 万—70 万吨。对此，应当切实安排，付诸实施。

要保证农业物质投入目标的实现，必须加快发展农用工业，增强农业生产资料的生产能力，尽快缩小现实生产量与需求量之间的差距，同时根据经济合理原则适当增加进口量，弥补国内生产能力的不足。在这里，新上一批现代化的农用工业重点项目是至关重要的，既能够提高我国农用工业的整体水平，增加更多的就业机会和税收来源，又能够较为牢靠地把握我国农业生产资料供给来源的主动权，减轻对从国外进口的依赖程度。70 年代后期确定引进的十几套大型化肥生产设备，对于 80 年代以来增加国内化肥供给量、促进农业较快发展起到了重要作用。为了保证今后我国农业综合生产能力的持续稳定提高，有必要尽快安排落实一批农用工业骨干项目，尤其是具有 90 年代世界先进水平的化肥、农机、农药、农膜、饲料等农用工业骨干企业，并加速现有农用工业企业的技术改造，采用新的技术设备，开发新的品种，提高产品质量和经济效益。对生产紧缺农业生产资料的农用工业企业，国家要在资金、能源、交通运输和原材料等供应上给予保证。对新型农业生产资料的研究和生产，国家要在科研资金、税收等方面给予扶持。

三、增加农业科技投入，加速农业科技进步的步伐

农业科技事业是项公益性极强的事业。由于农业生产的分散性和比较效益偏低，完全靠农民或靠农业科研和技术推广部门自身的力量来发展农业科技事业是不可能的。任何一个国家，包括那些市场经济发达的国家，农业科研、教育和农业技术推广，都是主要由政府部门支持。因此，国家应当义不容辞地承担发展农业科研、教育和技术推广的任务。

今后我国农业综合生产能力的提高，对科学技术的依赖程度将越来越高。提高农业科技水平是提高农业综合生产能力的基本途径之一，科技进步具有巨大的潜力。为更充分地发挥我国科技进步在农业综合产出增长中的作用，使农业发展尽早转入以科技进步为主的轨道，增加国家对农业的科技投入是完全必要的。因此，国家用于农业科技研究和技术推广的经费只能增加，不能减少。到 2000 年，我国这方面的经费支出应力争达到发达国家 80 年代的水平，即为农业总产值的 1% 以上，并使农业科技投入的增长速度高于农业产值的增长速度。

农业科技工作还应当打破过去那种过度偏重于粮棉油等大宗农产品的局面，要面向国内外市场，适应农业结构调整的需要，加强那些市场潜力大、经济效益好的农业生产项目的科技开发。不仅要大力发展粮、棉、油等大宗农产品的科技开发，而且要发展畜牧、水产养殖、果品、蔬菜、蚕茧、茶叶以及各种出口创汇农业的科技开发。现阶段我国农业科技发展的重点是：大幅度提高农业生产力，改善产品质量，提高经济效益。当前农业科技工作应当实行战略性的转变，由过去偏重于提高农产品产量转入重点研究开发优质高产品种，即在保持产量稳定增加的基础上，不断改进产品的品质，提高效益。不论粮、棉、油等大宗农产品还是经济作物产品和林、牧、渔业产品的科技开发，都要及早而有步骤地实行这种战略转变，以适应加快发展高产优质高效农业的要求。为此，各个有关科研部门、技术推广部门和生产管理部门，应当集中力量，继续抓好研究推广各项行之有效的先进适用技术，特别如高产优质品种、节水灌溉、旱作农业、地膜覆盖、精量播种、水稻旱育稀植、化肥配方深施、配混合饲料等；对推动高产优质高效农业关系重大的重点科研项

目组织攻关，并及早推广普及，国家在科技经费和科技手段上给予重点支持，力争到 2000 年使主要粮食、经济作物品种更换一次，畜、禽、鱼良种普及率达到 30%，整个生产技术水平上一个新台阶。过去受传统计划经济的影响，对农产品产后加工、保鲜、储藏、包装、运输等方面的技术极不重视。今后随着市场经济的不断深化，对农产品加工、保鲜、储藏、包装、运输等方面的技术要求越来越高，必须予以充分重视和切实加强。

为了推动农业科技进步的更快发展，还必须深化农业科技体制改革，使农业科技行政管理部门转变职能，建立起与社会主义市场经济和科技自身发展相适应的科技管理体系。在深化改革中，一个极为重要的改革目标，就是加快科技成果的商品化进程，使更多的科技成果通过技术交易、技术有偿服务转化为现实农业生产能力，并使科研和技术推广单位获得一定的收益，从而部分弥补国家财政拨款的不足。但是，就农业科技工作的性质以及我国农业生产特点来讲，农业科研、教育和技术推广是不能做到自我维持、自我发展的。各级政府用于农业技术推广的财政拨款必须长期保持，尽可能做到有所增加，以稳定农业科技推广队伍，同时允许开展以保本微利为原则的有偿服务，以改善工作条件和生活待遇。这要作为农业科技进步的一项基本政策肯定下来，并长期稳定不变。

四、坚持从当地实际出发，因地制宜地
提高不同区域的农业综合生产能力

从我国 80 年代以来的情况看，北方和西部地区的农业综合生产能力提高速度明显快于南方，各种物质投入的增加也比较快。从各地区现有的农业生产水平和投入水平来看，南方地区则明显地高于北方和西部，北方和西部地区发展的潜力可能会更大一些。今后提高我国农业综合生产能力，尤其是粮、棉、油等大宗农产品的生产能力，要更加重视北方和西部地区。在南方地区，一些经济发展水平较低的省份，也具有北方和西部地区的一些特点。如果撇开北方、南方、西部这种区域划分

界限，可以说，今后我国农业发展重点应放在中西部地区，尤其是介于东部与西部之间作为粮、棉、油等大宗农产品主产区的中部地区。

在北方和西部地区，要大力加强农业科研和技术推广工作，创造一个有利的外部环境，增加农业物质投入。在各项物质投入中，要特别重视增加化肥和农业灌溉方面的投入，并花大力气改善农业基础设施，搞好农业资源的合理开发和充分利用。在发展农产品生产的基础上，要高度重视和切实加强乡镇企业发展，尤其对从事农产品加工业的乡镇企业要进行重点扶持，改变过去单一提供初级农产品的状况，根据市场需求和当地加工水平，进行农产品的多层次加工增值，不断提高经济效益，逐步形成本区域特有的产业优势，使发展农业生产与增加农民就业机会、增加农民收入和增加财政收入等紧密地结合起来。通过包括农产品加工在内的乡镇企业的较快发展，逐步增加农村自身以工补农建农的能力，切实推动农业综合生产能力的提高。因此，对于以北方和西部为主、加上部分南方省份构成的中西部地区，不仅应当成为国家对农业投入的重点，而且应当成为国家对乡镇企业投入的重点。

在南方地区提高农业综合生产能力，应进一步提高农业的集约化程度，增加农机、化肥、排灌等方面的投入，充分利用南方地区所特有的农业自然资源优势，调整农业生产结构。今后随着我国社会主义市场经济的不断发展，农业结构调整的空间会越来越大，南方地区如果利用其农业发展水平较高、科技较发达、自然资源适应性强的特点，大力发展高产优质高效农业，农业综合生产能力就可能会有一个更大的提高。特别是在以东南沿海地区为主、加上部分北方省份构成的沿海经济发达地区，今后农业综合生产能力的提高，可能主要不是体现在粮、棉、油等传统的大宗农产品生产上，而主要是体现在高附加值农业、创汇农业等方面。在经济发展格局上，沿海经济发达地区可以充分利用国内外两个市场的资源转换优势，充分发挥交通运输便利和加工水平较高的条件，根据经济合理的原则，把发展外向型的创汇农业作为一个重点，大力发展各种名、特、优、新农产品及其加工品的生产，不断提高我国农产品在国际市场上的竞争能力和创汇水平，同时适当增加粮食等大宗农产品的进口量，弥补国内生产的不足，实现以最佳经济效益为目标的资源转换。

五、建立较为完备的农业投入机制，为提高
农业综合生产能力创造良好的外部环境

提高农业综合生产能力，说到底就是通过增加各种农业生产要素投入达到增加农产品产出的目的。在我国的农业投入中，农民的投入占到整个农业投入总量的绝大部分，农民对农业投入的多少，对农业综合生产能力的影响极大。特别是随着我国社会主义市场经济体制的不断发展和完善，难以再用行政命令直接干预农民的经济活动，而对农民来说，市场的发展将使其经济活动的空间更大，投入的领域更宽。因此，要确保农业综合生产能力不断提高，必须首先创造一个良好的外部环境，吸引和带动农民增加对农业的投入。

进一步放开农产品市场，积极培育市场体系，是推动农业资金、物质和科技投入的首要条件。国家要有计划地建立一批中央级农产品批发市场，根据不同农产品的产销流向做到布局合理，一般应建立在对同类农产品供给有决定性意义的主产区，同时指导地方政府在布局合理的前提下，相应建立一批区域性的农产品批发市场，使之与中央级批发市场相互呼应，形成体系。对于批发市场要下大气力进行规范化的管理，建立健全交易规则和管理机构，禁止批发市场外的非法批发交易行为，增加农产品交易的透明度，并建立健全市场信息网络，及时发布和传递交易信息，由此影响遍布各地城乡的零售市场（包括集贸市场），为进行宏观调控创造必要的基础条件。各级政府要采取有效措施鼓励发展多种形式的农产品流通组织和流通体系，特别是要鼓励农民进入农产品流通领域，发展贸工农、农工商一体化组织。为创造和保持良好的市场经济环境，还必须坚决打击流通领域中的非法活动，撤掉各种滥设的关卡，反对垄断经营，保护农民的合法利益。

在农产品市场放开的条件下，为了调动和保持农民的生产积极性，不断增加对农业的投入，除了依靠市场调节的作用外，还必须进一步完善农产品保护价制度。实行保护价的对象主要是粮、棉、油等大宗农产品和糖料、蚕茧、橡胶、羊毛等重要工业原料。保护价应当根据保本微利的原则制定，使农民能够收回成本并有适当利润。农产品保护价要与国家专项储备制度有机地结合起来，并通过批发市场进行运作。市场价

格过高时政府在批发市场上以较低价格抛售,市场价格过低时政府在批发市场以较高价格购进,努力使市场价格始终保持在较为合理的范围以内波动,以保持农业生产的稳步发展。

在农业诸要素投入中,耕地面积和用于粮、棉等大宗农产品的播种面积始终是至关重要的。因此,必须把保持足够的耕地面积和粮、棉播种面积,作为提高农业综合生产能力的一项重要措施予以落实。根据我国人口众多、人均耕地较少的基本国情,用于粮棉生产的播种面积必须始终分别保持在 16.5 亿亩以上。各地对现有高产稳产的农田要作为永久性基本农田,通过立法形式予以确定和保护。必须把占用耕地控制在最低限度,同时严格征收耕地占用和土地转让的税费,并且责成相关部门加大土地复垦工作力度,保证新增耕地大于被占用的农田。

建立农业资金积累投入机制,通过法律手段和经济利益诱导,在投入与产出、产出与积累、积累与投入间形成一个有机的良性循环体系,是增加农业资金投入所不可缺少的又一基本条件。从现在开始,一方面要尽快建立健全农业投入的法律制度,对政府、集体经济组织、国有企业和农民个人等农业投资主体的投资行为进行规范;另一方面通过建立明晰的产权制度和合理的利益分配制度,使投资者有利可图。在投入来源上,要调动各方面的积极性,动员社会各界力量增加农业资金投入,特别是鼓励农产品加工企业、农产品运销和贸易企业投资兴办农业,通过贸工农、农工商一体化来促进农业投资的增长。在农业建设项目的筹资方式上,采取更为灵活的政策,允许以多种形式筹资,包括吸引外资开发农业。在金融体制改革上,除了继续加强农村政策性银行建设、保证国家用于农村的政策性贷款能够及时畅通地下达以外,还要加强对有关商业性银行的引导,尽可能增加用于农业的贷款,改变目前农用资金严重不足的状况。要加快农村信用合作社的改革步伐,把农村信用合作社真正办成农民自己的金融组织,将现行的信贷规模管理改为资产负债比例管理,并适当降低准备金和备付金的比例,实行多存多贷,使农民的储蓄存款能够真正用于发展农业和农村经济。还要逐步强化和规范农村合作基金会,扩大农村合作基金会的筹资能力,进一步发挥农民合作基金会在提高农业综合生产能力中的作用。

我国粮食生产区域优势研究[*]

实行粮食地区平衡和省长负责制，是我国在全面走向社会主义市场经济过程中解决粮食问题的一项重大决策。这项重大决策涉及包括粮食生产、流通、调控等在内的各个相关方面。其中，如何抓好粮食生产是最基本的环节，也是解决我国粮食问题的难点所在。我国之所以实行粮食地区平衡和省长负责制，很重要的原因是在于寻求一种刺激粮食生产的新机制，充分发挥各地的粮食生产优势，促进我国粮食生产的稳定增长，最大限度地满足现在已经相当大并且仍在日趋增长的消费需求。

一、全国粮食总量平衡与地区平衡的关系

我国是一个拥有 12 亿多人口而人均耕地面积仅占世界平均水平 1/3 的发展中国家。我国人口总量的日趋上升和人均农业自然资源的日趋下降，对粮食供给与需求的平衡，构成了世界上其他任何国家难以比拟的巨大压力。在传统计划经济体制下，粮食供需平衡的责任基本上是由中央政府承担的。从 1995 年开始实行的粮食区域平衡和省长负责制，则要求地方政府承担起主要责任。在这种情况下，如何持续稳步地发展粮食生产，构造全国总量平衡与地区平衡的新型关系，妥善解决我国的粮食问题，是各地政府必须面对的客观现实。

（一）解决我国粮食问题必须立足于国内基本自给。据有关部门预测，在今后几十年内我国仍然处于人口增长期。如果计划生育的基本国策贯彻得比较好，我国人口自然增长率将逐渐降低，直至出现零增长以至转入负增长。但是，在这个历史性转折点到来之前，我国人口总量仍

* 本文原载《管理世界》1996 年第 5 期。

将逐年增加。预计 2000 年将接近或达到 13 亿，2010 年将达到 14 亿左右，2020 年将达到 15 亿左右，2030 年前后进入最高峰时将达到 16 亿左右。

人口的增长意味着粮食需求的增加。有关中国农业的多项科学研究表明，人均粮食 400 公斤是保持正常消费需要的基本要求。据此预算，我国粮食需求总量：2000 年将达到 5200 亿公斤，2010 年将达到 5600 亿公斤，2020 年将达到 6000 亿公斤，2030 年将达到 6400 亿公斤。如果与 2030 年的粮食需求量相比，我国目前粮食生产总量只有 4650 亿公斤，还相差 1750 亿公斤，相当于目前粮食生产总量的近 40%。

我国解决粮食问题并没有多大的选择余地。适当增加粮食进口可以作为一种补充措施。但是，目前世界粮食贸易总量不过 2000 亿公斤左右，不可能全部用于填充我国的粮食供给缺口。80 年代以来，我国粮食的年净进口量最高达 150 亿—200 亿公斤，仅占世界贸易总量的 7%—10%。如果过多增加粮食进口，势必在国际粮食市场引起一系列的连锁反应。种种情况表明，国际市场上的粮食正在由买方市场转向卖方市场。这个转变意味着国际市场的粮源增加有限，粮价可能大幅度上升，买方在国际市场上将处于不利地位。尤其是根据乌拉圭回合谈判达成的世界贸易协定，美国、欧盟等大卖主将相继削减粮食出口补贴，粮食进口国支付的粮款将相应增长。更不能忽视的是，在国际市场粮源趋紧的情况下，政治因素对世界粮食贸易的干扰也将相应增大。

这种变化趋势，客观上给我国提出新的警示：我国尽管可以根据国际市场的粮食供求状况，通过适当方式相应增加粮食进口，以弥补国内粮食供给不足，但是对粮食这种特殊商品必须立足于国内基本自给，牢牢把握解决我国粮食问题的主动权。应当指出，我国粮食基本自给应当是高标准的基本自给。在一般情况下，粮食自给率不应低于 95%。这样，才可以避免由于过度依赖粮食进口而造成被动。

（二）充分发挥各地粮食生产优势是实现全国粮食总量平衡的根本保证。无论过去、现在和将来，都需要恰当处理全国粮食总量平衡与地区平衡之间的关系。然而，实施粮食地区平衡和省长负责制这项重大决策，使处理全国粮食总量平衡与地区平衡相互关系的运作方式发生了重大变化。过去在传统计划经济体制下，主要是依靠中央对各地下达指令性的粮食生产指标，以实现全国粮食供需的总量平衡，在这个前提下运用行政手段在全国范围进行统一调拨，以实现各个地区粮食的供需平衡。也就是说，在全国粮食总量平衡与地区供需平衡两者关系中，前者发挥主要作用，实现了全国粮食总量平衡，也就意味着实现了各个地区的粮食供需平衡。

为消除传统计划经济体制的种种严重弊端，从 1995 年开始实行了粮食地区平衡和省长负责制的重大政策措施，目的在于调动不同类型地区发展粮食生产的积极性，在实现粮食地区平衡的基础上进而实现全国粮食总量平衡。基本要求是在稳定粮食定购任务的前提下，主要运用市场机制的调节作用，刺激各地发展粮食生产，使不同类型地区的粮食总产量都能得到稳步增长。同时，主要依靠地方通过市场途径进行余缺调剂，以实现各个地区的粮食供需平衡，进而实现全国粮食供需的总量平衡。由此可见，粮食地区平衡在两者关系中发挥着更大作用，全国总量平衡需要通过地区平衡得以体现。

但是，实现粮食地区平衡和在此基础上的全国总量平衡，必须依赖于各地粮食生产优势的充分发挥。根据我国粮食立足于国内基本自给的要求，在 2000 年全国粮食需求总量将达到 5200 亿公斤的情况下，国内生产总量应当达到 5000 亿公斤，至少也要达到 4900 亿公斤，才能比较有把握地实现全国粮食供需的总量平衡。即在 1995 年全国粮食总产量4650 亿公斤的基础上，还应当增产粮食 250 亿公斤至 350 亿公斤，平均每年需要递增 50 亿—70 亿公斤。如果与 2010 年全国粮食需求总量所要求的国内生产总量 5400 亿公斤相比，在今后 15 年时间内还需要增产 750 亿公斤。面对如此之大的增产目标，没有各地粮食生产优势的充分发挥，要在 2000 年和 2010 年分别予以实现，将是难以想象的。为此，各地必须根据这个总体增产目标，从多方面采取有效措施，确保粮食生产优势能够得到充分发挥，如期实现本地区的预定增产目标，进而实现全国的粮食增产目标。

（三）把发展粮食生产放在各项经济工作的优先地位。我国人均耕地面积较少，现有耕地面积还将继续下降，各种经济作物占用耕地也可能继续增加，这些对于发展粮食生产都是不利因素。但是，从我国农业自然资源的综合开发利用状况来看，绝大多数地区的粮食生产优势尚未得到较为充分的发挥，粮食生产发展的潜力依然很大。国家科委的一项研究表明，我国农业自然资源综合开发利用前景相当广阔，粮食生产具备 6500 亿—8000 亿公斤的生产潜力，如果能持续不断地开发利用，在未来几十年内基本满足 16 亿左右人口的粮食需求，应当是可以做到的。我国粮食生产发展的长期目标，不仅要保证基本满足 2000 年和 2010 年人口增加所形成的粮食需求，而且要保证基本满足 2030 年前后人口总量达到最高点时所形成的粮食需求。从现在起，各地粮食生产发展都应向这个方向努力，根据这种长远考虑，科学合理地开发利用农业自然资源，日益充分地发挥粮食生产的优势。

为使粮食生产优势得到充分发挥，尽量将粮食增产潜力转变为现实生产力，各级政府尤其是省级政府应当在充分运用市场机制的同时，继续加大工作力度，明确地把发展粮食生产放在各项经济工作的优先地位。农业是国民经济的基础，粮食则是基础中的基础。自 80 年代以来，我国已经一再明确提出，把农业放在各项经济工作的首位。根据 90 年代粮食增长迟缓和供需矛盾日趋尖锐的状况，应当在继续突出农业的同时，更加鲜明地突出粮食生产。即在部署各项经济工作时优先安排农业，在部署农业工作时优先安排粮食生产，在优先满足粮食生产发展的要求之后再安排农业的其余生产项目，在优先满足农业发展的要求之后再安排其余各项经济工作。不然，则不足以体现农业的基础地位，更不足以体现粮食商品的特殊性。实际上，粮食作为国民经济中的特殊商品首先体现在生产领域，所采取的政策措施，必须能够保证生产总量的稳步增加，而不能只是体现在流通领域。

各地粮食生产优势的充分发挥，在生产领域至少需要采取以下保证措施：一是保持足够的粮食播种面积。全国粮食播种面积必须保持在16.5 亿亩以上，各地粮田面积也必须保持在相应的水平上，发展经济作物和林、牧、渔业不能以减少粮田面积为代价。同时，还要适当提高粮田复种指数，在北方地区应当逐步扩大两年三熟制面积，在南方地区应当充分开发利用冬闲田。对于耕地后备资源的开垦也要加强，以确保各种非农占地能够得到补充。二是推广良种和先进栽培技术。今后粮食增产将主要依靠科技进步，在这方面潜力相当大。各地应当结合"种子工程"的实施，大力推广和普及优质高产抗病虫害能力强的品种，同时扩大水稻旱育稀植、玉米地膜覆盖、旱作农业和节水灌溉等项重大的先进栽培技术，使粮食生产也尽早走上高产、优质、高效的路子。三是继续增加农业投入。农业投入严重不足，是我国长期未能很好解决的顽症，在"九五"期间和今后 15 年内必须要有根本性改观。其中，最重要的是增加农业资金投入，重点用于农田水利基本建设和农用固定资产的更新、添置，增强农业抗灾能力和发展后劲。同时，大力发展农用工业，增加化肥、农药、农膜、农机、农电等生产资料供应量，满足农业生产增长的需求。

各地粮食生产优势能否得到充分发挥，在很大程度上取决于流通领域的政策措施。其中，影响最大的是粮食价格政策。从保证国家掌握必要的粮源考虑，在今后一定时期内可以继续保留相应的粮食定购任务。但是，对定购以外的粮食流通应放开市场，粮食价格由市场决定。即使属于定购范围的粮食收购价格，也要参照市场价格确定，两者差价不宜过大，尽可能缩小到最低限度，以调动和保持农民发展粮食生产、增加农业投入的积极性。同时，建立健全粮食保护价制度和粮食收购资金保证制度，务必避免 90 年代前期连续几年卖粮难现象的再度发生，消除农民发展粮食生产的后顾之忧。

二、对不同类型地区发展粮食生产的不同要求

（一）粮食调进省份：扭转粮食生产下滑势头，提高粮食自给水平。粮食调进省份通常又称粮食销区省份或者缺粮省份，在三种类型省份中所占比重最大。根据有关部门对各地粮食产需状况的统计和预测，目前属于粮食调进的省份有 16 个，即北京、天津、上海、广东、福建、浙江、海南、广西、云南、贵州、四川、山西、陕西、甘肃、青海和西藏。相对而言，这些省份的粮食自给水平一般都比较低，粮食供需矛盾突出，对粮食调进的依赖程度较高。值得警惕的是，自 80 年代后期以来，有

些省份出现粮食生产持续下滑的势头,不仅人均粮食产量持续下降,而且粮食总产量也有不同程度的减少,甚至个别原来大量调出粮食的省份也变成了粮食调进大省。在这种情况下,粮食供需之间的缺口不断扩大,粮食调进省份的需求已经超过粮食调出省份调出量的增长,既加大了粮食调出省份的压力和粮食调运的难度,又推动了全国性的市场粮价持续上涨,并引起了强烈的连锁反应。实行粮食地区平衡和省长负责制,首先是要解决这些省份的粮食供需平衡问题。

粮食调进省份粮食缺口增大,是由多方面因素构成的,对具体情况要进行具体分析。其中,有些是由于城市人口比重太大、人均耕地面积太少,有些是由于农业自然资源条件较差、经济实力较弱,有些是由于非农产业发展迅速、粮食生产出现萎缩,还有的是由于养殖业规模不断扩大、饲料用粮急剧增加。但是,种种制约因素的存在,并不等于没有粮食生产的潜力和优势。粮食调进省份不论出于什么原因,对于粮食缺口的拉大也不能任其发展,而应当根据本地区实际情况,采取切实有效的政策措施,大力挖掘粮食增产潜力,充分发挥粮食生产优势,逐步提高粮食自给水平。在现有 16 个粮食调进省份中,除四川等少数几个省份属于经济中等发达地区外,绝大部分分别属于经济发达省份和经济不发达省份,相互之间差异很大,应当实行区别对待。

沿海经济发达省份的自然条件、经济条件都比较好,主要制约因素是人均耕地较少,但是农业生产总体优势比较明显,除京、津、沪三大直辖市外,在现有基础上稳步增加粮食总产量,逐步提高粮食自给水平,经过努力应当是可以做到的。对这些省份的要求,首先是扭转粮食生产下滑的趋势,稳定和适当扩大现有粮田面积,使粮食总产量尽早恢复到历史最高水平,并且以此为起点逐步有所增加。即使京、津、沪三大直辖市,也要严格控制非农占地,保持必要的粮田面积,在实现郊县粮食自给或自给有余的前提下,尽可能向城区多提供商品粮。沿海经济发达省份有其发展粮食生产的独特优势。一是经济实力雄厚。可以通过必要的调节手段,筹集较为充足的资金,用于以工补农建农,增强农业发展后劲。二是非农产业就业机会多。目前不少地区的大多数农村劳动力已经转入第二、第三产业,加上农业机械化水平较高,粮食生产已经具备规模经营的较好条件，应当通过建立与完善土地使用权流转机制，不失时机地推进粮田规模经营，提高粮食生产的比较效益，增强粮食生产的内在动力。三是农业社会化服务体系较为健全。可以较为顺利地推广普及优良品种和先进栽培技术，较为充分地发挥科技进步在农业增产中的作用，实现和保持粮食的高产、稳产。事实上，自 1995 年开始实行粮食地区平衡和省长负责制以来，沿海经济发达省份的粮食生产发展状况已经开始出现明显变化，广东、福建、浙江等缺粮大省的粮食生产下滑势头已经初步得到遏制，粮食总产量开始转向回升。但是，与沿海经济发达省份所应达到的目标相比，还存在较大差距，需要持续不断地付出更大努力。

经济不发达省份的自然条件、经济条件相对较差，但是大多数地区人均耕地面积相对较多，几乎每个省份都有一些地区发展农业的条件较好，资源开发利用潜力也比较大，应当说发展粮食生产还是具有一定优势的。对这些省份的要求，是在保持和增加现有粮田面积的前提下，广泛开展以农田水利基本建设为重点的农业基本建设，实行山、水、田、林、路综合治理，不断改善农业生产条件，推广普及优良品种和先进生产技术，逐步增加单位面积产量，相应提高粮食自给水平，稳定以至减少粮食调入量。经济不发达地区粮食问题的解决，主要立足于本地区自身的努力，同时中央政府通过适当方式给予必要的支持。其中，传统计划经济体制下的平价粮食调拨已经难以为继，主要通过中央与地方的财政途径予以体现。今后随着分税制改革的逐步到位和中央财力的增强，将运用财政转移支付手段对经济不发达省份给予更多、更全面的资金支持，增强这些省份包括粮食生产在内的经济发展能力。就经济不发达省份本身的努力而言，应当结合地方财力的增长和中央财力的支持，加速本省区的商品粮基地建设，力争在"九五"期间和 2010 年以前使粮食生产相继登上新的台阶。尤其在黄土高原地区，应加快推广节水灌溉技术和旱作农业技术，较大幅度地提高粮食单位面积产量。有必要指出：这些地区的土壤资源丰富，昼夜温差又大，病虫害相对较少，适宜发展粮食生产。如果能够大规模地解决引水灌溉、节水灌溉和土地平整等障碍性问题，粮食增产量会是相当大的，很有希望成为我国又一大片重要的粮食生产基地，实现粮食基本自给甚至自给有余也是有可能的。

属于经济中等发达地区的四川省，调进粮食主要是用于发展以养猪为主的养殖业。随着粮食调进数量的增加，猪肉调出数量也相应增加，对保证全国猪肉供给作出了重大贡献。这是无可非议的。但是，也要看到今后粮食供给来源可能会发生某种变化，尤其是东北玉米主产区本身饲料工业和养殖业的发展，将可能会给四川省大规模调进粮食增加难度。因此，必须根据这种变化趋势相应作出调整性的安排，尽可能增加本省粮食生产，并继续降低单位产出饲料用粮消耗，使养殖业发展建立在更加坚实的基础上。

（二）粮食调出省份：进一步发挥粮食生产优势，为全国粮食总量平衡作出更大贡献。粮食调出省份通常又称做粮食主产省份、粮食外销省份。我国省际流通的商品粮，主要来自于粮食调出省份。由于粮食调进省份对购进粮食的需求量日趋扩大，粮食调出省份的粮食外销量也需要相应增加，这是实现和保持全国粮食总量平衡的最重要的基础和保证。在80年代中期，我国粮食调出省份曾经达到10多个。近些年来，由于某些沿海经济发达省份由粮食调出变为粮食基本自给或粮食调进，目前全国比较稳定的粮食调出省份大体上只有9个。这些省份包括黑龙江、吉林、河南、安徽、江西、湖北、湖南、山东、河北，主要分布在我国中部地区，经济上属于中等发达省份。粮食调出省份长期以来对全国粮食总量平衡作出了突出贡献，对此必须予以充分肯定。但是，在新的形势下也出现了一些新问题，其中最需要引起重视的是有些粮食调出省份外销的粮食逐年减少，与粮食调进省份对购进粮食需求的不断扩大形成鲜明对照，日益明显地影响到全国的粮食总量平衡。尤其在实行粮食地区平衡和省长负责制以后，有些粮食调出省份出现了放松粮食生产迹象。如果不能得到及时解决，任其蔓延扩大，势必会造成严重的后果。

必须反复指出，粮食调出省份粮食生产的持续增长，在全国整个国民经济运行中起不可替代的作用，在任何时候都不能有丝毫放松和动摇。相对于其他类型的地区，现有粮食调出省份在粮食生产方面确实有着很多有利之处，如人均耕地面积较多、气候和土壤条件较好、科学种田水平较高、粮食增产潜力较大，以及荒地滩涂等后备资源较为丰富、交通运输较为便利等,在总体上构成了其他类型地区难以比拟的优势条件。因此,对于它们的要求应当更高一些,即粮食总产量的增长要快于本地区人口总量的增长,粮食及其转化产品外销量的增长要快于粮食总产量的增长。这不仅对全国粮食总量平衡有利,并对这些省份全面发展经济也有利。

鉴于东南沿海经济发达省份吸纳的外地劳动力日益增加导致作为口粮消费的稻米需求量不断扩大,同时由于各地养殖业迅速发展导致作为饲料用粮的玉米需求量相应扩大,稻米和玉米在全国粮食总量平衡中成为最明显的紧缺产品。今后若干年内,对稻米和玉米需求量的增长,还将在一定程度上快于小麦和其他粮食需求量的增长。与此相适应,今后粮食调出省份在保持粮食总产量较快增长的前提下,应注意适当调整粮食产品结构,更多地增加稻米和玉米的生产,力求与粮食需求结构的变化趋于一致。

我国粮食调出省份分布在三大片地区,即东北地区、黄淮海地区和长江中下游地区。适当调整粮食生产结构,与发挥这三大片地区的粮食生产优势是不矛盾的。一是在河南、河北、安徽、山东等位于黄淮海地区的省份,发展小麦生产具有独特的优势,应当继续加大开发力度和挖掘增产潜力,重点增加优质小麦的生产总量,尽可能满足本地区和全国对小麦的需求,同时适当发展玉米生产,减轻东北地区的玉米供给压力;二是江西、湖南、湖北等位于长江中下游地区的省份,发展稻米生产有其突出的优势,应当继续努力增加这个主导产品的生产,尽可能满足南方地区对稻米的需求,同时利用丘陵、山冈地区的旱地适当发展玉米生产,减少长途运输玉米的压力;三是位于东北地区的黑龙江、吉林两个省份,发展玉米和稻米生产都有其优势,应当继续增加这两种主导产品的生产,对于不适宜本地区生产的产量低而又品质差的小麦可以适当压缩面积,以扩大稻米和玉米的种植面积,满足全国对玉米的需求和北方地区对稻米的需求。除了三大片粮食主产区以外,还可以利用国际市场进行粮食余缺调剂,在出口一定数量稻米的同时,适当进口国内生产不足的优质小麦和优质玉米,主要用于食品工业和饲料工业。

(三)粮食基本自给省份:避免出现粮食净调进,争取转变为粮食净调出。目前全国属于粮食基本自给的省份大体上有 5 个，包括江苏、辽宁、新疆、宁夏和内蒙古。这些省份的粮食自给率较高，尽管仍然存在相当数量的粮食调进和调出，但主要属于不同品种的余缺调剂，净调出或净调入的粮食数量较少。在这些省份中有三种情况：一是原先属于粮食调出省份的江苏，近些年来粮食生产量相对稳定并有所增长，但由于养殖业发展较快，饲料用粮大量增加，正在逐渐变成粮食基本自给省；二是有少量净调出或净调入的宁夏和新疆，近些年来情况变化不大，可以说是比较稳定的粮食基本自给省份；三是由净调入转向净调出的辽宁和内蒙古两个省份，历史上曾经是粮食净调入较多的省份，近些年来情况发生了很大变化，在农业收成较好的年景还能够外销一定数量的粮食，但年际起伏较大，还够不上稳定的粮食调出省份，暂时还排在粮食基本自给省份的行列。

总体上看，粮食基本自给省份介于粮食调出省份与粮食调入省份之间，相比之下更容易发生变化，其中有些经过努力有希望成为新的粮食调出省份，有些则有可能成为新的粮食调入省份。在我国粮食供需矛盾比较尖锐的情况下，这些变化必然在一定程度上对全局产生不同影响。对于粮食基本自给省份的要求应体现其特殊性，即避免演变成为粮食调入省份，力争成为粮食调出省份。属于经济发达省份的江苏，总体经济实力雄厚，应当在加快养殖业发展的同时，加快推进粮田适度规模经营，增强发展粮食生产的内在动力，保持粮食生产的同步增长甚至更快增长，力争保持净调出一定数量的粮食，至少也不能演变成为粮食净调入。江苏省尽管粮食单产水平普遍较高，但绝非没有潜力可挖，在沿海滩涂开发、围海造田上仍然具有相当好的前景。粮食生产方面属于后起之秀的辽宁和内蒙古，粮食增产潜力是比较大的，关键是增强抗御自然灾害的能力，保持粮食生产的稳定增长，尽早成为比较稳定的粮食调出省份。相对比较稳定的粮食基本自给省份新疆和宁夏，位于少雨干旱地区，同样具有较大的粮食增产潜力，关键是要解决农业用水问题。在今后若干年内，需要大规模地开展引水、储水和节水灌溉及其配套设施建设，力争实现粮食总产量的较大增长，同时力争实现粮食净调出或相应增加净调出量，为全国粮食总量平衡作出更大的贡献。

三、建立以粮食为基础的高效农业体系

实现我国粮食增产的预期目标，缓解粮食供需之间的尖锐矛盾，必须从各个方面进行努力，然而最重要的是提高粮食自身的经济效益，健全完善发展粮食生产的激励机制。在这里，建立以粮食为基础的高效农业体系，将是一项可供选择的具有普遍意义的重要措施。所谓建立以粮食为基础的高效农业体系，就是根据推进农业产业化战略的要求，将粮食生产延伸为一个完整的粮食产业，从生产、转化、加工、运销等各个环节全面提高经济效益，并使之与企业、政府尤其是农民的收益增加直接联系起来，由此调动各方面的积极性，充分发挥各地粮食生产的优势，保持粮食总产量的稳步增长。

（一）在粮食生产环节增加经济效益。建立以粮食为基础的高效农业体系，其中的基础集中表现在生产环节，具体表现为能否满足各个延伸环节发展对粮食需求的增长。我国长期存在的粮食比较效益低，主要是指生产环节的经济效益低，对粮食产量增长构成了严重的不利影响。如果这种状况不改变，以粮食为基础的高效农业体系将难以建立起来，更难以得到迅速发展。因此，需要把粮食生产与经济效益紧密地联系起来，实现两者的相互促进、共同增长，确保各个延伸环节发展所需粮食的稳步增加。

在粮食生产环节增加经济效益的重要途径之一，是努力提高单位面积投入产出率。我国粮食生产的经济效益低，在很大程度上是由单位面积的投入产出率较低所造成的。从产出水平来看，虽然目前我国粮食单产较之以前有了较大提高，但是真正属于高产的面积仅占 1/3 左右，尚有 2/3 粮田处于中低产状态，增产潜力相当大。即使现有的高产粮田，也仍然具有一定的增产潜力。除了提高粮食单产外，在改进粮食品质方面同样大有文章可做。我们今后的努力目标，不仅是要尽量提高产出水平，而且要相对降低投入水平，从而提高单位面积的投入产出率。

就我国不同类型的地区而言，提高粮田单位面积投入产出率的方式又往往是不同的。如在南方稻米产区，主要是推广普及优良品种和先进栽培技术，其中最具代表性的是二系杂交水稻品种和抛秧技术、旱育稀植覆盖等。广东省大面积推广的结果证明：二系杂交水稻可增加单产10%以上，而且稻米品质较好、售价较高；抛秧技术也可比常规插秧技术增加单产10%左右，而且省工省时，劳动强度降低。由此可以带来较为明显的经济效益，有利于南方稻米生产的恢复和发展。又如东北粮食产区，主要调整粮食作物结构和推广地膜应用技术。据对黑龙江省的调查：在少雨干旱地区运用地膜覆盖技术种植玉米，亩产普遍可达650公斤以上，比一般地块增产300公斤左右；在低洼易涝地区，运用营养钵旱育超稀植技术种植水稻，亩产可达400公斤以上，比种植小麦可增产200多公斤。通过这些技术措施，将大大提高该地区粮食生产的经济效益。再如黄淮海地区和西北地区，除推广优良品种外，还应广泛运用节水灌溉技术和旱作农业技术。山西省的实践表明，在旱田实行节水灌溉，亩产粮食可增加200—300公斤，所需投入增加200元左右，按市场粮价折算可净增收益100—300元，经济效益相当明显。

在粮食生产环节增加经济效益的又一重要途径，是适当扩大粮田经营规模。在我国耕地总量有限、农村劳动力增长较快的情况下，扩大粮田经营规模确实比较困难，但绝不是毫无作为。由于农村劳动力转移和流动趋势的增大，以及农业自然资源开发力度的加强，有选择有步骤地扩大粮田经营规模，还是具备一定可能性的。这样就可以在提高单位面积投入产出率的同时，通过减少直接从事粮食生产的劳动力，相应扩大粮田经营规模，提高比较效益。

扩大粮田经营规模必须从各地实际情况出发，选择不同的推进对策。在沿海经济发达地区，由于大多数农村劳动力已经转入非农产业和其他高效农业项目，对口粮田以外的粮食生产依赖程度大大降低，因而推进粮田规模经营的力度需要相应加大，及早建立有利于土地适当集中的土地使用权流转机制。近几年内重点推进属于责任田范围的粮田规模经营，然后逐步推进属于口粮田范围的粮田规模经营。在农业自然资源开发潜力较大的地区（包括沿海滩涂开发、低山丘陵开发和荒地开发等），对于所有新开发的耕地从一开始就要推行规模经营，造就有利于发展粮食生产的激励机制，务必避免走粮田先过于分散而后又逐步集中的弯路。在农村劳动力流动较多和多种经营发展较快的地区，应当提倡和规范土地使用权的流转，促进土地的适当集中，对粮食专业户提供必要的支持和服务，逐步提高粮食专业户的比较效益。同时，可以考虑实行有利于专业化生产的土地承包政策，即打破均田承包的格局，扩大粮食责任田的承包面积，并通过公开招标承包的方式付诸实施，以增强粮食专业户的稳定性和发展粮食生产的积极性。

（二）在粮食转化环节增加经济效益。提高粮食生产的经济效益固然极为重要，但只是以粮食为基础的高效农业体系中的基础环节，在这个基础之上具有更大幅度增加经济效益的广阔前景。利用粮食和秸秆等副产品发展养殖业，由提供原粮变为日益增多地提供肉、禽、蛋、鱼、奶、皮、毛等转化产品，正是在生产环节基础上能够带来更高经济效益的又一个重要环节，即人们通常所称的转化环节。随着我国人民生活开始相继达到小康水平并继续向更加富裕的目标迈进，对粮食的直接需求将相应减少，而对畜产品和水产品等粮食转化产品的消费需求将相应增加，由此构成了养殖业发展所必须具备的市场容量不断扩大，从而为粮食转化环节经济效益的大幅度增加提供可靠的外部环境。

在粮食转化环节增加经济效益，首先要努力提高饲料报酬率。一般来说，从提供原粮到发展养殖业，本身就可以提高经济效益。但是，努力提高饲料报酬率，以尽量少的粮食转化为尽量多的养殖业产品，则能进一步提高经济效益，增强市场竞争能力。在市场波动较大情况下，可以增强对饲料价格上涨或者转化产品价格下跌的承受能力。在市场相对平稳情况下，则可能获得超额利润。提高饲料报酬率的要点：一是选择品质优、生长快、用料省而又适销对路的优良品种；二是合理配备饲料，使用不同生长阶段最有效的饲料品种，并实行精饲料和粗饲料的科学配比，充分利用粮食秸秆和饲草资源，降低饲料成本；三是缩短养殖周期，提高养殖业出栏率。

在粮食转化环节增加经济效益，还要相应扩大养殖业经营规模。同粮食生产环节一样，在粮食转化环节也需要形成适度的经营规模，通过规模经济效益增加农民的收入。与粮食生产环节不同的是，粮食转化环节的规模经营对土地等敏感问题的涉及较少，相对比较容易推进。事实上，目前养殖业规模经营的推广进度已经明显快于粮食种植业，并且继续保持着蓬勃发展的势头，无论集体养殖场还是专业养殖户都有较大幅度的增加。这就说明推进粮食转化环节的规模经营在各地是普遍受到欢迎和重视的。今后除继续普遍加强对规模养殖的支持和服务外，应当对规模养殖的区域分布进行必要的引导和调整，重点扶持粮食主产区的规模养殖，尽快改变粮食主产区单一从事粮食生产的状况，相应增加粮食主产区农民的就业门路和经济收入。这不仅有利于粮食主产区的经济更快发展，而且也有利于生产要素的合理配置。

为了支持粮食主产区发展养殖业，加快粮食转化进程，有必要对现行粮食购销政策进行适当调整。对人们基本口粮以外的饲料用粮等，不一定非要调运到销区再用于发展养殖业，应当提倡在粮食主产区实行就地转化增值，使粮食主产区成为具有现代化水平的养殖业生产基地，然后以畜产品或水产品等转化品运往销区。这样，既支持了粮食主产区全面发展经济，又减轻了交通运输的压力。当然，这并不意味着可以对销区停止饲料用粮供应，更不意味着粮食主产区可以对饲料用粮实行地区封锁，而是说转化产品可以作为原粮的替代产品供应销区。应当指出，由提供原料到提供转化产品是一个转变过程。在这个过程中需要遵循和运用市场机制，由市场竞争决定饲料用粮有多少流入销区，绝不能用行政命令加以阻止。

（三）在粮食及其转化产品加工环节增加经济效益。与粮食生产环节和转化环节相比，在粮食及其转化产品加工环节增加经济效益，是一个潜力更大的产业领域。提供粮食转化产品确实比提供原粮的经济效益有了明显提高，但是就粮食转化产品而言仍然是一种原料型产品，与人们消费的最终产品尚有一定距离。由提供粮食转化产品到提供最终消费产品，是以粮食为基础的高效农业体系中的又一个重要阶段。粮食及其转化产品的加工领域相当宽阔，涉及好几个工业行业，包括食品、饲料、皮革、毛纺、医药、化工和造纸等，其中影响最大的是食品工业和饲料工业。粮食及其转化产品的加工本身还涉及分割、保鲜、包装、储存等，在这些方面同样存在增加经济效益的潜力。在建立以粮食为基础的高效农业体系过程中，对粮食及其转化产品的加工环节应当列入重点发展领域。

在粮食及其转化产品加工环节增加经济效益,应当不断向加工的深度和广度进军。粮食及其转化产品的初加工,如分割、保鲜、包装、储存等,本身就能产生一定的经济效益。在这个基础上,根据市场需求的变化,继续扩大加工范围和拓展加工深度,则能够获得更高的经济效益。由于近些年来粮食及其转化产品加工业的迅速发展,新办的加工业必须立足于较高的起点,才能具有强劲的市场竞争能力,在日趋激烈的市场竞争中逐步取得进而巩固优势地位。这里应牢牢把握几个要点:一是把产品质量放在首位,不仅要重视提高内在质量,而且要重视改进外在质量,坚持以质取胜;二是加强先进技术、设备和管理方式的引进,在应用中不断研究和改进,确保加工企业在各个运转环节上的先进水平;三是适应不同的消费需求,建立自己产品相对稳定的消费群体,持续不断地拓展市场空间,逐步扩大市场覆盖率;四是确立自己产品的品牌战略,不断扩大产品和企业的知名度,努力提高市场占有率。

在粮食及其转化产品加工环节增加经济效益,也要重视扩大加工企业经营规模。如果加工规模过小、力量分散、布局混乱,很可能形成低水平重复,在外商投资企业大举进军我国市场的情况下,将难以在市场竞争中取得有利地位。为了尽早改变这种状况,必须充分发挥区域优势,进行合理布局,集中力量兴建一批大型加工企业或企业集团。具体地说,在粮食及其转化产品资源丰裕的地区,不必每个县域都建立同样的加工企业,而应当有所分工与侧重,通过股份制等形式协调利益,在几个县、十几个县甚至更大范围内集中办好一个规模较大的加工企业或企业集团,使之能够达到规模经济要求,增强在国内市场以至国际市场上的竞争能力。

为使粮食主产区经济得到全面发展,尤其是粮食生产优势得以充分发挥,有必要对现有的粮食及其转化产品的加工业布局进行适当调整。布局调整的基本要求是,改变目前粮食及其转化产品加工项目过于集中在非粮食主产区特别是在沿海经济发达地区的状况,使之逐步向粮食主产区转移,对于新增加的加工业项目原则上应当安排在粮食主产区,同时改善粮食主产区的投资环境,吸引沿海经济发达地区的企业和外商投资企业到粮食主产区进行投资。力争通过若干年的努力,使粮食主产区在扩大粮食生产基地、发展养殖业生产基地的同时，尽早建立具有现代化水平的粮食及其转化产品的加工业生产基地，带动当地经济的更快发展，促进农村就业、农民收入、企业收入和地方财政收入的共同增长。

（四）在粮食及其转化产品、加工产品的运销环节增加经济效益。不论粮食及其转化产品，还是经过深度加工的最终产品，都有一个从生产者到消费者之间的运销环节。在这个环节中，仍然存在着增加经济效益的巨大潜力。即使经过深度加工的最终产品，在出厂价与市场零售价之间也都存在明显的价差，由此构成运销环节经济效益的由来。建立以粮食为基础的高效农业体系，必须向所有能够带来经济效益的领域进军，以最大限度地增加经济效益。对于运销环节这样一个重要的产业领域，同样不应忽视和放弃。

在运销环节增加经济效益，就是在粮食生产、转化和加工的基础上，继续开拓以运销为主的第三产业，真正形成一个以粮食为基础的完整的产业体系。其中，至少可以在三个方面进行拓展：一是发展粮食、转化产品和加工产品的专用运输业，尤其是冷藏运输、长距离运输、长距离集装箱运输，既能按时保质保量地将产品运送到目的地，又能相应降低成本、增加收益；二是发展粮食、转化产品和加工产品的批发零售业，包括建立批发市场、跨区域销售网络、连锁店等，尤其是进入大中城市设点销售名优产品；三是发展为粮食生产、转化和加工运销等环节服务的物资、信息、饮食、旅馆、娱乐等服务业。显而易见，在这些方面都有可能获得较好的经济效益，而且可以增加相当数量的就业机会，进一步减少直接从事粮食生产的劳动力，有利于提高粮食生产环节的劳动生产率和经济效益。

为确保粮食及其转化产品运销环节所增加的经济效益，能够给农民带来实际好处，还需要建立贸工农一体化的组织形式。运销、加工和生产在我国原先属于三个相互分离的产业部门，由此建立三种相互分离的产业组织形式，已被实践证明具有极大的弊端。其中，最为突出的是割断了农民与加工、流通的利益关系，严重损害了农民应当得到的经济效益。在我们这样一个农民占多数的国家，农民仅仅依赖生产环节是无法取得应有收益的，必须通过最大限度的延伸产业链条增加经济收益。实行贸工农一体化，根据市场需求安排加工，根据加工需要安排种植和养殖，不仅有利于发展以粮食为基础的高效农业体系，更重要的是有利于增加农民的经济收益。贸工农一体化的实质，就是利益共同体化，使生产、转化、加工、流通等产业环节的利益紧紧联系在一起，由此调动各个相关方面的积极性，尤其是要调动农民提供粮食及其转化产品的积极性，以保持以粮食为基础的高效农业体系得到协调运转。从这个目标出发，除了提高粮食生产环节和转化环节的经济效益外，还应当通过入股分红、利润返还等形式，对提供粮食或者转化产品的农民在经济收益方面给予适当补偿，保证各地粮食生产优势不断得到充分发挥。这应当作为推行贸工农一体化组织形式的一项基本制度，长期坚持下去并且不断加以完善。

促进粮食主产区农村经济全面发展[*]

加快农业和农村经济发展，增加农民收入，是近一个时期各项经济工作的重中之重。粮食主产区又是农业和农村经济发展的重点所在。对此，必须认真贯彻落实党的十六大和十六届三中全会精神，从统筹城乡经济社会协调发展的要求出发，围绕增加农民收入这个主要目标，采取多种有效措施，促进粮食主产区农业和农村经济全面发展。

一、推进农业和农村经济结构调整

大力推进农业和农村经济结构战略性调整，是加快发展农业和农村经济的重要措施。必须转变农业增长方式，发展优质、高产、高效、生态、安全农业，充分发挥粮食主产区的比较优势，较快增加农民收入，促进农业和农村经济的可持续发展。

（一）提高粮食主产区粮食生产能力。粮食主产区的优势在于发展粮食产业，粮食主产区农业和农村经济发展的首要任务是集中力量发展粮食产业，发展粮食产业的关键是保护和提高粮食生产能力。需要对粮食主产区实行更加有力的支持政策，建立一批国家优质专用粮基地，特别是在中部粮食主产区要搞好农田水利建设，扩大灌溉面积，提高耕地质量。优先支持主产区推广一批具有重大影响的优良品种和先进适用技术，扩大良种补贴范围和规模，提高农业机械化水平，对直接从事农业生产的农民个人和农机服务组织购置和更新农机具实行优惠政策。

（二）继续推进农业区域布局调整。根据适应市场需求变化和各地自然经济条件，在科学规划的基础上，集中连片地发展具有比较优势的

农产品。无论种植业还是养殖业，都应加大农业布局调整力度，促进各种生产因素向优势区域集中，逐步使各种重要农产品全面实现区域化布局，所有具备条件的粮食主产区域都应逐步建成优质粮食产业带，在保持家庭承包经营的基础上形成区域规模经营优势，通过完善产前、产中和产后的社会化服务逐步降低生产成本，增强在国内外市场上的整体竞争力。

（三）积极推行农业产业化经营。在发展优质粮食和其他优势农产品产业带的同时，广泛采用"公司+基地+农户"等途径，主要依托龙头企业建立原料生产加工基地，在大力发展种养业专业户的基础上建立专业合作经济组织，通过合作经济组织和龙头企业的组织带动，把过于分散的农户与经常变化的市场紧密地联结起来，提高农民进入市场的组织化程度。农产品生产加工基地应主要分布在优势农产品产业带，以利于发展优质农产品的批量生产和批量加工，逐步形成一批享誉国内外市场的名牌农产品及其加工品。不管哪种所有制和经营形式的龙头企业，只要能带动农户，与农民建立起合理的利益联结机制，给农民带来实惠，都应一视同仁地在财政、信贷等方面给予支持。

（四）建立健全农产品质量安全体系。在优化品种品质结构和发展农产品生产加工的同时，切实抓好质量安全管理。引导和帮助农民按标准组织生产，科学用肥，安全用药，从源头上保证农产品质量安全。加强质量管理、检验检测和认证工作，确保农产品质量安全水平的提高，促进无公害农产品、绿色食品和有机食品的发展。

（五）加强生态环境的保护建设。退耕还林是增加生态脆弱地区农民收入的有效措施，应当完善退耕还林配套政策，与加强基本农田和农村能源建设、组织生态移民等结合起来，巩固退耕还林成果，切实解决农民的长远生计问题。认真加强全国草原生态保护和建设，重视水面和湿地保护，全面加强生态环境建设。注意利用和发挥生态系统的自我修复能力，以期取得更加明显的效果。东北地区要注意抓好黑土地水土流失的治理。

（六）增强农产品出口能力。加入 WTO 两年来国外农产品进口的冲击没有预想的那么大，国内农产品出口依然继续增长，这一方面是由于我们应对和调控措施得当，另一方面是因为国外农业减产、农产品价格上涨。但是应当看到，大豆等农产品的进口数量相当大，对国内大豆产业发展必将产生重大影响。我们绝不能盲目乐观，要继续跟踪研究，做好各项应对工作，迎接更大的考验。运用世贸组织的规则，加强农产品进口管理，积极参与国际合作与竞争，增强我国在世界农产品贸易中的地位。

二、不断深化农村改革

农村改革的任务还相当艰巨。消除各种体制障碍，充分调动一切积极因素，加快农业和农村经济全面发展，既是深化体制改革的重要任务，也是加快农村小康建设的重大举措。必须着眼于解决农业和农村经济发展中面临的深层次矛盾，坚持解放思想，实事求是，与时俱进，不断深化农村改革，推动农村经营体制创新。

（一）加快推进农村征地制度改革。切实落实最严格的土地管理制度，加强农用土地保护和整理，严格控制占用耕地，改进土地征用的补偿方式，较大幅度提高土地补偿标准，妥善安置好失地农民，并为他们建立社会保障。积极探索集体非农建设用地进入市场的途径和办法。

（二）全面推进农村税费改革。要在巩固现有成果的基础上，逐步取消各种不应当由农民承担的税费负担，创造条件最终实现城乡税制的统一。从 2004 年起，在取消农业特产税的同时，要逐步降低农业税税率，进一步减轻农民负担。降低税率后减少的地方财政收入，分别不同情况处理，粮食主产区和中西部地区主要由中央财政转移支付解决。这是一项有利于广大农民的重要政策措施，要认真加以落实，真正使农民得到实惠。

（三）继续深化粮食流通体制改革。对主产区粮食购销市场化改革要继续推进，全面放开粮食收购和销售市场。实现主产区粮食购销市场化，关键是转换企业机制，加快推进国有粮食购销企业改革，妥善解决国有粮食企业在走向市场过程中的一些重大问题，特别是"老人""老粮"和"老账"的问题。与此同时，健全和完善粮食储备制度，增强国家对粮食市场的宏观调控能力，保证粮食市场稳定。

（四）探索对农民实行直接补贴的有效办法。近几年来，我国不少地区在退耕还林、农村中小型基础设施建设、振兴大豆产业等方面探索了一些补贴农民的具体做法，有的地方还进行了把用于粮食流通环节的补贴转为对农民生产直接补贴的试点。对这些行之有效的做法，要及时总结，继续完善，逐步推广。特别是要在粮食主产区将粮食流通环节的补贴改为直接补贴给农民，并与深化农村税费改革统筹考虑、配套进行，确保主产区和种粮农民得到实惠。

（五）加大农村金融体制改革力度。从农村实际出发，着力改善农村金融服务，加大农业信贷投放，为农民生产生活和农业、农村经济结构调整及时、有效地提供资金服务。农村信用社要通过推进改革，明晰产权关系，强化约束机制，增强服务功能。相关商业银行和政策性银行都要创新金融产品和服务方式，扩大农村金融服务领域和服务对象。有条件的地方，要在严格监管、有效防范风险的前提下，通过吸引社会资本和外资，兴办直接为"三农"服务的多种所有制的新型金融组织。

（六）建立健全农业社会化服务体系。积极发展农产品专业协会和农民专业合作组织，继续加强农业产前、产中和产后的各种社会化服务，切实帮助农民解决各个环节遇到的难题。加强生产技能、市场知识和法律知识等项培训，使农业发展进一步转入提高劳动者素质和依靠科技进步的轨道。加强信息收集发布、质量安全检测、电子结算和场地道路等配套设施建设，发展现代流通方式，建立健全市场交易规则，整顿和规范市场秩序，形成以批发市场为中心的农产品市场体系。

三、增加农业和农村发展的投入

加快粮食主产区农业和农村经济全面发展，需要加大投入。目前我国城乡二元经济结构的状况还没有改变，农业和农村经济发展严重滞后，增加投入绝不是依靠自身力量能够完成的。必须对宏观经济政策进行重大调整，采取各种有效的政策措施，从多方面增加对农业和农村发展的投入。

（一）适当调整财政支出结构。根据统筹城乡经济社会发展的要求，明确财政体制和投融资体制的改革方向，采用加大财政转移支付力度等有效方式，大幅度增强对农业和农村的支持力度，并带动社会资金进入农业和农村。国务院已经明确，对于教育、卫生经费新增加的部分，主要用于发展农村教育、卫生事业。除了教育、卫生以外，对其他涉农方面的财政支出结构也应进行调整，相应提高财政新增部分用于农业和农村发展的比重。

（二）加快农业和农村经济发展方面的基础设施建设。大力加强农村中小型项目建设，改善农村生产生活条件，增加农民收入。继续围绕节水灌溉、人畜饮水、乡村道路、农村沼气、农村水电、草场围栏等"六小工程"，充实建设内容，提高建设效益。逐步调整水利投资结构，增加用于农业水利的投资比重。干旱是我国农业发展的最大威胁，要合理开发和调配水资源。加强节水灌溉设施建设，推广旱作节水农业，提高农业用水的利用率。在有条件的地区，要逐步推进洪水资源化，把防汛与抗旱结合起来，通过各种有效方法将有害的洪水转化为农田灌溉用水。加强农业综合开发，不断增强农业综合生产能力。将增加农业投入与推进科技进步紧密结合起来，加快农业科技成果转化。

（三）加快农村社会事业发展方面的基础设施建设。重点是加强农村义务教育和农民职业培训、农村卫生医疗和文化方面的基础设施建设，为逐步改变农村社会事业发展落后的状况创造条件。通过增加农村社会事业方面的投入，推动农村各项社会事业能够得到更快发展，促进农村"三个文明"建设的不断加强和协调推进。

（四）加大农村扶贫开发力度。坚持开发式扶贫的方针，坚持扶贫到村到户，帮助贫困群众发展经济，增辟收入来源，实现稳定脱贫。继续加强贫困地区的基础设施建设，为加快脱贫创造基础条件。对生态环境脆弱、丧失基本生存条件地区的贫困人口，积极稳妥地实施易地扶贫。

四、加快农村富余劳动力转移

农村富余劳动力向非农产业和城镇转移，是工业化和现代化的必然趋势。加快粮食主产区农业和农村经济全面发展，必须跳出农业和农村的传统界限，通过推进城镇化逐步减少农村劳动力和农村人口，降低农村自然资源的负载率，使农村劳动力和农村人口与自然资源的配比逐步趋于合理。

（一）加快城镇化进程。人口城镇化水平的高低，对于加快农村小康建设具有举足轻重的作用。目前我国城镇化加速发展的阶段已经到来，必须牢牢抓住并充分加以利用，不失时机地加快城镇化推进步伐，做到大、中、小城市和小城镇协调发展，采用多种途径、多种方式吸纳农村人口，建立健全有利于城镇化发展的政策环境和法律制度。

（二）推动县域经济发展。发展县域经济，不仅要持续稳定地发展农业和农村经济，而且要加快发展城镇经济，特别是要以现有县城和有条件的建制镇为基础，通过推进乡镇企业逐步向小城镇工业小区、商贸小区集中，形成连片发展的集聚效应，促进第三产业尤其是各种农村服务业的发展，创造更多的非农产业就业机会。国家固定资产投资和政策性、商业性金融机构，要把小城镇建设作为一个支持重点。

（三）积极引导农村劳动力合理有序流动。加强对劳动力市场的引导和规范，切实帮助解决农民工遇到的各种突出问题，依法保护农民工的合法权益。当前面临的一项重要任务是，根据市场和企业的需求，按照不同行业、工种对从业人员基本技能的要求，合理安排培训内容，实行定向培训，提高培训的针对性和适用性。对于长期进城打工而回乡又有一定经济实力的农民工，要创造条件鼓励他们进入小城镇居住，并在非农产业领域创业或就业。继续改革户籍管理制度，允许符合条件的农村居民在各类城市和小城镇安家落户。

（四）放手发展中小企业和服务业。扩大就业是我国当前和今后长时期的重大任务。从世界各国的情况看，增加就业机会主要是靠中小企业和服务业。我国扩大城乡就业也要走这条路子，无论是城市还是农村，都要坚持所有制的多样性和生产力的多层次性，大力发展劳动密集型产业，特别是放手发展中小企业和服务业，不断增加就业容量，为加快农村劳动力转移提供更多的就业机会。农村中小企业对增加农民就业作用明显，只要符合安全生产标准和环境保护要求，不论规模大小和所有制性质，都应当允许存在和发展。继续推进农村中小企业所有制结构改革，提倡股份制和股份合作制，支持和鼓励发展个体、私营企业，采用参股、租赁等方式搞活集体资产，实现集体资产保值增值，壮大集体经济实力，发展农村公益事业。

发展现代农业支撑新农村[*]

　　建设现代农业，是我国农业发展的方向，也是新农村建设的重要内容。

　　近些年来经常碰到的一个问题，就是农业本身效益低，面临种种困难，似乎是一个弱质产业。应当指出，这里所说的农业是指传统的农业，主要是利用传统的生产方式、生产理念、生产技术和传统的组织形式来进行的。现代农业与传统农业有很大的区别，在某种程度上甚至可以说是根本的区别，它是建立在现代发展理念、现代科学技术、现代物质装备和现代组织形式的基础之上的，是富有活力、效益较高、符合可持续发展要求的新型产业。

　　由于我国人多地少的基本国情在较长时期内不可能根本改变，单个农户的土地经营规模仍将是非常小的。与发达国家的规模农业相比，我国农业不仅在国际竞争中处于相对弱势地位，而且在国内工业化、城镇化大潮不断推进的形势下，农业自身的弱势地位也日益突出。尽管传统农业在我国有悠久的历史，给我们带来了厚重的农业文化底蕴，而且在几千年的社会发展中承载着越来越多的人口压力，但在新的形势下已经日趋显得不相适应，必须要尽快改造成为适应现代化要求特别是适应经济全球化、市场化趋势的现代农业。

　　目前我国农业仍然处于传统农业向现代农业的过渡阶段，少数地区开始取得较为明显的进展，多数地区仍处于起步阶段，有些地区甚至还没有起步，建设现代农业的任务相当繁重。推进现代农业完全符合建设新农村的要求，也符合发展新型产业的要求。

---

　　* 本文原载《瞭望新闻周刊》2006 年 7 月 3 日。

树立五大现代理念

一个国家的发展与引领这个国家发展的理念息息相关,农业发展也是如此。有什么样的农业发展理念,就会有什么样的农业发展道路。建设现代农业,必须要用现代发展理念来引领。

(一)树立和运用大资源的理念。建设现代农业对资源应有新的理解。要立足于全国的所有的各种资源,不是像过去那样在传统农业理念的束缚下,只是把眼光集中盯在有限的耕地资源上,而是要合理地、有效地利用各种资源。即不仅要合理利用耕地、林地、草原、淡水、海洋、生物、光热等各种自然资源,而且要合理有效利用市场、信息、技术、法规、体制、机制等各种社会资源,不断向资源利用的广度和深度进军。

(二)树立和运用大农业的理念。传统农业利用较多的是农产品的食品营养功能和工业原料功能,其他各方面的功能运用很不充分。建设现代农业,必须挖掘农业的内涵、拓展农业的外延。现代农业就是要全面发展农、林、牧、渔业以及与农产品相关的加工业、流通业、服务业,增强和发挥农业的食物营养、工业原料、就业增收、生态保障、旅游观光、文化传承等多种功能。可见,现代农业是一个大农业的概念,是一个内容非常丰富、含义极为深刻的农业,远远超出我们原先所界定的广义农业。

(三)树立和运用大食物的理念。要积极地开发粮食食物和非粮食的食物,特别是要增加动物性的食物供给,广辟食物来源,满足人民群众日益增长的物质文化需求,满足人们对农业特别是对食品的多样化需求。现在发展食品产业,不仅仅要把它作为解决吃饭的问题,更重要的是要丰富和平衡人体的营养需要,适应不同社会群体的消费特点。食品供给应当以优质、安全为重,符合生态要求,有利于人们健康。因此,要逐步提高绿色食品、有机食品所占的比重,最起码也要达到无公害的要求。

(四)树立和运用大市场的理念。市场是广阔的、多变的和不断拓展的。要充分利用农村市场和城市市场,充分利用国内市场和国外市场,充分利用产品市场和要素市场,充分利用现货市场和期货市场。在这种大市场观念的指引下，大力发展现代流通特别是现代物流业，要扩大流通的范围，消除流通的障碍，提高流通的效率，使农产品及其加工品能够方便快捷、低成本、高效率地送到每个消费者手上。

（五）树立和运用大生态的理念。在工业化、城镇化快速推进的情况下，建设现代农业必须把生态保护和建设放在突出位置。要充分发挥林、草等植被的生态屏障作用，继续推进退耕还林、退牧还草，重视发挥自然界生态系统的自我修复功能，搞好水土保持治理，推进废弃物的减量化、无害化、资源化，发展循环农业、集约农业，不断改善外部生态环境，实现经济社会包括农业的可持续发展目标。

普及现代科学技术

科技水平的高低决定着现代农业建设进程的快慢。从总体看，我国农业科技与发达国家存在着较大差距。加快农业科技进步步伐，要大力普及现代农业科技，用现代科学技术大面积地改造传统农业。

（一）构建农业科技创新体系。要大力提高自主创新的能力，尽快形成和强化适应中国国情的农业科技创新体系，推动现代农业不断向前发展。重点是加大农业生物技术、信息技术、食品生物工程技术等高技术的研发力度，特别要在良种培育、先进种养技术集成配套、农产品精深加工、资源高效利用和生态保护等方面取得新的重大进展，使我国农业科研能力登上一个新台阶。

（二）改善技术创新投资环境。过去我国农业科研基本局限于科研单位和高等院校，农业企业只是作为农产品的生产和加工单位而存在。这是不符合发展现代农业要求的。应当鼓励大型涉农企业参与科研开发创新，特别要鼓励实力雄厚的涉农企业（包括股份制企业和私营企业）建立研发中心，逐步使涉农企业成为农业科研开发的生力军。

（三）健全农业推广体系。要建立多元化的推广体系和相应的机制，有计划有步骤地开展对农民的培训，提高农民的整体科技素质，加快科技成果的转化、应用和普及。在当前乡镇机构改革过程中，要注重转变乡镇政府的职能，加强社会管理和公共服务职能，尤其是对各项为农服务不能削弱，只能加强。

（四）大力发展循环农业。人多地少的资源特征，决定了我国农业发展必须立足于节约资源和综合高效利用资源。建设现代农业更应注意发展循环农业。这就要求我们根据建设资源节约型、环境友好型社会的目标，积极发展节地、节水、节肥、节能等节约型农业，利用植物、动物与自然界之间及其内部的相互依存、转化关系，促进农业生产的良性循环。

改进农业物质技术装备

物质装备技术条件是建设现代农业的重要基础，也是衡量农业现代化水平高低的重要依据。建设现代农业，必须从我国各地实际出发，加强和改进农业物质技术装备条件，提高农业的整体素质和综合效益。

（一）提高农业产出和保障水平。主要是通过合理使用农业投入品提高资源产出效率，通过因地制宜推广使用农业机械提高农业劳动效率，通过努力加强基础设施建设提高抗灾、减灾能力，实现和保持农业高产、稳产，促进农业持续稳定发展，进而全面提高农业现代化水平。

（二）科学使用化学投入品。注重加强种子、化肥、农药、农膜等农资的生产，改进流通方式，净化农资市场，不断提高优质名牌农资的市场覆盖率。同时，减少施用化学肥料和农药，增加施用有机肥，尽可能减轻和消除各种化学物质的污染。当前的一个重要努力方向，是通过加快普及农村沼气，结合改厨、改厕、改圈，一方面开辟农村新的能源和肥料；另一方面改善农村卫生条件和人居环境，达到村容整洁这个新农村建设的重要目标。

（三）加强农机具推广运用。着重提高重要农时、重点作物、关键环节的农业机械化作业水平，在粮、棉、油等大宗农产品主产区更应积极推广运用农机具。近些年我国在小麦收割季节，推进大型农机跨区作业取得了很好的效益。这不仅方便了广大农民群众，而且提高了农机使用效率，初步探索一条适合中国特点的农业机械化发展道路，应当进一步推广扩大。

（四）强化农田水利设施建设。特别要完善农田水利建设的体制和管理机制，通过小型水利设施的产权制度改革，调动农民维护和发展小型农田水利设施的积极性；同时继续扩大设施沃土工程，改善耕地质量，全面提高地力，增强农作物持续增产的后劲。

推广产业化经营形式

在传统的农业体系下，农产品的生产加工和流通等环节是分割的。现代农业要求把农产品的生产、加工、流通等环节有机连接起来，形成完整高效、相互促进的农业产业体系。这应当成为建设现代农业的基本经营形式。

（一）进一步深化对农业产业化经营的认识。农业产业化经营可以带动农民走向市场，可以多层次增加农业附加值，有利于推广先进种养技术和优良品种，有利于实行农业标准化、规模化，而且还有利于扩大工业发展领域，增加城乡就业和财政收入。归根到底，农业产业化经营有利于将传统农业与现代农业较好地实现连接和转化，从而大大加快我国农业现代化进程。

（二）把产业化经营作为一件全局性大事来抓。农业产业化经营作为一种新的具有普遍适用性的经营方式，应当在全国加大推广力度，特别是加大各级政府的扶持力度，进一步调动龙头企业的积极性，充分发挥龙头企业在产业化经营中的带动作用。在这个过程中，要完善企业和农户利益连接机制，加快各种专业合作经济组织发展，并在信贷、税收等各个方面给予支持。

（三）通过产业化经营探索解决农村金融难题。当前农业农村发展面临的一个突出问题，就是金融体制不适应，严重制约着生产发展和农民增收。目前有些地方已经通过龙头企业建基地、基地带农户，同时通过建立担保公司、发展农业保险，由金融机构贷款给龙头企业，龙头企业去组织农户发展生产、增加收入，在农户出售农产品时扣除贷款本息。既有效解决了生产面临的难题，又有效避免了信贷资金的风险，是一种非常好的组织形式。今后应当逐步推广和完善，全面改善农村金融服务。

需要强调的是，在建设现代农业过程中，必须稳定发展粮食生产，确保国家粮食安全。一些发达国家在发展现代农业过程中，粮食生产能力也在不断增强。我国由于人多地少加上粮食比较效益低，保持粮食稳定发展确实需要付出更大的努力、给予更多的支持。特别要重视利用产业化经营方式，大力发展粮食产业，不断延伸产业链条，多环节增加粮食经济效益，促进农民增收。这是一个不容回避的重大问题，是一个必须要解决而且必须解决好的现实问题。

巩固和加强农业基础地位[*]

巩固和加强农业基础地位，是十一届全国人大二次会议《政府工作报告》再次明确的一项重要任务，也是切实做好"三农"工作的一项基本要求。多年来，我们一直强调巩固和加强农业基础地位，为此付出了极为艰辛的持续努力，取得了世人瞩目的显著成就。随着经济社会的发展和变化，在现今面临的形势下，巩固和加强农业基础地位仍然是需要认真对待和切实解决的重大问题。

一、加深理解农业基础地位

农业作为解决人们基本生活需求的基础产业，在国民经济发展中具有不可替代的基础地位。解决好农业、农村、农民问题，是全党工作和政府全部工作的重中之重。实现和保持国民经济平稳较快发展，必须实现和保持农业持续稳定发展。巩固和加强农业基础地位，促进农业稳定发展和农民持续增收，说到底就是坚持走中国特色农业现代化道路。这在任何时候、任何情况下，都不能有丝毫的怀疑、疏忽和动摇。

（一）正确认识推进现代化建设与加强农业基础地位的关系。随着社会主义现代化建设步伐的推进，我国工业化、城镇化不断取得新进展，农业增加值在国内生产总值和农业劳动力在社会劳动力总量中的比重发生了明显的变化，呈现出逐步下降的趋势。这种情况并不能说明农业在国民经济中的基础地位在下降。应当明确，农业在国民经济中的基础地位是与生俱来的，是由农业的产业功能决定的。农业的最大功能是解决人们的吃饭等基本生活问题，这是任何其他产业都无法替代的。现代

---

* 本文原载《上海农村经济》2009 年第 4 期。

化水平的提高必然导致人们生活质量的不断提高,进而导致对农业的多种需求越来越高,从而要求农业的基础地位不断得到巩固和加强。还要看到,农业现代化也是整个现代化建设的重要组成部分,客观上要求不断巩固和加强农业基础地位。而且,农业基础地位的巩固和加强,将为经济社会发展提供有力支撑,有利于整个现代化建设的稳步推进。

(二)正确认识实行科学发展与加强农业基础地位的关系。科学发展观的基本内容是全面协调可持续。农业作为国民经济的基础产业,在科学发展中发挥着极为重要的作用。如果没有农业的稳定发展就很难实现科学发展的目标。相对而言,在国民经济三大产业中,农业增长速度比较慢,农业结构单一状况仍然比较突出,农业经济效益比较低,农业发展环境条件还有待继续改善。这些矛盾和问题在一定程度上影响和制约着国民经济的全面协调可持续发展。实行科学发展,必须加快农业结构调整,形成生产加工流通一体化的产业体系,全面提升产业增长速度和经济社会生态效益,促进国民经济全面协调可持续发展。

(三)正确认识应对国际金融危机与加强农业基础地位的关系。农业是安天下的产业,不仅是国民经济的基础产业,而且是社会稳定的重要基石。在当前应对国际金融危机冲击中,农业同样发挥着极其重要的支撑作用。回想20世纪90年代中后期,当亚洲金融危机爆发的时候,正是我国农业连年丰收、农产品供给充裕的时候,为成功抵御亚洲金融危机对我国经济社会的冲击作出了重要贡献。这次国际金融危机对我国的冲击比亚洲金融危机要大得多,但也要看到我们应对国际金融危机冲击有很多有利条件,其中重要一条是农业连年丰收、农产品供给充裕多样,特别是粮食连续五年保持增产,再创历史最高纪录,对于稳定市场、稳定经济、稳定社会具有不可替代的重要作用,更加彰显出农业基础地位的重要性。这从另外一个角度说明,必须持续不断地努力,进一步巩固和加强农业基础地位。

(四)正确认识开发农业多功能与加强农业基础地位的关系。我国现在致力发展的是现代农业,力争经过若干年的多方面努力,使现代农业在全国范围内基本取代传统农业。现代农业与传统农业的一个重大区别,是传统农业的功能相对较少,现代农业则更多地展现其多功能性。

现代农业包含着多种功能：一是食品营养功能，这是传统农业同样具备的，主要表现为农产品的数量增长，而现代农业在确保农产品数量增长的同时，更加突出食品的安全、多样、营养和口感；二是工业原料功能，这也是传统农业所具有的，主要表现农产品主产品的初级加工和低附加值，而现代农业追求的是农产品所有主副产品的多层次加工和高附加值；三是观光休闲功能，这是传统农业没有大规模开发的，而现代农业将把观光休闲作为现代旅游业的重要组成部分加以开发，为人们提供一种舒适恬静的休养生息去处；四是文化传承功能，这也是传统农业比较忽略的，而现代农业则致力于农业的文明传播和科技普及；五是生态维护功能，传统农业的发展思路比较狭窄，而现代农业则把生态建设和环境保护作为一项基本目标，为整个经济社会发展提供良好的外部条件；六是就业增收功能，这是传统农业虽然具有但不能充分展现的，而现代农业比传统农业的功能明显增加，通过多种功能的充分开发，为人们提供更多的就业岗位和增收机会。由此，现代农业的不少功能是新发现、新开发的，即使对传统农业原先已经开发的功能也赋予了许多新的内涵。在当前和今后，巩固和加强农业基础地位，就是要为现代农业发展创造有利条件。只有现代农业得到较快发展，人们的高品质生活和高品质环境才能得到保障。

二、加强农业生产条件建设

农业基础地位能否得到巩固和加强，一个重要方面是看农业生产条件能否得到改善。当前和今后一个较长时期，我国正处在积极推进现代农业发展的阶段，农业生产条件的改善应当确立一个目标，这就是适应现代农业发展的要求。扩大国内需求，一个重要方面就是增加农业投入，大力改善农业生产条件，有效推进中国特色农业现代化。

（一）大力保护耕地和节约用地。土地是农业最宝贵的自然资源，尤其是耕地作为绝大部分基本农产品生产的载体，在现代农业发展中的作用更为重大。从数量上保护耕地是现代农业发展的根本条件，从质量上改良耕地是现代农业发展的基本要求。我国人均耕地面积本来就远远低于世界平均水平，随着工业化、城镇化的快速推进，各项建设占地的压力越来越大，保护耕地的任务越来越严峻。在这种情况下，我们必须实行最严格的耕地保护和节约用地制度。一是坚决守住 18 亿亩耕地这根底线不动摇，全面推进节约用地、集约用地，严格控制各项建设用地，尽量少占或不占耕地；二是结合社会主义新农村建设，集中连片推进土地整治复垦，最大限度降低耕地净减少量，确保农业发展的长远需要；三是努力提高耕地质量，大力推进中低产田改造，建设高产稳产农田，提高耕地产出水平；四是科学开发合理利用非耕地农业自然资源，积极发展木本、水生粮油植物，拓宽食品来源渠道，尽可能减轻耕地的承载压力。

（二）大力加强农业基础设施建设。以农田水利为重点的农业基础设施建设，是发展现代农业的硬件条件。现代农业越发展，对农业基础设施建设的要求越高。增加投资规模，加强农业基础设施建设，是扩大内需、促进经济平稳较快发展的重点内容之一。结合现代农业发展的实际需要，加强农业基础设施建设要突出重点。一是加快大中型和重点小型病险水库除险加固进度，加快大型灌区续建配套和节水改造，确保工程建设质量。增加中央和省级财政小型农田水利工程建设补助专项资金，依据规划整合投资，推进大中型灌区田间工程和小型灌区节水改造，推广高效节水灌溉技术，因地制宜修建小微型抗旱水源工程，发展牧区水利。二是加强农产品市场体系建设。加大力度支持重点产区和集散地农产品批发市场、集贸市场等流通基础设施建设。推进大型粮食物流节点、农产品冷链系统和生鲜农产品配送中心建设。三是推进基层农业公共服务机构建设。按照 3 年内在全国普遍健全乡镇或区域性农业技术推广、动植物疫病防控、农产品质量监管等公共服务机构的要求，尽快明确职责、健全队伍、完善机制、保障经费，切实增强服务能力。

（三）大力加强农业机械装备。实现机械化是提高农业劳动生产率的重要手段，也是现代农业的一个重要标志。如果把推进农业机械装备化与我国农业精耕细作的传统特点结合起来，还有利于提高土地产出率。目前我国在当地和外出务工农民已经达到 2.3 亿人左右的情况下，许多地区以从事农业生产为主的劳动力明显减少，对农业机械化提出了迫切要求。可以说,推进农业机械化正面临着一个空前的大好机遇,也是推动工业品下乡、促进农机工业发展的大好机遇,应当不失时机地加以推进。一是启动农业机械化推进工程,重点加强示范基地、机耕道路建设,提高农机推广服务和安全监理能力。二是普及主要粮油作物播种、收获等环节机械化,加快研发适合丘陵山区使用的轻便农业机械和适合大面积作业的大型农业机械。三是支持农机工业技术改造,提高农机产品适用性和耐用性,切实加强售后服务。四是实行重点环节农机作业补贴试点。对农机大户、种粮大户和农机服务组织购置大中型农机具,给予信贷支持。五是完善农用燃油供应保障机制,建立高能耗农业机械更新报废经济补偿制度。

(四)大力加强农业先进实用技术推广普及。现代农业是由高新科学技术装备的农业,不仅要努力推进农业科技创新,不断提高农业科技水平,更重要的是着力推进先进实用技术推广普及,使普通农民都能够掌握和应用,促进科技成果尽快转化为农业生产成果。一是加大农业科技投入,多渠道筹集资金,建立农业科技创新基金,重点支持关键领域、重要产品、核心技术的科学研究。实施主要农作物强杂交优势技术研发重大项目。二是加快推进转基因生物新品种培育科技重大专项,整合科研资源,加大研发力度,尽快培育一批抗病虫、抗逆、高产、优质、高效的转基因新品种,并促进产业化。三是加强和完善现代农业产业技术体系。深入推进粮棉油高产创建活动,支持科技人员和大学毕业生到农技推广一线工作,重点做好大宗农产品生产加工流通的推广服务工作。四是开展农业科技培训,培养新型农民。采取委托、招标等形式,引导农民专业技术协会等社会力量承担公益性农技推广服务项目,推动先进实用技术进田入户,全面提升我国的科学种植养殖水平。

(五)大力加强生态环境保护建设。生态建设和环境保护既是现代农业发展的重要条件,又是现代农业发展的重要内容。良好的生态环境,对改善土壤、水体、空气质量,优化人们生存发展条件具有举足轻重的作用,不仅有利于优质高产高效农产品的生产,而且有利于现代旅游业发展和古今农业文明的传承,从而实现现代农业的可持续发展。改善农业生产条件,必须大力加强生态建设和环境保护。一是巩固退耕还林成果，继续推进风沙源治理等重点工程，增加天然林保护投资，抓紧研究延长天然林保护工程实施期限有关政策，完善"三北"防护林工程投入和建设机制。二是建设现代林业，发展山区林特产品、生态旅游业和碳汇林业。扩大退牧还草工程实施范围，加强人工饲草地和灌溉草场建设。加强森林草原火灾监测预警体系和防火基础设施建设。三是加快重点区域荒漠化和小流域综合治理，启动坡耕地水土流失综合整治工程，加强山洪和泥石流等地质灾害防治。四是提高中央财政森林生态效益补偿标准，启动草原、湿地、水土保持等生态效益补偿试点，调动地方和农民从事生态建设保护的积极性。五是安排专门资金，实行以奖促治，加大农业农村污染治理力度，改善农民生活生产环境。

三、加强农业基本制度建设

加强农业基本制度建设，也是巩固和加强农业基础地位的不可缺少的一个重要方面。改革开放以来，我国逐步形成了一整套深受广大农民欢迎的政策法规，对推动和保障农业发展发挥了极其重要的作用。我国农业发展之所以取得世人瞩目的辉煌成就，是与不断加强农业制度建设密不可分的。根据现代农业发展的要求，在制度建设方面仍然大有文章可做，需要与时俱进地充实完善农业政策法规，提供更加成熟、更加可靠的体制机制保障。

（一）完善土地流转制度。以家庭承包经营为基础、统分结合的双层经营体制，是适应社会主义市场经济体制、符合农业生产特点的农村基本经营制度，是党的农村政策的基石，必须毫不动摇地坚持。党的十七届三中全会通过的《中共中央关于推进农村改革发展若干重大问题的决定》明确规定："赋予农民更加充分而有保障的土地承包经营权，现有土地承包关系要保持稳定并长久不变。"这是给广大农民的一颗"长效定心丸"，必须坚定不移地贯彻落实。但是也要看到，随着现代农业发展的要求和大量农民外出务工经商的实际，土地流转在许多地方早已经成为现实。如何在保障农民家庭土地承包经营权的前提下规范土地流转，是必须妥善解决的一个现实问题。正确的解决途径是，加强土地承包经营权流转管理和服务，建立健全土地承包经营权流转市场，按照依法自愿有偿原则，允许农民以转包、出租、互换、转让、股份合作等形式流转土地承包经营权，发展多种形式的适度规模经营。有条件的地方可以发展专业大户、家庭农场、农民专业合作社等规模经营主体。土地承包经营权流转，不得改变土地集体所有性质，不得改变土地用途，不得损害农民土地承包权益。同时，全面推进集体林权制度改革，加快山区生态建设和林农脱贫致富步伐。积极推进畜牧水产规模化标准化健康养殖，拓宽农民就业渠道和增收门路。需要指出的是，应在土地流转基础上推进集中连片种植，根据专业化生产、社会化服务和企业化管理的要求，形成区域性的农业规模经营和农产品优势产区，积极发展贸工农一体化产业体系，着力优化农业产业结构和产品结构，努力提高产品质量效益和食品安全水平，创造更多的就业机会和增收机会，加快小城镇建设步伐，促进地方经济尤其是县域经济又好又快发展。

（二）完善农业补贴制度。对农民给予补贴是我国近几年来开始实行的一项重要政策，这不仅有利于增加农民收入、调动和保持农民的生产积极性，而且有利于调整收入分配关系、缓解城乡居民收入差距。这项政策还处于初始阶段，需要在实践中继续强化和完善。一是在往年较大幅度增加补贴的基础上，进一步增加补贴资金，扩大补贴资金总规模。二是增加对种粮农民直接补贴。加大良种补贴力度，提高补贴标准，实现水稻、小麦、玉米、棉花全覆盖，扩大油菜和大豆良种补贴范围。根据新增农业补贴的实际情况，逐步加大对专业大户、家庭农场种粮补贴力度。三是大规模增加农机具购置补贴，将先进适用、技术成熟、安全可靠、节能环保、服务到位的农机具纳入补贴目录，补贴范围覆盖全国所有农牧业县（场），带动农机普及应用和农机工业发展。四是加大农资综合补贴力度，加强农业生产成本收益监测，完善与农业生产资料价格上涨挂钩的农资综合补贴动态调整机制，根据农资价格上涨幅度和农作物实际播种面积，及时增加补贴。总之，要按照目标清晰、简便高效、有利于鼓励粮食生产的要求，完善农业补贴办法。

（三）完善农产品价格保护制度。农产品价格保护制度是保护农民利益、稳定和发展农业生产的一项有效政策，是农产品市场调控体系的重要内容，既符合社会主义市场经济的发展要求，又能够体现中央政府的宏观调控意图，同样深受广大农民的欢迎和拥护。目前在我国农产品价格保护制度建设中，比较突出的是粮食最低收购价制度。我国粮食价格和经营在 2004 年已经全面放开，农民完全可以根据市场价格高低决定是否出售粮食和出售给谁。但是，当市场粮价过低时就可以选择按国家规定的粮食最低收购价将粮食出售给国有粮食收储部门，防止"谷贱伤农"。粮食最低收购价实际上是"托底价"，有效地保护着农民利益，市场价格通常在最低收购价之上变化。我国粮食连续五年增产，粮食最低收购价制度无疑起到了相应的积极作用。但是，我国农产品价格保护制度还不健全、不完善，有待于进一步健全、完善。一是稳步提高粮食最低收购价，使粮食最低收购价能够更好地反映粮食生产成本上升的实际情况，更有效地保护农民利益和调动农民生产积极性。二是改善其他主要农产品价格保护办法，通过适当增加储备收购等手段影响市场价格。三是优化农产品进出口和吞吐调节机制，重视利用国际国内两个市场，促进农产品市场价格在合理区间波动。四是完善粮食等主要农产品价格形成机制，理顺粮食与其他农产品的比价关系，充分发挥市场价格对农业全面发展和农民持续增收的促进作用。

（四）完善资金投入保障制度。资金投入是现代农业发展的重要保证。农业现代化水平越高，对资金投入的要求就越高。近些年来，虽然各项农业资金投入有了显著增加，但是资金投入的保障机制还不完善，亟待进一步加强建设，不仅要从政策措施上继续强化，而且要从法规法律上继续规范。一是调整财政支出、固定资产投资、信贷投放结构，保证各级财政对农业投入增长幅度高于经常性收入增长幅度，大幅度增加国家对农村基础设施建设和社会事业发展的投入，大幅度提高政府土地出让收益、耕地占用税新增收入用于农业的比例，大幅度增加对中西部地区农村公益性建设项目的投入。二是创新农村金融体制，放宽农村金融准入政策，加快建立商业性金融、合作性金融、政策性金融相结合，资本充足、功能健全、服务完善、运行安全的农村金融体系。加大对农村金融政策支持力度，拓宽融资渠道，综合运用财税杠杆和货币政策工具，定向实行税收减免和费用补贴，引导更多信贷资金和社会资金投向农村。三是规范和引导民间借贷健康发展。加快农村信用体系建设。建立政府扶持、多方参与、市场运作的农村信贷担保机制。扩大农村有效担保物范围。四是发展农村保险事业，健全政策性农业保险制度，加快建立农业再保险和巨灾风险分散机制。

四、加强农村基层组织建设

巩固和加强农业基础地位，工作千头万绪，任务繁重艰巨，最终都需要体现和落实到乡（镇）村等基层单位。这就要求我们必须大力加强农村基层组织，调动和保护广大基层干部和农民群众的积极性，进一步增强基层组织的号召力、凝聚力和战斗力，为发展现代农业和建设社会主义新农村奠定广泛而又牢固的群众基础。

（一）健全农村基层民主管理制度。调动和保护农民发展现代农业和建设社会主义新农村的积极性，既要靠保障农民的物质利益，又要靠保障农民的民主权利。我们出台的各项强农惠农政策，不仅要致力于保障农民的物质利益，而且要致力于保障农民的民主权利。保障农民民主权利，关键在于健全民主管理制度。一是发展农村基层民主。以扩大有序参与、推进信息公开、健全议事协商、强化权力监督为重点，加强基层政权建设，扩大村民自治范围，保障农民享有更多更切实的民主权利。逐步实行城乡按相同人口比例选举人大代表，扩大农民在县乡人大代表中的比例，密切人大代表同农民的联系。二是继续推进农村综合改革。2012 年基本完成乡镇机构改革任务，着力增强乡镇政府社会管理和公共服务职能。完善与农民政治参与积极性不断提高相适应的乡镇治理机制，实行政务公开，依法保障农民知情权、参与权、表达权、监督权。三是健全村党组织领导的充满活力的村民自治机制。深入开展以直接选举、公正有序为基本要求的民主选举实践，以村民会议、村民代表会议、村民议事为主要形式的民主决策实践，以自我教育、自我管理、自我服务为主要目的的民主管理实践，以村务公开、财务监督、群众评议为主要内容的民主监督实践，推进村民自治制度化、规范化、程序化。四是加强农村法制建设。完善涉农法律法规，增强依法行政能力，强化涉农执法监督和司法保护。加强农村法制宣传教育，搞好法律服务，提高农民法律意识，推进农村依法治理。在国家法规法律的前提下，培育农村服务性、公益性、互助性社会组织，完善社会自治功能。五是采取多种措施增强基层财力。逐步解决一些行政村运转困难问题，积极稳妥地化解乡村债务。继续做好农民负担监督管理工作，完善村民一事一议筹资筹劳办法，健全农村公益事业建设机制。

（二）扶持农村基层经济组织发展。根据我国现行宪法规定，国家在社会主义初级阶段，坚持公有制为主体、多种所有制经济共同发展的基本经济制度，坚持按劳分配为主体、多种分配方式并存的分配制度。我们在农村基层既要发展多种形式的集体经济组织，又要发展个体、私营等非公有制经济，而且可以通过资本这个纽带把公有制经济和非公有制经济联合起来，采取股份制形式建立混合经济组织。加强农村基层经济组织建设的目的，就是提高农民的组织化程度，增强在市场竞争中的地位和能力，更快地走上脱贫致富道路。一是扶持农民专业合作社。加快发展农民专业合作社，开展示范合作社建设行动。加强合作社人员培训，各级财政给予经费支持。将合作社纳入税务登记系统，免收税务登记工本费。尽快制定金融支持合作社、有条件的合作社承担国家涉农项目的具体办法。二是扶持龙头企业。发展农业产业化经营，鼓励发展农产品加工，让农民更多分享加工流通增值收益。中央和地方财政增加农业产业化专项资金规模，重点支持对农户带动力强的龙头企业开展技术研发、基地建设、质量检测。鼓励龙头企业在财政支持下参与担保体系建设。采取有效措施帮助龙头企业解决贷款难问题。三是在条件具备的地方发展专业协会。按照不同产品生产加工流通的要求建立相应的专业协会，吸纳专业合作社和龙头企业参加，加强对生产经营活动的指导和协调，遵守国家市场管理的各项规则，促进各种经营实体有序有效开展经营活动，尽量减少和避免生产经营活动的盲目性。

（三）加强农村基层干部队伍建设。农村基层干部是农村基层单位的骨干力量。农村基层干部队伍建设的状况如何，直接决定着农村基层工作能否顺利开展，也决定着巩固和加强农业基础地位能否长久实现。由此可见，做好农业农村各项工作都必须加强农村基层干部队伍建设。

一是按照科学发展观和正确政绩观的要求，抓好以村党组织为核心的村级组织配套建设，深化农村党的建设三级联创活动，创新农村党组织设置方式，扩大党在农村的组织覆盖和工作覆盖。加强农村党风廉政建设，抓好党的农村政策贯彻落实情况的监督检查，认真解决损害农民利益的突出问题。二是完善村党组织两推一选、村委会直选的制度和办法，着力拓宽农村干部来源，稳步推进高校毕业生到村任职工作，实施一村一名大学生计划，完善长效机制和政策措施。创新培养选拔机制，选优配强村党组织书记。三是按照定职责目标和工作有合理待遇、干好有发展前途、退岗有一定保障的要求，以不低于当地农村劳动力平均收入水平确定村干部基本报酬，并根据实际情况建立业绩考核奖励制度，逐步解决好村干部养老保障问题，加大从优秀村干部中选任乡镇领导干部、考录乡镇公务员、招聘乡镇事业编制人员的力度。

（四）拓宽农民就业增收渠道。农村基层工作绝大部分是为了改善民生，农村民生改善的最突出问题就是有效地解决农民就业增收。农民就业增收渠道过窄，大量富余农业劳动力转移不出去，农业收入增长过慢，必然会影响现代农业发展的进程，必然影响农业基础地位的巩固和加强。农业基础地位的强弱，关键不在于从事农业劳动力的多少，而是在于农业承载能力的强弱。巩固和加强农业基础地位，必须拓宽农民就业增收渠道，着力强化现代农业的承载能力。一是不断创造农民就业机会。充分发挥农业多种功能在农民就业方面的潜力和效能，扩大农业产业体系自身的就业容量。大力发展劳动密集型产业，推动农村劳动力向城镇转移，扩大非农产业的就业容量。二是持续较快增加农民收入。通过发展现代农业提高农产品质量和效益，通过发展非农产业增加农民就业岗位，通过加大公共财政支持力度增加各种奖励补贴和社会福利，通过股份制等途径将集体资产量化到个人，千方百计地增加农民收入。三是完善扶贫战略和政策。在继续提高农村低保、农村五保等保障水平的同时，实行新的扶贫标准，将农村低收入人口全面纳入扶贫范围，加大扶贫资金投入力度，坚持开发式扶贫，重点抓好整村推进、劳动力转移培训、产业化扶贫和移民扶贫，向有劳动能力的群体提供更多的就业增收机会，逐步实现脱贫致富目标。

（五）推进城乡经济社会统筹发展。统筹城乡发展是做好"三农"工作的基本方略，也是巩固和加强农业基础地位的重要保障。发展现代农业和建设社会主义新农村，应当在统筹城乡发展这个基本方略指导下进行。现阶段统筹城乡发展的目标，是加快形成城乡经济社会发展一体化新格局。关于建立促进城乡经济社会发展一体化制度，《中共中央关于推进农村改革发展若干重大问题的决定》提出了"五个统筹"：一是统筹土地利用和城乡规划；二是统筹城乡产业发展；三是统筹城乡基础设施建设和公共服务；四是统筹城乡劳动就业；五是统筹城乡社会管理。这五个统筹涵盖了城乡经济社会发展的各个重要方面。实现这五个统筹，必将极大地促进城乡社会协调发展，极大地缩小城乡经济社会发展差距，极大地促进现代农业发展和社会主义新农村建设。这既是需要持续努力奋斗才能实现的长期任务，又是当前就要付诸行动的紧迫任务。我们必须充分利用各种有利条件，不失时机地积极推进，务求取得扎扎实实的成效，尽可能快地接近和实现预定目标。

农业结构调整与产业化经营

90 年代我国农业社会化服务
体系建设的基本构想*

党的十三届八中全会提出 90 年代我国农业和农村工作要在 80 年代的基础上取得新的突破，同时明确规定了 90 年代我国农业和农村工作的主要任务和总体目标。作为农业和农村工作一个重要组成部分的农业社会化服务体系建设，必须适应 90 年代农业和农村工作的主要任务和总体目标的要求。本文拟就 90 年代我国农业社会化服务体系的建设提出一些基本构想。

一、农业社会化服务体系的发展方向

90 年代我国农业社会化服务体系建设往何处发展，在整体上达到什么样的水平，是摆在我们面前迫切需要明确解决的首要问题。经过 80 年代以来的长时间的摸索，我们对农业社会化服务体系的发展方向作了概述，即努力建设一个适合不同地区生产力发展水平的多样化的农业社会化服务体系，向农民提供产前、产中和产后的全过程综合配套服务。

农业社会化服务体系建设的发展方向包括两个方面的内容：一是服务体系自身的建设，其中突出了适合不同地区生产力发展水平和多样化两个要点，以此体现坚持从实际出发的精神；二是开展服务活动的要求，其中突出了农业生产全过程的综合配套服务，以此反映农民对农业社会化服务的要求。应当指出，农业社会化服务体系建设的发展方向，实际上就是农业社会化服务体系的努力目标，实现这个努力目标是一个渐进

* 本文原载《财经研究》1992 年第 4 期。

的过程。在具体实施步骤上，必须坚持从各地实际情况出发，选择农民最急需的服务项目入手，注重实效，积极创造条件，在服务体系自身建设方面逐步由不健全、不完善过渡到比较健全、比较完善，在服务项目开展方面逐步由单项服务向多项服务、系列服务乃至综合配套服务发展。

农业社会化服务体系建设，大体上可以分为起步阶段、发展阶段、完善阶段。作为与现代化农业和有计划商品经济直接相联系的现代意义上的我国农业社会化服务体系建设，是从 80 年代初期农村普遍实行以家庭承包为主的责任制以后开始进入起步阶段的。这个阶段大体上延续到 80 年代末期。从 90 年代初期起，我国农业社会化服务体系建设开始转入发展阶段，由少数地区较大规模地走向全国各地。预计在整个 90 年代至少是 90 年代的绝大部分时间内，我国农业社会化服务体系建设在整体上仍然处于发展阶段。农业社会化服务体系建设的发展阶段又可以分为前后两个半期，即由"八五"时期构成的前半期和由"九五"时期构成的后半期。前半期与后半期的主要区别在于"八五"时期的努力目标是在全国农村大多数地区建立以乡镇为重点的农业社会化服务体系，覆盖率达到 70%以上，向农民提供有成效的多项服务。其中，在大中城市郊区的经济较发达地区以县为单位，在县、乡、村三级建立功能比较齐备的农业社会化服务体系，逐步开展产前、产中和产后的系列服务。"九五"时期的努力目标是在全国农村大多数地区以县为单位，建立由县、乡、村三级服务组织构成的功能比较齐备的农业社会化服务体系，覆盖率达到 70%以上，能够向农民提供产前、产中和产后的系列服务。同时，在经济不发达地区基本建立以乡镇为重点的农业社会化服务体系，广泛开展多项农业生产服务。如果工作得当，进展比较顺利，到"九五"末期，我国大多数地区农业社会化服务体系建设就有可能实现发展阶段的预期目标，为相继转入完善阶段创造有利的条件。

农业社会化服务体系建设是一个漫长的渐进过程。从总体上看，我国农业社会化服务体系建设的过程可以不需要像西方经济发达国家那样经历上百年时间，但是也不可能在一二十年以内一切建设就绪。在建设时间上，与其设想得短些，不如设想得长些。我们要积极推进，又要稳步发展,允许经济发展水平不同的地区在进度上有所差别。这里所设想的农业社会化服务体系建设的阶段性,是就全国农村大多数地区而言的,并不排斥少数经济较发达地区有可能超前,更不排斥经济不发达地区有可能滞后。

在农业社会化服务体系建设的过程中,必然会碰到各种各样的问题,其中有几个带有方向性的问题必须认真加以对待和解决。这些问题能否得到很好的解决,直接关系到农业社会化服务体系的性质与方向,更严格意义上可以说直接关系到农业社会化服务体系的生存与发展。集中表现为能否做到"四个坚持":

第一,坚持以服务为宗旨。农业社会化服务体系,顾名思义,就是为农业服务、为农民服务的。在任何时候、任何情况下,都必须把服务放在首位,以服务为主要目的,而不以赢利为主要目的。经营行为要在服务行为指导下进行。当两者发生冲突时,经营行为应当服从服务行为。在必要情况下,即使部分牺牲服务组织自身利益,甚至没有赢利或者暂时亏损,也要保证农业社会化服务必要项目的开展。

第二,坚持以市场为导向。建设农业社会化服务体系的目的之一,就是在农业商品化生产日益发展的形势下,如何引导和组织以家庭承包为主要经营特征的千千万万的农户有效地进入市场,在农村逐步建立和完善适应社会主义有计划的商品经济发展的经济体制和运行机制。对于商品经济意识薄弱、组织化程度较低的我国农民来说,搞好产后服务,把生产与市场有机地联结起来,根据市场需求变化安排生产和加工,是今后一定时期内农业社会化服务体系建设的重点内容。

第三,坚持以科技为支柱。科技是第一生产力。如何将科技更快更好地由潜在生产力转化为现实生产力,是农业社会化服务体系的一个基本功能所在。农业社会化服务体系要具体体现科技、教育兴农的精神,所推广的动植物种苗都应当是优良品种,所普及的种植、养殖、加工技术都应当是先进技术,逐步增强科学技术在农业生产中的作用,使农业发展真正转入依靠科技进步为主的轨道上来。

第四,坚持以效益为中心。实行经济效益、社会效益和生态效益三者的统一,以经济效益牵动社会效益和生态效益。农业社会化服务体系不能主要依靠外部资金支持，应当具有自我积累、自我发展的能力，这就需要办成经济实体，要有经济效益。农业社会化服务体系所追求的经济效益，首先是服务对象即农民的经济效益；其次才是服务组织自身的经济效益。不论什么服务项目，都要给农民带来实实在在的经济效益，即农民的综合收益应当大于其实际支出。服务组织的经济效益孕育在农民的经济效益之中。农民获得了应有的经济效益，服务组织的生存和发展就有了保障，也就能够获得相应的经济效益。

二、农业社会化服务体系的组织制度

农业社会化服务体系是通过相应的组织制度建立起来的。构成农业社会化服务体系组织制度的基本内容，包括组织结构和运行方式两个方面，而这两个方面互相之间又是紧密联系在一起的。

我国农业社会化服务体系的组织制度建设，必须适合我国的特有国情。在组织结构方面它也应体现我国的特色。除了农村人口众多、土地资源相对贫乏、经济发展水平较低以外，我国是一个以社会主义公有制为主体、多种经济成分并存的国家。这是我国与其他许多国家有重大差别的一个重要的基本国情。其次，我国不同地区之间，甚至同一地区内部，社会生产力水平存在相当大的差异性，经济不发达地区与经济较发达地区的差别往往在十多年甚至二三十年。这种差别决定了我国农业社会化服务体系的组织结构尽管需要借鉴国外某些可以为我所用的有益经验，但是绝不应当盲目照搬国外的现有模式。根据我国的具体国情，适宜建立一种多经济成分、多渠道、多形式、多层次的农业社会化服务体系。实行多经济成分、多渠道、多形式、多层次的目的，在于使农业社会化服务体系真正符合我国的国情，形成有中国特色的社会主义农业的一个重要组成部分。

我国农业社会化服务体系的组织结构，正是基于上述构想在实践中逐步形成的。可以概括地表述为：以乡村集体经济组织（即社区合作经济组织）为基础，以有关经济技术部门为依托，以农民自办服务组织为补充。这三个方面的服务组织同时并存、相互补充，形成了能够体现我国实际国情的农业社会化服务体系的组织结构。乡村集体经济组织不仅是社会主义公有制在我国农村的主要表现形式，而且是与数以亿计的农民联系最广泛最直接的经济组织，其覆盖面之大是任何其他所有制经济的组织所无法比拟的。以乡村集体经济组织为基础，是尊重历史现实的明智选择，是完善双层经营体制、壮大集体经济实力的必由之路。有关经济技术部门，承担着指导农村经济发展的职能，在县、乡两级和县以上又有着上下贯通的组织系统和服务实力，能够解决许多乡村集体经济组织难以解决的实际问题。以有关经济技术部门为依托，是构成横向联系与纵向联系相结合的全国性和区域性服务网络的关键所在。农民自办、联办的服务组织，以及与社会团体联合建立的专业协会、研究会等专业性服务组织，具有机动灵活、适应性强的特点，在农业社会化服务体系建设中起着不可忽视的补充作用。正视这种补充作用，予以积极支持和正确引导，有利于推动农业社会化服务体系的普及和发展。

农业社会化服务体系的运行方式，是由三个基本因素决定的，即农业发展对生产服务的要求、农民的接受程度和服务组织自身发展的需要。也就是说，农业社会化服务体系的运行方式是上述三个基本因素的统一。农业社会化服务是建立在农民自愿基础上寓服务与经营于一体的一种经济行为。当运行方式与这种行为的性质产生矛盾或偏差时，就需要进行相应的调整，使之始终保持在正确的轨道上。为了保持农业社会化服务体系的正确运行，必须遵循下列三项原则：

——农民接受服务实行自愿的原则。农业服务组织所开展的服务项目，应当是农户自身做不到、做不好的和不经济的。即使如此，实施这些服务项目也要以农户的自愿接受为前提，充分尊重农户的经营自主权，在没有被农户认识和接受之前，需要通过试验示范进行引导，切不可违背农户的意愿，实行强迫命令和一刀切。即使是实际上有利于农业发展的服务项目，如果没有农户的自愿接受这一必备条件，也往往会导致适得其反的效果。

——服务体系发展实行量力而行的原则。服务体系能够发展到什么程度，受到各方面因素的制约。既要积极努力、尽力而为，又要稳步发展、量力而行。超出实际可能的、过急过快的做法，所形成的后果必然是欲速则不达，同时，也容易产生违背农户意愿的倾向。根据各地实际情况，扎扎实实地做好基础工作，积极努力地创造各种条件，坚持做到瓜熟蒂落，水到渠成，实际上是加快农业社会化服务体系发展的最有保障的途径。农业社会化服务体系主要是通过提高服务质量和服务的规模效益，不断得到发展壮大。

——生产服务项目基本实行有偿服务的原则。除了有关经济技术部门和乡村集体经济组织的管理协调性服务外，其他各项生产服务都要实行有偿服务。现阶段以实行保本微利或保本无利的低偿收费为主。由于不同生产项目存在着收益差别，服务收费标准也有所不同。对粮、棉、油、糖等大宗农作物种植业、林业、畜牧业、渔业的产前、产中服务部分，实行低偿收费；对放开价格的高价值经济作物种植业、林业、畜牧业和渔业的产后服务部分，按照成本加上略低于正常利润率的赢利水平收费；作为具有服务性质的经营行为，所有收费标准都要低于一般商业经营行为，并且保证农户能够从服务中获得相应的经济收益。

三、农业社会化服务体系的层次分工

我国农业社会化服务体系建设是以县为单位，主要设有县、乡、村三个层次。由于诸如技术培训、良种培育、加工销售、运输储存等一些服务项目，有时超出了县的范围，需要在更大范围更高层次加以组织和协调，还有些专业性的服务项目，需要进行跨县、跨地区的联合与协作，增加县以上这个服务层次是必要的。农业社会化服务体系的层次分工要根据县、乡、村和县以上四个层次进行设计，以及形成各有侧重、相互联结的合理分工。

村级农业社会化服务体系是直接面向农户的最基层的服务层次。通常所说的农业社会化服务体系建设以乡村集体经济组织为基础，实际上更多地是指以村级集体经济组织为基础。集体服务组织的建立一般只能到村。村以下的村民小组（即原来的生产队）一级再建立集体服务组织，由于所辖范围太小，是不符合规模经营要求的。村级集体经济组织的管辖范围和经济实力，使之能够在开展生产服务方面获得一定的规模经济效益。规模服务加家庭经营，是村级集体经济内部完善统分结合的双层经营体制的一种较好形式。尽管村级集体经济组织也可以打破社区界限，开展某些跨村跨乡的生产服务，但是绝大多数村级集体经济组织都将立足于本村开展生产服务，乡级及其以上各个层次的服务组织都要考虑到这个特点，对需要与农户直接进行联系的生产服务项目，尽可能通过村级集体经济组织付诸落实。这不仅有利于克服乡级及其以上各个层次服务组织在组织协调方面的困难，而且有利于加强村级集体经济组织的建设。

乡级是农业社会化服务体系中起着承上启下作用的关键层次。与村级这个最基础的层次相比，乡级服务层次的服务组织是由社会主义公有制经济的两大部分组成的，既有乡级集体经济组织又有国家有关经济技术部门在乡镇的分支机构，还有既属于集体所有制性质又由国家职能部门直接指导的商业、金融组织（即基层供销合作社和信用合作社）。由于乡级层次的服务组织聚合了多方面的经济技术力量，加上有一定的活动范围，使之能够开展许多村级集体经济组织力所不及的生产服务项目，并且可能由此获得较大的规模经济效益。在各个服务层次中，唯有乡级服务层次的农业社会化服务是全方位的，可以涉及产前、产中和产后的各个环节。乡级服务层次的服务活动虽然能够涉及各个环节，但是需要尊重各个服务层次的分工，不要代替村级服务层次从事那些适宜村级服务层次的服务项目，也不要从事那些乡级服务组织力所不及的而更适宜县级及其以上服务层次的服务项目。

县级是微观经济与宏观经济的结合部，既承担着执行宏观决策的职能，又承担着指导微观决策的职能。与乡级服务层次相比，县级服务层次主要是由国家有关经济技术部门及其所属企事业单位组成的，能够在更大程度上体现国家宏观经济的政策导向。由于县级服务层次在纵向横向方面有广泛的联系，又有较大的服务范围，开展农业社会化服务比较容易形成相应的规模经济效益，适宜承担那些以乡镇为单位力所不及的服务项目，在农业社会化服务体系中常起着龙头的作用。随着我国农业由传统农业向现代农业的转化，由自给半自给经济向大规模的商品经济的转化，对县级服务层次的要求将越来越高。县级服务层次开展农业服务,要注意以乡村服务层次作为中介,进而把千千万万的农户联系起来,在全国范围内组成一种上下左右贯通的生产服务体系。同时,务必避免越俎代庖,从事那些适宜乡村服务层次的服务项目。

县以上服务层次是由有关经济技术部门所属的企事业单位(主要是事业单位)构成的。其中多数企事业单位是从事对乡村服务层次进行指导和提供保障条件的,即以县级服务层次为中介开展农业社会化服务的,一般不与基层村组和农户发生直接联系。与基层村组和农户的直接联系,往往是通过科研、教育单位的技术承包、技术咨询和技术培训等服务项目进行的。随着县乡服务层次的日益加强,科研、教育单位开展的技术服务趋向于同县乡技术推广机构结合起来。至于县以上有关政府部门在农业社会化服务体系建设方面所履行的是行政管理职能,尽管从广义上说管理也是服务,但是县以上有关政府部门本身并不构成农业社会化服务体系的一个组成部分。

在各个服务层次中,以乡级为重点加强农业社会化服务体系建设,是现阶段特别是"八五"时期迫切需要解决的关键问题。具有承上启下作用的乡级服务层次,既可以推动村级集体经济组织开展农户急需的服务项目,又可以协调全乡的服务力量帮助集体经济力量薄弱的村开展农户急需的服务项目。从县级服务层次来看,乡镇的数量毕竟比村的数量少得多,况且一般都设有有关经济技术部门的分支结构,创造建立健全乡级服务层次基本条件的困难相对较少。在这种情况下,首先抓好乡级服务层次的建设,既是必要的,又是可能的。

四、农业社会化服务体系的发展趋势

我国农业社会化服务体系究竟会呈现什么样的发展趋势呢?我们认为有两点是需要引起特别重视的,即我国农业社会化服务体系将逐步趋向于产业化和企业化。

产业化是农业社会化服务体系发展的一个必然趋势。这一点已经为经济发达国家的历史经验所证明。从理论上说,农业社会化服务体系实现产业化,也是符合社会分工的一般原理的。社会分工是衡量社会经济发展水平高低的重要标志。社会经济发展水平愈高，社会分工则愈细愈发达。迄今为止，我国农业社会化服务体系虽然已经初步形成，但是仍然处于农业和其他产业的附属地位，对推动农村社会经济发展的作用还没有充分发挥出来。我国的农业劳动生产率、农产品的商品率和农户的规模经济效益之所以比较低，除了人多地少这个客观因素外，主要还在于社会分工不发达，农村劳动力过多地集中在农业的直接生产过程中，而从事农业生产服务的劳动力却严重不足。改变这种状况的基本途径，是在继续提高土地生产率的同时，通过发展社会分工向农业产前、产后两个领域拓展，并使农业生产过程的某些职能也分解出来，以此逐步减少直接从事农业生产的劳动力，相应增加为农业提供服务的劳动力。在保持农业作为一个独立产业的基础上，逐步使农业社会化服务也成为一个兼有第二、第三产业性质的相对独立的产业。

农业社会化服务作为一个独立的产业可以容纳相当多的劳动力，能够为我国农村劳动力开辟极为广阔的就业前景。美国从事农业产前服务的劳动力相当于直接从事农业的劳动力的 2 至 4 倍，从事产中、产后服务的劳动力相当于直接从事农业的劳动力的 7 至 9 倍。根据有关方面测算，我国直接从事农业的劳动力只需要 1.8 亿人（其中农作物种植业 1.2 亿人，林、牧、副、渔业 6000 万人），由此才形成较好的规模经济效益，现有 3.4 亿农业劳动力的近半数和新增的农村劳动力需要转向各种非农产业。农业社会化服务体系是仅次于乡镇企业的第二大转移途径。以现有农业劳动力每 20 人中有 1 人专门从事农业生产服务计算，加上县乡两级的供销合作社、农业技术推广机构、农产品加工和流通企业以及水利、气象等生产服务单位，目前我国县、乡、村三级从事农业产前、产中和产后服务的劳动力有 3000 多万人。由于我国农业劳动力数量巨大，人均自然资源数量较少，要求从事农业产前、产中和产后服务的劳动力达到美国现有水平是不可能的，即使达到日本现有水平至少在 90 年代也是做不到的。但是，完全有可能将农业社会化服务体系的劳动力就业容量增加 1 倍，即达到 6000 万至 7000 万人，即在现有基础上每年增加 300 多万人。实现这个目标的关键，是根据农业生产专业化的要求，因势利导地加快社会分工，提高农业劳动生产率和规模经济效益，为农业社会化服务发展为一个相对独立的产业积极创造条件。

企业化是农业社会化服务体系发展的又一个必然趋势。所谓企业化是指经营方式而言的，也就是通常所说的企业化经营。这是与产业化紧密相连的。农业社会化服务既然作为一个相对独立的产业，就必然要求主要依靠自身的运转求得生存和发展。实行企业化经营是形成农业社会化服务体系自我积累、自我发展能力的唯一途径。意味着开展生产服务不仅要收回成本，而且要形成最低限度的利润。在经济发达国家，农业社会化服务以商品经济发展所形成的专业化分工为基础，大多数服务组织一开始就以企业化经营的面貌出现。我国由于农业比较利益长期偏低，为农业提供服务的企事业单位大多数是以半企业化经营和无偿服务的面貌出现的，企业亏损和事业经费由国家财政通过某些方式予以弥补。由此作为出发点，实行企业化经营不可避免地会碰到许多一时难以解决的问题。其中，最为突出的问题是农户经营规模过小，承担不了生产服务实行企业化经营所增加的服务费用。

我国农业社会化服务体系实行企业化经营的推进步骤要有先有后，采用的方法要稳妥可行。一般说来，从事产前生产资料采购供应和从事产后农产品加工、储存、运输、销售的企业单位，可以先实行企业化经营。从事产前、产中服务和技术服务的乡村集体经济组织与县乡技术推广机构，在相当长时间内仍然需要实行半企业化经营，即坚持以保本服务为主，服务费用的不足部分主要通过兴办加工企业（包括农产品加工业和非农产品加工业）和流通企业所形成的收益予以解决。对于能够带来较高收益的某些种养业生产项目和已经实现规模经营的农户，开展生产服务也可以实行企业化经营。但是，无论实行企业化经营还是半企业化经营，都应当保证农户的经济利益，以正常情况下农民经济收益能够有相应增加为前提。归结起来，我国农业社会化服务体系实行企业化经营，不应当把农户作为获取利润的主要来源，而应当把通过加工、流通等环节较大幅度地提高附加值作为主要赢利来源。这是我国农业社会化服务体系生存和发展的根本所在。

运用市场机制推进高产优质高效农业*

从过去只重视农产品数量增长到高产优质并重、提高效益(通称"高产优质高效农业"),是我国农业发展史上一次意义深远的重大转折。这个转折表明,我国长期为之奋斗的通过增加农产品数量解决全国人民温饱问题的目标已经基本实现,农业生产力发展开始进入一个新的阶段,这个新阶段的特点之一是:发展高产优质高效农业将被提到十分重要的地位。发展高产优质高效农业我们面临的选择远不止一种,而正确的选择却只有一种,即充分利用市场经济这一基本运行机制和调节手段的功能。

一、市场经济：推进高产优质高效农业的基本动力

我国农村由自给半自给经济较大规模地转向商品经济,是伴随着改革开放而逐步展开的。与此相适应,农村实际上开始由传统计划经济较大规模地转向市场经济。80 年代初期普遍推行的以家庭经营为主的联产承包责任制,使我国农民成为具有自主权的生产者,从而为转入市场经济构造了有利的微观基础。80 年代中期以来的"两水"(即水果、水产品)的全面放开,以及随后的蔬菜、畜禽、蛋奶等产品的放开经营,表明市场经济在我国农业发展中的作用和比重进一步扩大。正是由于采取较为彻底的放开措施,使我国水果、水产品、蔬菜、畜禽、蛋奶等得到相当快的发展,与尚未放开的农产品之间形成鲜明的对照。我国农业在 1984 年达到第一个增长高峰后之所以出现波折,究其原因固然很多,但其中关键因素是未能抓住时机更大范围地引入和拓展市场经济。如果

---

* 本文原载《中国农村经济》1993 年第 1 期。

当时当机立断地以较大动作推进粮食、棉花等主要农产品的放开，后来很可能是另外一种情况。至少不会在较大幅度减产后需要长达四五年（如粮食）才能恢复，有的甚至要用更长时间才能恢复（如棉花）。然而，那段时间在宏观调控上仍然偏重运用行政手段对购销价格和经营活动进行指令性控制，而指令性措施的政策导向又是违背市场经济的，其结果不可能不与人们的主观意愿相反。

现在我国农业发展已经揭开了新的篇章。在经历了几年的粮食、棉花等主要农产品的短缺之后，我们再次面临着粮食、棉花、食油、食糖、肉类等诸多农产品的卖难问题。尽管国家投入大量资金建立了粮食等主要农产品的储备制度，但是卖难问题依然如故并且愈益突出。

为什么目前我国会出现如此严重的农产品卖难现象？除了流通体制改革滞后而导致的流通不畅外，许多农产品未能做到适销对路是一个重要因素。随着城乡居民生活的逐步改善，对农产品的消费需求已经由温饱型开始走向小康型，以大路货著称的低质农产品已经不能适应新的要求，优质农产品的消费需求日趋扩大。而用行政手段规定的购销价格和经营行为，只能提供低质农产品。在这种与市场经济要求相悖的政策引导下，大规模出现农产品卖难问题则是必然的结局。

另一方面，出现农产品卖难问题也说明我国农产品在数量上已经接近或达到现有消费水平的极限。从长远看，我国人口基数巨大而且在今后若干年内继续增长，对农产品数量任何时候都不能忽视和放松。但是，如果偏离消费需求和储备、调控的需要，片面地追求农产品数量，则必然出现滞销积压。因此，我国农业也要与工业一样，根据消费需求组织安排生产和供给，在数量和质量上都要适应市场变化。这是我国农业向高产优质高效转变过程中所必须遵循的。

在我国农业大规模转入高产优质高效的阶段之前，市场经济就已经显示出其无法抗拒的影响。在开始进入高产优质高效的轨道之后，市场经济的影响将更加强烈和明显地展现出来。市场经济不仅过去是我国农业发展的基本动力，而且今后也是高产优质高效农业发展的基本动力。

高产优质高效农业所追求的目标具有三重性。高产，这是满足基本消费需求、保持社会稳定的第一要素，是政府（包括中央和地方）首先要考虑的。前面说的在任何时候、任何情况下都不能忽视和放松农产品数量，指的正是高产问题。优质，这是消费需求标准不断提高的必然趋势，是消费者在走向小康和富裕的进程中极为关心的。能否逐步扩大优质农产品比重，对增强农产品的竞争能力至关重要，是保持国内市场、开拓国际市场所不可忽略的必要条件。高效，这是生产者和经营者致力追求的第一目标。作为国民经济基础的农业，出于产业发展的要求，与其他产业一样，也要取得平均利润。高产优质高效农业甚至还要求获得超额利润。

由此可见，高产、优质、高效三者之间确实存在一定的矛盾：高产未必优质，因为产量高的农产品通常质量不太高，大路货产品最容易达到高产目标；优质未必高效，因为存在市场销路是否打开的问题，优质农产品所要求的高价往往会使众多消费者望而却步；高效未必高产，因为效益的来源往往是由于产量低而导致市场短缺所形成的，市场过剩的农产品从来不会获得高效益。如此繁杂的矛盾，运用传统的计划经济显然是不可能很好解决的，客观现实要求以一种能够满足利益多元化的运行机制和调节手段取而代之。这种运行机制和调节手段便是市场经济。市场经济的长处在于能够根据社会需求变化灵活地调节和运转，当农产品产量不能满足社会需求时通过价格信号等方式引导供给数量的增长；当农产品质量不能满足社会需求也通过价格信号等方式引导产品质量的提高；而在这其中效益具有驱使生产与需求不断趋于一致的魔力，使政府最为重视的高产目标、消费者日趋关切的优质目标和生产者、经营者致力追求的效益目标能够较融洽地统一起来，从而在多元化利益之间形成共同的基础，并由此推进高产优质高效农业的发展。在这里，核心问题是效益，最起作用的是经济效益。没有经济效益的相应提高，实现高产优质是难以想象的，与经济效益相关的社会效益和生态效益也不可能长期持续地保持和提高。我们说市场经济是发展高产优质高效农业的基本动力，在相当大程度上可以说经济效益是发展高产优质高效农业的原动力。市场经济最为充分地体现了效益原则。

二、放开经营：实现农产品生产、
加工与市场需求的直接联系

放开经营，将农业经济活动从传统计划经济的束缚下解脱出来，实现生产、加工与市场需求的直接联系，是市场经济的必然要求，也是高产优质高效农业的先决条件。在我国农业从只重视数量增长转向高产优质高效的历史进程中，放开经营是首先碰到的关键问题。这个问题如果不能得到及时有效的解决，高产优质高效农业只能停留在试验、萌芽状况，而不可能形成普遍性的经济现实。可以这样说，从传统计划经济向市场经济转变，其转折点就在于是否实行放开经营。

我国对农产品实行计划生产和统购统销的传统计划经济，起源于50 年代中期。传统管理体制在为工业化积累资金、保证国民经济发展需要所发挥的作用是毋庸置疑的，但随着商品经济的发展，其弊端也愈益充分地显示出来，其最大弊端是割断了生产者与市场的联系，生产者不能及时掌握市场需求变化，所生产的产品不能直接进入市场，更不能通过市场获得应有的经济效益，因而经济活动失去了动力和活力，农业发展坠入了缓慢增长的轨道，数十年来的低产低质低效的面貌依旧。

改革开放是对农业生产力的一次大解放，长期短缺的农产品数量问题在 10 余年间得以迅速解决。现在出现了高产与优质、高效脱节的尖锐矛盾，而解决矛盾的办法又在于市场经济所要求的放开经营能否得以充分实现。实践证明，放开经营，把农产品推向市场，是发展高产优质高效农业的必由之路。哪种农产品放开得早，哪种农产品就优先进入高产优质高效的轨道；哪个地方放开得早，哪个地方农业就优先进入高产优质高效的轨道。1985 年我国水产品首先实行全面放开，水产业则率先跨入高产优质高效的阶段。水果、蔬菜、畜禽等农产品相继放开，也相继开始跨入高产优质高效的阶段。相反，计划控制最严格的粮食、棉花等农产品，面临的困难也最大，积压滞销的压力比任何其他农产品都大。

迄今为止我国尚未放开的农产品主要有粮食、棉花、蚕茧、烤烟等。根据市场经济的要求，对这些尚未放开的农产品，都要积极创造条件逐步放开。当前最具决定意义的是全面放开影响最大的粮食、棉花经营，由此牢固地确立市场经济在农业中的主导地位，使我国农业在整体上尽快转入高产优质高效的阶段。

判断农产品能否放开，主要因素并不是取决于这些农产品的重要性，而是取决于能否建立强有力的宏观调控体系。在市场经济比较成熟、完备的国家，粮食等主要农产品同样关系到国计民生，然而在正常情况下都是以实行市场调节为主的。这并没有导致严重的供给短缺，生产过剩却往往成为最令人头痛的现象，政府干预的目的主要是限制农产品生产超出需求的过快增长。与此相反，那些长期实行高度集中的传统计划经济的国家，国内丰富的自然资源却不能得到充分的开发利用，几十年来一直未能摆脱农产品短缺的折磨，从而不得不大量进口农产品以满足国内消费需求。如果仅仅由于粮食、棉花等主要农产品的地位重要而不放开，那么我国这类关系国计民生的农产品则永远不可能放开，因为在任何时候这类农产品的重要地位都是不会改变的。这对于继续发展我国农业生产力是不利的。

农产品本身的重要性对能否放开不起主要作用，但是对何时放开却产生决定性影响。用于改善生活的农产品在放开时机上选择余地较大，如水果和水产品等，因为这类农产品价格的涨落不至于影响到人们的基本生活，一般不会导致剧烈的社会震荡；而用于保证基本生活需求的农产品在放开时机上却要慎重选择，如粮食、棉花、肉类等，因为这类农产品价格的涨落直接关系到基本生活的稳定。如果放开的时机选择不当，则往往容易引发社会震荡，从而冲击国民经济生活的正常秩序。当前我们又一次面临粮食、棉花放开的可选择时机，务必要加以充分利用，使农业大跨度地进入市场经济。

但是，在放开过程中，步子一定要稳妥，务求这一重大改革措施的顺利实施。在放开粮食问题上，至少要注意以下几点：一是从各地实际情况出发，全国不搞一刀切，不能要求同时同步放开，而要实行因地制宜、分省决策。由省级政府根据居民、财政、企业等各方面的承受能力，在制定配套保证措施的基础上，自行提出实施方案，报经国务院批准。二是放开过程可以实行分步走，一般是继续保持定购数量，先放开购销价格，实行随行就市，即首先实现价格形成机制的转换，对于有条件的地方，也可以两步并为一步，即实行定购数量和购销价格一起放开。其他地区在条件成熟时再放开定购数量。三是为支持粮食购销体制改革措施顺利实施，中央在几年内继续保留财政补贴，依据各地实际情况分年削减。对粮食定购"三挂钩"政策也采取同样办法，在农产品价格机制转换过程中逐步取消平价供应生产资料，使农民有一个适应过程。四是在暂时尚未放开粮食价格的地区，对国家定购的粮食参考市场价格，拉开品种、等级差价，做到优质优价、低质低价。其他尚未放开的农产品也要实行优质优价，拉开品种、质量差价。放开棉花涉及纺织工业等有关部门，需要根据具体情况专项研究，但是放开经营的方向不能动摇。

通过放开包括粮食、棉花在内的农产品，调动农民在保持高产的同时加快转向优质高效的积极性，把生产、加工与市场需求直接联结起来，建立根据市场需求进行生产、加工和流通的新型运行机制，从而满足城乡居民生活不断提高的消费需求，向工业提供更多的优质工业原料，缓解农产品卖难问题，较快地增加农民收入，拓宽农村工业品市场，加快农业现代化进程。

三、扩大开放：促进我国农产品
更大步伐地走向国际市场

市场经济所要求的市场领域不仅是国内市场，而且包括国际市场。当今市场经济比较发达的国家，在指导或组织国内农产品生产和供给的同时，无一不将国际市场列为统筹考虑的重要内容，并且依据国内外生产成本和价格差距进行决策，没有仅仅局限于本国范围从事农产品生产和经营活动。我国正开始步入市场经济，扩大农产品对外贸易理所当然地要置于重要地位予以考虑和实施。我国农业的对外开放，除农产品出口贸易外，还应包括引进和利用国外资金、技术、人才、设备、管理，发展"三资"企业，兴办境外企业，扩大经济技术交流与合作，等等。扩大农业对外开放的好处，不仅在于能够增加外贸收汇、增强引进技术和设备等的国际支付能力，而且能够促进我国农产品按照国际标准进行生产、加工、包装和储运，带动我国农业更快地转入高产优质高效的阶段。

（一）加强产业政策引导。随着恢复我国关贸总协定缔约国地位的谈判不断取得进展，进一步扩大农业对外开放显得更为迫切。我国农业对外开放必须作出相应的调整，以尽快适应恢复关贸总协定缔约国地位后的形势。在产业政策引导方面，主要应当做好下列几项工作：

1．扩大优势农产品及其加工品的生产。所谓优势农产品及其加工品是指通过国际贸易能够给我国带来较高经济效益的农产品。这些农产品及其加工品，或者由于自然资源所限为我国所特有，或者由于经济因素所限在我国生产成本较低。如我国沿海地区地理位置较好，经济比较发达，交通运输便利，完全可以根据国际市场的需要，扩大发展价值较高的经济作物产品和养殖业产品，对粮食生产出现的缺口主要由中部粮食主产区填补，同时适当增加粮食进口量。通过国内外两个市场之间的这种资源转换，不仅可以明显增加沿海地区的经济收益，而且可以增加中部粮食主产区的经济收益。我国劳动力资源充裕，而人均自然资源相对较少，发展价值较高的农产品及其加工品出口，适当增加包括粮食在内的初级农产品的进口量，进一步参与国际分工，应当作为我国对外贸易的一项基本对策。

2．改进农产品及其加工品的品种和质量。我国出口农产品及其加工品长期存在的问题之一，就是品种档次太低、质量较差，不能适应国际市场需求。同一种产品，由于品种、质量的差别，我们所能售出的价格往往只相当于其他国家和地区的几分之一，甚至有许多产品往往因此被迫退出国际市场。与我国近邻的日本是世界上最大的农产品进口国之一，如果我国农产品及其加工品的品种和质量能有较大改观，扩大对日出口的前景是相当广阔的。改进农产品及其加工品的品种和质量，需要从多方面着手而且是个不断努力提高的过程，其中加速引进和培育良种，推行先进种植、养殖和加工技术，尽可能降低无机化学物质的投入和残留，根据进口国消费需求组织生产等，都是必不可少的。

3．提高农产品的分级、包装、保鲜和储运水平。在这些环节上，我国现有状况远不能令人满意，由此造成的经济损失简直难以统计。在这些环节上加以改进和提高，并非很困难，而且可以明显增加出口产品的附加值。关键问题是树立消费者第一的观念，严格执行国际标准，各个环节都要按规定的要求办事，使我国出口产品的外观形象有较大改进，以进一步开拓国际市场和增强出口产品的创汇能力。

4．实现均衡生产和保持货源稳定。当今发达国家市场的一个显著特点，是农产品供给的季节变化差别大大缩小，均衡上市已经成为普遍现实。这就相应要求出口国的货源供应保持稳定。我国南北气候资源丰富，利用各地季节差别或者暖棚种养技术，实现均衡生产、均衡上市，经过努力是可以做到的。实际上在某些蔬菜生产上已经取得初步进展。今后难点在于大范围、大批量地常年坚持做到这一点，才有可能成为货源稳定的农产品出口大国，保持和扩大国际市场占有率。

（二）加快体制改革工作。在体制改革方面，需要加快推进以下工作：

1．加快农产品外贸体制改革。一是普遍建立农贸结合的贸工农一体化经营体制。为使各自利益得到充分兼顾和体现，所实行的农贸结合应当以紧密型为主，以实现农贸双方真正携起手来共同走向国际市场。二是对有条件的农业企业、农产品加工企业及企业集团赋予进出口自主权。三是积极发展与周边国家的农产品边境贸易和农业合作。通过这种途径，加快我国边境省份对外开放的步伐，在全国进一步确立全方位对外开放的格局。四是鼓励出国兴办农业企业和农产品加工企业。其目的是借助于某些国家和地区的自然资源优势和技术经济条件，从另一个方面造就一批适应国际市场需要的有竞争能力的企业群体，把我国农业对外开放推向新的更高层次，同时弥补国内资源的相对不足。

2．改进农产品出口配额制度。一是改进出口配额分配方式。首先，改变外贸专业公司直接掌握配额分配权的做法，参照各地上一年出口产品货源提供情况进行分配，年际作必要调整。其次，积极创造条件，运用国际惯例，将出口配额分配权由外贸部门转给出口商品行业协会，由协会成员组织协商解决，外贸部门只负责制订出口配额总量和年际调整计划。由此增加出口配额分配透明度，同时保持对外贸易的统一性。二是尽早取消不必要的主动配额。出口配额中的被动配额是由进口国所规定的，我国所能做的事情包括争取增加配额与合理分配现有配额，取消这部分配额在国内是无法做到的。就被动配额以外的主动配额而言，对那些我国出口商品不占主导地位的国家和地区理应取消，以鼓励和扩大我国出口商品的国际市场。但是对于我国出口商品已经占据主导地位的国家和地区，如中国香港、中国澳门等，仍然需要保留相应的主动配额，以防止我国企业之间的过度竞争和由此对贸易双方所造成的利益损害。即使在这类国家和地区，我国也有相当多出口产品不占主导地位，对这类出口产品则没有必要实行主动配额。

3．加速农业引进步伐。鉴于农业引进严重滞后，有必要在两个方面都加快步伐：一方面扩大引进农业资金和先进技术、设备、管理的范围，加速现有从事出口商品生产的农业企业、农产品加工企业的改造，以及在面上的推广、普及；另一方面积极吸引外商兴办"三资"农业企业、农产品加工企业，利用外商的销售网络拓宽我国农产品及其加工品的国际市场，重点是不受和少受出口配额限制的国家和地区，把尚未利用的市场资源进一步开发和利用起来。对此，需要改变引进外资项目审批权限过于集中的情况，适当下放审批权，简化审批程序，提高办事效率，力争在三五年内使我国农业引进项目能有较快的增长，带动全国高产优质高效农业的蓬勃发展。

四、宏观调控：建立健全市场经济运行的正常秩序

宏观调控是任何经济运行方式都不可缺少的。在传统计划经济下是这样，在社会主义市场经济下也是这样。不同的是，传统计划经济本身就是一套高度集中的宏观调控体系，所运用的调控手段又主要是依赖行政命令，而市场经济则是在搞活微观经济的基础上实行宏观调控，所运用的调控手段则以经济手段为主。作为依赖市场经济而生存和发展的高产优质高效农业，同样应当受到宏观调控的指导和制约。宏观调控的目的，是通过建立健全一套不断趋于完善的经济运行秩序和政府干预手段，以确保能够顺利地实现高产优质高效农业的发展目标。

在整个90年代或许更长一些时间内，我国农业将处于由数量增长

为主转入高产优质高效的过渡时期，宏观调控所追求的目标至少有五个：一是确保粮食等主要农产品的稳定与增长；二是全面放开农产品的价格与经营；三是不断优化农业生产结构（包括产品结构和品种结构）；四是推动农业转入科技进步和提高劳动者素质为主的发展轨道；五是较大幅度地增加农民收入。以上五个目标都是必须实现的基本目标，任何一个都不能偏废。但是，比较而言，确保粮食等主要农产品的稳定与增长最为重要，应当列为宏观调控的首要目标予以优先考虑。

为了实现上述各项目标，我国农业宏观调控体系的建立和完善，有必要从以下四个方面进行努力。

（一）建立较为完备的市场体系。放开农产品市场只是进入市场经济的首要步骤和基本前提，其本身并不能自然导致市场经济运行的有序和规范。只有建立较为完备的以批发市场为中心的市场体系，才能逐步将社会经济运行纳入较为规范的运行轨道。这是 90 年代我国农产品市场体系建设的阶段性目标。

然而，现有市场建设仅仅是低水平的，还没有形成较为完备的市场体系。为此，对粮食、棉花、肉类、水产、水果、蔬菜等大宗农产品，都要有计划地建立一批批发市场，可以分为中央级批发市场和区域性批发市场两类，其中粮食、棉花、肉类必须建立中央级批发市场。中央级批发市场更多地体现中央政府的调控意向，所成交的农产品数量和价格在全国具有举足轻重的引导作用。中央政府主要通过现货或期货吞吐调节等经济手段，对市场经济运行发挥间接的调控作用。中央级批发市场与区域性批发市场之间实行计算机信息联网。区域性批发市场则依据中央批发市场提供的经济信号开展批发经营活动，引导初级市场即零售市场的经营活动。在正常情况下，中央政府不对批发市场进行干预。一旦出现市场运行偏离常规的前奏信号时，中央政府则根据需要适当采取吞吐调节措施进行干预。区域性批发市场出现异常情况，主要由地方政府通过对批发市场的吞吐调节进行干预。根据国外的经验，政府吞吐调节量一般占交易总量的 5%—10%，就可以基本稳定市场价格。

在市场体系建设过程中，还要制定和颁布既符合国际惯例又适合我国国情的市场法。其中，有些内容必须明确规定。例如，大宗贸易行为只能在批发市场进行，取消批发市场以外的大宗贸易行为，农产品流通的决定权属于中央政府。未经中央政府授权，任何一级地方政府都无权对农产品实行封锁，反对农产品贸易中的垄断行为。在任何一个批发市场，同一种产品必须有两家以上的实体性公司从事经营，保护必要的竞争，等等。

（二）实行有效的安全保障措施。这些安全保障措施主要包括下列几条：

1. 除经济作物集中产区和林、牧、渔区外，对农业税实行征收粮食实物。随着市场经济的普遍实行，在一定时期内将农业税由货币制改回实物制，以增强中央政府的宏观调控手段，是保证实现经济体制和运行机制平稳转换的需要。在市场经济正常运行之后，将寻求和采用新的更加适应市场经济这个基础的宏观调控体系，届时农业税还应当由实物制改为货币制。

2. 完善中央和地方多级储备制度，建立多层次粮食等农产品的风险基金。现在较为突出的问题是，不少地方出于财政收支的考虑，未能及时建立地方性储备制度和风险基金，完全依赖中央政府的调控力量，这是相当危险的。一旦出现较大的波折，仅靠中央政府的调控能力未必能够及时有效地解决问题。各地政府应当把用于农产品储备制度和风险基金的支出，列入财政预算之内，使多级储备制度和风险基金真正建立起来。这样，在区域性市场运行出现较大波动时，才有能力进行及时有效的干预，保持社会经济的稳定与发展。

3. 实行粮食等重要农产品内外贸相结合，更好地运用进出口调剂手段。我国自 80 年代以来内外贸之间存在一些明显的不协调现象，即国内粮食丰收年份往往进口数量较大，如 1990 年粮食净进口 789 万吨，1991 年净进口 259 万吨，而 1985 年那样的严重歉收年份却成了粮食净出口。另一方面，当我国出口增加时国际市场粮价大跌，而当增加进口时国际市场粮价又上升。在棉花和其他某些农产品外贸上也存在类似问题。这不仅加剧了国内农产品的卖难或短缺，而且也付出了许多不必要的外汇。其中不乏存在外贸订货周期与国内供求波动周期相撞的因素，更重要的是内外贸分属两个部门而造成的体制隔离所致。为了把握粮食等主要农产品内外贸的主动权,有必要对现行体制进行改革。从最彻底的市场经济角度来看,粮食等主要农产品的生产、流通(包括内贸、外贸)应当属于同一个部门管理,以便统筹掌握、适时决策。从近期来看,起码也需要将内外贸结合起来,成立由有关部门参加的领导协调机构,在优先满足国内市场需求的前提下,统一安排粮食等主要农产品的内外贸计划,同时结合储备状况一并考虑,选择最佳时机进口或出口,不断提高我国对外贸易的整体经济效益。

(三)加强对农业商品主产区的扶持。具体措施至少包括下列内容:一是与粮食调出量挂钩,适当增加国家农业基本建设投资和农业综合开发资金,用于支持农产品生产与流通的基础设施建设,进一步改善粮食主产区的生产条件,提高农业综合生产能力。二是优先增加银行信贷规模,并在良种、技术、物资、信息和管理等方面重点支持,帮助粮食主产区发展养殖业、农产品加工业和乡镇企业,实现农产品综合开发利用和多层次加工增值,拓宽农民致富门路。根据合理布局的要求,在粮食主产区引进和建设一批现代化的农产品加工生产线、储存、流通设施,以迅速提高农产品加工能力和加工水平,以及储存、流通能力。三是对粮食调出相应增加粮食出口数量,经济收益归地方所有,但务必防止过度的低价竞争。所增加的粮食出口数量有必要列入宏观调控计划,并接受外贸部门最好是行业协会协商形成的价格指导。

(四)健全农业标准体系和监测体系。是否具备健全的农业标准体系和监测体系,是衡量一个国家市场经济发育程度高低的重要标志。就高产优质高效农业本身而言,已经建立了一些标准,但是还比较零散,远远没有形成一个产前、产中和产后紧密联结、相互配套的农业标准体系,与之相适应的监测体系也没有全面建立起来。为了尽快提高我国农业生产、加工和流通的经济技术水平,造就高产优质高效农业发展的良好环境,亟须健全农业标准体系和监测体系。在具体操作上可以分步实施,力争"八五"期间初步形成框架并扩大试点,"九五"期间全面推广实行。

农业产业化经营目的在于使农民真正得利[*]

进入 90 年代以来，农业产业化经营在我国逐步兴起。党的十五大之后，农业产业化经营在各地更是出现了蓬勃发展的势头。在这种情况下，如何加深对农业产业化经营目的的认识，并注重引导，确保农民能够真正从中得利，是促进农业产业化经营持续快速健康发展的一个亟待解决的基本问题。

一、使农民真正得利是实行农业
产业化经营的题中之意

对于农业产业化经营目的的认识，需要分两个层次来理解：一是指产业体系，即把农产品的生产、加工和流通等环节联结起来，建立一个完整的一体化的农业产业体系；二是指利益机制，即把农民与加工、流通企业的利益关系联结起来，形成一个紧密的一体化的利益机制。目前人们从产业体系角度对农业产业化经营的认识已经比较明确，而从利益机制角度对农业产业化经营的认识还远远没有解决。其实，产业体系只是农业产业化经营的表象，利益机制才是农业产业化经营的实质。因此，我们必须从实质上来理解和确定农业产业化经营的目的。

我国发展农业产业化经营的目的，在于使农民真正得利。随着我国农业和国民经济的不断发展，农民的收入问题日益突出和重要，通过推进农业产业化经营增加农民收入已经成为一种必然选择。

发展农业产业化经营，使农民分享加工、流通环节的利润，是对农民与企业双方都有利的事情。第一，农民分享加工、流通环节的利润是

---

* 本文原载《农业发展与金融》1998 年第 9 期。

农业产业化经营稳固发展的基础。第二，实行农业产业化经营后扶持原料生产是农民和企业双方的共同责任。第三，农业产业化经营的重要目的是改变农民单纯作为原料提供者的地位。各地的大量事例说明，只要农民能够分享加工、流通环节的利润，就可较大幅度地增加农民的收入，从根本上解决农业比较效益低的问题，农业这个国民经济的基础才能得以稳固和加强，第一、第二、第三产业才能得以协调发展。同样也说明，建立在利益分享基础上的农民与企业的双方利益，不仅是紧密联系在一起的，而且是呈现同方向变化的，在农民增加收入的同时企业亦能获得相应的发展壮大，从而形成以工带农、以农保工、相互促进、共同发展的运行机制。农业产业化经营之所以具有旺盛的生命力，其奥秘正在于此。

二、合作制是农业产业化经营中保证
农民真正得利的有效途径

实现农民真正得利的关键，是要建立能够保证农民得利的利益机制。在农业产业化经营中，有多种形式可以使农民得利。不同的农产品加工、流通企业，可以选择不同的形式使农民得利。但是，从长远发展的需要出发，合作制是农业产业化经营中保证农民真正得利的最有效的途径。

为什么说合作制是保证农民真正得利的最有效的途径呢？这是由合作制的基本原则决定的。合作制的基本原则：资产是合作社成员共同占有的，即农民通过入股形式自愿参加，成为合作社的社员，并在合作经济组织中起控股作用；管理是合作社成员共同参与的，即社员不论股份多少和交易额大小，按照一人一票的方式选举董事会，董事会聘任总经理，日常经营活动由总经理负责，重大决策由董事会作出，董事会向全体社员负责，社员通过选举董事会、参与监事会等途径控制合作社的运行；收益是合作社成员共同分享的，即把社员的劳动收益与资产收益有机地结合起来，主要根据交易额大小与股份多少进行分配。这种由合作社成员共有、共管、共享的机制，确保了农民利益能够得到充分的反

映和体现。也就是说，合作制是农民自己来决定自己的事情，建立在合作制基础上的农产品加工、流通企业实质上是农民自己的龙头企业。依靠合作制兴办农产品加工、流通企业，是世界发达国家解决农业发展问题普遍采用的做法。在日本和欧洲共同体农业发达国家，农场的初级产品80%左右是合作社加工销售的，其他商业组织一般只占15%—20%。在我国一些地区，这种从事加工、流通的专业性合作社也开始出现，对推进农业产业化经营起到了积极作用。

我们应当充分认识合作社的性质、地位和作用，充分发挥合作制在推进农业产业化经营中的作用，构造适应社会主义市场经济发展要求的农村微观基础。现在应当在稳定家庭联产承包责任制的基础上，按照合作社成员共有、共管、共享等项原则，鼓励农民联合起来进入农产品加工、流通领域。根据我国的实际情况，发展农民联合加工、流通的经济组织，特别要注意解决好两个问题：

第一，采用专业性合作经济组织的形式比较适宜。由于我国农村合作制的基础较差，而且受行政区划的束缚较大，合作经济组织往往具有很大的社区特征，弄得不好就会局限于一个村、一个乡的范围内，很难快速成长壮大，容易形成低水平、小规模的重复建设，导致农产品加工能力的过剩，最终给农民带来的不是收益而是损失。因此，我国发展农产品加工、流通，一定要有利于打破行政区划的束缚，有利于吸纳先进适用的科学技术和管理经验，有利于扩大加工和流通的经营规模，有利于农业一体化产业体系的长远发展。农村发展农产品加工、流通企业，比较适宜采用专业性合作经济组织的类型，这种类型的合作制企业比较容易适应市场经济发展的要求。农户可以根据自己的需要，选择加入合适的专业性合作制企业。一个农户如果生产多种农产品，也可以同时加入几个专业性合作制企业。

第二，建立农民与农产品加工、流通企业之间的利益共同体。真正意义上的合作制性质的农产品加工、流通企业，是由农民联合组织起来的，企业利益与农民利益是完全一致的，其本身就是利益共同体。这类企业对外是营利性经济实体，对内是非营利性服务组织，合作制企业的利润在本企业成员之间进行分配。由于我国这类企业数量较少，今后需要积极稳步发展，同时在发展和完善过程中，应当严格按照合作制原则进行规范和管理。不论什么人，只要加入了合作制企业，都得严格遵守合作制企业内部的各项规章制度，不得从事有害于合作制企业整体利益的经营活动。这样，才能形成真正意义上的利益共同体，不断增强合作制企业自身的凝聚力和竞争力。

各级政府应当借鉴和运用世界上的通行做法，对合作制加工、流通企业实行优惠政策，在税收、信贷等方面给予必要的支持。

兴办合作制加工、流通企业，不必完全另起炉灶，应当尽可能利用现有的组织基础。我国农村现有合作经济性质的组织基础，有各类专业协会等，但相比之下，力量最强的还是供销社、乡镇企业。农产品加工、流通是发展农村经济的一个重要产业，供销社、乡镇企业都应当把发展农产品加工、流通作为今后的主攻方向。与大多数专业协会不同，供销社、乡镇企业本身就是经济实体，一般都具有法人资格。应当把发展合作经济组织同供销社、乡镇企业的改革结合起来，这样有利于加快合作制加工、流通企业的发展，也有利于促进供销社、乡镇企业自身的发展。供销社的购销网络比较健全，在流通领域有独特的优势，长期存在的主要问题是在利益、管理等方面与农民联系不紧密，基本上形成了独立于农民之外的利益主体，尽管再三申明是农民的合作经济组织，实际上却得不到广大农民的认可，必须按照合作制的原则认真进行改造。乡镇集体所有制企业本来就是由农民自己创办的，在利益、管理等方面与农民的联系相对多些，但是不少地方名义上属于乡村全体农民共有共管共享，实际上普通农民极少能够过问乡镇集体企业的重大决策，同样需要进行改革。供销社和乡镇集体企业改革的具体做法，不可能完全一致，但是确有许多共同之处：一是要把为农民谋利益作为根本宗旨。任何经营活动都应当从这个宗旨出发，真正办成带领农民尽快走向富裕的龙头企业，绝不能谋求同大多数农民利益相悖的少数人甚至个别人的利益。二是要真正按照合作制原则办事。原有的利益结构和决策程序不尽合理之处，需要进行必要的调整和改变，同时建立必要的制衡机制和监督机制，切实做到使农民参与民主管理和利益共享，充分发挥农民在合作制加工、流通企业中的主导作用。三是要在试点基础上分步推进。可以考虑制定必要的规划，并采用适当的规章制度予以肯定下来，有计划有步骤地付诸实施，在实践中不断加以改进和完善。

三、非合作制的龙头企业应以不同形式
与农民建立利益共同体

大力提倡和支持发展合作制性质的加工、流通企业是不容置疑的，但这并不排斥非合作制性质的农产品加工、流通企业的发展。由于我国农村合作制发展滞后，导致现今农村合作制的基础相当薄弱，而在改革开放近 20 年时间中，各种非合作制的农产品加工、流通企业却大量发展起来，并且形成了自身的许多独特优势。毫无疑问，这是发展农业产业化经营的一支重要力量，但需要引导它们采取多种形式与农民建立利益共同体。

非合作制的龙头企业以适当形式与农民之间建立利益共同体，是双方的共同需要。现在我国非合作制加工、流通企业与农民的关系基本上还是原料买断关系，农民不能分享加工、流通环节的利润，双方的利益是不完全一致的。如果非合作制企业不与农民结成利益共同体，今后仍旧长期维持原有的原料买断关系，双方的利益关系在一定程度上总是处于矛盾和对立的状态。农民利益往往与原料销售价格高低成正比，总是企望以尽可能高的价格出售原料。企业利益通常与原料购买价格成反比，总是企望以尽可能低的价格购进原料。结果往往是市场价高畅销的时候，有些农民违背合同，不肯把原料卖给企业，企业急需的原料得不到保证，预期的加工、销售计划不能完成；而市场价低滞销的时候，农民争相把原料卖给企业，企业又承受不了那么多原料，往往收购不积极甚至拒收。这种不稳定的购销关系常常容易引发剧烈的矛盾和冲突，不仅会给农民造成极大的经济损失，同样也会使企业的经营不能正常进行，对双方都没有好处。建立利益共同体，双方利益由对立变成一致，自然会消除原有的矛盾和冲突，农民就会把农产品加工、流通企业当作自己的企业，就能根据企业需要的品种、数量、质量、时间等要求安排生产和交售原料，企业也会把原料生产当作自己的"第一车间"，从而

形成发展农业产业化经营的聚合力。

农业产业化经营既是生产、加工、流通等运转环节的一体化，又是农民和龙头企业利益关系的一体化，也就是我们常说的一条龙经营方式。何为龙头企业？顾名思义，就是要与龙身、龙尾紧密联结在一起，成为一个有机的整体。这种联结是通过一体化的利益机制来实现的。如果龙头企业不与农民在利益上联结在一起，就等于没有龙身、龙尾，也就不成其为龙头企业，当然不是真正意义上的农业产业化经营。我们常说要把农产品加工、流通企业办成龙头企业，因此对什么是龙头企业需要有明确的界定。农业产业化经营的龙头企业与一般农产品加工、流通企业是有本质区别的，区别在于这个企业与提供原料的农民的利益关系如何处理。只有在利益关系上通过合作制、利润返还等方式与农民结成利益共同体的，才称得上龙头企业。对于龙头企业，各有关部门都应给予大力支持。

非合作制龙头企业与农民建立利益共同体的具体形式多种多样，应当尊重企业的选择，不能强求一律，但是可以从政策上加以正确引导，逐步规范。目前，非合作制加工、流通企业与农民的利益关系，主要有以下几种形式：一是一次买断、价格随行就市。企业与农民之间不存在利益联结关系，即使原料买卖关系也是不稳定的。二是合同收购、附加保护价。企业与农民之间签订合同，农民按合同规定的数量、质量要求向企业交售原料，企业按合同规定的数量、质量要求收购农民的原料，当市场价低于合同规定的保护价时则按保护价收购。三是一次买断、二次决算。企业按市场价一次买断原料并兑付货款，但保留农民再次分配的权力，如果企业赢利则按一定比例向农民加付货款。四是内部定价、利润返还。企业的收购价与市场价不直接挂钩，可能低于也可能高于市场价，农民交售原料时先得到货款，然后由企业返还一定的利润。五是农民入股、利润分红。农民成为企业股东，除在交售原料时得到货款外，还根据股份与交售额相结合的方式享受利润分红，并享有参与企业民主管理的权力。现在企业与农民之间大多数还是采用原料买断的形式（即第一种形式），这种形式所体现的利益关系是松散的。从发展趋势来看，应当根据各个企业的不同情况，采用适当形式逐步与农民建立利益共同体,不过也需要加强规范管理,不断改进和完善,切实保证农民的正当权益得以实现,使企业在农村经济发展和农民致富过程中发挥更大的龙头带动作用。

非合作制企业所具有的独特优势,加上以不同形式与农民建立利益共同体后所形成的"公司+农户"的格局,有利于避免社区性合作经济组织容易受到行政区划束缚等许多局限性,尤其是小规模、低水平重复建设问题。我国过去国有企业搞过重复建设,乡镇企业也搞过低水平的重复建设,造成大量财力、物力的浪费和操作损失。对此,务必要认真总结经验教训,采取切实有效的措施,防止发展农业产业化经营过程中出现新一轮的重复建设。非合作制的农产品加工、流通企业,大多数较少受行政区划的束缚,有利于防止产业重复建设,这种优势条件与引进合作制相结合,完全有可能将农业产业化经营提高到一个新水平。从现在起,兴办农产品加工、流通的龙头企业,起点要高一些,要有一定的规模,提高企业竞争力和效益。农业产业化经营的重复建设,既是指主导产业趋同、超出市场容量,又是指不符合市场需求的加工能力过剩。防止重复建设的办法,一是尽可能在较大范围内,一般要在全省范围甚至相关省份联合进行统一规划,合理布局农产品加工、流通的龙头企业。绝不能每个地县都建立多少个基地,都建成多少龙头企业。二是龙头企业要在市场发育中形成,利用多种经济成分,打破部门界限,哪个企业愿意并能够当龙头企业就支持哪个企业。政府的责任主要是就市场经济发展的要求,做好规划和规范管理等工作,不要运用行政手段强行扶持某些企业。三是龙头企业要按市场需求确定生产、加工的规模,将产品销售建立在有保障的市场基础上,千万不要盲目扩大生产、加工规模。四是采用先进的科学技术和设备来武装龙头企业,大力提高龙头企业的科技含量和产品质量,力争做到步步领先,保持长盛不衰。五是鼓励龙头企业跨地区经营,通过股份制、合作制等途径实现联合,组建具有较大规模的企业集团,实现生产要素的优化组合。这样,既可以防止发生低水平、小规模的重复建设,又能提高规模经营效益,增强市场竞争能力,有利于我国农业产业化经营的持续快速健康发展。

农业社会化服务体系的建设与发展[*]

建设和发展农业社会化服务体系,对稳定和完善以家庭联产承包为主的生产责任制,促进农村社会生产力的发展,具有重大的现实意义和深远影响。随着农村改革的不断深化和市场经济体制的全面确立,农业社会化服务体系建设逐步得到加强,已经成为农业和农村经济发展中极其重要而又不可替代的保障因素。

一、农业社会化服务体系是市场经济发展的必然产物

党的十一届三中全会以来,我国农村改革取得了巨大成功,农村经济发展取得了突破性进展。粮食、棉花、油料、肉类、水产品和水果等重要农产品的产量都大幅度增长,市场供给由长期短缺变为相对充裕。以乡镇企业为主的非农产业更是持续快速发展,已经成为农村经济的主要部分。需要指出,农业的持续增长基本上解决了 12 亿多人口的温饱问题,为全国国民经济发展和社会稳定奠定了坚实的基础。

我国农村改革与发展所以能取得如此巨大的成就,最主要、最基本的原因,在于农村普遍实行了以家庭联产承包为主的责任制,逐步建立了统一经营与分散经营相结合的双层经营体制。这一改革,使农民家庭不仅只是一个生活单位,而且成为农村最基本的生产单位,家庭经营成为经营体制最基本的层次,克服了传统集体经济模式中"干活大呼隆,分配大锅饭"的弊端,极大地激发了农民的生产积极性,使集体统一经营和农户家庭承包经营两个层次的积极作用都得以发挥。

但是,任何一种新的制度都有一个发生、发展和不断完善的过程,

* 本文系 1998 年 10 月提交给农业部纪念中国农村改革 20 周年学术研讨会的论文。

前进中必然会出现一些新的问题。以家庭联产承包为主的责任制也不例外，它在解决了我国农业合作化以来长期没有解决的农民积极性问题的同时，也出现了一些新的矛盾和问题。其中，主要表现有两个方面：一是分户小规模生产与市场对农产品大规模需求的矛盾。由于我国人多地少的基本国情，家庭承包的土地规模必然很小，而且地块也比较零散，这种小规模的家庭经营在生产当中会遇到诸多不便。更重要的是，随着农产品商品率的提高，农民越来越感到面对着变幻莫测的大市场，依靠单个农户自己的力量已力不从心，只能消极被动地听凭市场供求关系变化的摆布。二是家庭经营与农村经济管理之间的矛盾。家庭成为一个相对独立的生产经营单位之后，政府各部门、社会各方面都必须直接面对数量庞大又高度分散的农户，并分别与之发生经济和各种社会联系。这使整个农村经济与社会的管理变得空前繁杂，遇到很大困难。

解决家庭承包经营与市场需求变化和农村社会经济管理之间的矛盾，关键是要找到适应市场经济要求的联系纽带。这个纽带就是农业社会化服务体系。通过发展农业社会化服务体系，在农户与市场之间建立起运行有效的中介组织，为小规模生产走向大规模市场开辟一条快捷、方便、安全的绿色通道。正是从这个意义上说，农业社会化服务体系是市场经济发展的必然产物。第一，能够通过向不同素质、不同生产条件的农户提供统一的高质量的服务，有效地帮助农民解决生产与经营中的各种困难，特别是那些一家一户办不了、办不好或者办了也不经济的事情，增强抗御自然风险和市场风险的能力，是促进农业生产持续稳定发展的重要保障。第二，能够在稳定分散经营的基础上通过提供服务加强统一经营层次，有利于提高分散农户的组织化程度，逐步推进各种形式的合作与联合，是稳定和完善农村双层经营体制的基本途径。第三，可以比较容易地形成一种有效的引导机制，使农民在接受服务的同时规范自己的生产经营行为，实现农业各个环节的有序运行，是国家对农村经济宏观调控与管理得以实现的必要手段。第四，有利于在农业生产经营的各环节实现专业化分工，并在此基础上把产前、产中、产后各个环节联结起来，形成一个完整的产业链条，采用先进技术和设备，实行科学管理，推动我国农业生产力水平不断提高，是加快农业现代化建设的重要内容。第五，可以促进农业各生产要素的重新组合与第二、第三产业的快速发展，较大幅度地增加农业和非农产业的经济效益，使农民收入水平尽快提高，是把农民生活引入小康阶段以至更加宽裕阶段的必由之路。以上可以看出，建立和发展农业社会化服务体系，不仅是现阶段深化我国农村经济体制改革的重要内容，而且是我国推进农业现代化、市场化、专业化的一项带有长期战略意义的伟大历史任务。

二、我国农业社会化服务体系的建设状况

自 50 年代中后期起，我国农村就相继建立了农业、林业、水利、气象等部门的技术推广机构和供销合作社、信用合作社等各种服务组织，几十年来为服务农业做了大量的工作、积累了丰富的经验，并形成了以各部门纵向领导为主的服务网络。但是，与这种部门服务体系直接相联系的是高度集中的计划经济体制。作为适应市场经济要求而重点服务于家庭经营层次的农业社会化服务体系，则是从 80 年代初农村普遍实行以家庭联产承包为主的责任制以后开始出现和建立起来的。90 年代以来，国家把发展农业社会化服务体系作为一件大事来抓，加上农业产业化经营在我国各地的蓬勃发展，为农业社会化服务体系建设注入了新的动力。

经过近 20 年的努力，我国农村在整体上已经形成了具有一定规模的农业社会化服务体系，尤其在经济发达地区农业社会化服务体系建设已经取得了比较大的进展。从服务体系的组织构成上看，现在全国大体上形成了以乡村集体或合作经济组织为基础，以有关经济技术部门为依托，以农民自办服务为补充的服务体系框架。服务体系提供的服务内容丰富全面，涉及产前的化肥、农药、种子和农机具等农业生产资料供应，到产中的机耕、机播、排灌、植保、收割，再到产后的储运、加工、销售等各个环节。但是，目前各地农业社会化服务体系还不同程度地存在着这样或那样的缺陷，进展也很不平衡，大多数没有达到较为完善的地步，真正能提供系列化服务的还是极少数地区。

——乡村集体或合作经济组织。乡村集体或合作经济组织是农业社

会化服务体系的基础。其中，村级集体经济组织更是直接与农户打交道的一个层次。不论乡级服务组织还是专业经济技术部门的服务组织，绝大多数都要先通过村级集体经济兴办的服务组织来实施服务。村级服务组织一般是在原来的生产大队基础上兴办的综合服务组织或专业服务队。主要有物资供应组、农技组、农机组、植保组、水电组、良种组等专业组，以及综合服务站、服务大院等综合服务组织。

——有关经济技术部门的服务组织。主要包括农业、水利、林业、供销、商业、外贸、金融、科研、教育等为农业直接或间接提供服务的企事业单位。其中，农业部门所属的各类服务组织具有较强的服务实力。这些服务组织，有直接为种植业服务的农业技术推广站、种子站、植保站、土肥站等，有为畜牧业服务的家畜繁育改良站、畜牧兽医站、草原工作站、兽医技术服务中心等，有为水产业服务的水产技术推广站，有为推广农业机械化服务的农机推广服务站、农机学校、农机供应公司、农机修造厂等，有为普及推广农业经济核算效益评价的知识与技术的农业经营管理站等。其次，供销合作社、粮食、外贸、商业等部门的服务组织在社会化服务中也发挥着重要作用。尤其供销合作社本应办成农民的合作经济组织，但是实际上却成为独立于农民之外的利益主体，并从上到下形成了一个系统。因此，可将供销合作社视为专业经济技术部门的服务组织。目前供销社、粮食、外贸、商业等系统，已在全国范围内建立起以生产资料供应和农产品收购、加工、运销、出口为重点的产前、产后服务体系。供销社的服务活动现已深入到农业生产领域，如开办庄稼医院、实行测土施肥等。

——农民自办的服务组织。80年代中后期以来，出于农业生产经营活动的需要，在乡村集体经济组织和有关经济技术部门服务组织难以适应要求的某些领域或环节，农民自己组织起来兴办了相应的民间服务组织，主要有各种专业协会（包括技术研究会）、专业性生产服务组织，以及其他农民自我服务组织。农民自办的这些服务组织得到了较快发展，正在成为整个社会化服务体系中一支不可忽略的力量，在开展农业社会化服务中起到了重要作用。

从理论上说，各类服务组织的目标应当是一致的，都是为农民提供所需要的产前、产中和产后服务，促进农业生产的发展和农业现代化的实现。但是，由于我国是一个人多地少、经济落后的农业大国，再加上各类服务组织的历史起源、所有制结构、收入来源和分配方式不尽相同，这个社会背景决定了我国农业服务组织运行过程有独自的特点，因而在实践中呈现出较为复杂的情况。

当前，整个农业社会化服务体系运行中的突出矛盾，在于真正能够满足农户商品生产的需求，能够帮助农户降低生产成本，疏通流通渠道，实现农产品深加工，增加农民收入的服务仍然比较薄弱。其表现：一是流通渠道不畅，农产品买难卖难的情况反复交替出现，市场价格波动幅度较大；二是农民市场信息不灵，传递失真，导致盲目生产，产量大起大落；三是农产品深加工程度低，不能帮助农民多层次增加附加价值；四是农用生产资料供给不稳定，货源忽多忽少，价格忽高忽低，加上假冒伪劣产品时有出现，对农业生产发展也带来了许多不利影响。由于农业服务的供给与需求极不对称，使得我国广大农民在市场经济条件下如何发展商品生产仍然步履维艰。尤其在农业连年丰收的情况下，农民收入却往往增长缓慢。因此，农业社会化服务体系建设要解决的最根本问题，就是如何适应农村市场经济的发展，适应农民收入较快增加的要求，完成服务组织的转轨变型，建立农户生产与社会化服务之间的良性循环关系，不断推进农业和农村经济的持续稳定发展。

尽管我国农业社会化服务体系的建设只是初具规模，还存在着诸多的矛盾与不尽如人意之处，但是各地根据本地区的具体情况，在实践中大胆探索，进行比较和选择，创造出许多成功的经验。概括起来，各地服务组织开展服务的做法大致有以下几种类型：一是社区合作、统一服务型。这种类型主要围绕种植业的发展，由社区集体或合作经济组织把社区范围内的某些生产环节统一组织起来，实行诸如统一机耕、播种、排灌、收割等几个统一的服务。二是贸工农一体化型。这种类型是以农产品加工、流通企业为龙头，建立原料生产基地，组织农户进行原料生产，形成"公司+基地+农户"的模式，通过对农户提供技术指导、产品收购等服务，有些还实行产品一次买断、利润适当返还，或者按股份分红，将贸工农结为一体，推进农业产业化经营。三是县乡服务实体型。

这种类型即有关经济技术部门在县、乡级的机构转轨变型，通过创办经济实体，发挥自身优势，提供多种服务，方便农民生产生活，同时扩大自身生存和发展的空间。四是市场牵动型。这种类型主要是围绕当地优势产品，通过建立农产品专业批发市场，为当地农民解决买难卖难问题创造条件，促进某些农业产业在市场竞争中发展壮大，使之成为带动当地和周边地区经济发展的支柱产业。五是集团承包型。这种类型多数是由科研、教育部门的科技人员牵头，联合有关经济技术部门的干部、技术人员，承包重点农业开发项目和大面积、大批量的种植业、养殖业项目，实行相互协作，综合服务。六是自我服务型。这一类型主要是由农民个体或合作办起来的服务组织，主要是通过当地的专业大户、经济联合体、技术骨干和经营能人，自觉地为周围农户提供服务，发挥传递信息、传播技术、交流经验、促进销售等多方面的中介作用。

总之，实践经验是丰富多彩的，各地在实践中都创造了许多各具特色、适合当地情况的服务组织和服务方式。总结各地的实践经验，我国农业社会化服务体系要实现和保持健康发展的势头，必须遵循下列三项原则：

第一，农民接受服务实行自愿的原则。农业服务组织所开展的服务项目，应当是农户自身做不到、做不好的或者不经济的。即使是这些服务项目，也需要在农户认识和接受之前，通过试验示范进行引导。由于专业经济技术部门和乡村集体经济组织现阶段还带有一定的行政力量，尤其要注意做到自愿互利，切不可违背农户的意愿，实行强迫命令的一刀切。即使是实际上有利于农业发展的服务项目，如果没有农户的自愿接受这一必备条件，也往往会导致适得其反的效果。

第二，服务体系发展实行量力而行的原则。服务体系能够发展到什么程度，受到各方面因素的制约。既要积极努力，尽力而为，又要稳步发展，量力而行。超出实际可能的过急过快的做法，所形成的后果必然是欲速则不达，同时也容易产生违背农户意愿的倾向。根据当地实际情况，扎扎实实地做好基础工作，积极努力地创造各种条件，坚持做到瓜熟蒂落、水到渠成，实际上是加快农业社会化服务体系发展的最有保障的有效途径。农业社会化服务体系主要是通过提高服务质量和规模效益，不断发展壮大。

第三，生产服务项目基本实行有偿服务的原则。除了有关经济技术部门和乡村集体经济组织的管理协调性服务外，其他各项生产服务都要实行有偿服务。现阶段以实行保本微利或保本无利的低偿收费为主。由于不同生产项目存在收益差别，服务收费标准也有所不同。作为具有服务性质的经营行为，所有收费标准都要低于一般商业经营行为，并且保证农户能够从服务中获得相应的经济收益。

三、我国农业社会化服务体系建设的总体目标

从国民经济和社会发展的较长历史过程来看，目前正处于一个承上启下、开拓未来的关键时期，对我国农业和农村工作赋予了十分重大的历史使命。作为农业和农村工作一个重要组成部分的农业社会化服务体系建设，必须适应我国农业和农村工作的主要任务和总体目标的要求。具体说来，主要表现在三个方面：一是促进农业综合生产能力和效益提高到一个新的水平，确保粮食总产量稳步增长，农、林、牧、副、渔各业和乡镇企业持续发展，农村国民生产总值较快增长；二是推动农村改革要有一个新的进展，逐步建立和完善适应社会主义市场经济发展的经济体制和运行机制；三是保证在全面发展农村经济的基础上，使广大农民的生活从温饱阶段进入小康阶段并继续改善。与此同时，农业社会化服务体系建设还要有利于推进农村社会面貌的改变和社会主义物质文明的提高。

面对即将到来的新世纪，我国农业社会化服务体系建设朝什么方向发展，在整体上达到什么样的水平，是摆在我们面前迫切需要明确解决的一个重要问题。经过 80 年代以来较长时间的摸索，在发展方向上已经初步形成了一些共识：农业社会化服务体系建设，必须坚持从实际出发，因地制宜，循序渐进，逐步健全，不断完善。在这个前提下，我们对农业社会化服务体系的发展目标初步作了概述，即努力建设一个适合不同地区生产力发展水平的多样化的农业社会化服务体系，向农民提供产前、产中和产后的全过程综合配套服务。

农业社会化服务体系建设的发展目标包括两个方面的内容：一是服务体系的建设，其中突出了适合不同地区生产力发展水平和多样化两个要点，以此体现坚持从实际出发的精神；二是社会化服务的项目，其中突出了农业生产全过程的综合配套服务，以此反映农民对农业社会化服务的要求。应当指出，农业社会化服务体系的建设与发展，在具体实施步骤上，必须坚持从各地实际情况出发，选择农民最急需的服务项目入手，注重实效，积极创造条件，在服务体系自身建设方面逐步由不健全、不完善过渡到比较健全、比较完善，在服务项目开展方面逐步由单项服务向多项服务、系列服务乃至综合配套服务发展。

农业社会化服务体系的建设过程，大体上可以划为三个阶段：一是起步阶段。农业社会化服务体系建设及其服务活动开始在少数地区被人们认识，相继出现了一些以单项服务或某几项服务为主的服务组织。二是发展阶段。农业社会化服务体系建设已经为大多数地区所认识和接受，逐步由少数地区走向全国各地，农业社会化服务的内容也比较普遍由单项服务、多项服务相继转入系列服务。三是完善阶段。全国大多数地区普遍形成由县、乡、村三级服务组织构成的功能比较齐备的服务网络，农业社会化服务内容相继转入综合配套服务为主的时期。

与市场经济和现代化农业直接相联系的我国农业社会化服务体系建设，是从80年代初期农村普遍实行以家庭联产承包为主的责任制以后开始进入起步阶段的。这个阶段大体上延续到80年代末期。从90年代初期起，我国农业社会化服务体系建设开始转入发展阶段，由少数地区较大规模地走向全国各地。目前我国农业社会化服务体系建设在整体上仍然处于发展阶段，其努力目标是：在全国农村大多数地区以县为单位，建立由县、乡、村三级服务组织构成的功能比较齐备的农业社会化服务体系，能够向农民提供产前、产中和产后的系列服务；在经济不发达地区基本建立以乡镇为重点的农业社会化服务体系，广泛开展多项农业生产服务。如果工作得当，进展比较顺利，再经过若干年的努力，我国大多数地区农业社会化服务体系建设就有可能实现发展阶段的预期目标，并为逐步实现整体上转入完善阶段创造有利的条件。在我们这样一个人口众多、经济比较落后的农业大国，农业社会化服务体系从无到有、从不完善到比较完善，是与整个农业现代化进程联系在一起的，必将经历一个漫长的渐进过程，不可能在一二十年内一切建设就绪。在建设时间上，与其设想得短些，不如设想得长些。我们要积极推进，又要稳步发展，允许经济发展水平不同的地区在进度上有所差别。这里所设想的农业社会化服务体系建设的阶段性，是就全国农村大多数地区而言的，并不排斥少数经济较发达地区有可能超前，也不排斥经济不发达地区有可能滞后。

在农业社会化服务体系建设的过程中，必然会碰到各种各样的问题，其中有几个带有方向性的问题必须认真加以对待和解决：

第一，坚持以服务为宗旨。农业社会化服务体系，顾名思义，就是为农业服务、为农民服务。在任何时候、任何情况下，都必须把服务放在首位，坚持以服务为主要目的，而不以赢利为主要目的。经营要在服务指导下进行，当两者发生冲突时，经营应当服从于服务。在必要情况下，即使部分牺牲服务组织的自身利益，甚至没有赢利或者暂时亏损，也要设法保证农业基本服务项目的开展。

第二，坚持以市场为导向。建设农业社会化服务体系的目的之一，就是在农业商品化生产日益发展的形势下，如何引导和组织千千万万的农户有效地进入市场，在农村逐步建立和完善适应市场经济发展的经济体制与运行机制。对于市场经济意识薄弱、组织化程度较低的我国农民来说，搞好产后服务、把生产与市场有机地联结起来，并根据市场需求变化安排生产和加工，使农产品价值能够顺利实现，是今后一定时期内农业社会化服务体系建设的重点内容，应当置于优先地位。

第三，坚持以科技为支柱。科技是第一生产力。如何将科技更快更好地由潜在生产力转化为现实生产力，是农业社会化服务体系的一个基本功能所在。农业服务组织要切实贯彻科教兴农的方针，所推广的动植物种苗都应当是优良品种，所普及的种植、养殖、加工、储存等项技术都应当是先进技术，所采用的经营管理方法都应当是科学方法，进而逐步增强科学技术在农业生产中的作用，使农业发展真正转入依靠科技进步为主的轨道上来。

第四，坚持以效益为中心。重点是实行"两个统一"：一是实行经济效益、社会效益和生态效益三者的统一，以经济效益牵动社会效益和生态效益。农业服务组织不能主要依靠外部资金支持，应当具有自我积累、自我发展的能力，这就需要办成经济实体，要有经济效益。二是实行服务对象的效益与服务组织的效益两者的统一。农业服务组织所追求的经济效益，包括服务对象即农民的经济效益和服务组织自身的经济效益。不论什么服务项目，都要给农民带来实实在在的经济效益，即农民的综合收益应当大于其实际支出。服务组织的经济效益孕育在农民的经济效益之中。农民获得了应有的经济效益，服务组织的经济效益就有了保障。

四、我国农业社会化服务体系的组织结构

农业社会化服务体系是通过相应的组织结构建立起来的。农业社会化服务体系既然作为一种富有成效的组织系统而生存和发展，组织结构无疑具有重要意义。我国农业社会化服务体系的组织结构，必须适合我国的国情。除了农村人口众多、土地资源相对贫乏、经济发展水平较低以外，我国实行的基本经济制度是以社会主义公有制为主体、多种经济成分共同发展，这是我国与其他许多国家有重大差别的一个基本国情。其次，我国不同地区之间，甚至同一地区内部，社会生产力水平存在相当大的差异性，经济不发达地区与经济发达地区的差别往往在十多年甚至二三十年。社会经济制度的性质和经济发展水平的差别，决定了我国农业社会化服务体系的组织结构尽管需要借鉴国外的某些可以为我所用的有益经验，但是绝不应当盲目照搬国外的现有模式。

根据我国具体国情，适宜建立一种多经济成分、多渠道、多形式、多层次的农业社会化服务体系。所谓多经济成分，是在以社会主义公有制为主的前提下，积极发展个体、私营等非公有制经济成分，发挥它们在农业社会化服务体系中的必要作用；所谓多渠道，是指国家有关部门、集体或合作经济组织、个体私营经济组织和各种经济联合体一起转动，充分发挥各自特有的作用和优势；所谓多形式，是指提倡各地探索和形成适应当地社会经济发展水平的服务组织和服务方式，在同一地区内部

也允许有不同服务组织和服务方式存在；所谓多层次，是指县、乡、村以及县以上都要建立相应的服务组织，进行必要的分工，逐步形成横向与纵向相结合的农业服务网络。实行多经济成分、多渠道、多形式、多层次的目的，在于使农业社会化服务体系真正符合我国的国情，形成有中国特色的现代化农业的一个重要组成部分。

我国农业社会化服务体系的组织结构，正是基于上述构想在实践中逐步形成的。概括地表述为：以乡村集体经济组织（即社区合作经济组织）为基础，以有关经济技术部门为依托，以农民自办服务组织为补充。这三个方面的服务组织同时并存、相互促进，形成了能够体现现阶段我国实际国情的农业社会化服务体系的组织结构。乡村集体经济组织不仅是现阶段我国农村社会主义公有制的主要表现形式，而且是与2亿多农户联系最广泛、最直接的经济组织，其覆盖面之大是任何其他所有制经济组织所无法比拟的。以乡村集体经济组织为基础，是尊重历史现实的明智选择，是完善双层经营体制、壮大集体经济实力的必由之路。有关经济技术部门承担着指导农村经济发展的职能，在县、乡两级和县以上又有着上下贯通的组织系统和服务实力，能够解决许多乡村集体经济组织难以解决的实际问题。以有关经济技术部门为依托，是构成横向联系与纵向联系相结合的全国性和区域性农业服务网络的关键所在。农民自办、联办的服务组织，以及与社会团体联合建立的专业协会、研究会等专业性服务组织，具有机动灵活、适应性强的特点，在农业社会化服务体系建设中起着不可忽视的重要作用。正视现阶段农民自我服务组织特有的作用，予以积极支持和正确引导，对于推动农业社会化服务体系的普及和发展将会产生重大的积极影响。

为了推进和保持农业社会化服务体系的正常运行，现阶段各种经济成分的服务组织都需要进一步增强各自的服务功能。乡村集体经济组织需要逐步壮大自身的经济实力，继续拓展以产中服务为主的生产服务。乡村集体经济组织实力的主要差别不在于农业，而在于非农产业尤其是集体经济成分较多的乡镇企业是否发达，发展乡镇集体企业是壮大集体经济实力、开辟服务资金来源渠道的重要途径。同时，对于开展资产经营、从事农业开发项目、发展第三产业、按合同规定收取集体提留或承包金等途径，也必须予以重视，以保证农业服务的资金来源。

有关经济技术部门需要继续加强自身服务队伍的建设，提高服务人员的思想素质和业务素质，牢固树立为农业服务、为农民服务的观念，普遍推行承包服务责任制，不断提高服务质量。其中，最重要的是培育和建立一种有利于开展农业社会化服务的运行机制，人员构成主要采取聘用制，除财政给予必要的支持外，更多的是依靠自身的努力，使基层技术推广服务队伍始终与农民利益紧密地联结在一起，为不断提高农业社会生产力水平而尽心尽责地提供优质服务。供销合作社、信用合作社在恢复其合作经济组织性质、努力办成农民自己的合作经济组织的转变进程中，已经获得了一定成果。但是，这个历史性进程还远远没有结束，必须继续深化改革，真正办成农民自己的合作经济组织，充分发挥自身在经营经验和服务设施等方面的优势，与其他类型的服务组织有机结合起来，进而提供农业所迫切需要的全过程系列服务乃至综合配套服务。

农民自办、联办的服务组织和其他方面的服务组织，在开展农业服务活动过程中往往带有浓厚的自发倾向，既能够产生重要的积极作用，也容易带来某些消极的影响。关键是要通过多种形式的合作与联合，使之逐步成为范围更大、运作规范的专业合作经济组织，与乡村集体经济组织（即社区合作经济组织）和有关经济技术部门服务组织相辅相成，成为整个服务体系的有机组成部分，在农业社会化服务中发挥更大的积极作用。

五、农业社会化服务体系的地区差别

社会经济发展水平对农业社会化服务体系建设，起着具有决定性意义的制约作用。我国各地农村的社会经济发展状况千差万别，甚至同一地区内部也有很大差异，这必然导致各地农业社会化服务体系建设存在种种差别。根据因地制宜、分类指导的方针，从各地的实际情况出发，建立适合不同地区生产力水平的农业社会化服务体系，是稳步推进我国农业社会化服务体系建设健康发展的一个重要保证。

地区差别的表现之一，是农业社会化服务体系的组织结构存在某些差异。在经济发达地区，乡村集体经济组织的实力比较雄厚，在服务体系中往往起到主导作用，农民自办服务组织的实力相对弱小。这类地区农业社会化服务体系的组织结构，基本上表现为起主导作用的乡村集体经济组织与有关经济技术部门的结合。在经济不发达地区，乡村集体经济组织的实力比较薄弱，农民自办、联办的服务组织相对比较活跃。这类地区农业社会化服务体系的组织结构，可以说是起主导作用的有关经济技术部门与大体相当的乡村集体经济组织和农民自办服务组织的三方面力量的结合。介于两类地区之间的广大中等发达地区，乡村集体经济组织有一定的实力，农民自办、联办的服务组织也比较活跃。这类地区农业社会化服务体系的组织结构，情况相对比较复杂。目前，其中大部分地区是乡村集体经济组织起主导作用，并与有关经济技术部门和农民自办、联办的服务组织相结合，但已有相当多地区仍然是有关经济技术部门起主导作用，并与乡村集体经济组织和农民自办、联办的服务组织相结合。但是，随着市场经济的发展和集体经济力量的增强，乡村集体经济组织在服务体系建设中起主导作用的地区有可能趋于扩大。

需要指出，基础作用和主导作用是有区别的。乡村集体经济的基础作用是无可置疑的，主要是指农业社会化服务体系建设不能离开乡村集体经济组织，而乡村集体经济组织能否发挥主导作用则取决于与当地有关经济技术部门的能量（包括经济实力和活动能力）对比。如果乡村集体经济组织的能量大于当地有关经济技术部门，自然会在农业社会化服务体系中起主导作用。如果乡村集体经济组织的能量小于当地有关经济技术部门，则由有关经济技术部门在农业社会化服务体系中起主导作用。

地区差别的表现之二，是农业社会化服务体系的服务内容存在某些差异。在经济发达地区，目前农民要求提供系列服务乃至综合配套服务，服务体系也已经基本具备系列服务的能力，同时开始形成综合配套服务的能力。逐步满足农民的要求，提供较高质量的农业社会化服务，应当是现阶段着手努力并且可以实现的目标。处于社会经济发展中等水平的广大中等发达地区，是我国粮、棉、油、糖、猪等大宗农畜产品的主要产区，集中了全国农业商品的大部分生产基地。虽然农民也要求提供产

176

前、产中和产后的系列服务，但是突出要求解决产后加工、流通服务的问题。这类地区的服务体系建设既有一定基础，又显得力量不足。在现阶段则应当以产后加工、流通服务为重点，由此推动产前、产中和产后系列服务的实现。在经济不发达地区，农业生产的商品化程度较低，服务体系建设还处于起步阶段，农民迫切要求提供的是为农业生产过程中的某些最急需的服务项目，其中多数属于产前、产中的服务内容。适应这种情况，服务体系要量力而行，积极努力，在提供农民要求最迫切的某些单项服务的同时，注重解决阻碍提高农业生产商品化程度的关键问题，为加快发展这类地区的农村市场创造有利条件。

地区差别的表现之三，是农业社会化服务体系的服务方式存在某些差异。服务方式是由服务体系的经济实力和农民的接受程度决定的，其中服务体系的经济实力往往起着主导作用。在社会经济发展水平差别较大的地区之间，由于服务体系的经济实力和农民的接受程度不尽相同，服务方式存在一定差异是必然的。现阶段我国农业社会化服务体系的服务方式大体上分为三大类：第一类是直接提供服务，通常适用于直接面对农户的服务组织；第二类是间接服务，通常适用于不是直接面对农户，而是提供服务条件的地、市以上层次的服务组织；第三类是协调性服务，即服务组织本身无力或不宜向农户直接提供某些服务，而是通过组织协调把来自自身以外的服务提供给农户。

在经济发达地区，以乡镇企业为主的非农产业相对发达，使乡村集体经济组织具有较强的服务实力，一般采用直接服务的方式，即由乡村集体经济组织与有关经济技术部门下属单位结合起来，直接向农户提供各项生产服务，其中大多数服务项目是无偿的或只收取小部分成本费，大部分服务费用由乡村集体经济组织承担，甚至某些经济技术部门下属单位提供的服务也由乡村集体经济组织代付费用。农户享受的不只是生产服务，实际上已经演变成一种"生产福利"。这种性质的直接服务是以社会经济发展到较高水平为物质基础的，全国大多数地区都不具备普遍推广的客观条件，在政策导向上不宜过分宣传和提倡。今后经济较发达地区仍然需要继续保持和扩大直接服务的方式，但是应当随着土地适度规模经营的逐步推行，优质高产高效农业的逐步发展，以及农业比较利益的逐步增加，相应提高收费标准，接近和达到实际成本费用，力争不仅在实质上而且在形式上，尽早实现由"依附农业"向"自主农业"的转变，使农业成为具有较强的自我发展能力的产业。

在广大中等发达地区，服务方式应当以直接服务为主，以协调性服务为辅。与经济较发达地区不同，中间地区的直接服务基本上是有偿的，尽管乡村集体经济组织也给予一定的补贴，但是主要补贴在折旧费较高的农机服务方面，其他服务项目的收费标准一般依托成本或者加上微利而制定。对于协调性服务，乡村集体经济组织和有关经济技术部门下属单位本身多数不向农民收取服务费用，但是由于协调对象是个体专业户、经济联合体等农民自办、联办的服务组织，通常是依据成本加上微利收取服务费用。中等发达地区实行的服务方式，本质上属于适应我国大多数地区农村实际情况的经济行为，现阶段需要坚持和逐步完善并具有广阔的发展前景。

在经济不发达地区，服务方式则是以协调性服务为主，以直接服务为辅。有关经济技术部门下属单位和乡村集体经济组织根据自身服务实力相对薄弱的实际状况，应主要通过协调工作，把分散的个体专业户、经济联合体等农民自办、联办的服务组织有效地组织起来，加以正确引导，充分发挥它们在农业社会化服务中的积极作用。具体协调方式至少有以下几种：一是作为农产品加工、流通企业的中间服务组织，把加工、流通企业与千家万户联结起来，使加工、流通企业获得较为可靠的原料，使农户获得较为稳定的生产门路。中间服务组织本身也可以从加工、流通企业得到相应的劳务收入，并以此作为开展其他服务项目的一部分启动资金。二是利用土地承包费收入（包括集体机动田的招标租赁收入），购买必要的生产工具等农业生产资料，创造开展生产服务的物质条件。三是组织农户之间尤其是农机专业户与一般农户进行换工，开展农户之间的自我服务。

经济不发达地区以协调性服务为主，虽然是在社会经济发展水平较低情况下不得已而采取的，但是协调性服务的一些具体方式对中等发达地区甚至经济发达地区也有一定的实用价值。以协调性服务为主，是经济不发达地区农业社会化服务体系建设在起步阶段的必然选择。随着农业社会化服务体系的发展，在服务方式上将逐步增加直接服务比重并演变成以直接服务为主。其中特别要重视能够带来较高收益的产后加工、流通服务，以此带动其他直接服务方式的开展。

我国农村中的经济不发达地区，主要是由牧区、山区构成的（其中许多地区属于革命老区和边远地区），又是少数民族的集中聚居区。加强经济不发达地区的农业社会化服务体系建设，不仅是缩小地区差距、实现经济均衡发展的需要，而且是处理好民族关系、保持社会安定团结的需要。既有重大的经济意义，更有重大的政治意义。因此，对经济不发达地区的农业社会化服务体系必须给予更大的关注，采用更加有力、更加灵活的扶持政策，使之较快地成长起来，在推动农业和农村经济发展过程中起到更大的作用。

六、我国农业社会化服务体系的发展趋势

农业社会化服务体系建设是伴随着农村社会经济发展而不断发展、逐步成长的。与 80 年代初始几年的几乎不被人们重视的零散状况相比，目前我国农业社会化服务体系已经成为推动农业转向现代化、市场化、专业化的重要保障条件。随着我国农村社会生产力水平的不断提高，农业社会化服务体系必将得到进一步发展，在农村社会经济生活中的作用必将得到进一步增强。我国农业社会化服务体系究竟会呈现什么样的发展趋势呢？我们认为，有三点是需要引起特别重视，即我国农业社会化服务体系将逐步趋向于一体化、产业化和企业化。

一体化是农业社会化服务体系发展的一个必然趋势。一体化是指农业生产本身与产前、产中、产后服务结为一体，实现共同经营和发展，形成产供销一条龙、贸工农一体化。在发达国家为农民提供社会化服务的主要是农业合作社，以及各种企业、公司等。但不论哪种组织的服务都在向一体化趋势发展。农业合作社越来越多地把农产品的加工、销售服务与生产服务结合在一起，各种向农民提供生产资料的公司或农产品加工、流通企业也越来越多地把服务范围扩大到生产领域，通过与农民签订合同，在产供销各个环节实行一体化的系列服务。90 年代以来，

我国一些地区根据市场经济发展的需要,以流通型企业或农副产品加工企业为龙头,以农户和农村集体经济组织为基础,通过合同契约、经济利益共享或资本参与等形式,使农工商贸结成风险共担、利益均沾、互惠互利、协调发展的利益共同体,向农民提供产前、产中、产后的系列化、一体化服务,取得了明显的成效,已经显示出强大的生命力。

随着市场经济的发展,农产品的商品率将越来越高。农业生产能否持续稳定发展,将越来越取决于市场销售状况。一方面生产的发展需要与销售服务相适应;另一方面如果离开了生产的发展,加工、销售组织也无法发展,因此,从总体上讲农业生产、加工和销售组织具有共同的利益。这种共同的利益就从客观上要求将产前、产中、产后的服务,与农民的生产结合起来,相互补充,相互促进,使整个农业社会化服务体系向一体化方向发展。这一趋势要求打破传统的部门分工、各自为战的局面,突破部门界限、所有制界限和地区界限,按市场经济发展的要求组织起来,提高整体运行效率和经济效益。达到这一目标的关键,是要解决好各部门、各环节和各组织之间的利益关系,改变过去"争利都无利"的格局,形成"让利都得利"的机制。

农业社会化服务体系向一体化方向发展,只是一个总体的趋势,在不同的生产项目上,在不同的经济发展水平上,一体化的方式、程度都会表现出很大的差别。就不同的生产领域来看,畜牧业、水产业等产业的服务一体化发展可能要比种植业快,而种植业中水果、蔬菜等产业的服务一体化发展又会快于其他作物。总的来说,鲜活产品、易腐易烂产品、特种作物以及生产过程工业化程度高、生产规模比较大的产品,服务一体化发展要快一些。就不同地区来看,商品生产基地及经济发展水平较高的地区,农业社会化服务体系的一体化可能会优先发展起来。

产业化是农业社会化服务体系发展的另一个必然趋势。这一点已经为经济发达国家的历史经验所证明。从理论上说,农业社会化服务体系实现产业化,也是符合社会分工的一般原理的。社会分工是衡量社会经济发展水平高低的重要标志。社会经济发展水平愈高,社会分工则愈细愈发达。迄今为止,我国农业社会化服务体系虽然已经初步形成,但是仍然处于农业和其他产业的附属地位,对推动农村社会经济发展的作用还没有充分发挥出来。我国的农业劳动生产率、农产品的商品率和农户的规模经济效益之所以比较低，除了人多地少这个客观因素外，主要还在于社会分工不发达，农村劳动力过多地集中在农业的直接生产过程中，而从事农业各个环节服务的劳动力却严重不足。改变这种状况的基本途径，是在继续提高土地生产率的同时，通过发展社会分工向农业产前、产后两个领域拓展，并使农业生产过程的某些职能也分解出来，以此逐步减少直接从事农业生产的劳动力，相应增加为农业提供服务的劳动力。在保持农业作为一个独立产业的基础上，逐步使农业社会化服务也成为一个兼有第二、第三产业性质的相对独立的产业。

农业社会化服务作为一个独立的产业可以容纳相当多的劳动力，能够为我国农村劳动力开辟极为广阔的就业前景。统计资料表明，美国从事农业产前、产中和产后服务的劳动力约相当于农业劳动力的 9 倍，两者比例为 9∶1。即使人多地少的矛盾极其突出的日本，从事农业产前、产中和产后服务的劳动力也超过了直接从事农业生产的劳动力。根据有关方面测算，我国直接从事农业的劳动力只需要 1.8 亿人（其中农作物种植业 1.2 亿人，林、牧、副、渔业 6000 万人），由此才能形成较好的规模经济效益，再加上庭院经济所能容纳的劳动力，现有 3.2 亿多农业劳动力的 1/3 以上和新增的农村劳动力需要转入各种非农产业。农业社会化服务体系是居于乡镇企业之后又一重要的劳动力转移途径。我国乡村集体服务组织和农民自办、联办服务组织中从事生产服务的人员大多数属于兼业性质。即使专门从事生产服务的人员，由于统计口径的缘故，一般仍按农业劳动力统计。粗略匡算，包括乡村集体服务组织和农机、加工、购销等服务专业户，加上县、乡两级的供销社、信用社、农业技术推广机构、农产品加工和流通企业以及水利、气象等服务单位，目前我国县、乡、村三级从事农业产前、产中和产后服务的劳动力有 3000 多万人。由于我国农村劳动力数量巨大，人均自然资源数量较小，要求从事农业产前、产中和产后服务的劳动力所占比重达到美国现有水平是不可能的，也是不经济的。即使达到日本的现有水平，在短期内也是难以做到的。但是，完全有可能将农业社会化服务体系的劳动力就业容量增加 1 倍，即达到 7000 万人左右，主要是通过发展农村集体经济组织和农民自办、联办的服务组织，以加速农业剩余劳动力的转移。实现这个目标的关键，是根据农业生产专业化的要求，因势利导地加快社会分工，提高农业劳动生产率和规模经济效益，为农业社会化服务发展成为一个相对独立的产业积极创造条件。

企业化是农业社会化服务体系发展的又一个必然趋势。所谓企业化是指经营方式而言的，也就是通常所说的企业化经营。这是与产业化紧密相连的。农业社会化服务既然作为一个相对独立的产业，就必然要求主要依靠自身的运转求得生存和发展。实行企业化经营是形成农业社会化服务体系自我积累、自我发展能力的唯一途径。这意味着开展生产服务不仅要收回成本，而且要形成最低限度的利润。今后除行政管理工作和协调性服务不收取农户的费用以外，其余服务项目一般都要逐步实行有偿服务。在经济发达国家，农业社会化服务以市场经济发展所形成的专业化分工为基础，大多数服务组织一开始就以企业化经营的面貌出现。我国由于农业比较利益长期偏低，为农业提供服务的企事业单位大多数是以半企业化经营甚至无偿服务的面貌出现的，企业亏损和事业经费通过各种渠道包括财政渠道予以弥补。由此作为出发点，实行企业化经营不可避免地会碰到许多一时难以解决的问题。其中，最为突出的是农户经营规模过小，承担不了生产服务实行企业化经营所增加的服务费用。

我国农业社会化服务体系实行企业化经营的推进步骤要有先有后，采用的方法要稳妥可行，一般说来，从事产前生产资料采购供应和从事产后农产品加工、储存、运输、销售的企业单位，实行企业化经营应当是没有疑问的。从事产前、产中服务和技术服务的乡村集体经济组织与县乡技术推广机构，在相当长时间内仍然需要实行半企业化经营，即坚持以保本服务为主，服务费用的不足部分主要通过兴办加工企业（包括农产品加工业和非农产品加工业）和流通企业所形成的收益予以弥补。对于能够带来较高收益的某些种养业生产项目和已经实现规模经营的农户，开展生产服务可以实行企业化经营。但是，无论实行企业化经营还是半企业化经营，都应当充分考虑农户的支付能力，务必保证农户的经济利益，以正常情况下农民经济收益能够有相应增加为前提。

　　归结起来，我国农业社会化服务体系实行企业化经营，不应当把农户作为获取利润的主要来源，而应当把通过加工、流通等环节较大幅度地提高附加值作为主要赢利来源。这是我国农业社会化服务体系生存和发展的根本所在。

探索农民收入持续较快增长之路[*]

农民收入是农村改革和发展的一个中心议题，也是需要着力解决的一个突出问题。在目前我国商品供给由短缺变为充裕的形势下，农民收入增长的快慢，已经在相当程度上影响到国民经济的持续快速健康发展。努力实现农民收入的持续较快增长，不但是农村经济发展的重要目标，而且是整个国民经济发展的客观要求。

一、农民收入增长面临的新形势

改革开放以来我国农民收入有了较大幅度的增长。农村居民人均纯收入由 1978 年的 133.6 元，提高到 1997 年的 2090.1 元，扣除价格因素后实际增长 3.4 倍，平均每年增长 8.1%，比 1953 年至 1978 年平均增长速度 3.3%高出 4.8 个百分点。20 年来，农民收入增长经历了不同情况的变化，大体可以划分为四个阶段：第一阶段从 1979 年到 1984 年。由于实行家庭联产承包经营为主的责任制，加上国家较大幅度提高农产品收购价格，是农民收入增长最快的一个阶段。第二阶段从 1985 年到 1988 年。由于多种经营的快速发展，农民收入继续以较快的速度增长，但是相对增长速度有所放慢。第三阶段从 1989 年到 1996 年。农产品供给短缺与充裕交替发生，农民收入增长幅度波动较大，其中最低年份仅增长 0.7%，最高年份增长幅度高达 11%。第四阶段从 1997 年开始。农产品供给相对充裕，开始转向买方市场，农民收入仍然保持了一定的增长速度。完全可以说，20 年的农村改革给农民带来了巨大的实惠，农民收入增长之高、生活水平提高之快是过去所不能想象的。

---

* 本文原载《农业经济问题》1999 年第 1 期。

但是，在看到农民收入增长较快的同时，我们也应当看到，从 1997 年开始，农民收入增长已经面临着新的形势，出现了许多新的变化。一是农民收入增长速度放慢。1997 年全国农村居民人均纯收入增长 4.6%，比 1996 年增长 9%下降了 4.4 个百分点。1998 年 1—9 月农村居民人均纯收入比 1997 年同期增长 1%。二是农民收入增加渠道减少。目前我国小麦、玉米等大宗农产品价格已经高于国际市场价格 60%以上，通过提价增加农民收入的余地相当小。乡镇企业增长速度回落，1997 年全国乡镇企业增加值比"八五"时期下降约 20 个百分点，来自乡镇企业的收入增长也随之放慢。外出务工经商的劳动力减少，不少地区甚至出现回流现象，农民收入增长受到很大影响。在亚洲金融危机的冲击下，我国农产品及其加工品出口受阻，从事出口农产品及其加工品生产的农民收入增加受到严重影响。三是部分地区农民现金收入比重降低。目前农民收入包括现金收入和实物收入两部分，在粮食等农产品连年丰收的情况下，农产品销售困难增加，相当部分农产品积压，转化为货币收入的比重明显下降。四是农民收入虚增因素比重加大。农民的实物收入通常是按当年国家定购价或市场价计算的，但是相当部分农产品积压滞销，市场价格持续下跌，实际售价低于计算价格很多，形成一部分不能实现的虚拟收入。五是灾区农民收入下降。近两年特别是 1998 年，我国相当多地区遭受严重的自然灾害，农村大面积被淹，农作物减产、绝产，很多企业毁坏停产，灾区农民收入绝对额大幅度下降。全国农民收入增长滞缓，不是由于农业减产造成的，也不是偶然的现象，而是农业和农村经济发展到一定阶段必然出现的问题。

现阶段农民收入增长之所以由快转慢，有其深刻的内在原因。第一个原因是农产品供给与劳动力供给"两个充裕"并存。过去我国的情况是农村劳动力充裕，市场农产品供给短缺，可以用充裕的劳动力生产短缺的农产品，借以实现和保持两者之间的平衡。经过改革开放以来持续 20 年的高速发展，我国整个商品供给已经由严重短缺转入相对充裕的新阶段，包括农产品在内的各种商品不同程度地进入了买方市场，农产品供求关系发生了根本性的变化。继农村长期处于劳动力供给充裕的状态，又开始出现农产品供给充裕的新情况，原有的平衡关系已经被打破，主要矛盾由供给制约转变为需求制约，由此给农民收入持续较快提高增添了新的压力。这是最为突出而又带有转折性的原因。在农产品供给短缺的情况下，农民收入的增长通常是直接与农产品数量增长成同方向变化关系，农产品数量的快速增加往往意味着农民收入的快速增加。但是，在农产品供给充裕的情况下，农产品供给增加与农民收入增加则没有必然的连带关系，"农业增产、农民增收"的农业发展目标受到严峻的挑战。现实情况往往是增产不一定能够增收，有时增产反而可能减收。由于供求关系发生变化，导致农产品市场价格下跌的情况时有发生。

农民收入增长由快转慢的第二个原因，是农业劳动生产率和农产品转化加工率"两个过低"并存。这是一个更为深刻而又属于长期性的原因。我国农村人口过多，人均自然资源占有量过少，劳动生产率长期很低，而且主要又是出售原粮、原棉等初级产品，农产品加工、流通等环节的增值收益主要集中在城市，农村养殖转化率很低，加工增值率更低。改革开放以来，农业劳动生产率虽然有所提高，农村养殖业和农产品加工业虽然有所发展，但是还没有从根本上改变农业劳动生产率和农产品加工转化率"两个过低"并存的局面，在农产品供求关系实现基本平衡后农民收入的增长必然放慢，与城镇居民的收入差距必然重新拉大，而且在今后这个问题将越来越突出。

农民收入增长由快变慢的第三个原因，是农产品质量和农业综合经济效益"两个不高"并存。这是我国农业发展中长期存在的一个突出问题。在农产品卖方市场情况下，农产品供给不足，农产品质量对农民收入的影响并不十分明显。随着农业生产发展，农产品供给已开始转变为买方市场，消费者对农产品的挑剔性增强，对农产品需求日趋优质化、多样化，质量低的农产品积压滞销的现象日趋增加，低质量的农产品即使以低价格也很难卖出去，因此，农产品的品种、质量如何，对农民收入至关重要。在这种情况下，单纯靠增加农产品产量并不能保证增加收入。改革开放以来，虽然农产品质量有所提高，但还不能适应日益变化的市场需求。一些地方生产的农产品，多是大宗产品、传统产品，许多产品质劣价低，销路不好。由于农产品市场价格普遍下跌，农业生产投入不断加大，加之农产品加工转化滞后，导致农业综合经济效益不高。

从不少地方的实际情况看，恰恰由于农产品质量和农业综合经济效益"两个不高"并存，严重制约了农民收入的增长。

农民收入增长幅度的回落，对国民经济的诸多方面都开始产生不利影响：一是农民生产积极性受到影响，农业发展动力削弱，农业生产投入减少，制约了农业的扩大再生产。1997 年平均每人生产性支出766.25 元，与 1996 年的 773.23 元相比，不仅没有增加，反而减少 0.9 个百分点。如果再这样持续下去，势必对农业稳定增产构成更大的不利影响。二是城乡居民收入差距重新趋于扩大。1997 年城镇居民人均收入相当于农村居民人均收入的 2.47 倍，城乡收入差别大体上复归到 80 年代初期的水平。目前全国仍有几千万农村人口处于绝对贫困状态，温饱问题还没有解决。这显然与缩小城乡差别的目标是相悖的，也不利于城乡经济协调发展和保持社会稳定。三是农村市场开拓受到限制。现在城市市场已经接近饱和，开拓农村市场成为推动国民经济持续快速发展的一个重要选择。但是，由于农民支付能力过低，农村市场容量扩展过慢，与工农业生产能力的扩大形成尖锐矛盾，不能适应扩大内需的要求，整个国民经济发展受到很大制约。1997 年农村人口有 86637 万人，是城镇人口 36989 万人的 2.34 倍，在全国总人口中占 70.1%，但是农村社会消费品零售总额 11650 亿元，仅相当于城镇社会消费品零售总额15193.3 亿元的 76.7%，仅占全国社会消费品零售额的 43.4%。如果不采取有效的政策措施，农民收入增长滞缓很可能会持续一个较长时期，增幅不仅不会上升，而且还将继续下滑，对国民经济发展构成更加明显的不利影响。这是一种令人担忧而又可能发生的情况。

二、促进农民收入增加的基本对策

面对农民收入增长幅度回落及其所产生的种种后果，应当从国民经济能否实现长期持续快速健康发展的全局来对待。从国民经济发展的全局来看，需要把增加农民收入列为一项主要目标，在农业和农村经济发展中置于更加突出的位置，使农民收入长期保持较快的增长速度，以缩小城乡居民收入差距，与开拓农村市场和发展国民经济的要求相适应。

有关农村经济的各项政策措施，都应当更加紧密地与增加农民收入这个主要目标联系起来，更加重视提高农民收入，包括使目前仍然处于绝对贫困状态的几千万农村人口尽快解决温饱问题。与此相应，应当更加重视提高农业经济效益，只有农业经济效益提高，农民收入增加才能比较顺利地实现。因此，今后在农业和农村经济的发展过程中，应当以促进农民增收和保证农业增产为目标，形成农业发展持久的内在动力。农业和农村经济发展在指导思想上应当以经济效益为中心，实现经济效益、社会效益、生态效益三者的统一，提高经济效益不能以牺牲社会效益、生态效益为代价。

现在我国已经进入农产品供给比较充裕的新阶段，整个社会经济生活已经接近小康水平，调整农业和农村经济发展目标的时机已经成熟，在农产品供给问题基本解决的基础上应当把增加农民收入提到优先位置来考虑。只有这样，才能促进我国农业发展由数量型真正转变为质量型、效益型，实现农业产业结构的升级和提高。根据农业和农村经济发展的长远要求，今后各项相关政策措施的制定和调整，都应当围绕实现和保持农民收入较快增长这个基本出发点。为了实现长期较快增加农民收入的目标，需要进一步拓宽农业和农村经济发展的门路，同时适当调整发展思路，形成更多的经济增长点和农民增收点。

（一）调整和优化农业产业结构。根据市场需求变化，在坚持高产即粮食等基本农产品总量稳步增长的基础上，合理调整和不断优化农业产业结构，大力发展高产优质高效农业，力争通过几年的努力，使农业比较效益和农民收入水平都有明显的提高。关键是把握两点：一是改变产业结构单一的状况，积极发展多种经营。尤其是粮食主产区，应当大力发展养殖业，减少原粮销售比重，缓解卖粮难矛盾，既可以实现转化增值，又能够增加农民收入。二是扩大优质农产品生产，提高农产品优质率。当前农产品供给比较充裕，数量问题已经得到一定程度缓解，但是质量问题、效益问题突出，是加快发展高产优质高效农业的好时机，一定要把握住并利用好。三是重视发挥比较优势，大力开拓国际农产品市场。充分利用我国劳动力充裕的有利条件，继续发展劳动密集型的农产品生产，进一步推进对外贸易多元化战略，千方百计增加高效优质农产品及其加工品的出口，在巩固和扩大亚洲市场的同时努力开拓欧美等市场，以出口带动国内农产品优质率和农民收入的更快提高。四是提倡精准农业，推进节本增效。根据农作物种植和畜禽水产养殖对各种养分的客观需要，实行科学配方，适时精量投入，改进和加强经营管理，减少和消除损失浪费，降低生产成本，开展现代农业意义上的精耕细作，最大限度地提高产出效益和农产品品质。

（二）积极推进农业产业化经营。农业产业化经营的最大好处是，可以将生产、加工、运输、销售等环节联成一体，多层次提高农产品附加值，使农民不仅能获得生产环节的收益，而且能获得加工、流通等后续环节的收益，从而较大幅度地增加农民收入。农业产业化经营还可以通过龙头企业的带动，较好地把家庭承包经营与市场需求联结起来，使农业经营规模迅速扩大，优质农产品得到快速发展，能够有效地解决在农户分散经营的条件下发展高产优质高效农业的问题。国家应当有选择、有计划地扶持一批农业产业化经营的重点项目，在全国范围内起到示范带动作用。在推进农业产业化经营的过程中，要尽可能通过合作制、股份合作制或者其他有效形式，建立龙头企业与农民之间的利益共同体，保证农民能够从中真正获得应有的经济收益。发展农产品加工业要在较大范围内搞好规划和布局，适应需求变化，依靠科技进步，实行科学管理，注意规模效益，提高竞争能力。

（三）全面贯彻科教兴农方针。农业科技开发和成果运用应当紧密结合实际需要，尽快形成生产力，不断提高科技进步在农业发展中的贡献率，推动我国高产优质高效农业和农业产业化经营的更快发展，使经济效益提高和农民收入增加建立在科技进步的坚实基础之上。国家应当根据实际需要，进一步增加农业科技投入，为促进农业科技进步提供必要的资金条件。

（四）稳定和完善家庭承包经营制度。家庭承包经营既是生产要素的有效组合方式，也是农村社会保障的有效实现形式，关系到农村的经济发展和社会稳定，必须坚持长期稳定和逐步完善。今后面临的一个现实问题是，如何在保持家庭承包经营的基础上较快地增加农民收入。应当看到，在稳定和完善家庭承包经营，保证农民有一份稳定收入的前提下，需要建立健全土地使用权合理有序流动的机制，在部分有条件的地区逐步推进适度规模经营。其中，在非农产业发达的沿海地区和大中城市郊区，应当在农民自愿的基础上，因地制宜地推进以种田大户为主的农业适度规模经营，使从事农业的收入能够接近、达到甚至超过从事非农产业的收入，增强农业自身的发展动力。在农业综合开发和农村"五荒"资源开发等开发性项目上，也都涉及原有承包关系，应当走适度规模经营之路，推动农业开发的更快发展。最为普遍有效的还是通过推进农业产业化经营，发展大量专业户，或者采用"反租倒包"等形式，以及加强社会化服务体系建设，形成具有较大经营规模的原料生产基地和加工流通企业，不断增强市场竞争能力，逐步扩大市场占有率和覆盖率，从而做到在稳定家庭承包经营的基础上较快地增加农民收入。

（五）深化农产品流通体制改革。与农村其他改革相比，我国农产品流通体制改革相对滞后，至今尚未取得比较理想的进展。应当加快农产品流通体制改革步伐，建立以批发市场为中心的农产品市场体系，健全市场制度，实行规范运行，以实现农产品价值和增加农民收入。当前面临的突出问题是，农产品生产与市场脱节，许多农产品积压滞销，受到市场容量的限制。除了需要调整农业产业结构，使农产品生产更加适应市场需求外，还要广辟农产品流通渠道，将农民通过专业合作社等形式组织起来进入流通，充分发挥农村供销社、乡镇企业和运销专业户的作用，清除妨碍农产品流通的各种关卡和乱收费、乱罚款现象，保证农产品流通畅通无阻，拓宽农业发展的市场空间，特别要重视开发异地农村市场。农民不仅是农产品的生产者，也要成为农产品的消费者。

（六）保持乡镇企业持续快速健康发展。乡镇企业是安置农业剩余劳动力的主要载体，也是农民收入增加的重要来源。农村具有丰富的农产品原料资源，发展农产品加工业是乡镇企业的天然优势。乡镇企业要适应市场需求变化，不断优化产业结构，把发展农产品加工业作为一个重点产业来抓。尤其在粮食主产区、牧区等资源优势突出的地区，乡镇工业发展应当以农产品加工业为主。同时，继续发展其他劳动密集型产业，吸纳更多的农业剩余劳动力，把发展乡镇企业与增加农民收入更紧密地联系在一起。乡镇企业要适应市场经济发展的要求，通过资产重组，推进规模化、集团化，提高整体素质，增强竞争能力。进一步探索集体所有制经济的多种实现形式，使集体所有制经济在股份合作制等形式中扩大发展空间。

（七）加强农村基础设施建设。在目前国内需求不足的情况下，加大基础设施建设力度，不仅有利于推动整个国民经济的发展，而且也有利于增加农村劳动力就业机会，增加农民收入。水利、公路、铁路、电力等基础设施建设要尽可能吸纳农村劳动力，使农民从中最大限度地增加劳务收入。现在基础设施建设已经引起高度重视，基础设施建设规模得到明显扩大，但是与增加农民收入的联系还不很密切，应当进行必要的调整。同时，进一步引导农村劳动力有序外出务工经商，增辟农民收入来源，并为中西部地区农村经济发展培养后备人才。

（八）大力发展农村第三产业。目前发达国家第三产业一般占整个国民经济的 60%以上，有的甚至高达 80%左右。我国第三产业仅占 36.2%，农村只有百分之十几，有些地区基本上是空白。因此，第三产业发展的前景最为远大，尤其是各种服务业可以容纳大量的劳动力，是增加农民收入的一个重要来源。对于农村第三产业的发展，必须予以足够的重视，并根据各地实际情况，采取有效的政策措施，切实加以推进。

（九）加大扶贫攻坚力度。现在距离"八七"扶贫攻坚计划的最后期限越来越近，必须采取各种有效办法按期完成扶贫攻坚目标。继续坚持和完善开发式扶贫和扶贫到户的方式，大力推广小额信贷等有效方法，并不断总结经验，提高扶贫开发的经济效益。对于自然环境实在太差的地方，加大采用迁移性扶贫的力度，以加快扶贫开发进度，巩固和发展扶贫开发的实际效果。力争到 2000 年底除民政救济对象外，基本解决贫困地区农村人口的温饱问题。

（十）进一步减轻农民负担。增加农民收入必须与减轻农民负担结合起来，以取得更好的实际效果。一是实行休养生息政策，严格执行统筹提留不得超过上年人均纯收入 5%的规定，至少在 1999 年继续将农民负担绝对额控制在 1997 年水平之下，杜绝其他方面加重农民负担的各种摊派。二是大力精简县乡机构，压缩县乡机构和村级干部编制，彻底清理超编和临时借用人员，做好分流人员的安置工作，从源头上减轻农民负担。三是在减轻农民现有实际负担的前提下,尽早研究制定税费改革等治本之策,即取消所有不合理的负担,将合理的收费用法律形式作为税收明确规定,使农民负担有章可循、有法可依。四是在减轻农民负担尚未完全走上法制化轨道的情况下,可以借鉴和推广江苏等地的做法,即实行村级财务公开,便于农民监督,促使干部廉洁自律;实行分档负担,将私营企业主、个体户、专业大户和一般农户区别开来,变平均负担为公平负担;实现农民负担一定几年不变,期满根据实际情况适当调整。

三、开辟农民收入持久增长的新领域

上述各项增加农民收入的基本对策,各有其特点和潜力,也各有其适用范围。只要其中某几个因素发生作用,就可以有效地促进农民收入的增长。如果各个因素都发生作用,对于农民收入的持续增加必将起到巨大的促进作用。但是,也应当看到,这些基本对策也有其局限性,有些对策只能在特定时期、特定条件下发挥作用,还不能满足农民收入持续较快增长的客观要求,仍然需要探索和开辟促进农民收入持续较快增长的新领域。必须指出,近年来我国农民收入增长速度放慢,固然在很大程度上由于目前市场供求关系变化等原因所致,但是根本原因在于农村人均农业自然资源过少,从事农产品生产的劳动力过多,远远不能适应农民收入长期较快增长的要求。如果不能逐步地改变这种状况,任何其他措施的作用都是有限的,只能在一定时期内产生较为明显的作用,随后就会逐渐递减,农民收入增长速度也就随之回落。现在已经开始出现这种情况,今后这种情况将会越来越突出。这说明,必须逐步地改变农村人均自然资源占有量过少的状况,开辟能够促进农民收入持续较快增长的新领域。

从各方面进行比较和选择的结果来看,加快农村小城镇建设具有其他措施所不能比拟的优势,可以带动农村经济和农民收入的更快增长。目前我国小城镇建设明显滞后,不仅影响了整个的国家城市化进程,制约了国民经济和社会的更快发展,而且也极大地制约了农村人口收入的更快提高。如果以上各项措施结合农村小城镇建设，必将产生巨大的政策聚合效应，更好地发挥促进农民收入持续较快增长的作用。加快小城镇建设是国民经济和社会发展的客观需要，也是长期较快增加农民收入的需要。这是关系整个国民经济与社会发展的一个长远的根本大计。在小城镇建设问题上，我国已经延误了相当长的时间，现在已经到了抓紧时间弥补差距的时候。如果再不加快小城镇建设，我们将可能面临城市化进程严重滞后所造成的不利后果，今后将可能付出更大的代价。因此，应当把积极推进小城镇建设，作为促进整个国民经济和社会发展、持续较快增加农民收入的一项重大战略措施来抓。当然，小城镇建设和发展需要几十年的较长时期，不是3年、5年，也不是8年、10年所能够完成的，在这个问题上切不可操之过急。但是，千里之行始于足下，对于作为一项重大战略任务的小城镇建设与发展应当及早加大推进力度，使之在农村经济社会发展和农民收入增加过程中充分发挥作用。

（一）依托小城镇加快农村建设步伐，形成长期持续的经济增长点。在当前和今后一个时期内，适当加大基本建设规模是保持国民经济持续快速增长的重大措施，对于实现农民收入持续较快增长也将发挥重要的作用。现在对加大水利、公路、铁路、电力等基础设施建设力度的措施已付诸实施，加快农村小城镇建设也应当提上议事日程。农村小城镇建设既包括水、电、路等基础设施建设，又包括工商企业、个体工商户的投资建设和居民住房建设，特别是住房建设潜力巨大。建房是我国农民储蓄的主要动机之一，迁移到小城镇居住更是已在非农产业就业的农村青年普遍梦寐以求的目标。如果把农民住房建设与小城镇建设结合起来，不论是农民进镇自建住房，或者是进镇购买商品房，都将促进房地产业的发展，使小城镇房地产业成为农村经济和整个国民经济中一个长期发生作用的增长点。据调查测算，小城镇基础设施和房屋建设平均每平方公里需要投资3亿—4亿元，以全国每年新建1000个小城镇计算，投资规模可达3000亿—4000亿元，推动国内生产总值增长3—4个百分点。不仅可以拉动建材、建筑、家电、家具、电力、交通、供水、环保等许多行业的发展，尤其对乡镇企业持续快速增长的拉动作用更大，而且可以创造农村劳动力的大量就业机会，并通过建设资金转化为消费资金持续增加农民收入。

（二）依托小城镇开拓农村市场，增加农村商品消费需求。农民收入能否持续较快增加，很大程度上在于市场容量的持续扩大，不仅要拓宽城市商品市场，更要开辟农村商品市场，使农民生产的农产品和乡镇企业产品能够较为顺利地销售出去。农村市场的消费主体就是农村人口自身，但是由于农村人口居住过于分散，收入水平较低，加上消费方式落后，极大地限制了商品性消费。在这种社会背景下，只有结合农业剩余劳动力向非农产业转移，加快农村小城镇建设，才能有效地改变农村人口的生产方式和消费方式，增加农民的商品性消费，不断扩大农村市场容量。如果到 2010 年全国小城镇人口总数达到 3.6 亿人，比 1997 年的 1.64 亿人增加 1.96 亿人，即使按目前城镇人口社会消费品平均额高于农村人口平均额 2738.5 元计算，小城镇居民社会消费品零售额即可增加 5367 亿元，相当于目前全国社会消费品零售总额的 20%，可使全国社会消费品零售额平均每年增长 1.4 个百分点。预计届时小城镇居民人均社会消费品零售额将会高于目前全国城镇人口的平均水平。这将有利于逐步改变多数人生产农产品商品供给少数人消费的状况，也使乡镇企业产品能有更多的销路，为农民收入持续较快增长拓宽空间，进而形成消费与收入之间相互依存、相互促进的良性循环，推动农民收入水平和消费水平不断攀升。

（三）依托小城镇发展农村第三产业，增加农民就业门路和收入来源。我国农村第三产业之所以发展迟缓，主要原因是需求严重不足。农村人口居住分散，交通不便，收入来源单一，局限于家庭自我服务的传统圈子里，参与各种社会活动不多，不可能形成对第三产业的规模需求。没有相应的规模消费需求，第三产业发展就没有多少市场前景，也就不可能得到较快发展。农村第三产业发展与小城镇建设是相辅相成的。加快农村小城镇建设，改变农村居民分散居住的状况，将逐步改变农村居民的生活方式，有利于形成对第三产业的规模需求。原先的农民既是第三产业的消费者，又是第三产业的就业者。各地新建小城镇的实践证明，小城镇非农产业主要是第三产业的发展，不仅可以满足已在镇区居住的劳动力就业需要，而且可以吸纳相当大数量的镇区以外的劳动力就业。

根据 1996 年 12 月底全国农村普查的结果，小城镇第三产业就业人员占劳动力总数的 50%以上，而小城镇劳动力占人口总数的 60%左右，由此可见第三产业就业比重大体占小城镇人口总数的 30%。如果 2010 年全国小城镇人口达到 3.6 亿，第三产业就业人员可达 1.2 亿以上，将比目前增加 7000 多万人，这将极大地缓解农村就业压力。随着农村居民集中居住的增加，小城镇第三产业的需求规模将随之增大，农村居民的就业和收入也随之增加。在第三产业发展较快的地区，农村居民来自第三产业的收入很可能分别超过农业和农村工业，成为第一大收入来源。

（四）依托小城镇调整农村产业布局，提高乡镇企业综合效益。目前我国乡镇企业布局过于分散，90%左右的乡镇企业分布在自然村庄，只有不足 10%的乡镇企业分布在建制镇，由此派生出许多弊端：从农村角度讲，占用土地过多，环境污染严重，农业发展受到影响；从企业角度讲，企业信息不灵，交通运输不便，基础设施投资过多，资产流转受到阻碍。所有这些，导致乡镇企业综合效益不高（包括经济效益、社会效益和生态效益都是如此），市场竞争能力相对下降，农民收入也必然会相当程度上受到影响。通过加快小城镇建设，使乡镇企业向工业小区相对集中、连片发展，是改变这种状况、提高乡镇企业整体素质和综合效益的有效途径。既可以减少占用土地，减轻环境污染，改变农村面貌，促进农业现代化建设，又可以减少道路、管道、电网、通信等基础设施投资，确立区位优势，改善信息环境，方便交通运输，促进资产流转和保值增值，从而增强乡镇企业竞争能力，提高乡镇企业综合效益，这最终有利于持续较快地增加农民收入。

（五）依托小城镇减少农业劳动力数量，加快农业现代化进程。通过农村现有人口向小城镇转移和集中，逐步做到农村绝大多数人口居住在小城镇，减少农村自然村庄和现有农户，减少农村直接从事农业的劳动力数量，以及通过承包地使用权的流转，使土地逐步向种田能手和其他种植业专业户集中，相应增加仍然从事农业的农村劳动力人均自然资源占有量。在这个基础上，结合土地整治和农田水利建设，拆除已经全家迁入小城镇的原有农户住房，进行复垦和恢复农业用途，使农田地块面积相应扩大，提高农业机械化水平，促进农业转向集约化经营，加快建设现代化农业，从而加速提高农业劳动生产率，相应增加务农劳动力及其赡养人口的收入。

（六）依托小城镇推进少生优育，提高农村人口综合素质。我国农村人口增长远远快于城镇人口增长，固然与农村长期形成的传统意识有密切关系，但主要是由从事农业生产活动决定的。农村人口集中居住到小城镇，将有利于逐步减少直接从事农业的劳动力，逐步改变人们的传统意识，造就人们容易接受控制人口增长的客观条件。小城镇的文化教育事业发达程度高于村庄，人们能够享有更好的教育和文化生活，有利于促进农村社会发展，提高农村人口综合素质。人口自然增长率的有效控制和人口综合素质的全面提高，可以获得更多的就业机会，而且能够胜任劳动复杂程度较高的工作岗位，从而创造更高的价值，获得较高的劳动收入，并使农村按人口平均的收入相应增加。

推进农业产业结构的战略性调整[*]

  农业产业结构调整是一个长期的动态过程。农业产业结构合理与否由多种因素决定，也是相对的。由于影响农业产业结构的诸因素不断发生变化，今后相当长时期内都需要不断地调整和优化农业产业结构。与以往不同的是，目前农业发展正处于一个关键时期，要求对农业产业结构进行战略性的调整。大力推进农业产业结构的战略性调整，努力实现预期的调整目标，是近些年农村经济发展中应当完成的一项迫切而又重大的任务。

一、扩大优良品种，提高农产品优质率

  与以往的农业产业结构调整有很大不同，当前和今后一个时期，我国农业产业结构的战略性调整是以农产品全面出现阶段性供大于求为历史背景的。即使某种农产品的市场供给稍微紧俏些，也会立即诱发众多地区一哄而上，很快出现滞销积压、价格下跌的局面。农民面临市场经济的汪洋大海，很难把握应该多种些什么、少种些什么。在这种情况下，农业产业结构调整不单纯是量的关系，不能简单地理解为多种点什么、少种点什么，必须从实际情况出发，寻找新的突破口。既然量的关系已经基本没有多大回旋余地，从质的提高上寻求新的发展，则成为必然的选择。这是农业产业结构战略性调整的首要内容。

  所谓质的提高，是指提高农产品的品质，扩大优质产品在整个农产品中所占的比重，实现农产品生产由以大路货产品为主逐步转向以优质产品为主。一句话，就是着力提高农产品的优质率。例如，目前东北春

---

*本文原载《农业经济问题》2000年第3期。

197

小麦、南方早籼稻和长江流域小麦等低质品种仍然占有相当的比重，这些品种已经不适应市场需求的变化，应当大力调减，以至退出生产领域，用符合市场需求的优质品种取而代之。一个国家的农产品是否适应市场需求，不能仅从数量上看，还要从质量上看，只有在数量和质量两个方面都能满足消费者需要，才可以说农产品已经基本适应市场需求。更要看到，优质是一个相对的动态的概念，在不同经济社会背景下有着不同的要求，现在看来属于优质的产品，也许若干年后随着消费水平的上升就可能变成大路货，届时对优质产品又有新的要求。目前我国农产品的优质率相当低，稻谷等粮食产品的优质率一般为10%左右，其他农产品的优质率也高不了多少，农产品综合优质率大约占15%。因此，提高优质率是一个长期的过程，逐步从较低消费水平所要求的优质走向较高消费水平所要求的优质，在目前我国农产品整体优质率很低的起点上更是大有文章可做。

为了促进农产品优质率的提高，农业部、国家粮食储备局和国家质量技术监督局已经制定并颁布了主要粮食的新的质量标准，规定从2000年4月1日起正式实施。新的粮食质量标准涉及稻谷、小麦和玉米三种主要粮食，至少有两个特点：一是对原先标准中某些已不适应市场需求变化的指标进行了修订。以玉米为例，在玉米标准中将纯粮率定等改为容重定等，将水分指标统一规定为不超过14.0%，增加了不完善粒指标（定为不超过5.0%）。二是增加了优质粮的标准。在稻谷标准中增加了优质稻谷标准，在小麦标准中增加了优质小麦（包括强筋小麦和弱筋小麦）标准，在玉米标准中增加了淀粉发酵工业用玉米标准和饲料用玉米标准。对于这些优质粮的标准分别制定了相应的具体指标。

现在已经进入21世纪，我国农业产业结构调整的基点，应当确定在新世纪全国实现小康乃至更加宽裕的生活水准上，以满足社会消费水平继续上升的市场需求，并刺激农民收入的持续较快增长。从现在起，发展农业应当把优质放在首位，在全国范围内可以将"高产优质高效农业"改为"优质高产高效农业"，这更加适合现阶段的实际情况。

（一）通过提高农产品的优质率，缓解农产品阶段性供大于求的矛盾。在目前农产品普遍出现供大于求的情况下，我们不应采取单纯压缩农产品生产等消极的办法,而应当采取积极的调整办法,即利用优质农产品和低质农产品在产量上的差异,大力发展优质农产品的生产,争取一举两得的效果。由于我国过去长期偏重于追求产量,培育的品种基本上属于高产型的,优质型的品种往往产量较低。因此,发展优质农产品的生产往往意味产量的相应下降,优质农产品发展越多产量下降就越明显,提高农产品的优质率不仅有利于从整体上实现农产品质量的提高,也有利于缓解农产品普遍供大于求的矛盾,不失为当前一种切合实际的选择。今后随着农业科技水平的提高,优质农产品的产量也会逐步上升,以满足人口增长对农产品数量逐步增加的市场需求。

(二)通过提高农产品的优质率,扩大名优农产品的市场份额。我国农产品生产刚刚步入市场经济不久,农民对于农产品的品牌意识还相当淡薄,不能充分认识品牌对收入可能产生的种种有利效益,这是导致优质农产品发展滞缓的原因之一。应当明确,优质与品牌是相互依存、相互促进的,优质的产品需要借助于良好的品牌,良好的品牌必须以优质的产品为基础。优质农产品的品牌及其标志,是消费者认识和购买的主要依据,也是生产者开拓和扩展市场的重要手段。尤其在市场竞争日趋激烈的今后,离开形象良好的品牌,即使优质农产品也难以顺利实现其价值。增强农民的品牌意识,扩大优质农产品的品牌效应,是扩大名优农产品的市场份额、使优质农产品得以顺利销售的重要保证,更是优化农业产业结构所必需的外部条件之一。

(三)通过提高农产品的优质率,培育"订单农业"的观念和行为。当前和今后一个时期,农业产业结构调整的基本趋势是扩大优良品种,提高产品质量,同时对数量问题也要给予应有的关注和重视。在数量上供大于求,产品价格必然下降,经济效益也将受到影响。即使是目前市场上品种、质量看好的农产品,也不能过多过快地盲目发展,应当在对市场需求深入调查分析的基础上科学决策,增加市场适销对路产品的生产,力求保持供求基本平衡,尽力避免严重供大于求的局面。以销定产,这个在工业上提倡了多年的方针,今后在农业上同样也要大力提倡。但是,以销定产不能停留在一般口号和号召上,必须付诸行动。这种行动就是全面推行合同制,并维护合法合同的法律效力,通过广泛利用购销合同确保农产品及其加工品的销路。生产者应当以购销合同为主，结合其他销售渠道，确定各种农产品及其加工品的生产数量，提高农产品的销售率，降低农产品的压库率。这是按经济规律办事的具体体现，也是防止农业产业结构调整出现盲目性的基本保证。现在农民普遍感到不知道生产什么、生产多少和生产出来往哪里销售，已经充分说明了推广"订单农业"的重要性和迫切性。

（四）通过提高农产品的优质率，加快农业科技进步的步伐。农业产业结构调整和优化的程度如何，归根到底取决于科技进步。实现农产品优质化，对我国农业科技进步提出了更加迫切而又现实的要求。在我们这样一个人多地少的农业大国，依靠科技进步，实施科技兴农，对于缓解自然资源短缺的矛盾，实现农业长期持续稳定发展，更具有现实而又深远的重大意义。调整农业产业结构必须建立在科技进步的基础上，从本国的国情出发，充分利用农村劳动力充裕的特定条件，合理配比各种生产要素，大力推进集约经营，逐步推广精准农业技术，不断提高科学种植和科学养殖的水平，提高农产品及其加工品的优质率和产出率，使我国农业的整体科技含量能有一个明显的上升，实现农业产业结构的不断优化，取得较好的农业综合经济效益。

二、实行退耕还林还草还湖，逐步优化生态环境

发展农业生产的目的是什么，长期以来人们往往单纯地理解为提供农产品，解决吃饭穿衣问题。为了实现这个人类生存和发展的最基本的目标，可以付出任何代价。由于我国历史上农产品单位面积产量较低和人口增长过快，人多地少的矛盾一直相当尖锐，往往把毁林开荒、围湖造田和开垦草原当作扩大耕地面积的必然选择。在有些天然林资源丰富的地区，由于出于增加地方财政收入和就业机会的考虑，也在大规模地砍伐天然林。这些违背自然规律的行为，受到了自然规律的严厉惩罚，产生了极其严重的后果。长期以来，我国水土流失加剧，国土荒漠化趋势加重，水旱自然灾害频繁，都与生态环境遭到破坏有很大关系。尤其是 1998 年长江、松花江流域等发生历史上罕见的特大洪水灾害，给人

民生命财产安全带来了巨大的威胁，对城乡经济建设造成了重大的损失。一个值得高度重视的情况是，自 90 年代以来我国自然灾害发生的频率越来越高，造成的经济损失越来越大，是人们从损害自然环境中所获得的局部利益和短期利益无法比拟的。今后还将付出更大的代价和花费更长的时间，才有可能逐步得到恢复，有些方面甚至可能是难以恢复的。即使从纯经济的角度来看，违背自然规律也是得不偿失的。最为经济的行为，就是维护生态环境，促进生态系统的良性循环。

对于退耕还林还草还湖，我们并不陌生，这个问题从 80 年代初期开始，已经被多次提出过，也采取了一些措施，然而实际进展并不大。一个基本原因就是粮食等重要农产品供给不足，山区农民的基本口粮和现金收入难以解决，力图通过过度开垦，以扩大农作物种植面积，提高粮食的自给水平，维持现金收入的来源。现在，随着供求关系的极大变化，大规模推进退耕还林还草还湖的时机已经到来。退耕还林还草还湖不是权宜之计，不是在粮食充裕情况下的一时安排，而是长远的战略性措施，一旦实行就要坚定不移地贯彻下去，绝不能半途而废。同时，还林还草还湖既要积极，又要稳妥，要采取必要的配套措施，在搞好试点和总结经验的基础上，有计划有步骤地进行，确保推进一步成功一步。

（一）实行退耕还林要与增加经济收益相结合。与种植业相比，林业具有投资数额大、回收周期长、风险性高的特点，在预期经济效益尚未形成之前还存在着重新毁林开垦的危险。能否实现预期目标，关键取决于能否取得相应的经济收益。为此，需要着重解决好三个问题：

1. 做到生态林、经济林、用材林和薪炭林有机结合，统筹考虑，兼顾农民的各种需要，消除影响森林正常生长的各种矛盾。不论森林的生态效益多么重要，对于生产者来说，更多的是关心能否从中获得预期的经济收入。因此，除了保证相当比例的生态林、薪炭林外，最重要的是抓好经济林、用材林的培育和发展。经济林中包括果树林和特产林。目前市场上水果出现了供大于求的情况，除名优品种可以继续发展外，一般品种都要慎重考虑，不宜过快地扩大生产。对于市场仍有销路的林木特产品（如香料等）和耐储藏、加工、出口的干果（如核桃、板栗等），应当根据市场需求变化继续发展。在众多林产品中，唯有木材属于市场短缺紧俏的产品，需要从国外大量进口，应当加大用材林发展的力度。但是，发展用材林要与增加农民收入紧密结合起来，最佳途径是发展适合当地自然条件的速生丰产林，尽量缩短投资回收期，实现生态效益、社会效益和经济效益的统一，早日走上良性循环的道路。由于25度以上的陡坡地是禁止砍伐林木的，用材林的发展只能限于25度以下的缓坡地。

2．尽可能多地退耕还林，但要有计划、有步骤地推进。目前全国25度以上的陡坡地约9000万亩，25度以下的缓坡地3亿多亩，如何退耕还林确实需要进行科学规划。对25度以上的陡坡地优先实行退耕还林，由此造成的粮食短缺通过以粮代赈的方法予以解决。对25度以下的缓坡地根据不同情况，区别对待。在交通运输条件较好、运输费用较低的山区，应当尽早实行退耕还林。在运输条件较差、运费较高的山区，则应当实行"坡改梯"，保持一定比例的粮食自给能力。

3．必须长期保持退耕还林山区粮食的充分供应。退耕还林本身会减少部分粮食种植面积，由于我国山区面积占国土面积的2/3，将有相当一部分山坡地退出粮食生产，粮食总量必将受到相应的影响。在目前粮食供给充裕的情况下，完全可以通过地区之间的余缺调剂解决这个问题。今后更要把这种粮食需求纳入宏观调控计划，在任何情况下都要保证这部分粮食的长期稳定供给，以巩固和发展退耕还林的成果。

（二）退耕还草要与加强草场建设相结合。退耕还草主要是指对那些已经开垦而不适宜开垦的北方草原和南方草山草坡，恢复其应有的草本植物覆盖的性状，转向发展畜牧业。这是尊重自然规律的一种表现。但是，仅仅如此还是远远不够的，无论北方草原还是南方草山草坡，能否得到高效率的保护和开发，根本问题在于加强草场建设，培育和增加牧草资源，实行围栏轮换养畜，提高产草量和载畜量，并在此基础上开展畜产品深加工，多层次大幅度地增加附加值，形成比开垦种粮高得多的经济收益。这样，退耕还草的成果才有可能得到巩固和发展。

（三）退耕还湖要与提高湖区经济效益相结合。退耕还湖是1998年特大洪水灾害后形成的基本共识。由于退耕还湖集中在人口稠密、村落延绵的鱼米之乡，对经济社会发展的影响相当大，需要根据当地实际情况采取相应的对策，扩大湖水面积和蓄洪能力，同时加大水产业的发展力度，形成远比发展种植业高的经济效益。

1. 大力发展高效益的水生动植物生产。随着市场供求关系的变化，与种植业相比，水产品的销售情况相对较好，水产业的经济效益相对较高。退耕还湖不仅有利于改善生态环境，而且符合调整结构、提高效益的要求。今后在退耕还湖地区要充分利用已经扩大的水面资源，推广多样化的养殖业和水生作物种植业，发展具有较高经济价值和食用价值的鱼类养殖，发展国内市场销路较好又有较大出口创汇潜力的特种水产品养殖，发展属于平原湖区特产的水禽养殖和水生植物种植，形成更具活力的平原湖区经济。

2. 对耕地实行分别对待。属于湖水正常通道的耕地，必须完全实行退耕还湖，对于其他湖区的耕地以不妨碍蓄洪行洪为界限，实行人退地不退，非汛期适当种植一些低秆农作物，汛期则用于蓄洪行洪，尽可能缓解人多地少的矛盾。

3. 加大移民建镇力度。平原湖区长期存在的一个突出问题，是城镇化滞后，农村人口过于分散，极大地限制了农民的就业门路和整个农村经济的发展。实行退耕还湖为改变这种状况提供了一个极好的机遇。应当按照统筹规划的要求，拆迁湖区分布不合理的村庄，集中力量建设新型的小城镇，从根本上免除洪水灾害对农村居民生命财产的侵害，造就非农产业特别是第三产业发展的有利条件，增加农村劳动力的就业机会。

三、调整农业布局，充分发挥区域优势

农业产业结构的战略性调整，除了要从全国着眼调整农业总体结构外，还必须从各个地区着手调整农业区域结构。全国的农业产业结构是否合理，与各个地区的区域结构有着直接关系。各个地区有着不同的自然、经济和社会条件，既有各自的特长和优势，也有各自的缺陷和劣势，只有扬长避短，充分发挥自己的优势，形成各具特色的区域农业产业结构，才能在市场竞争中确立较为有利的地位，进而形成一个具有活力的

全国农业产业结构，并且促进和保持农业的长期持续稳定发展。

当前，我国农业发展中存在的一个突出问题，就是各个地区的区域结构趋同现象严重，区域优势没有很好形成，更没有充分发挥作用。以粮食生产为例，各个地区都强调自给自足，不仅口粮要求自给自足，而且饲料粮也要求自给自足。结果造成粮食丰收年主产区和主销区都增产，到处出现卖粮难现象，粮食歉收年主产区和主销区都出现供不应求，又到处出现买粮难现象，加上流通渠道不畅，市场信号扩大失真，导致粮食价格大起大落，给粮食生产带来了极大的不利影响。如果粮食生产实行明确合理的地区分工，主产区专心致力于商品粮生产并与主销区建立相对稳定的供销关系，主销区则保持适当的自给水平，将更多的资源用于发展具有优势的产业和产品，通过市场机制将这些产品卖到粮食主产区和其他地区，并从主产区购买所需的粮食和其他产品。这种相互依存、相互促进的商品购销关系，必将使不同地区都能从中受益。调整区域农业产业结构，正是为了逐步推进这种新型经济合作关系的建立和发展。

（一）各个地区农业发展应当有所为有所不为。作为一个地区来说，不可能做到所有农产品都达到自给自足，通常选择最具本地优势的农产品加以重点发展，使资源优势转化为产业优势和经济优势，并通过市场竞争获取最大的经济效益。应当看到，自给自足是以牺牲当地优势和效益为代价，其结果必然是不经济的。一个地区在某些农产品的生产方面有所不为，才能在另外一些具有优势的农产品生产方面大有作为，有所不为是为了大有作为，两者互为条件。国家提倡的多种经营，并不等于要求各个地区样样经营。我们不能看到市场上某种或某些农产品价高好销，就不顾当地的具体条件一哄而上，也大量生产这些农产品。这种跟着市场后面转的做法，具有很大的盲目性。我们知道，市场容量是有限的，一哄而上的结果势必导致供大于求，原先价高好销的产品很快就会变成价低滞销。一些地区已经在这方面付出了高昂的代价。比较稳妥的选择是，将当地条件与市场需求联结起来，实现区域化布局、专业化分工、规模化生产和社会化服务，注重改进产品质量，降低生产成本，维护和提高产品的信誉，形成相对稳定的消费群体和销售区域，并不断增强产品的竞争能力，努力开拓新的市场，使区域优势在市场竞争中得以充分发挥和逐步扩大。例如，河南省发展加工专用小麦很有前途，但是要讲究规模经济效益，基本做法是在保持家庭承包经营的基础上，实行集中连片种植，可以考虑在几个乡甚至几个县为单位建立生产基地，全省建立若干个加工专用小麦生产基地，形成加工专用小麦的大批量生产能力，以利于统一提供良种和栽培技术服务，提高质量和单位面积产量，以利于大批量收购、储运和加工，提高在粮食市场上的知名度和竞争力，使全省粮食产业的区域优势得到充分发挥。

（二）提倡各个地区农村都要增加消费异地农产品。市场经济是以流通为基础的。为能卖出，必须买进，不仅在工业中是这样，而且在农业中也是这样。如果各个地区在农产品供给方面都追求"大而全""小而全"，哪个地区都不愿意购进农产品，那么所有地区都不能指望本地区农产品能够较为顺畅地卖出去，滞销积压、亏损减收必然成为普遍现象，在全国农产品供求关系发生重大变化的现阶段更是如此。发达国家的农产品商品率之所以相当高，根本原因在于这些国家的农户生产的农产品几乎都是用于出售的，而农户日常消费的农产品绝大部分甚至全部都是从市场购进的。从各个地区来看，根据区域化布局、专业化分工的要求，所提供的农产品在种类上也是相当有限的，居民消费的大多数农产品都需要从其他地区购进，由此形成了互为市场的区域农业产业结构，从而使得整个国家和各个地区的农业生产都具有极高的经济效益。现在，我国各地农村还是把农产品的销售视线集中在大中城市，以为城市可以提供无限广阔的农产品市场，这实际上是很不全面的。诚然，继续拓展城市农产品市场无疑是重要的，但更重要的是开拓异地农村的农产品市场。随着城镇化水平的不断提高，农村的农产品市场容量将会不断趋于扩大。我们在政策指导上应当大力提倡农产品的异地农村消费，使农民既成为某些农产品的生产者，又成为其余农产品的消费者，减少自给农产品所占的比重，增加商品农产品所占的比重，改变"大而全""小而全"的生产结构，集中各种资源发展具有区域优势的农产品，促进异地农产品的消费和相互交流。这是调整区域农业产业结构的目的所在，也是各个地区农业发展的前景所在。

（三）减少沿海发达地区和大城市郊区的粮食生产。与粮食主产区相比，沿海发达地区和大城市郊区的自然、经济和社会条件有着很多不同之处，主要具有土地资源紧缺、劳动力费用高、科技素质高和市场信息灵的特点。沿海发达地区和大城市郊区的这种客观状况，决定了适宜发展科技含量高、经济价值高的名优产品，在这些方面具有中西部粮食主产区所没有的独特优势。然而，多年来沿海发达地区和大城市郊区的区域优势并没有发挥出来，农业产业结构与粮食主产区没有实质性的差别，也在大面积地发展粮食生产，结果在粮食市场上同粮食主产区发生激烈的竞争，既影响了自身经济效益的提高，又增加了主产区粮食销售的困难。造成这种状况的根本原因，在于对粮食自给率的要求过高，不敢放手发展最能体现当地优势的产业和产品。现在，我们面临着这样的选择，在全国粮食总量出现阶段性过剩的情况下，是压缩主产区的粮食生产还是压缩沿海发达地区和大城市郊区的粮食生产？两种选择的后果是截然不同的。压缩粮食主产区的粮食生产是在抑制区域优势的发挥，压缩沿海发达地区和大城市郊区的粮食生产则是避免区域劣势的蔓延，正确的选择是后一种做法。可以考虑，在沿海发达地区和大城市郊区取消粮食的种植计划和定购任务，除农民自身口粮保持自给外，主要由农民根据市场需求变化和提高经济效益的要求，削减粮食和其他大宗农产品的生产，不再强调提高粮食的自给率，更不再强调非得做到自给自足，而应把资源集中用于发展质量更好、价值更高的农业生产项目，以减少全国粮食种植面积和粮食生产总量，缓解现阶段粮食供大于求、滞销积压的突出矛盾，增加对中西部粮食等大宗农产品及其加工品的市场需求量，扩大中西部粮食主产区的农产品市场销路，同时，要注意保持和增强沿海发达地区和大城市郊区的农业综合生产能力，以防不测。中西部粮食主产区与沿海发达地区尤其是大城市应当走联合之路，共同建立优质农产品及其加工品的生产基地，将双方的资源、产品、技术和市场等方面的优势更好地结合起来，并且得到更加充分的发挥。

四、健全农业产业体系，保证农民收益增加

农业作为一个完整的产业，应当是生产、加工、流通等紧密联结在一起的。完整的农业产业结构，不仅应当包括农产品的生产环节，而且包括农产品的加工环节和流通环节。在农业发达国家，农业早已不是指单纯的农产品生产环节，而是包括农产品加工和流通在内的完整的农业产业体系，其最著名的理念是"从田头到餐桌"。农民高于城市居民的收入以及农民的许多就业机会，正是来自这个完整的产业体系。相比之下，我国农业至今基本上仍然没有摆脱单一生产环节的束缚，总体上存在着与加工流通环节脱节的结构问题，没有形成一个完整的农业产业体系。推进农业产业结构的战略性调整，一个举足轻重的任务就是要解决这种结构脱节问题，逐步建立农产品生产、加工和流通等环节连成一体、协调运转的农业产业体系，并且在此基础上建立带领农民有组织地走向市场的组织形式，形成有利于农民收入持续较快增长的利益分配机制。

（一）大力发展畜牧业和农产品加工业，多层次地提高初级农产品的附加价值。发达国家的实践证明，一个高效的农业产业体系，在产值构成上应当具有的特征是，畜牧业产值大于种植业产值，农产品加工业产值大于种植业产值和畜牧业产值的总和。同时，尽可能创造各种有利条件，支持农民组织起来进入农产品及其加工品的流通领域，分享流通环节的增值效益。尤其在人多地少的农业发达国家，更是如此。增加农民就业和收入的机会，很大程度上是围绕与农产品紧密相连的加工、流通展开的。

国际经验还告诉我们，实现农产品增值主要有三大法宝，即养殖、加工和出口。从养殖来看，我国养殖业产值仍然较大幅度地低于种植业，发展的余地是非常大的。1998 年畜牧业产值相当于种植业的 49.2%，即使加上渔业产值也只是相当于种植业的 66.3%，与农业发达国家畜牧业高于种植业的状况相比，差距是相当大的。随着国内人民普遍陆续进入小康阶段，对动物性食品的需求量在不断增加，发展养殖业的市场前景在总体上是看好的，养殖业产值在农业总产值中的比重将逐步接近种植业。同时，人民生活由小康向更加宽裕的生活水准过渡，对种植业和

养殖业的加工产品也提出了更高的消费需求。我国目前近 13 亿并且仍在扩大的人口规模，加上国民经济的持续快速增长，足以发展成为世界上农产品及其加工品的最大消费市场，我国也完全有形成世界上最大的农产品加工工业体系的可能，特别是对农产品进行深加工的潜力巨大。农产品加工业作为连接初级农产品和最终消费的中间环节，不仅关系到直接满足最终消费需求，而且关系到扩张农业的中间需求，对带动农业产业结构调整和缓解农产品卖难现象，具有重要的现实意义。另一个不可忽视的重要事实是，在国际市场上，我国的谷物等种植业初级产品的成本价格过高，基本上不具备竞争能力，但是由于我国劳动力资源充裕、费用低廉，不少养殖业产品和农产品加工品仍然具有一定的竞争优势，是扩大农业出口和增强国际竞争力的潜力所在。法国、荷兰之所以成为位居世界第二、第三的农业出口大国，并不是由于这两个国家初级农产品出口多，而在于畜牧业和农产品加工业发达，农产品产业链条长，农产品转化增值和加工增值幅度大，并且具有国际竞争优势。从长远来看，农产品加工业发展如何是衡量一个国家农业发达程度的重要标志，它可以有效地提高我国初级农产品的附加值，增加农民收入，可以有效地提高农业的整体效益和形成完整的农业产业链条，可以在日趋激烈的国际市场中提高农业的国际竞争力，可以通过加工业合理布局促进乡镇企业相对集中和加快小城镇发展，具有长远的战略意义。

（二）创造适应新型产业体系要求的组织形式，带领分散的农民有组织地走向市场。我国农业参与国际市场的总体竞争能力较低，主要原因是受耕地等农业自然资源的严格制约，农户经营规模过小且又过于分散，不能根据市场需求变化及时做出有效反应。这种状况与农业生产、加工、流通脱节，产业链条过短有极大关系，是由特定的历史条件决定的。随着新型产业体系的逐步建立，有必要也有可能将分散的农户组织起来，按照市场需求变化，充分发挥自身优势，扩大经营规模，更好地参与市场竞争。今后不仅参与国际市场竞争需要有效地组织起来，即使参与国内市场竞争也要有效地组织起来。因为随着我国加入世界贸易组织问题的解决，国外农产品将比较容易进入我国市场，国内农产品即使不出口也会面临外国农产品的激烈竞争。更重要的是，发展市场经济必须树立竞争观念，参与市场竞争必须有效地组织起来，这是在市场经济大潮中立于不败之地的基本保证。新型组织形式的具体做法有多种多样，应当允许不同的组织形式并存，在竞争中不断总结和提高。根据许多地区的实践经验，"公司（龙头企业）+基地（合作经济组织）+农户"是一种比较有效的组织形式，可以兼顾各方面的经济利益，能够比较容易地把生产、加工和流通等环节联结起来。

迄今为止，我国农户的组织化程度较低，主要原因就在于缺乏龙头企业的有效带动。有了龙头企业的带动，农户就可以根据产销合同和专业分工进行生产，按照合同确定的时间、品种、质量、数量、规格等要求将农产品出售给龙头企业，不必承担直接与千变万化的市场打交道可能带来的巨大风险。这不仅使得优质农产品的销路有保障，有助于大面积地发展优质高产高效农业，同样也有利于形成农业的区域规模经营和区域分工，在全国范围内缓解农业产业结构趋同化的倾向。充分发挥不同地区的自然优势和经济优势，有助于促进农民按照经济、社会、生态三种效益兼顾的原则，因地制宜地发展农业生产。与此同时，龙头企业也可以免除原料来源不稳定的后顾之忧，以自身强大的经济实力和对市场变化的适应能力，有计划地安排加工和销售，并在市场竞争中得以发展和壮大。

（三）创造能够充分体现农民利益的分配关系，建立确保生产者和加工、流通企业经济收益增加的利益机制。推进农业产业化经营，不仅要创造一种结构合理的产业体系，而且要创造这种产业体系发展所要求的组织形式，更重要的是还要建立确保农民和加工、流通企业收益增加的利益机制。我国农民收入增长放慢，固然同人均农业自然资源少、农业劳动生产率低有直接关系，也与农民收入门路狭窄有很大关系。多年来，我国农业单一从事初级粮食等农产品的生产，收入来源往往只限于农业生产环节，不能享有加工、流通环节的利益分配。实行农业产业化经营的一个基本目标，就是改变这种不合理的分配格局，建立一种新型的利益分配机制，使农民不仅获得粮食等农产品生产环节的收益，而且能够分享粮食等农产品加工、流通环节的利益，同时大幅度地扩大整个产业的经济收益总量，也就是通常说的把蛋糕做大，不是仅仅调整原有收益的比例关系（仅仅调整原有收益的比例关系是没有出路的，也是没有多大余地的），从而实现生产者和加工、流通企业经济收益的持续较快增长。无论生产者还是加工企业或者流通企业，追求经济收益都是必然的内在要求，关键是要形成一个合理的利益分配格局。

新型利益分配机制的实现形式有多种多样，其中受到普遍赞誉的是合作经济组织。合作经济组织主要是由农民自己组织起来，在基本保留粮食等农产品生产环节分户经营的基础上，重点在加工、流通环节实行劳动联合和生产要素联合，增强将农户有效组织起来进入市场的协调能力，实现粮食等农产品及其加工品的市场价值，并采用股份与交易额相结合的方式进行收益分配，使参加合作经济组织的农户除了获得生产环节的收益外，还能够获得加工、流通环节的相应收益。但是，在我国真正意义上的合作经济组织还为数不多，即使已有的合作经济组织大部分也处于初始阶段，应当根据各地实际情况加强引导，采用灵活多样的形式，切实加快推进步伐。在合作经济组织发展到一定程度时再逐步进行规范。除了合作经济组织以外，从事加工、流通的龙头企业也完全可以通过签订中长期购销合同，实行保护价收购、利润返还以及一次收购、二次结算等多种有效形式，与农户建立稳定的利益联结关系，做到既保护农民利益，又促进龙头企业发展。从我国现实情况来看，今后一个时期内，在龙头企业与农民的利益联结关系上，将会更多地采用这种实现形式。在有条件的地区应当尽可能采用"公司+基地（合作经济组织）+农户"这种组织形式，即通过建立合作经济组织将农民有效地组织起来，按照合作制原则进行运作，并使合作经济组织作为沟通龙头企业与农户之间利益联结的桥梁和纽带，兼顾农户和龙头企业双方的合法利益。

发展现代农业与龙头企业的历史责任[*]

建设现代农业是我国农业发展的方向，也是社会主义新农村建设的重要内容。作为农业产业化经营的先导力量和带动力量，各类龙头企业在新农村建设特别是在现代农业发展中具有特殊重要的地位，承担着独特的历史性社会责任。

一、现代农业与龙头企业的相互关系

现代农业与龙头企业之间存在着天然的紧密联系。龙头企业是借助现代农业发展起来的，没有现代农业就没有龙头企业。同样，现代农业是依靠龙头企业带动和发展的，没有龙头企业也就不可能真正建成现代农业。两者是相互依存、相互促进的关系。

长期以来，我们经常碰到的一个问题，就是农业本身效益低，发展中经常面临种种困难，似乎是一个弱质产业。应当指出，这里所说的农业是指传统的农业，主要是利用传统的农业理念、生产技术、物质装备和组织形式来进行的。现代农业与传统农业有很大的区别，在某种程度上甚至可以说是根本的区别，它是建立在现代发展理念、现代科学技术、现代物质装备和现代组织形式的基础之上的，是富有活力、效益较高、符合可持续发展要求的新型产业。以从事农产品生产、加工和流通为主的农业产业化龙头企业，则是现代农业发展的产物，始终与现代农业紧密联系在一起。改变传统农业的落后状况，加快现代农业发展，必须依托龙头企业。可以说，龙头企业在发展现代农业中具有不可替代的举足轻重的作用。

---

* 本文原载《农业经济问题》2006 年第 9 期。

由于我国人多地少的基本国情在较长时期内不可能根本改变，单个农户的土地经营规模仍将是非常细小的。与发达国家人少地多的规模农业相比，从总体上看，我国农业不仅在国际竞争中处于相对弱势地位，而且在国内工业化、城镇化大潮不断推进的形势下，农业自身的弱势地位也日显突出。尽管传统农业在我国有悠久的历史，给我们带来了厚重的农业文化底蕴，而且在几千年的社会发展中承载着越来越多的人口压力，但是在新的形势下面临着越来越多难以解决的问题，已经日趋显得不相适应。在这个历史背景下，必须适应现代化要求，特别是适应经济全球化、市场一体化趋势的要求，尽快将传统农业改造成为现代农业。而要完成这个历史性的重大转变，必须充分发挥龙头的多重作用，更快更多地注入和扩大现代农业因素，逐步实现由量变到质变，建成现代农业。

目前我国农业仍然处于传统农业向现代农业的过渡阶段，少数地区开始取得较为明显的进展，多数地区仍处于起步阶段，有些地区甚至还没有起步，建设现代农业的任务相当繁重。推进现代农业完全符合建设新农村的要求。新农村建设总的要求和目标是"生产发展、生活宽裕、村容整洁、乡风文明、管理民主"。其中，发展农村经济、增加农民收入是最基本和最重要的。在发展农村经济中，首先要加强现代农业建设，提高农业生产力水平。在推进新农村建设中首先要注重发展现代农业，在国民经济快速发展、农业增加值在国内生产总值中所占比重已经明显下降并将持续下降的现实背景下，要努力将农业不断地做强做大，充分发挥农业的多种功能，促进农村产业不断拓展，农民就业机会逐步增加，农民收入较快增加。龙头企业从生产、加工到流通都是根据现代农业要求进行操作的，可以全方位、多环节地改造传统农业，大幅度地提高农产品附加值，从而能够有效地推进现代农业建设。

总之，龙头企业在现代农业的各个方面都走在前面，完全可以通过推进农业产业化经营，在建设现代农业中发挥先导和带动作用，促进社会主义新农村建设不断向前发展。

二、建设现代农业的基本要点

在我们这样一个人口众多的发展中大国,在原先比较落后的传统农业的基础上建设现代农业,是一项相当宏大和十分艰巨的历史任务。要实现这样一个宏伟目标,必须全面引进和注入现代发展理念、现代科学技术、现代物质装备和现代组织形式,从涉及现代农业的各个方面进行努力。

(一)树立五大现代理念。一个国家的发展与引领这个国家发展的理念息息相关,农业发展也是如此。有什么样的农业发展理念就会有什么样的农业发展道路。建设现代农业必须要用现代发展理念来引领。最重要的是以科学发展观为指导,转变发展理念,创新发展模式,提高发展质量。

1. 树立和运用大资源的理念。建设现代农业对资源应有新的理解。要立足于全国所有的各种资源,合理地、有效地利用各种资源,而不是像过去那样在传统农业理念的束缚下,把眼光集中盯在有限的耕地资源上。即不仅要合理利用耕地、林地、草原、淡水、海洋、生物、光热等各种自然资源,而且要合理有效利用市场、信息、技术、法规、体制、机制等各种社会资源,不断向资源利用的广度和深度进军。

2. 树立和运用大农业的理念。传统农业利用较多的是农产品的食品营养功能和工业原料功能,其他各方面的功能运用很不充分。建设现代农业,必须要挖掘农业的内涵,拓展农业的外延。现代农业就是要全面发展农、林、牧、渔业以及与农产品相关的加工业、流通业、服务业,增强和发挥农业的食物营养、工业原料、就业增收、生态保障、旅游观光、文化传承、生物能源等多种功能。可见,现代农业是一个大农业的概念,是一个内容非常丰富、含义极为深刻的农业,远远超出我们原先所界定的广义农业。

3. 树立和运用大食物的理念。要积极开发粮食食物和非粮食食物,特别是要增加动物性的食物供给,广辟食物来源,满足人民群众日益增长的物质文化需求,满足人们对农业特别是对食品的多样化需求。现在发展食品产业,不仅仅要把它作为解决吃饭的问题,更重要的是要丰富和平衡人体的营养需要，适应不同社会群体的消费特点。食品供给应当以优质、安全为重，符合生态要求，有利于人们健康。因此，要逐步提高绿色食品、有机食品所占的比重，最起码也要达到无公害的要求。

4．树立和运用大市场的理念。市场是广阔的、多变的和不断拓展的。要充分利用农村市场和城市市场，充分利用国内市场和国外市场，充分利用产品市场和要素市场，充分利用现货市场和期货市场。在这种大市场观念的指引下，大力发展现代流通特别是现代物流业，要扩大流通的范围，消除流通的障碍，提高流通的效率，使农产品及其加工品能够方便快捷、低成本、高效率地送到每个消费者手上。

5．树立和运用大生态的理念。现代农业对于生态的认识和重视是传统农业无法比拟的。在工业化、城镇化快速推进的情况下，建设现代农业必须把生态保护和建设放在突出位置。要充分发挥林、草等植被的生态屏障作用，继续推进退耕还林、退牧还草，重视发挥自然界生态系统的自我修复功能，搞好水土保持和治理，推进废弃物的减量化、无害化、资源化，发展循环农业、集约农业，不断改善外部生态环境，实现经济社会包括农业的可持续发展目标。

（二）普及现代科学技术。科学技术水平的高低决定着我国现代农业建设进程的快慢。从总体看，我国农业科技与发达国家存在着较大差距，应当进一步增强紧迫感和责任感，从建设创新型国家的要求出发，加快农业科技进步步伐，提高科技进步在农业发展中的贡献率。最为关键的是大力普及现代农业科技，用现代科学技术大面积地改造传统农业。

1．构建农业科技创新体系。要大力提高自主创新的能力，尽快形成和强化适应中国国情的农业科技创新体系，推动现代农业不断向前发展。重点是加大农业生物技术、信息技术、食品生物工程技术等高技术的研发力度，特别要在良种培育、先进种养技术集成配套、农产品精深加工、资源高效利用和生态保护等方面取得新的重大进展，使我国农业科研能力登上一个新台阶，明显缩小与发达国家之间的差距。

2．改善技术创新投资环境。过去我国农业科研基本局限于科研单位和高等院校，农业企业只是作为农产品的生产和加工单位而存在。这是不符合现代农业发展要求的。应当尽早改变这种状况，鼓励大型涉农企业参与科研开发创新，特别要鼓励实力雄厚的涉农企业（包括股份制企业和私营企业）建立研发中心，逐步使涉农企业成为农业科研开发的生力军，充分发挥其在农业科技进步中的重要作用。

3．健全农业推广体系。要适应社会主义市场经济发展的要求，建立多元化的推广体系和相应的机制，有计划有步骤地开展对农民的培训，提高农民的整体科技素质，加快科技成果的转化、应用和普及。在当前乡镇机构改革过程中，要注重转变乡镇政府的职能，加强社会管理和公共服务职能，尤其是各项为农服务不能削弱，只能加强。

4．大力发展循环农业。人多地少的资源特征决定了我国农业发展必须立足于节约资源和综合高效利用资源。建设现代农业更应注意发展循环农业。这就要求我们根据建设资源节约型、环境友好型社会的目标，积极发展节地、节水、节肥、节能等节约型农业，利用植物、动物与自然界之间及其内部的相互依存、转化关系，促进农业生产的良性循环。

（三）改进农业物质技术装备。物质装备技术条件是建设现代农业的重要基础，也是衡量农业现代化水平高低的重要依据。建设现代农业，必须从我国各地实际出发，加强和改进农业物质技术装备条件，提高农业的整体素质和综合效益。

1．提高农业产出和保障水平。主要是通过合理使用农业投入品提高资源产出效率，通过因地制宜推广使用农业机械提高农业劳动效率，通过努力加强基础设施建设提高抗灾减灾能力，实现和保持农业高产稳产，促进农业持续稳定发展，进而全面提高农业现代化水平。

2．科学使用化学投入品。注重加强种子、化肥、农药、农膜等农资的生产，改进流通方式，净化农资市场，不断提高优质名牌农资的市场覆盖率。同时，减少施用化学肥料和农药，增加施用有机肥，尽可能减轻和消除各种化学物质的污染。当前的一个重要努力方向是通过加快普及农村沼气，结合改厨、改厕、改圈，一方面开辟农村新的能源和肥料，另一方面改善农村卫生条件和人居环境，达到村容整洁这个新农村建设的重要目标。

3．加强农机具推广运用。着重提高重要农时、重点作物、关键环节的农业机械化作业水平,在粮棉油等大宗农产品主产区更应积极推广运用农机具。近些年我国在小麦收割季节推进大型农机跨区作业取得了很好的效果。这不仅方便了广大农民,而且提高了农机使用效率,初步探索出了一条适合我国特点的农业机械化发展道路,应当进一步扩大推广。

4. 强化农田水利设施建设。特别要完善农田水利建设的体制和管理机制,通过小型水利设施的产权制度改革,调动农民维护和发展小型农田水利设施的积极性,同时继续扩大设施沃土工程,改善耕地质量,全面提高地力,增强农作物持续增产的后劲。

(四)推广现代组织形式。在传统的农业体系下,农产品的生产加工和流通等环节是分割的。现代农业要求把农产品的生产、加工、流通等环节有机连接起来,形成完整高效、相互促进的农业产业体系。这应当成为建设现代农业的基本组织形式。

1. 进一步深化对农业产业化经营的认识。农业产业化经营可以带动农民走向市场,可以多层次增加农业附加值,有利于推广先进种养技术和优良品种,有利于实行农业标准化规模化,而且还有利于扩大工业发展领域,增加城乡就业和财政收入。归根到底,农业产业化经营有利于将传统农业与现代农业较好地实现连接和转化,从而大大加快我国农业现代化进程。

2. 把产业化经营作为一件全局性大事来抓。农业产业化经营作为一种新的具有普遍适用性的经营方式,应当在全国加大推广力度。特别是加大各级政府的扶持力度,进一步调动各个相关方面的积极性,促进农业产业化经营更快更好地发展。在这个过程中,要完善龙头企业和农户利益联结机制,加快各种专业合作经济组织发展,并在信贷、税收等各个方面给予支持,不断提升农业产业化经营的影响力和覆盖率。

3. 通过产业化经营探索解决农村金融难题。现在农业农村发展面临的一个突出问题就是金融体制不适应,严重制约着生产发展和农民增收。目前有些地方已经通过龙头企业建基地、基地带农户,同时通过建立担保公司、发展农业保险,由金融机构贷款给龙头企业,龙头企业去组织农户发展生产、增加收入,在农户出售农产品时扣除贷款本息。这样既有效解决了生产面临的难题，又有效避免了信贷资金的风险，是一种非常好的组织形式。今后应当逐步推广和完善，全面改善农村金融服务。

4. 需要强调的是，在建设现代农业过程中，必须稳定发展粮食生产，确保国家粮食安全。不仅园艺业、畜牧业、林业、水产业等要适应现代农业发展，粮食生产同样也要适应现代农业发展。一些发达国家在发展现代农业过程中，粮食生产能力也是不断增强的。我国由于人多地少，加上粮食比较效益低，保持粮食稳定发展确实需要付出更大的努力，给予更多的支持。特别要重视利用产业化经营方式，大力发展粮食产业，不断延伸产业链条，多环节增加粮食经济效益，促进农民增收。这是一个不容回避的重大问题，是一个必须要解决而且必须要解决好的现实问题。

三、龙头企业肩负的历史责任

新农村建设是全社会的共同事业，需要动员各方面的力量参与。龙头企业是参与新农村建设的一支重要力量。与其他社会力量相比，龙头企业自身具有许多独特的优势，可以多方面、多形式参与新农村建设。既可以投身农村经济发展，又可以推进农村基础设施建设；既可以参与农村社会事业发展，又可以影响农村体制改革，在社会主义新农村建设中发挥重要作用。

龙头企业参与新农村建设最重要的是参与现代农业建设，通过建立原料生产、加工基地，带动农业产业化经营，促进农村经济发展和农民收入增加。龙头企业在建设现代农业中肩负着重大历史使命，完全可以大有作为。

（一）龙头企业可以在农产品生产、加工、流通等方面大有作为。我国是一个农业大国，许多农产品的总量在世界上名列前茅。但是，我国基本上还是一个传统的农业大国，从农产品生产到加工再到流通，能够称得上现代农业的只是其中一小部分。与农业发达国家相比，我国农业生产水平总体上仍然比较落后，特别是农产品加工业相当薄弱，严重制约着农业综合效益的提高和农民收入的增加,迫切需要引进现代农业因素加以改造。龙头企业可以运用自身的优势,以市场需求为导向发展农产品加工业,根据加工要求发展农产品生产,推广运用现代种植养殖技术,并建立农产品及其加工品的现代流通体系,不断延伸农业产业链条。特别是要大力提升我国农产品加工业的水平和比重,使农业综合效益有明显的提高。同时,增加农民就业机会,增加地方财政收入,促进地方经济尤其是县域经济发展。

(二)龙头企业可以在带领农民适应市场经济方面大有作为。我国农民数量庞大,但是农业经营活动通常以户为单位,组织化程度极低,在经常变化的市场需求面前往往不知所措。龙头企业通常具备较为健全灵敏的营销网络和配送系统,还拥有相对固定的销售客户和潜在的销售对象,完全有条件通过建立原料生产基地与农户或农民合作经济组织对接,加强技术培训,引导和组织农民根据市场需求进行生产,从而减少和避免盲目性,增强市场适应能力。并在此基础上,逐步形成和建立新型的产业体系,努力增加产业化经营的覆盖率,帮助农民发展专业合作社和专业协会等新型经济组织,最大限度地提高农民的组织化程度。

(三)龙头企业在提高农业国际竞争力方面大有作为。我国加入世贸组织的后过渡期已经基本结束,与世界农产品市场已经实现一体化,不仅出口农产品面临着严峻的考验,而且国内农产品市场也直接面临着进口农产品的巨大竞争压力,目前在大豆、棉花、油脂、食糖等大宗农产品上已经显现出来,而我国具有比较优势的畜牧业、水产业、园艺业等方面农产品的出口遇到重重困难。据报道,日本政府2006年5月底启动"肯定列表制度"、大幅度增加进口农产品检验指标后,6月份我国对日农产品出口与上年同期相比就下降了18%。这是一个值得高度重视的信号。龙头企业是国际市场竞争的直接参与者,应当适应国内外市场的新形势,通过推进区域化布局、专业化分工、标准化生产和规模化经营,带动农民注重提高产品质量、降低生产成本,努力增强我国农业的国际竞争力,使我国农业在日趋激烈的国际竞争中得到不断发展,并且由农业大国逐步变成农业强国。

应当看到,我国现代农业建设的快慢与龙头企业的带动作用有着直接关系。加快我国现代农业建设，不仅需要广大农民的共同努力，而且需要所有龙头企业的共同努力。因此，应当继续研究和完善支持龙头企业的相关政策，加大对龙头企业的支持力度，继续改善龙头企业发展的外部环境，增强龙头企业发展的内在动力，以适应加快现代农业发展和推进整个新农村建设的要求。目前有相当大部分原先来自农村和长期关注农村的企业家，包括乡镇企业在内的民营企业家，他们有着割不断的乡村情结，期望通过参与新农村建设回报家乡、回报社会，对此应当给予肯定、鼓励和支持，努力营造更加有利的社会氛围。

龙头企业在推进现代农业建设方面所具有的先导和带动作用，决定了它必须处理好与农民的关系，特别要处理好与农民的利益关系，把带动农民致富作为自身的一项重要任务。龙头企业应当采用多种有效形式，将农民利益与自身利益联结起来，尽可能建立利益共同体，可以考虑将龙头企业的股份制与农民合作经济组织的合作制结合起来，使农民切实感受到龙头企业是真正关心和维护农民利益的，从而增强龙头企业的向心力、凝聚力和竞争力。这既有利于推进新农村建设特别是加快现代农业建设，也有利于龙头企业自身更快更好地发展。

加快构筑现代农业产业体系[*]

如何构筑各种资源有效利用、比较优势充分发挥、竞争力明显增强的高效农业产业体系，是建设现代农业面临的重大课题，也是发展现代农业的主要任务。现代农业的内容大体可以归结为三大体系：一是现代农业产业体系；二是现代农业服务体系；三是现代农业保障体系。构筑现代农业产业体系是三大体系建设中最基本的任务，其余两大体系是分别为现代农业产业体系提供服务和保障的。积极发展现代农业，必须加快构筑现代农业产业体系。

应当看到，现代农业是具有多种功能的农业。我们过去长期只是注重其中的少数功能，对多数功能没有认识或者认识较浅。随着消费水平的升级和科技进步的推动，农业的多种功能正在日益明晰地显现出来。构筑现代农业产业体系，必须认真贯彻落实科学发展观，突破传统农业观念的束缚，注重开发农业的多种功能，适应人们日益增多、日趋多样的物质文化生活需求。与此同时，还必须加强现代农业服务体系和现代农业保障体系建设，促进现代农业产业体系尽早形成并不断优化，从而实现现代农业发展的各项目标。

一、充分发挥农业原先开发较多的功能

食品保障、原料供给、就业增收等是传统农业开发较多的功能，在构筑现代农业产业体系中必须适应新的要求、赋予新的内涵。这就需要开拓新思路、实施新举措。重点把握以下三点：

（一）大力发展特色农业。特色农业是各地农业发展的最大优势和

潜力所在。立足当地各种优势条件,培育主导产品,优化区域布局,大力推进优质农产品产业带建设。因地制宜地发展特而专、新而奇、精而美的各种物质、非物质产品和产业,特别要重视发展大田种植业、特色园艺业和特种养殖业。通过规划引导、政策支持、示范带动等途径,支持"一村一品"发展,加快培育一批特点明显、类型多样、竞争力强的专业村和专业乡镇。根据各地自然、经济、社会、人文等实际情况,采取切实有效的对策措施,集中连片地发展特色农业,提供批量较大、质量可靠、货源稳定的特色农产品,促进农产品加工业、流通业等现代服务业发展,最大限度地延长农业产业链条。在生产、加工、流通等各个环节加强把关,注重提高产品质量和档次,着力打造和培育品牌,努力形成品牌效应。

(二)切实抓好健康养殖业。养殖业在现代农业产业体系中的地位日益重要。从保障人民群众健康安全的高度,着力转变养殖观念,积极推行健康养殖方式。加大饲料安全管理和动物疫病防控力度,加强基层兽医队伍建设,健全重大动物疫情监测和应急处置机制,建立和完善动物标识及疫病可追溯体系,从源头上把好养殖产品质量安全关。根据人们消费升级的要求和城镇化发展的特点,积极扶持养殖小区和规模养殖场等规模经营方式,结合发展农村沼气推进资源综合利用,逐步提升产业整体素质和效益,不断推动畜牧业和水产养殖业做大做强。

(三)积极扶持农民专业合作组织和产业化龙头企业。农民专业合作组织是提高农民组织化程度的有效途径,农业产业化龙头企业是带动农民发展现代农业的重要力量。要充分发挥农民专业合作组织和龙头企业的积极作用,在稳定和完善农村基本经营制度的基础上,遵循依法、自愿、有偿的原则,引导土地合理流转与集中,逐步实现区域化布局、专业化分工、标准化生产、社会化服务和规模化经营。积极发展农业产业化经营,加强优质专用农产品生产、加工、销售基地建设,不断向农业产业化发展的深度和广度进军,促进各种生产要素的合理配置与流动,实现产业链条各个环节的相互贯通和紧密联结,形成适应现代农业发展要求的组织方式和运行机制,增强在国内外市场上的竞争力。

二、高度重视农业日趋凸显的功能

生态保护、观光休闲和文化传承等属于人们过去容易忽略或重视不够的功能，今后将居于非常凸显的重要位置。在构筑现代农业产业体系过程中，必须从未来发展的长远角度来考虑，树立新理念，采用新措施，充分发挥这些功能在现代农业建设中的保障作用和开拓作用。

（一）大力发展循环农业和生态农业。切实把农业作为生态系统重要的有机组成部分来对待，努力使农业发展转入有利于生态建设和环境保护的轨道。尽可能降低化肥、农药等传统化学品的施用量，大幅度减少面源污染，积极鼓励施用农家肥，大力推广生物技术防治病虫害，着力维护和提高土壤质量。开展垃圾、污水和排泄物的无害化处理，积极推动各种废弃物的再利用，加强整治和改善农村卫生环境。切实加强森林、草原保护和建设，切实抓好水土保持，加大防沙治沙力度，努力改善我国生态环境和农村面貌，逐步建立人与自然和谐相处的资源节约型、环境友好型社会。

（二）因地制宜发展农村旅游业。在有利于生态环境保护和建设的前提下，有选择、有步骤地发展农村旅游业，提供人们观光休闲的最佳去处，以丰富生活情趣、调节生活节奏、改善生活质量，同时拓宽农村产业发展领域，促进农民就业和增收。我国农业自然资源和文化多姿多彩，耕地、山林、草原、湖泊、海滨、沙漠、湿地等各种地貌应有尽有，种植业、养殖业、园艺业、手工业等各种作业方式竞相呼应，传统农业、现代农业交替并存，东西南北、春夏秋冬不同季节景观各异，为发展农村旅游业创造了得天独厚的良好条件。随着生活水平的逐年提高，使人们旅游的需求不断增强、要求日益强烈。只要加以合理开发利用，发展农村旅游业是完全可以大有作为的。近些年来，一些地方蓬勃兴起的"农家乐"等形式的观光休闲游深受人们欢迎，就是很有说服力的证明。

（三）积极保护和传播优秀农业文化。根据不同地区、不同民族农业活动的不同特点，加强保护不同类型、不同时期的文化信息，为丰富人们文化生活提供更多的精神食粮，为加强对青少年教育提供生动的实际教材，使传统农耕文化与现代文明能够更好地融和共进。尊重各地区、各民族的生活习俗，继承和发扬优秀的文化传统，增强人们对我国多民族文明的认识和理解。尊重国内、国外农业现代化的实践进展，重视学习和借鉴先进经验，推动我国现代农业和新农村建设顺利向前发展。

三、不断推动粮食产业做大做强

粮食是一种具有特殊性质的商品，直接关系国家经济安全和社会稳定。在我们这样一个有着十多亿人口的发展中大国，解决粮食问题只能立足于国内，应始终坚持国内基本自给，确保国家粮食安全。这是我们必须长期贯彻的方针，是我们必须始终牢记的大事，也是构筑现代农业产业体系必须紧紧把握的重点。

但是，由于受到多种因素制约，粮食生产的经济效益有可能长期偏低，仅仅依靠市场机制的自发调节作用是难以保持粮食稳定发展的。稳定增加粮食生产和保证供给，必须继续完善扶持粮食产业发展的各项政策措施，尤其要强化有利于粮食生产稳步增产的激励机制，建立有利于粮食产业持续稳步发展的长效机制。对于粮食不能仅仅作为普通产品来看待，而必须作为现代农业产业体系的重点内容来对待。

发展粮食产业首先要从抓好粮食生产做起。粮食生产是建设现代农业的重点难点，也是发展现代农业的关键领域。发展粮食生产应当与推进现代农业建设结合起来，在稳定和完善家庭承包经营的基础上，尊重农民利益和愿望，采用多种形式推进规模经营，逐步提高农业现代化水平。应当指出，推进农业规模经营不一定非要进行土地流转，在保持家庭承包经营、不进行土地流转的情况下，同样可以有效地推进规模经营。主要是通过将分散的地块整理成为集中连片的大片农田，通过提供良种、耕播、灌溉、除草、植保、收获等方面的社会化服务，通过产业化龙头企业建立生产基地带动农户，就可以实现真正意义上的规模经营。这是一种不影响土地承包家庭合法权益、容易为农户接受和欢迎的规模经营，可以称之为"区域规模经营"。20世纪90年代中期以来，河南新乡等地利用这种规模经营形式发展小麦生产，要求土地集中连片的耕地达到万亩以上,其结果既提高了小麦单位面积产量和质量,又提供了批量巨大、货源稳定的优质专用加工原料,不仅为发展优质面粉及其延伸产品加工、改善市场供应、减少进口外国小麦作出了重要贡献,而且对提高农民收入、增加就业机会、促进地方经济发展产生了重要作用。河南新乡等地的成功实践,为我们重新认识和推进农业规模经营提供了有益的启示。

粮食是现代农业产业体系中具有支撑作用的基础产品,粮食产业是粮食主产区最具优势和潜力的特色产业。有了较为充裕的粮食,就可以较快地发展畜牧业;有了较为充裕的粮食和畜产品,就可以较为容易吸引大型农产品加工企业前来投资,兴办第二、第三产业。与其他省份相比,粮食大省的特色产业更加依赖粮食生产。因此,要采取更加有效的政策措施,积极支持粮食主产区在稳步发展粮食生产的基础上,大力发展养殖业、加工业及相关服务业,多环节、多层面提升粮食主副产品的附加价值,努力创造就业机会,持续增加农民收入和财政收入,推动地区经济全面发展繁荣,不断壮大县域经济实力,尽快改变"农业大县、工业小县、财政穷县"的状况。

经过持续多年的实践和探索,作为全国商品粮调出量最多的产粮大省吉林省,终于走出了一条大有希望的新型农业发展路子。这就是,大力发展农产品加工业,构筑较为完整的现代农业产业体系。近几年来,在市场和政策的驱动下,吉林省农产品加工业呈现出迸发式的发展,销售收入年均增长在 25%以上。2006 年该省农产品加工业销售收入达到 1260 亿元,比 2004 年增长 88%。农产品加工业不仅与汽车产业、石化产业形成"三足鼎立"的局面,而且还具有后来居上之势,成为吉林省最具潜力和活力的支柱产业。目前,吉林省各类农产品加工企业 4600 多个,其中具有一定规模的农业产业化龙头企业 1680 个,省级重点龙头企业 216 个,国家级重点龙头企业 20 个;销售收入 1 亿元以上的企业 90 个,其中 10 亿元以上的企业 10 个,50 亿元以上的企业 2 个,100 亿元以上的企业 1 个。吉林省粮食加工能力为 175 亿公斤,畜产品加工能力为 4 亿头(只),辐射带动农户 242 万户,占农户总数的 69.1%。

公主岭、德惠、榆树、梨树等一些产粮大县县级财政收入的50%—70%
来自农产品加工业，"农业大县、工业小县、财政穷县"的面貌开始得
到有效改观。可以说，吉林省现代农业产业体系的构架已经基本形成，
正在由粮食大省转变为农产品加工业强省。再经过5—10年的努力，吉
林省农产品加工业发展将会取得更加显著的成果，以粮食为基础的现代
农业产业体系将会更加趋于完善和充满活力。

同时，也要充分认识到，在保障国家粮食安全方面，无论是主产区、
主销区还是产销平衡区都负有责任。各地都需要认真落实粮食省长负责
制，切实做好发展粮食生产、保持总量平衡、落实地方储备、保证市场
供应和维护市场秩序等各项工作。在构筑现代农业产业体系过程中务必
高度重视粮食问题，对粮食生产和供给在任何时候都不能掉以轻心，在
任何情况下都必须下功夫抓紧抓实抓好。建立健全现代农业服务体系和
现代农业保障体系，应当优先满足粮食产业稳步发展的需要。

四、努力推进生物质产业发展

构筑现代农业产业体系的一项重要内容，是推进生物质产业发展。
以生物能源、生物基产品和生物质原料为主要内容的生物质产业，是拓
展农业功能、促进资源高效利用的朝阳产业。

应当抓紧制定和落实有利于生物质产业发展的扶持政策，加强生物
质产业技术研发、示范、储备和推广，促进农林生物质科技普及和应用。
加快开发以农作物秸秆等为主要原料的生物质燃料、肥料、饲料，调整
和充实科技力量，加大科研攻关力度，尽早实现秸秆燃料乙醇由中试阶
段向大面积推广的转变。鼓励有条件的地方利用荒山、荒地等资源，适
当扩大生物质原料作物种植，并加大农业废弃物的开发利用力度，缓解
我国耕地资源不足的制约因素。

前几年我国粮食供需就已经进入紧平衡状态，随着人口的增加、耕
地的减少和消费水平（特别是人均畜产品消费水平）的提高，今后我国
粮食供需仍将长期处于紧平衡状态。发展生物能源要充分考虑我国人
多、地少、粮紧的实际情况，立足于推进循环经济，综合开发利用农作

物秸秆、非耕地植物和各种农业废弃物，这不仅有利于当前化解和避免产生与人争口粮、与畜禽争饲料的矛盾，而且有利于实现可持续发展的长远目标。实际上，正是由于最初利用玉米加工燃料乙醇的拉动，才导致玉米价格上涨，反过来，玉米价格上涨，又导致加工燃料乙醇变得不经济，限制了玉米加工乙醇燃料，不得不想办法以其他经济上更为合理的资源去取代，农作物秸秆、非耕地植物和各种农业废弃物正是这样的替代物。

利用各种农业废弃物是生物质产业发展的重要内容，不仅可以代替粮食，而且可以促进循环经济发展。据有关方面计算，全国每年将产生2亿吨森林废料、7亿吨农作物废料、25亿吨畜禽废料。特别是我国农作物秸秆数量巨大，资源积聚相对容易，现有科研开发和加工水平已经达到中试阶段，基本具备继续开发利用进而实现大规模推进的能力。农业机械化水平的持续提高，使农作物秸秆的收集变得简便易行，农民也可以从中增加一笔收入。目前我国以农作物秸秆为原料开发能源的方式主要有四种，即秸秆乙醇、秸秆发电、秸秆汽化和秸秆重油，其中前三种符合清洁能源的要求，第四种需要进一步提炼后也可以成为清洁能源。这四种秸秆能源都符合循环经济的要求，都可以根据各地的实际情况进行开发利用。农作物秸秆除了可以提供大量的燃料乙醇和食用乙醇外，还可以通过综合开发增加蛋白饲料、化工原料等中间产品，为进一步开展深度加工奠定基础。根据我国粮食将长期处于紧平衡的现实状况，可以考虑将原先用于陈化粮燃料乙醇的生产能力，通过研制增加必要的设备和工艺，改造成能够加工秸秆燃料乙醇的生产能力。这样既增加了秸秆燃料乙醇的生产能力，又避免或减少了设备资源的损失浪费。总之，应当在农作物秸秆等资源的综合开发利用上大做文章、做大文章，力求尽早取得突破性进展，最大限度地发挥农作物秸秆对粮食的替代作用。

五、健全完善现代农业的服务体系和保障体系

现代农业的产业体系与服务体系和保障体系是相互依存的，没有现

代农业服务体系、保障体系提供的服务和保障，现代农业产业体系将无法独立生存和发展。在加快构筑现代农业产业体系的同时，必须高度重视和切实加强现代农业服务体系、保障体系的建设，适应积极发展现代农业和扎实推进社会主义新农村建设的整体要求。

（一）健全完善现代农业服务体系，为加快构筑现代农业产业体系提供综合配套服务。

1．提供信息服务。现代农业是建立在发挥市场机制的基础性作用之上的。面对千变万化的市场需求，必须建立健全农业信息服务体系，向农产品生产经营者提供及时准确的相关信息，并通过订单农业等方式将市场信息变成购销合同，确保农产品产销能够顺利进行，避免或减少市场风险。

2．提供生产服务。重点是提供农业生产过程中的社会化服务，努力在良种、耕播、灌溉、除草、植保、收获、销售等环节做到几个统一，提升科学种田水平，形成区域农业规模经营，为发展农产品加工业提供优质专用、批量较大、供给稳定的农产品原料。特别是要加大农业机械化推广力度，降低劳动强度，提高生产效率，增进经济效益。

3．提供流通服务。发达的物流产业和完善的市场体系是构筑现代农业产业体系的重要条件。培育多元化、多层次的市场流通主体，构建开放统一、竞争有序的市场体系，大力发展农村连锁经营、电子商务等现代流通方式，切实改善涉农商品的流通环境。重点是抓好农业生产资料供应和农产品销售，确保生产资料能够质量可靠、价格稳定并且方便快捷地供应到农民手中，促进农产品能够顺畅高效地进入终端市场和消费环节。

4．提供质检服务。农产品质量已经成为影响农业发展的突出问题，引起国内外广泛关注。发展现代农业就必须保证和提高农产品质量。其基本条件是提供及时、准确、高效的质量监测检验服务，从农业投入品生产环境等源头抓起，在农产品加工储存、保障运输、销售等环节进行严格监测检验，建立质量可追溯制度，从而形成一套完整的规范的监测检验服务体系，确保农产品及其加工品质量符合相应标准。

5．提供培训服务。提高农民素质是发展现代农业的根本保证。当前主要结合先进实用技术推广，加强对农民的专题培训、短期培训和现场培训，使农民掌握良种良法的操作要领。从长期看，重点是发展中高等农业职业教育，注重从农村青年人中培养现代新型农民，使他们逐步成为发展现代农业的中坚力量。

（二）健全完善现代农业保障体系，为加快构筑现代农业产业体系提供多方面保障。

1. 提供投入保障。投入严重不足一直是农业发展的重大制约因素，现代农业建设更需要增加投入。近些年我国"三农"投入确有较多增加，但主要用于减负、免税和农村社会事业方面（如义务教育、新型合作医疗、农村低保、文化建设等），农村基础设施建设（如农村道路、安全饮水、农村通电、农村沼气等）重点也是改善农民生活条件，这些也确实需要。但是，比较而言，农业生产性基础设施建设投入相对较少。今后"三农"投入总量仍需大幅度增加，促进农村经济社会协调发展，但是对生产性基础设施建设应当作为投入重点来对待。

2. 提供设施保障。现代农业的一项重要内容就是用现代物质条件装备农业。采用奖励补助等有效办法，重点抓好农田水利设施建设，不断提高基本农田质量。鼓励农民在政府支持下，自愿筹资筹劳开展农村小型基础设施建设。支持发展设施农业，提高土地产出率和经济效益，推进精细化作业。结合发展规模养殖，加快沼气建设，强化污染治理，美化农村环境。充分发挥城市辐射周边农村的功能，促进基础设施向农村延伸，带动现代农业发展。改善农机装备结构，提升农机装备水平，走符合国情、符合各地实际的农业机械化发展道路。

3. 提供科技保障。科技进步是农业的根本出路。加强农业科技创新体系建设，加强农业科技基础研究和应用研究，大力推广资源节约型农业技术，引导涉农企业开展技术创新，不断注入和增强农业发展的科技进步因素，加快发展优质、高效、安全、生态农业。

4. 提供体制保障。体制机制是现代农业发展的动力所在。必须加快改革步伐，统筹推进农村各项改革，为建设现代农业提供体制机制保障。最重要的是深化农村综合改革，切实从乡村实际出发转变乡镇政府职能，认真落实农村义务教育经费保障机制改革措施，增强基层政府公共产品和公共服务供给能力。同时，进一步规范土地承包经营权流转，因地制宜地推进适度规模经营，引导龙头企业与农户结成利益联结机制，继续开展农村金融体制改革和集体林权制度改革，积极搞好水权制度和小型水利设施产权制度改革。

　　总之，要通过长期坚持不懈的努力，从多方面奠定现代农业产业体系的坚实基础，保障和推动现代农业建设不断向前迈进，逐步把我国传统农业改造成具有较高经济效益、社会效益和生态效益的现代农业。

乡镇企业发展

乡镇企业发展新阶段的思考与对策*

我国乡镇企业正在以令人瞩目的速度向前发展。1984 年乡镇企业总产值 1709.9 亿元，比 1983 年增长 40%；1985 年乡镇企业总产值达到 2481 亿元，又比 1984 年增长 45%。近两年乡镇企业总产值的增长，无论绝对额还是相对量，均以较大差数高于以往的水平。可以说，我国乡镇企业已经进入了一个新阶段，即由起步阶段进入了起飞阶段。面临不容忽视的客观现实，确有必要对乡镇企业问题进行新的思考，探索新的对策。

一、乡镇企业经济地位的宏观考察

从 20 世纪 70 年代中期乡镇企业在苏南地区蓬勃兴起的时候起，乡镇企业经济地位的问题就受到了广泛注意。发展乡镇企业是振兴农村经济的必由之路，已成定论。鉴于乡镇企业的主体是乡镇工业，有人把乡镇企业的经济地位概括地表述为"无工不富"。"无工不富"连同"无农不稳""无商不活"一起，号称农村经济的三大要诀，得到了相当广泛的承认。然而，在乡镇企业开始进入起飞阶段以后，"无工不富"却受到了严峻的挑战。持不同见解者认为，"无工不富"把工业说成是致富的决定性条件，本身就是"绝对化"和"片面性"，并提出对这一口号进行修改。由于"无工不富"是对乡镇企业经济地位的高度概括，因而不可避免地涉及乡镇企业经济地位的评价问题。

从微观经济角度考察，农民致富的门路确实很多，通过发展种植业和养殖业走上致富道路的不乏其人，不一定非要走依靠工业致富的道路

---

* 本文原载《中国工业经济学报》1986 年第 3 期。

231

不可。在这个意义上可以说，"无工不富"并不是绝对真理。但是，从宏观经济角度考察，即从"无工不富"本来意义的运用范围考察，则完全可以对这种概括作出肯定的结论。

按照传统的国民经济格局，城市从事工业，农村从事农业，是社会分工的一般形式。不过，绝大多数经济发达国家在完成这一社会分工的同时，允许城乡之间人口和劳动力自由流动。他们实行的是固定的城乡分工与流动的劳动力就业相结合的制度。由于土地资源的稀缺和占有的垄断，不少国家农村劳动力流入城市要比城市劳动力流入农村容易得多，因而这些国家农业人口占总人口的比重迅速下降。从 50 年代初期到 1984 年，美国农业人口比重由 15%下降为 1.8%，日本由 44.4%下降为 8.5%，西德由 14.6%下降为 3.1%，法国由 25.4%下降为 7.1%。与此同时，农业劳动力占社会劳动力的比重也同步下降，1984 年上述四个国家的农业劳动力比重分别为 1.8%、8.6%、3.1%和 7.1%。相反，我国是在城乡隔绝的条件下实行国民经济传统分工的，加上本来就是一个工业极不发达的农业大国，这就使得绝大多数人口和劳动力长期禁锢在农村。1984 年，农业人口达到 83789.5 万，占总人口的 81.3%；农业劳动力达到 32538 万，占社会劳动力的 68.4%。加上其他劳动力，农村劳动力总数达到 35368 万，占社会劳动力的 74.3%。今后相当时期内，农村劳动力仍然呈增长趋势。另一方面，我国是一个农业自然资源平均占有量较少的国家。目前统计的耕地面积只有 15 亿亩，即使按抽样调查的推测数字 20 亿亩计算，平均每人只有 1.9 亩，仅为世界平均数的三分之一强。我国平均每人占有的林地、草场和其他农用地，也同样悬殊地低于世界平均水平。相对稀缺的土地资源，数量浩大的劳动人口，形成了其他国家少有的强大的就业压力。

由于我国人口数量所处的独特位置，更由于城市规模过大必然产生的种种弊病，我国农村劳动力的就业问题仍然以农村就地解决较为适宜。因此，可供选择的道路只能是：在继续发展农业的同时加速发展农村工业和其他非农产业，通过发展农村小城镇建设来吸收和容纳大部分农村劳动力，进而建立起一种与传统的城乡分工所不同的新型国民经济格局。

　　农村工业和其他非农产业的发展,也有利于缓解城乡经济交往所存在的不等价交换问题。多年来我国主要通过工农业产品交换剪刀差为工业发展积累所需要的资金。这种价格政策影响了农村经济的发展。党的十一届三中全会后,尽管农产品收购价格有了较大幅度的提高,然而工农业产品交换剪刀差仍然存在,并且在今后较长时期不可能完全消除。一个极为简单而又可以验证的事实是:农村同样的劳动力,从事工业的收益普遍以较大的差数高于农业。乡镇企业的贡献在于:一方面吸收和容纳了大量的农村劳动力,促进农业经营规模的扩大和农业劳动生产率的提高,使单位农产品价值趋于降低并缩小与价格的差距;另一方面生产大量工业品并以高于价值的价格出售,相应弥补农民在以低于价值的价格出售农产品时所产生的收益损失,并且通过各种"以工补农"方式进行再分配。这样,就使农村富裕程度的提高与农村工业的发展成正比例变化。迄今为止,我国农村的经济发达地区差不多都是以此为基础的。也正是由于大量劳动力转向农村工业和其他非农产业,才给仍然从事农业的农民提供或增加了施展才干的机会,使这一部分农民获得了依靠种植业、养殖业也可以致富的可能。

　　当前,乡镇企业已成为国民经济中一支不可忽视的重要力量。1985年,乡镇企业就业人数约占社会劳动力总数的13%,相当于农村劳动力总数的18%;乡镇工业产值占全国工业总产值的20%,就是说全国有五分之一的工业产品是乡镇企业提供的,其中煤炭产量超过全国的四分之一,服装产量占一半左右,建材产值占一半以上;销售和劳务的总收入达到2347亿元,占总产值的94.7%,产品没有积压;乡镇企业上缴国家的税金继1984年达到90.6亿元之后,1985年又增加到118亿元,占农村税金总额的70%左右;乡镇企业税后利润每年有20%—30%用于农村文教卫生等公共事业以及乡村行政费用支出,1981年至1984年的4年间累计达到158亿元,相应减少了国家财政的开支。实践证明,发展乡镇企业是一条于国于民都极为有利的社会主义农村建设道路。

　　但是,与富裕农村所要求的发展目标相比,目前乡镇企业在国民经济中所占比重仍然未上升到较为理想的地位。富裕农村需要有经济的相应发展作为基础,而经济发展的规模又必须与人口所占比重大体相称。

既然我国人口和劳动力的大多数今后将继续生活在以小城镇为集聚点的广大农村，那么农村经济在国民经济中的比重也应达到一半以上。随着时间的推移，农村经济规模将逐步接近、赶上和超过城市经济规模。经济发展的一般规律是，不受自然资源条件直接限制的工业的发展，总是或多或少地快于受到自然资源条件直接限制的农业。这一规律决定了在未来农村经济发展中乡镇企业必然肩负着主要历史使命，需要最大限度地发挥"无工不富"的职能。因此，在宏观经济的决策上需要切实把乡镇企业作为振兴农村经济的必由之路来对待，并不断探索和运用更加有效的调节机制引导和保证乡镇企业的健康发展。

二、乡镇企业发展方向的调节方针

所谓乡镇企业的发展方向，在这里是指乡镇企业以发展什么样的产品项目较为适宜。中共中央关于"七五"计划的建议中指出："一般说来，兴办乡镇企业要立足于农业、服务于农业，重点发展农产品加工业，发展农产品的储藏、包装、运输、供销等产前产后服务业。"这是因为在农村发展农产品加工业比城市具有更高的综合经济效益。具体表现在以下几个方面：一是可以使农产品的主副产品都能得到比较充分的利用，避免城市加工所造成的副产品的浪费；二是可以就近加工转化，降低运输费用和缓解运输紧张状况；三是可以及时处理，减少农产品的腐烂变质现象；四是可以带动农村第二、第三产业的发展，增加农村劳动力的就业机会和经济收益；五是可以增强农民的商品经营能力，并逐步建立贸工农型的产业结构。上述种种有益之处，表明农村发展农产品加工业的优势远在城市之上，不仅有利于农村产业结构的改善和经济发展水平的提高，而且有利于新型国民经济格局的形成。因此，需要从多方面努力，改变现在农产品加工业主要放在城市的不合理布局，逐步实现农产品加工业以农村为主的战略转移。

然而，事实远未达到理想的程度。目前，农产品加工业和服务业仅占乡镇企业总产值的一小部分。例如，1984 年乡镇企业中以农产品为原料的轻工业产值只有 292.4 亿元，占乡镇工业总产值的 23.2%。出现这种情况的原因,在于乡镇企业发展方向的确定受到了一系列社会经济因素的制约。我国特定的社会经济条件造成乡镇企业其他行业发展较快,而农产品加工业却相对落后。这些社会经济条件主要有:一是农村长期实行的严格的统购派购制度。除了农民自食自用的一部分以外,可作为工业原料的农产品绝大部分都按指令性收购计划交售给国家,棉花、糖料、烤烟、蚕茧、茶叶、水果、牛皮、羊毛等主要农产品收购量一般占到总产量的90%左右,最高的达到99%以上,这些加工原料留在农村的为数极少,乡镇企业中的农产品加工业几乎成了无米之炊。二是我国农产品加工业主要布局在城市。随着城市经济的发展,城市农产品加工能力逐年扩大,所需要的农产品原料数量日益增多,很少有扩散到农村加工的要求。乡镇企业的农产品加工业往往由于被指责为"与大工业争原料"而难以发展。三是农村农产品加工业的长期不景气,使得农产品加工设备、技术的更新缺乏动力,与城市农产品加工业相比往往处于劣势。四是城市农产品加工业中的不少项目享有价格补贴或者供应平价原料等优惠条件,乡镇企业却不能享受同等待遇。上述情况尽管从1985年开始有所改变,如取消了农产品统购派购制度,鼓励在农村就地发展农产品加工业,对城乡食品工业、饲料工业一样实行减免税收待遇等,但是由于城市经济体制全面改革还只是刚刚开始,原有的经济体制仍然在顽强地发挥作用,新的改革措施有待配套并且需要有个适应过程,因此乡镇企业中农产品加工业的落后状况,一时还不可能得到根本性的改观。

在农产品加工业重点由城市转到农村的过程中,乡镇企业自身的努力固然不可缺少,更重要的是宏观经济决策的改变,切实制定和实行一套能够确保农产品加工业主要放在农村的调节措施。第一,根据农产品资源的分布状况,在农业商品集中产区建立较为完备的农产品加工体系,实现农产品的生产、加工、储藏、运输、销售等环节的系列化。第二,实行优惠的贷款(投资)、税收和技术政策,用先进的生产设施和加工技术装备乡镇企业,并相应加强人才引进和智力开发,尽快提高乡镇企业的农产品加工技术和加工能力。第三,严格控制城市农产品加工业规模的扩大,对不适宜在城市发展的某些农产品加工业项目,农产品资源的增加部分应放在农村进行加工,切实解决发展农产品加工业面临的原料来源问题。第四,凡是不适宜在城市发展的某些农产品加工业项目,在其加工设备陈旧淘汰的同时对原有的加工厂实行转产,并尽可能使腾出来的加工能力转移到农村。第五,在价格关系尚未理顺的情况下,对某些需要给予价外补贴或者平价供应的原料农产品,实行乡镇企业与城市企业同等的待遇,使双方获得平等的竞争条件。当然,在农产品加工业主要放在农村的同时,城市仍然需要保留一些农产品加工业项目。这些产品项目之所以放在城市,是由于综合经济效益比放在农村更高。由此可以确定城乡农产品加工业合理分工的界限,即农村主要发展粗加工或技术要求不太高的产品项目,而城市则主要发展精加工或技术要求在农村难以达到的产品项目。

需要指出的是,在全国范围内要求乡镇企业以发展农产品加工业为重点,并不意味着所有乡镇企业都必须以从事农产品加工为主。从不同地区看,决定乡镇企业发展方向的主要有两个方面的因素:一是资源分布状况,包括农产品资源和矿产品资源。农产品作为工业原料,在不同地区的分布情况是不均衡的。一般说来,在农业商品集中产区,农产品资源比较丰富,农产品加工业的发展可以相对集中在农业商品集中产区。矿产品资源丰富的地区,则可以增加采矿业或矿产品加工业的比重,甚至可以做到以发展这类行业为主。二是经济发达程度。在经济发达地区虽然农产品资源比较丰富,农产品加工业的规模也比较大,但是由于其他行业的发达程度相当高,在乡镇企业总产值中农产品加工业也难以占据主要地位。只有在那些农产品资源既比较丰富,其他行业又不发达的农业商品集中产区,才比较适宜以发展农产品加工业为主。究竟是以农产品加工业为主还是以其他行业为主,理应是各地乡镇企业不同优势充分发挥的结果,而不应当是人们主观意志所能硬性规定的指标。随着经济发达程度的提高,农村第一产业所占比重趋于缩小,第二、第三产业所占比重则趋于扩大。同样,在以工业为主的第二产业中,农产品加工业的比重趋于缩小,其他行业的比重趋于扩大。片面强调今后所有乡镇企业必须以农产品加工业为主,是不现实的。

在重点发展农产品加工业的同时,对于乡镇企业中的其他产业也不应忽视。其中，主要有机械工业、建材工业、化学工业、煤炭及炼焦工业和冶金工业等。由于农产品加工业在今后一定时期可能会有较大的发展，这些行业的所占比重则相应降低，但是它们的绝对规模是逐步趋向扩大的。这同有计划地在农村发展农产品加工业一样，也是造就新型国民经济格局所必要的。这些行业之所以能在乡镇企业中占有较大的比重，是有其客观条件的。如开采 1 吨煤，国营统配煤矿需要国家投资约170 元，而乡镇企业的小煤窑只需自身投资几十元，不需要国家花一分钱。又如技术要求较高的机械行业，看起来对乡镇企业似乎不可思议，但是在苏南地区和其他经济发达地区许多乡镇企业的机械产品并不比城市企业逊色。况且，乡镇企业所独具特色的劳动报酬制度、经营管理制度，比国营企业往往更能显示出优越性。人们原先以为，国营企业搞活以后乡镇企业中的这些行业会趋于萎缩，事实恰恰相反，乡镇企业中的这些行业在竞争中变得更加强大。正视这些现实，并且由单纯限制转向正确扶持，是当前亟待解决的一个问题。

宏观调节方针的作用在于充分合理地挖掘乡镇企业的优势。在有条件的地方，应当鼓励乡镇企业发展小型采矿业、小水电工业和建材工业，宏观调节的重点在于引导乡镇企业遵守国家有关规定和保护资源。在经济发达地区的农村，应当扶持乡镇企业发展为大工业配套和为出口服务的加工业，宏观调节的重点在于把握是否具有实际需要和乡镇企业自身的条件如何。除此以外，在宏观调节方面还要解决有利于适合在农村发展的加工业由城市扩散到农村的配套措施问题。

三、乡镇企业发展速度的理想选择

1985 年上半年实行经济紧缩政策以后，乡镇企业的超高速度发展备受注意。近两年乡镇企业的发展速度已相当于整个工业平均发展速度的 2.5 倍左右。乡镇企业的发展速度为什么会这样快，以及其中不稳定的因素究竟占多大比例，把这些问题弄清楚，我们才有可能对乡镇企业的超高速发展有比较全面而又清醒的认识，进而才有可能选择较为理想的发展速度。

从 1984 年和 1985 年的实际情况看，乡镇企业的超高速发展是由多种因素发生作用的结果。其一，广大中间地区和不发达地区乡镇企业异军突起，特别是家庭企业和合股企业有了长足发展。全国乡镇企业单位数由 1983 年的 134.6 万个猛增到 1984 年的 606.5 万个，1985 年进一步上升到 1094 万个，其中乡村集体企业 170 万个，家庭企业和合股企业等达 924 万个，在新增单位数中大部分是中间地区和不发达地区。这些地区乡镇企业发展较快，是改善全国乡镇企业的地区布局所必需的。其二，不少地区的乡镇企业经过多年投资积累，形成了较强的生产能力且又具备发展的内在活力，在搞活经济的外部条件具备时，往往会出现迸发性的发展。这是经济体制改革解放生产力在一定阶段所产生的必然结果。其三，还有一些地区的乡镇企业与大工业、对外贸易配套的产品，是根据改善国家和地方工业布局，开展横向经济协作的要求安排或扩散到农村的，这些产品项目虽然发展较快，但是一般都已经直接或间接纳入国家计划，也是合理的。其四，建材工业和能源工业发展较快，主要是同国家用于生产和生活的基本建设规模扩大有关，并且在相当程度上缓和了当前这些物资供应紧张的状况。例如，1984 年乡镇企业原煤产量比 1983 年增加 4092 万吨，占同期全国原煤增加量 7400 万吨的 55.3%。如果没有乡镇企业原煤产量的较大增长，我国煤炭供需紧张的状况必然更为严重。以上几个方面可以说明，乡镇企业的发展速度基本上是正常的，不应当不加区别地统统斥之为"过热发展"。

不可否认，这两年乡镇企业发展过程中也存在一些不稳定因素。大体可以分为两个方面：一是乡镇企业自身的经营条件造成的。乡镇企业的绝大多数产品项目没有列入国家计划，主要通过市场调节求得生存和发展，在我国目前市场技术信息传递系统不发达的情况下，乡镇企业不可能对所有产品项目都把握得十分得当，必然会产生某些盲目性，如重复建设、产品不对路、技术过时等，但是乡镇企业由自负盈亏性质决定的微观调节机制会尽快地消除这些现象，以适应市场变化的要求。二是宏观调节不周全造成的。1984 年下半年银行系统出现的"四行争贷"，直接推动了一些地区乡镇企业新建项目的盲目上马，以致在 1985 年信贷资金全面紧缩后形成了不少"半拉子"工程，欲上不能，欲下不忍，大量的资金（包括农民自有资金）被占用和浪费，并且在一定程度上加剧了交通、能源、原材料的紧张状况。但是，就乡镇企业发展速度的整体考察，不稳定的因素只是居于次要地位，正常因素毕竟居于主要地位。并且通过宏观调节和微观努力，完全可以减少不稳定因素或者限制其发生作用的范围，实现乡镇企业持续、稳定、协调发展的目标。

那么，今后一定时期内全国乡镇企业究竟达到和保持什么样的增长速度较为理想呢？这里不妨作些初步的分析和探讨。根据预测，从1986年起到1990年，农村平均每年有800万左右的劳动力就业于乡镇企业，即由6400多万增加到1亿以上。即使排除劳动生产率增长的因素，按照1985年平均每个劳动力创造产值3860元计算，到1990年将新增产值1400多亿元，比1985年增长55.6%，平均每年增长9.2%。但是，随着劳动生产条件的改善和就业人员素质的提高，乡镇企业劳动生产率也必然相应提高。根据近两年的统计数字，平均每个乡镇企业就业人员的劳动生产率每年增长10%以上，即使以低限平均增长5%计算，到1990年劳动生产率将提高27.6%，平均每人创造产值可达4920元，届时1亿就业人员总计将创造产值4920多亿元，平均每年增长14.7%以上。考虑到其他种种新的刺激因素，在实际发展过程中平均劳动生产率很有可能超过5%的增长幅度。按照1985年实有基数计算，平均劳动生产率每提高1%，乡镇企业总产值年平均增长率则相应提高1.1%。预计从1986年到1990年，乡镇企业平均劳动生产率的增长率可能在5.8%左右。这样，乡镇企业总产值平均每年的增长幅度将在15%至18%。在这个范围内的增长速度具有比较扎实的基础，可作为乡镇企业发展速度的较为理想的选择。

与"七五"期间工业平均增长7%的速度相比，乡镇企业的增长率显然是比较高的。然而，在一定时期内乡镇企业发展速度适当高于城市工业发展速度，是有其客观必然性的。首先，是安排农村劳动力就业门路的需要。预计到20世纪末农村劳动力将达到4.5亿以上，而从事农业的劳动力至多需要2.2亿，尚有2.3亿劳动力需要安置到第二、第三产业，其中主要出路在于发展乡镇企业。即使乡镇企业平均每年吸收800万劳动力，到那时乡镇企业总共容纳1.8亿劳动力，尚有5000万以上劳动力的出路需要通过其他途径解决。平均每年吸收 800 万劳动力是个低限,只宜增加,不宜降低,这必然要求乡镇企业具有较高的发展速度。其次,保持和提高乡镇企业经济效益的需要。随着土地、矿藏资源稀缺程度的提高和能源、原材料等物质成本上升,如果乡镇企业的劳动生产率没有相应的增长,则意味着经济效益的下降,进而必然影响乡镇企业的竞争能力和扩大再生产能力,甚至连简单再生产也难以维持,更谈不上按照预定目标吸收农村劳动力。这也要求乡镇企业具有较高的增长速度。再次,改善国民经济格局的需要。目前城市的社会总产值相当于农村的 1.6 倍,而人口只相当于农村的 1/3。只有使农村社会总产值赶上或者超过城市,才能改变这种不合理的传统国民经济格局,进一步缩小城乡之间的差别。发展乡镇企业是实现上述目标的主要途径。这同样要求乡镇企业的发展速度相应高于城市工业。

与近两年乡镇企业的实际增长率相比,今后的发展速度也不宜过高。这同样有其客观必然性。如前所述,我国乡镇企业之所以发展较快,是多种因素集中迸发的结果。虽然今后这些因素还将继续发挥作用,但是,多种因素的集中迸发毕竟是阶段性的特殊现象,不可能永远持续下去。其中,农村家庭企业和合股企业不可能每年都是成倍甚至成几倍地增长,乡镇企业所需要的能源、原材料也不能每年都大幅度地增加供应,乡镇企业产品的销售市场更不可能每年都无限度地扩大,加上技术、资金、交通等因素的制约,乡镇企业的发展速度将不可避免地趋于降低。即使乡镇企业总产值的增长数额保持不变甚至略有增加,仅仅由于基数提高也会使增长率呈现递减趋势。关键不在于是否永远保持最高的增长率,而在于今后的增长率是否适当。过低的增长率固然不行,过高的增长同样会带来不利后果。经济发展中的盲目性往往起源于片面追求过高的增长率。适中的发展速度有利于乡镇企业巩固、消化、改进已经取得的成果,特别是有利于提高经济效益和产品质量。1984 年乡镇企业每百元固定资产原值实现利润 22.39 元,高于国营企业 13.7 元的水平,但是每百元资金实现的利润税金却只有 19.94 元,低于国营企业 24.2 元的水平。这说明,乡镇企业固定资产利用率相对较高,而流动资金效益较低,并且比 1983 年已经达到过的 24.1 元降低了 17.3%,在提高流动资金的效益方面大有潜力可挖。改进产品质量也是乡镇企业亟待解决的重大课题，关系到乡镇企业信誉的提高和竞争能力的增强，对于拓展乡镇企业的市场至关紧要。无论经济效益的提高还是产品质量的改进，都需要有一个较为宽松的环境作为必备条件，而较为宽松的环境只有发展速度适中时才有可能形成。

如同其他事物发展的不平衡一样，乡镇企业的发展速度在不同地区、不同行业之间也不可能完全一致，必然存在或大或小的差异。差异主要决定于资源占有的多少、开发能力的强弱、企业素质的优劣、市场销路的宽窄、交通条件的好坏以及原有基数的大小等因素。由于不同地区的上述因素及其作用的发挥程度不可能相同，既不宜用整体增长率限制某些地区、某些行业优势的发挥，也不宜用整体增长率对条件不具备的某些地区、某些行业硬行拔苗助长。但是，这并不等于对不同地区、不同行业可以任其自流，仍然需要采取有区别的对策。比如在今后一定时期对于一些不发达地区需要给予切实有效的扶持，使它们的优势得到发挥并在增长率上适当快于经济发达地区，缩小地区之间的差别；通过行业政策促进市场前途广阔而目前又比较薄弱的农产品加工业、能源工业和建材工业比其他行业有更快的发展等，以适应社会需求增长的需要。

四、乡镇企业竞争条件的平衡原则

企业的繁荣来自竞争，竞争的基础在于条件平等，这是宏观调节机制所必须把握的一个准则。但是，当平等的竞争条件由抽象原则贯彻于经济运行的实际过程时，不同的理解往往接踵而来。在这方面，乡镇企业与国营企业竞争条件是否平等，从 70 年代末期直到现在都是人们讨论的热点之一。有一种意见认为：乡镇企业与国营企业之间的竞争条件不平等是导致乡镇企业"过热发展"的重要原因，主要表现为乡镇企业的税收负担要比国营企业轻得多；为了使不同所有制企业获得平等的发展机会，必须理顺税收关系，取消乡镇企业所享受的税收优惠待遇。

据了解，乡镇企业在税收方面确实享受着某些优惠待遇。据有关部门估算，1984 年国家对乡镇企业共计减免各种税收 11 亿元左右，相当于同年上缴税金 90.6 亿元的 12.1%。这种税收上的优惠待遇，是乡镇企业得以迅速发展的一个重要条件。然而，仅仅从税收差异推导出乡镇企业处于不平等的有利竞争条件，却未免失之于片面。竞争条件是一个比税收待遇远为广泛的概念。税收待遇是构成竞争条件的重要因素之一，但其本身并不等于竞争条件的全部内容。这里所说的竞争条件不平等，通常是指企业外部的竞争条件不平等。企业本身的经济实力、管理水平、应变能力、产品质量、经济效益、劳动工资等因素，虽然都在竞争中发挥作用，构成企业内部的竞争条件，但是这些都属于微观经济的范畴，只要遵循国家的政策法规，有利于增强企业活力，在宏观调节上都不应加以干涉。国家需要予以调节和平衡的通常只能是企业的外部竞争条件。作为企业外部竞争条件的总体，其本身可以单独成为一个系统（准确地说，是一个子系统），分别表现在属于宏观经济的不同方面。从宏观经济考察，国家的生产计划、资金投向、原料分配、销售渠道、税收待遇、社会负担等因素也都在竞争中发挥作用，构成企业外部的竞争条件。从企业外部的竞争条件来看，乡镇企业与国营企业之间竞争条件是否平等并不取决于税收待遇一个因素，而需要从宏观经济角度进行多种因素的综合考察。

仅就税收待遇的差异而论，乡镇企业处于比国营企业较为优越的地位。一旦从宏观经济角度进行多种因素的综合考察，上述结论则未必能够成立。其一，生产计划：国营企业的大部分产品项目列入国家计划，而乡镇企业的产品项目直接列入国家计划的只是接近于零的量，一般都排列在国家计划之外，充其量只能有一小部分通过与国营企业的产品协作间接列入国家计划。其二，资金来源：国营企业所需的资金往往有专项指标，具有较大程度的资金保证，而乡镇企业则主要通过自有资金进行扩大再生产。1984 年在乡镇企业用于扩大再生产的投资总额 155.6 亿元中，乡镇企业自有资金（包括农民集资、入股）占 61.7%。包括流动资金在内乡镇企业所欠农业银行和信用社的贷款数额即使在信贷膨胀的 1984 年末达到 291 亿元的情况下，也仍然低于同年乡镇企业及其职工的年末存款余额 296 亿元的水平。其三，原料分配：国营企业的大部分原料来自计划供应，不仅数量有比较可靠的保证，而且也享受平价购进的优惠待遇，即使计划外的议价原料也优先满足国营企业的需要。而乡镇企业工业原料通过国家计划渠道供应的比重极小，1984年全国县以上乡镇企业供销公司的计划分配额为1.8亿元，只占商品购进总额的6.2%。至于乡以下乡镇企业属于计划分配的原料比重更是微乎其微，几乎完全通过高出平价20%以至50%以上的议价从市场购买，每年为此多付的购货款数额相当高。其四，销售渠道：国营企业销售网络较为发达，其中相当部分产品列入了计划销售渠道，而乡镇企业却不具备上述条件，只能通过激烈的市场竞争打开销路。其五，社会负担：国营企业与乡镇企业同样存在，但是国营企业（主要指中小型企业）的社会负担无论是绝对额还是相对数，都比同等规模的乡镇企业轻得多。1984年乡镇企业税后利润128.72亿元，以各种形式对粮食等农副食品进行内部价格补贴的占10.1%，用于乡、村建设和其他开支的占42.5%，留给企业用于扩大再生产的仅占47.4%。

以上不难看出，除了税收待遇以外，国营企业的其他外部竞争条件占有明显的优势。乡镇企业税收上的优惠待遇，只是对于其他外部竞争条件所居劣势的一种弥补措施。并且，从量的角度来说，这种共约11亿元的税收照顾，远不能抵消在其他方面所存在的欠缺。因而，在总体上乡镇企业的外部竞争条件不是优于国营企业，而是劣于国营企业。这就是乡镇企业多年来一再要求列入国家计划与国营企业同等对待的根本缘由所在。乡镇企业之所以发展迅速的主要原因，不在于其外部的竞争条件、税收优惠，而在于其内部的竞争条件，在于乡镇企业灵活的经营决策方式、富有弹性的劳动工资制度、较强的市场应变能力以及其他国营企业现在还不具备的优势。需要指出的是，随着城市经济体制改革的逐步深入，实行利改税以后的国营企业的经营活力已经逐步增强，乡镇企业内部的某些竞争条件的优势将趋于缩小以至消失，在与国营企业的竞争中面临的不利因素将相对增加。这意味着今后乡镇企业要求得生存和发展，必须付出更大的努力去挖掘其内部竞争条件的潜力。

基于上述状况，对于乡镇企业与国营企业的竞争条件进行宏观调节只宜运用系统平衡原则，而不宜运用单项平衡原则。所谓系统平衡原则，是把企业所有的外部竞争条件作为一个系统,通过宏观调节求得总体平衡,在这个前提下确定对各个单项条件采取什么对策。系统平衡原则允许不同所有制企业之间的各个单项竞争条件可以存在某些差异,但是综合发生作用的结果应当求得总体的平衡,使所有企业在大体平等的起跑线上展开竞争。系统平衡原则的优越之处是承认不同所有制企业之间经济发展水平的参差不齐,根据宏观经济运行的要求和不同企业的实际情况采取不同的政策。如果变动其中某项政策则需要首先考虑其连锁反应,并通过其他政策的相应变动而保持总体竞争条件的平等。在生产计划、资金来源、原料分配、销售渠道、社会负担等方面国营企业明显优于乡镇企业的情况下,允许和保持乡镇企业在税收待遇方面适当优于国营企业是完全必要的。税收待遇上的这种差异,不仅没有扩大乡镇企业与国营企业总体竞争条件的不平等差距,相反却在相当程度上缩小了这种不平等差距。如果置其他因素而不顾,只是取消乡镇企业的税收优惠待遇,单纯追求单项平等原则,即在其他竞争条件不平等的基础上求得税收待遇的平等,其结果只能是扩大乡镇企业与国营企业之间总体竞争条件的不平等差距,人为地使乡镇企业处于更加不利的竞争地位。

乡镇企业：走向 2000 年的政策思考[*]

与世界各工业国家农村经济所占比重日益下降的历史趋势相反，进入 80 年代以来，我国农村经济占国民经济的比重呈现上升局面。以全国社会总产值的权数分布为例，农村部分由 1978 年的 29.8%上升到 1986 年的 39.8%，短短 8 年时间增加了 10 个百分点。

推动农村经济地位上升的因素，并非被人们视为传统产业的农业，而是非农产业占 98%以上的乡镇企业，其中主要又是构成其主体产业的乡镇工业。以乡镇企业而论，1986 年全国乡镇企业总产值达到 3540.87 亿元，比 1978 年的 493.07 亿元增长 6.18 倍，年平均增长率为 27.9%，远远高于同期农业总产值增长 66.2%、年平均增长 6.6% 的速度。再以乡镇工业而论，1986 年乡镇工业产值达到 2413.40 亿元，在全国工业总产值中的比重已经由 1978 年的 8.8%陡升到 23.4%。

根据乡镇企业主管部门的预测，1987 年全国乡镇企业总产值可达 4500 亿元左右，其中乡镇工业产值可望突破 3000 亿元。这样，乡镇企业及其作为主体产业的乡镇工业在农村经济以至整个国民经济中的地位将继续加强。

如果说前些年对乡镇企业只是视为"异军"、尚未将其完全纳入国民经济发展轨道的话，那么今后继续保持以往的政策选择势必造成相当大的国民经济"空档"。不仅乡镇企业发展前途难以把握，而且国家宏观调节也将由于脱离现实而失去相应部分的指导功能。

出于上述考虑，有必要对迄今为止的政策选择进行反思和验证，根据我国社会主义初级阶段特有的现实基础，逐步完善或者补充制定指导

---

* 本文原载《中国工业研究》1988 年第 2、第 3 期。

乡镇企业健康发展的宏观政策,使之在城乡经济协调发展的和谐环境中走向 2000 年。

一、战略选择

我国国民经济中农村经济所占比重的上升,不是相悖于世界经济发展普遍规律的现象,而是世界经济发展普遍规律在我国现实国情下的特殊表现。从农业国走向工业国的历史长途上,工业以较大差数高于农业增长的速度,是世界各工业国家国民经济中农业所占比重下降的直接原因,即使在工业化实现以后也依然如此。然而,与我国现实国情的主要差别是,这些国家的城乡分工内容不同,它们实行的是起源于产业革命的传统的国民经济格局,即界限清晰的"城市—工业、农村—农业"。而我国农村除了包含全部农业以外,还包含相当部分的工业及其他非农产业。正是农村工业及其他非农产业以超出农业甚至城市工业增长的速度,造就了我国农村经济在国民经济中的比重呈现逐步上升的趋势。

世界各工业国家由传统经济和现代经济并存的二元结构向现代经济构成的一元经济的转化进程中,顺其自然地选择了走城市工业化道路的发展战略,通过工业不断创造新的就业机会吸纳农业剩余劳动力,直至达到城乡经济协调发展需要的平衡点。选择城市工业化发展战略的必然结果是全国人口的多数聚集在城市。世界银行《1987 年世界发展报告》提供的数据表明,当今各工业国家的城市人口比重一般在 60% 以上,其中英国、美国、法国、联邦德国、日本等国则达到 70% 以上。

50 年代初期我国也曾出现过相对有利的选择城市工业化道路的历史机遇,即在总人口相当于现今一半的时候,一方面严格控制人口总量的增加;一方面有步骤地鼓励农民走向城市,从而走上世界各工业国家共同选择的城市工业化道路。可惜由于战略决策的重大失误,使我国丧失了这样一个选择城市工业化道路的历史机遇。

仅就人口问题而言,50 年代的重大失误表现在相互联系的两个方面,一是实行鼓励人口盲目增长的政策;二是实行禁止农村人口流入城市的户籍制度。前者导致我国人口总量从 50 年代中期到 70 年代中期增加 3 亿之多，平均每年增加的人口超过 1500 万。尽管从 70 年代末期开始实行严格控制人口增长的政策，却也无法摆脱现今每年人口递增 1300 万左右的既成事实。而后一种失误又导致人口过多地滞留在农村，造成今天"10 亿多人口、8 亿在农村"的现实国情。由于农村文化教育比较落后，控制人口增长的难度相对较大，因而农村人口自然增长率始终高于城市。再由于农村人口住房等占用的土地远远高于城市，从而导致我国本来就很有限的耕地资源急剧下降。

衡量一个国家是否实现工业化的标准，并不完全在于工业在国民经济中所占比重如何。1986 年我国工农业总产值中工业部分占 73.6%，按传统的衡量标准已经实现工业化。但是，严峻的现实是全国仍然有 70% 以上的人口滞留在农村，仍然有 60% 的劳动力从事以手工操作为主的传统农业。这种畸形的二元经济结构，说明我国城市工业的就业容量和所提供的物质技术装备还相当有限，远未达到各工业国家已经实现的工业产值比重与工业劳动力比重大体相等的境地。因此，衡量工业化的标志除了工业产值比重外，还要看工业劳动力所占比重如何。根据马克思关于等量劳动创造等量价值的理论，我国现有工业劳动力不可能创造比重如此之大的工业产值。之所以出现工业产值比重悬殊高于工业劳动力比重的奇特现象，相当程度上是由于我国工农业产品价格剪刀差偏大，工业产值比重由于工业品价格高于价值而被虚假提高，农业产值比重由于农产品价格低于价值而被人为压低。

人口过多地滞留在农村，除从事农业外很少有其他生产门路，势必造成农业劳动力大量过剩，农村劳动力就业问题虽然不如城市那样集中，然而剩余劳动力数量之巨却是城市无法比拟的。这种分散在各个乡村的就业压力在过去很长时间里被人们忽视和淡化了。由于我国按人口平均的农业自然资源匮乏，过多的劳动力集中在土地上从事农业，因而农业的边际劳动生产率很低，甚至可能出现负数，我国农业人口平均收入过去长期停滞不前，其原因正在于农业劳动力投入与农业自然资源之间没有形成恰当的配备比率，无法产生较为适宜的规模经济效益。

即使从我国耕地资源的充分利用出发，每个劳动力与以亩为单位的耕地之间的配比至少不应低于 1∶15，即平均每个农业劳动力承担耕地

15 亩以上,才有可能形成一定的规模效益。根据土地抽样调查结果分析,全国实有耕地约 18 亿亩,需要配置种植业劳动力 1.2 亿,加上林牧副渔业需要配置的 6000 万劳动力,我国从事农业的劳动力总量保持在 1.8 亿左右是比较适中的。1986 年我国乡村劳动力已接近 3.8 亿,本世纪末至少达到 4.5 亿。这就是说,目前我国农村需要创造 2 亿人的非农产业就业机会,到 20 世纪末这个数字至少达到 2.7 亿。

今天谁也不再否认农业剩余劳动力转移的必要性,问题的难点在于:如此宏大的劳动力队伍究竟转向何方?固然可以设想重新选择 50 年代曾经错过的城市工业化道路,鼓励数亿农村劳动力及其所赡养的人口流入大中城市。但是,就目前的实际情况看,数亿人口迁居大中城市所带来的就业、住房、教育、交通、能源等问题是现实国力无法解决的。当然,我们不排除少量农村劳动力通过种种途径流入城市的可能性,但这不可能成为农村劳动力转移的主要去向。

经济研究在我国的深入已经把资源的最佳配置问题提到日程上来。在各种资源的配置中,劳动力的合理配置具有首要意义。我国农村劳动力的绝大部分既然无法进入大中城市,则应当在农村创造和提供较为充分的就业机会,实现农业剩余劳动力的逐步转移。具体可以分为两大流向:一是从事农村文化、卫生、教育事业和各种行政、经济、社会的服务管理工作;二是从事以乡镇工业为主的乡镇企业中的各种非农产业。相对而言,乡镇企业的就业前景远比其他途径更具弹性和更加广阔,可以成为农业剩余劳动力转移的主要流向。

通过上述几种就业途径的分流,本世纪末我国 4.5 亿农村劳动力似可形成如下较为适中的就业结构:40%即 1.8 亿劳动力从事包括林牧副渔业在内的广义农业,40%即 1.8 亿劳动力从事以乡镇工业为主的乡镇企业,20%即 9000 万劳动力从事农村文化、卫生、教育事业和各种行政、经济、社会的服务管理工作,以及少量通过种种渠道流入大中城市。

乡镇企业所创造和提供的就业机会,对推动农业规模经营发展是具有决定意义的外部有利条件。乡镇企业除通过吸纳劳动力、促进农业适度经营规模的形成外,还将通过资金支持等形式添置规模经营所必需的农业机械设备和改善农田水利排灌设施,以及建立健全农业社会化服务体系，使之能够建立在较为坚实的物质技术基础上。现今经济发达地区农业规模经营开始得以试行的事例，已经证实了这点。

乡镇企业对农业的资金扶持不应该是一个任意数。为了确保乡镇企业自身发展的需要，用于扶持农业的资金需要明确规定数量界限，一般不宜超过税后利润的 15%—20%，并且逐步做到农业规模经济能够依靠自身经济效益求得巩固和发展。

人们的居住方式通常是由经济活动方式决定的。现时 8 亿农村人口的分散居住是以分散经营的农业劳动为前提的。乡镇企业集中劳动的状况将相当程度地改变分散居住赖以存在的前提。乡镇企业职工及其所赡养人口集中居住在企业所在地附近，有利于节约农村建房用地，改善居住条件及文化设施，优化农村教育事业，便利农村交通条件，符合农村居民要求物质文化生活日趋丰富的愿望，也是提高农村劳动力素质的一条重要途径。当然，居住趋于集中对于向工业化迈进的经济发展本身也是有利的，其最显著的效应是容易造成思想开放的外部环境，便于现代经济因素和价值观念注入劳动力成长的各个阶段。

如果说农业的地理分布是要求相对分散，那么工业的地理分布则是要求尽量集中。农业分散布局是为了充分利用地域空间，工业集中布局则是为了尽量节约地域空间。抛开工业集中布局所节省的土地资源对农业的利益不谈，仅就工业本身而言集中布局的好处也是举足轻重的。工业生产不仅需要机器、厂房等基本固定资产，而且需要能源、交通、管道等配套设施；工业布局愈集中，配套投资规模就相对愈小，企业的经济效益则相应提高；反之，工业布局愈分散，配套投资就愈大，企业的经济效益则相应下降。此外，以市场调节为主的乡镇企业还需要有灵敏的信息网络和开放的经营环境，集中布局正是形成上述条件的必备前提。

乡镇企业发展对从业人员居住集中和工业布局集中的要求，迫使我们寻求新的地域空间存在形式。从经济发达地区已经走出并且正在继续走的道路来看，加速小城镇建设，走农村城镇化的道路，是一种较为理想的选择。在大中城市与疆域广阔的农村之间建设一大批小城镇，既可以避免农村人口大量涌入大中城市所产生的种种弊端，又可以造成适应乡镇企业发展需要的外部环境。对此问题应当上升到农村经济发展战略的高度加以认识和对待。

为了实现农村城镇化的长远目标，从现在起就应当制定和采用一套新的农村建厂建房政策，基本内容是提倡和鼓励在小城镇集中建厂建房，严格限制在乡村分散建厂建房。可以设想以乡为单位，一般选择一至两个交通便利、水资源丰富、耕地质量较差且有较大扩展领域的村镇作为今后小城镇建设的所在地，根据经济发展和居民生活的长远目标进行合理规划，分别设立工业区、商业区、住宅区和文化教育区，使所建设的小城镇具有比较齐全的生产生活功能。

在统筹规划的基础上，要求乡办、村办以及个体、联合体所办的新建企业按统一布局建在小城镇上，对于已经分散在各村的原有企业在条件具备或进行重大技术改造时迁往小城镇；在乡镇企业集中布局的同时或提前要求企业职工新建住房按规定建在规划的地域，或者由企业和房地产经营部门筹集资金在规划地域集中建房出售或出租给职工。对于从事其他非农产业的农村人口的住房，也要尽量安排在小城镇。在条件较好的经济发达地区更要先走一步，随着乡镇企业的发展，力争在本世纪末将本乡一半左右的人口逐步移居到规划建设的小城镇上来，根本改变人口过多滞留在各自然村的状况。

由此可见，在二元经济向一元经济转化的进程中，我国将选择一条与各工业国家有很大不同的发展战略。各工业国家通过城市工业化道路所实现的目标，在我国则需要通过城市工业化和农村工业化兼行并进才能达到，其中将更多地依靠农村工业化把全国人口的绝大多数纳入现代经济的轨道。

首先值得指出的是，我国农村工业化并非表现为农村工业的遍地开花，而是通过乡镇企业布局和农村人口居住相对集中的小城镇化来实现。其次，城市规模大小并非永远不变，在即将涌现于中国各地的小城镇中势必有一部分或迟或早会发展成为中等城市，并且现在全国2000多个县城中演变成为中等城市的比例将会更高。最后，我国特有的二元经济向一元经济转化的战略选择，并没有构成与世界经济发展普遍规律迥异的本质差别，只是不依照已有模式刻板行事的殊途同归。

二、工业格局

适合我国实际国情的向工业化国家演进的独特战略,揭示了乡镇企业的产生和发展不仅现今是不可避免的,而且将来也是不可取代的。这种不可取代性,既来自其他经济类型无法充顶乡镇企业的主要职能,更来自乡镇企业自身所独具的内在活力和外部适应能力。在 1987 年乡镇工业产值占全国工业总产值比重超过 1/4 以后,如何调整工业格局、使乡镇工业与全国工业融为一体,可以说已经刻不容缓。

现今乡镇企业在国民经济中所显现的巨大作用,只是处于成长阶段的不充分展示,远未达到成熟和稳定阶段充分展示的地步。构成乡镇企业作用未充分展示的原因是:乡镇企业已就业人数还不足应就业人数的一半;乡镇企业在地域分布上仍然存在相对于资源开发的大量空白区和稀薄区;乡镇企业中最能体现就业容量要求的劳动密集型产业并未得到充分发展;乡镇企业的现有潜力由于物质技术手段落后未能得到高限挖掘;等等。上述空缺的填充对于全国现有工业格局势必产生重大影响。与其被动遭受冲击,不如主动早作调整,避免由于宏观规划疏漏而产生的种种摩擦。

乡镇工业与城市工业之间的互补作用,决定了完全可能通过调整现有工业格局找到城乡经济一体化的联结点。城市工业作为乡镇工业技术、人才、设备、信息的来源和质量、销路的依托,所产生的积极作用是人所共知的。然而,乡镇工业对城市工业的有益之处却往往鲜为人知。这些有益之处主要是:城市工业向高技术工业演进中所需转移的产品、技术、设备等往往由乡镇工业接纳;城市工业由于厂地、资金有限和提高边际经济效益所需扩散、联营的产品,也通常由乡镇工业承担;城市工业需要的许多能源、原材料、初级加工品和配套产品,也有赖于乡镇工业提供;城市工业所需的庞大市场,尤其是计划外加价产品的销售,都与乡镇企业发展所形成的购买力大有关系;最后,乡镇工业作为新近崛起的竞争对手,对于促进城市工业的改革、增强城市工业的活力,其社会效应也是显著的。

乡镇工业 9 年蓬勃发展的实际结果并未损害城市工业。在这 9 年中,城市工业的技术层次、产品层次、市场层次都比先前明显提高，与世界工业先进水平的差距正在逐步缩小。乡镇工业很大程度上是利用城市工业演进后留下的经济空间得以发展。在由农业国向工业化转变的进程中，城市工业始终发挥着先导作用，乡镇工业则是紧随其后的同盟军。

城乡工业格局的理想选择是建立一种梯形工业体系。从总体布局上看，城市工业位于梯形体系的上中端，乡镇工业位于梯形体系的中下端。其中并不排除少量企业的异端倾向，即少量城市企业下跌和停留于梯形体系下端，或少量乡镇企业升入梯形体系上端。

梯形工业体系的主要标志是企业规模和技术层次呈梯状排列。就企业规模而言，可分为大、中、小三级，城市企业一般排在大、中行列，乡镇企业通常排在中、小行列；就技术层次而言，可分为现代、中间、传统三级，城市企业一般排在现代、中间行列，乡镇企业多数排在中间、传统行列。纵观当今世界工业格局，企业规模的大、中、小并存，技术层次的现代、中间、传统并存，在相当时期内仍然具有普遍意义。即使在工业水平居于世界领先地位的美国、日本、联邦德国等国至今也还存在大量中小企业，这些企业也还大量运用中间技术以至某些传统技术。

梯形工业体系有利于充分挖掘和发挥处于不同阶段的生产力水平。位于梯形体系上中端的城市工业，首先要发挥现代工业的先导作用，同时在经济合理原则下及时将大量中间技术改造为现代技术。位于梯形工业体系中下端的乡镇工业，则在利用和改造传统技术的同时，全面推广和普及使用中间工业技术，并且适当引进现代工业技术。

工业时代的特点主要不在于生产什么产品，而在于运用什么方式生产。但是，中间技术以至传统技术也能生产优质产品，而且某些劳动密集型产品必须以中间技术甚至传统技术为主。技术层次影响最大的对象是劳动生产率，以现代技术为手段的劳动生产率相对较高，以中间技术和传统技术为手段的劳动生产率则依次递减。究竟采用何种层次的技术，主要不取决于技术本身是否最具先进性，而是取决于该技术的应用是否与劳动就业容量的要求相适应。在我国农村劳动力资源十分充裕的条件下，乡镇企业比较适合发展以中间技术为主、传统技术为辅的劳动密集型产业，少量配置以现代技术为主构成的技术密集型产业。

留下乡镇工业生存和发展的经济空间，是调整全国工业格局需要解决的重要问题。无论城市工业安排过满，或者乡镇工业全面并进，都会发生能源、原材料、资金、市场等方面的"争挤"矛盾，因而实行城市工业与乡镇工业的合理分工势在必行。就乡镇工业整体而言，大体上有 5 个层次的发展要求，即当地矿产资源的采掘加工，以农副产品为原料的粗精加工，与城市工业配套的协作加工，部分生产资料和消费品的制造加工，以国际市场为导向的出口加工。具体联系到不同类型的地区，由于资源、技术、运输等条件的差异，又要求有不同的经济空间。乡镇工业的触角所及，几乎关系所有工业行业，但在不同行业中的相对量差别很大。一般说来，劳动密集型行业所占比重较大，技术密集型行业所占比重较小。依据行业而异调整城乡工业的结构和布局，分别留出乡镇工业的经济空间并采取相关配套措施，才有可能在城乡之间实现技术、资金、劳动力、能源、原材料等工业资源的最佳配置。

乡镇工业自身的地区布局及其产业方向，也需要建立在各种工业资源最佳配置的基础上，考虑地区布局及其产业方向，最具决定意义的是物产资源和技术层次。根据我国物产资源的分布和技术层次的排列，西部经济不发达地区适宜重点发展矿产资源的开采加工，中部中等发达地区则应以发展农副产品加工业为主，东部经济发达地区可以较多从事部分生产资料和消费品的制造加工以及以国际市场为导向的出口产品加工，至于与城市工业配套的协作加工在各类地区都可以因地制宜地发展。在确定全国各个工业行业布局时，需要进一步解决不同地区乡镇工业与城市工业之间的合理分工、协调发展问题，尽可能避免或缓解城乡工业之间的"争挤"矛盾。

当前迫切需要解决的是乡镇企业农副产品加工业原料来源问题。理论研究和政策选择的一致结果，都是乡镇企业应以发展农副产品加工业为重点，农副产品加工业应当成为乡镇工业的第一大产业。然而，历史沿革下来的既成事实是农副产品加工业集中在大中城市，其加工能力在逐年扩大。乡镇企业发展农副产品加工业势必与城市工业发生原料之争，尤其在大宗农副产品资源丰富、乡镇企业只能以农副产品加工业为主的中部地区更是如此。

从宏观经济效益的角度考虑，农副产品初加工适宜放在农村，鲜活易腐产品除外的农副产品精加工适宜以城市为主。解决对来自农副产品的工业原料"争挤"矛盾的途径，在于合理调整城乡工业的加工层次和加工能力，将农副产品的初级加工有步骤地转移到农村，在保证城市原有精加工能力原材料供应的同时控制其新增部分，从增产的原材料中划出相应比例以适度发展乡镇工业的精加工能力。

西部经济不发达地区以矿产资源开采加工为主的乡镇工业，其特殊性决定了一般不致与城市工业发生大的利益冲突。但是，基点要放在合理规划、科学开采上，避免只顾眼前利益的短期行为，使乡镇采矿业成为国家大矿业的有益补充，主要发展国家大矿业不易开采或经济价值不大的小矿业。在有条件的地区，可以采用乡镇企业与国营矿产企业联营的办法开采某些大矿。矿产品的加工要适应经济的发展与变化，满足不同层次的市场需求。

东部经济发达地区的乡镇工业具备较强的市场竞争能力，构成了全国乡镇工业的主体部分。根据沿海七省和三大直辖市的统计，1986年乡镇工业产值达1630亿元，占全国乡镇工业总产值的69.7%，在可以预见的将来，这些地区作为全国乡镇工业主体的地位不会发生变化，发展趋势将由国内市场导向为主逐步转入国际市场导向为主，其中珠江、长江两个三角洲先行一步，胶东、辽东两个半岛和福建的厦、漳、泉小三角区随后跟上。

这些地区的乡镇企业应在国际市场上寻找和扩大经济空间，利用劳动力素质较高、技术基础较好的优势，分步骤地进行技术改造，大力发展劳动密集型产品出口创汇，从而提高乡镇企业自身的技术层次和竞争能力。作为外向型产业体系的配套措施，重点是解决出口产品的原材料来源问题。对此可以开展来料加工，或者进口原材料发展出口产品生产，也可以利用国内外市场差价进口粮食，腾出部分耕地发展棉花等经济作物作为出口产品的原材料，缓解国内原材料不足的矛盾，通过参加国际大循环取得比面向国内市场更高的经济效益，并在全国乡镇工业中继续保持领先地位，同时推动当地农业现代化进程的加快。这里的重点是控制进口粮食和出口棉花及棉纺织品的数量，使国际市场价格始终保持在对我国进出口都较为有利的水平线上波动。

加强乡镇工业与城市工业之间，以及乡镇工业内部的横向联系，对实现乡镇工业技术进步和持续发展关系重大。乡镇工业与城市工业之间、乡镇工业内部不同企业之间都各有优势和劣势，横向联系所起的互补作用有利于各自扬长避短，开拓和扩展企业发展新领域。

现今亟须提倡和加强的是东部经济发达地区与西部不发达地区的横向联系。西部经济文化落后，技术、人才、信息奇缺，但是自然资源丰富，劳动力价格低廉，由国家重点扶持而集聚的资金相对充裕。只要确定一批前景广阔的项目，加上东部技术、人才、信息、设备的填充，就可以很快形成强大的经济开发力量，从而为振兴西部经济辟通道路。因此，有必要在全国范围内开展第二次产业大转移，即将第一次产业大转移中城市工业转给东部乡镇工业的某些产业再转给西部乡镇工业。这些产业虽然在东部乡镇工业中比较利益下降，但是仍有相当大的市场前途，对于西部乡镇工业仍可带来可观的经济效益。这里需要制定鼓励东西部之间发展多种形式横向联系的政策，以确实有利可图的优惠条件吸引东部的技术、人才、信息、设备与西部的资源、劳力、资金结合，加快西部的经济开发，逐步缩小地区之间的差别。

值得指出的是，西部乡镇工业横向联系起步阶段的边际经济效益期望值不能过高，主要目标应当是培育技术人才、提高经营能力和增加就业容量等社会效益，在具备较强的自我生存、发展能力以后才能把追求较高的边际经济效益放在优先位置。

从一般横向联系发展为紧密型的企业集团，符合社会主义商品经济发展到一定阶段自然产生的客观要求。在市场竞争愈益激烈的今天，乡镇企业通过参加企业集团求得技术层次的提高和市场份额的稳定与扩大，避免或减轻由于经营规模小、技术层次低而经不起市场风浪冲击的威胁，确实是一条较为坚实可靠的途径。以同类产品紧密联营为基础结成的企业集团，既是横向联系的高级形式，也是市场竞争的高级形式。如果说在一般横向联系中各企业还是主要考虑和争取自身的最大利益，那么在企业集团中则需要为参加联合的各方设身处地地通盘筹划。这种利益一致而又紧密相连的企业集团比一般横向联系更具有内在凝聚力。

大量事例表明，参与企业集团的乡镇企业在产品的稳定性、知名度和竞争力等方面，都有比较显著的增强。同样重要的是，多年来国营企业与乡镇企业不同所有制之间的竞争局面已经开始打破，取而代之的是混合经济群体之间的竞争，即某些国营企业、乡镇企业结成企业集团与另外一些国营企业、乡镇企业所结企业集团之间的竞争。这种企业集团之间的竞争必然将各自的技术层次、管理水平、经营能力、产品质量推上一个新台阶，给正在初现雏形的城乡工业一体化格局注入新的激励因素。

三、企业机制

企业的繁荣来自竞争，而目前我国的市场竞争在某种意义上可以归结为企业机制的较量。前9年乡镇企业的高速发展，很大程度上得益于国营企业尚未放开搞活的"不完全竞争"的市场环境；今后乡镇企业的继续发展，则取决于在国营企业逐步放开搞活造成竞争激化环境中的市场适应能力如何。如果乡镇企业的激发机制不断得到优化，则可以将新的挑战转化为新的机遇。否则，前景不容乐观。

冲破乡、村两级企业一统天下的个体企业和联合体企业，不仅开辟了乡镇企业发展的新天地，而且避免了乡村集体企业已经出现的内在活力弱化和行政干预过多的弊端。这就给乡村企业的微观改革提供了新的启迪，实行股份合作制和政企分离可以作为乡镇企业微观改革和机制优化的选择方向。

普遍推行股份合作制和政企分离是一个较长的渐进过程。在集体经济力量较弱的不发达地区，实行股份合作制和政企分离具有较大的吸引力，比较容易推广实行；而在集体经济力量较强的发达地区则未必如此，其根源在于这类地区乡村企业的社区所有制和政企合力仍然表现出相当大的激发作用，而这种作用产生的良好效应则往往是个体企业和联合体企业所不具备的。1984年以来，经济发达地区乡镇企业不仅经济增长数额、幅度仍然较大，而且乡镇企业自身的经营规模、产品质量和技术层次明显进步，都是同社区所有制和政企合力分不开的。

　　社区所有制和政企合力的存在有其客观基础。股份合作制加上政企分离的趋向是偏重于企业目标的实现，在行政干预背离企业目标的情况下不妨作为一种较为理想的选择。社区所有制加上政企合力则需兼顾社会目标，尽管有时社会目标需要牺牲部分企业目标，然而毕竟是以企业目标为基础。企业目标得不到全部或大部分的实现，社会目标也无从谈起。这种社会目标与企业目标的一致性，决定了行政干预与企业行为有可能形成合力。从社会主义初级阶段多种经济成分、多种经营方式并存的前提出发，社区所有制可以作为公有经济的一种具体形式而存在，政企合力也可以作为一种管理方式而存在，并非所有乡村企业都必须在短期内改走股份合作制和政企分离的道路。

　　社区所有制和政企合力一定时期内必然存在的客观现实，并不能掩饰其固有的弊端，仍要通过微观改革去其弊而扬其利，不断优化乡镇企业自身的运行机制。经济发达地区乡村企业微观改革的目标，首先是推行和完善多种形式的经营承包制，强化法人代表的职能，扩大企业的经营自主权；其次要确定合理的利润上缴比例，使企业与行政之间的经济关系相对稳定，确保利润的大部分能够用于企业扩大再生产。承包经营要由低级形态走向高级形态，即由以往产值、利润指标的单指标或少指标承包演进为企业全面发展的综合承包。

　　社区所有制和政企合力一定时期内必然存在的客观现实，也不妨碍经济发达地区条件成熟的乡镇企业及早改走股份合作制和政企分离的道路。作为中长期改革目标，所有乡镇企业都应当成为独立于政府直接干预外的自主经济实体，真正摆脱"乡办"和"村办"的社区框架以及对行政的依附关系。乡镇企业的财产所有权通过股份关系得以体现，原有乡村集体投资作为公有股份而保留。企业经营权与所有权分离，由股份所有者联席会议或董事会根据择优录用原则招聘企业家实行承包经营，承包者履行法人代表职能全权负责企业的经营管理。

　　显然，这种设想符合乡镇企业发展的长远之策。现实困难在于如何把握从社区所有制和政企合力向股份合作制和政企分离转换的联结点。转换联结点需要具备下列条件，即政企分离后的企业独立行为的能量可以取代或者超过政企合力行为的能量。倘若企业独立行为的能量过弱，即使实行了股份合作制，也摆脱不了对行政的依附关系。其结果至多只能将社区所有制加政企合力转换为股份合作制加政企合力这种中间形式，而不能真正达到股份合作制和政企分离的改革目标。

乡村集体企业固有的弊端已经得到重视并开始革除，然而个体企业和联合体企业本身存在的某些弊端，至今尚未引起足够的认识。比较而言，乡镇集体企业的弊端主要是由地缘关系引发的，个体企业和联合体企业的弊端更多地是由血缘关系引发的。依靠血缘关系或家族关系联结起来的个体企业和多数联合体企业，往往具有较为浓厚的小农经济色彩和价值观念，比较注重眼前利益的短期行为，加上经营规模小、信息网络不发达，比较适合于市场体系不健全环境中的小作坊生产，而在变幻莫测的市场竞争环境中则显得难以适从。

在社会主义商品经济日益发展的今天，个体企业和联合体企业必须克服自身血缘关系的羁绊，吸纳或注入现代经济因素，与社会化大生产融为一体，实现由短期行为向长期行为的转变。具体可以选择如下两条途径：一是与经济实力雄厚的国营企业和乡镇企业挂钩，或者通过行业协会等形式实行产供销一体化，企业个体作为社会化生产中的细胞单位。这是绝大多数个体企业和联合体企业所走的道路。二是完全打破家族关系的束缚，按照企业规范化要求进行改造，通过实行股份合作、承包经营等变革措施扩大经营规模，追求更大的经济效益和社会效益。一般说来，这是少数个体企业和联合体企业所能作出的选择。

经济效益是乡镇企业生存和发展的基础条件。目前除了少数乡镇企业以外，多数乡镇企业的经济效益低于国营企业，其中很大部分是由于乡镇企业不能获得平价生产资料而依靠市场购买高价生产资料造成的，但在相当程度上同乡镇企业自身素质较差有关。在市场能源、原材料、机器设备、运输服务等价格不断趋于上涨的情况下，乡镇企业经济效益下降的现象将日益严重。提高经济效益的主要途径是增加产出、降低投入。实现这一目标的关键在于改革落后的经营管理方式，引进和注入现代企业管理因素，实行严格的考核制度，把提高经济效益同每个职工的切身利益有机地连成一体。

实行技术改造是增加乡镇企业经济效益的有效途径。目前苏南、浙北等经济发达地区乡镇企业的技术层次、管理水平已比其他地区高出一筹，影响经济效益提高的因素更多的是设备陈旧落后，与这些地区乡镇企业所承担的外向型产业体系的要求差距甚远。必须根据经济合理的原则，淘汰早该报废的陈旧设备，引进具有当代先进水平的机器设备和工艺技术，使经济效益提高到一个新水平；并且改变不少乡镇企业破烂杂乱的面貌，在国内外市场上树立良好的外在形象，增加客户的信任和兴趣。技术改造不单纯是机器设备和工艺技术的更新改造，还涉及企业人员素质的提高。应当依据乡镇企业的实际可能，合理配置不同层次的技术人员、管理人员和熟练工人，同时强化企业骨干和普通职工的职业教育，以职工素质的普遍提高保持乡镇企业经济效益持续增长的后劲。

对乡镇企业的经济效益要求过高是不现实的。乡镇企业同流动资金相关的经济效益指标低于国营企业确有高价获取原料、承担补农费用等客观原因。评价乡镇企业的经营水平，不仅要依据经济效益，而且要依据社会效益。在农业剩余劳动力转移和农村社区建设的巨大压力下，乡镇企业的企业目标必须与社会目标协调，有时还需要相应调整企业目标。指出这个问题的目的并非否定乡镇企业经济效益提高的必要性，而是在于更加准确地把握乡镇企业经济效益提高的可能性。

在市场竞争日趋激烈的环境中，产品质量往往成为制胜的一大要素。提高产品质量，适应不同层次的消费需求，是乡镇企业必须致力解决的重要问题。鉴于乡镇企业职工素质普遍较低的现实，提高产品质量主要还是通过管理方式的改革，如同经济效益一样把产品质量列入考核目标，并且同职工的切身利益直接挂钩，从保证和提高产品质量方面进一步完善乡镇企业的运行机制。在职工中开展质量竞赛，严格执行质量检验制度和奖惩制度，通过职工教育提高职工技术素质，组织全国性或区域性的质量评比，强化质量测试手段和检测机构，发放生产许可证，拉开产品质量差价等，是保证和提高产品质量的行之有效的措施，应当长期坚持并且不断完善。

当前较为迫切的是建立健全产品质量的法律保障制度。产品质量法律保障制度的重点是强化和保护消费者的合法权益，使消费者有权对有缺陷商品要求退换、赔偿损失以及投诉。一般质量纠纷授权消费者协会依照有关法规仲裁处理，重大质量案件则由法院依法审理判决。同时，实行从零售、批发到生产的逆向追究方式，对假冒、低劣产品的销售者和生产者课以重罚或与其他制裁并行，其惩治程度必须足以使他们留下毕生难忘的痛楚。首先迫使假冒、低劣产品退出流通领域，进而迫使假冒、低劣产品退出生产领域，从法律制度上根除低劣产品滋生的土壤，以此作为优化乡镇企业产品质量保障机制的外部条件。

四、宏观调节

宏观调节的依据在于对乡镇企业总体发展的客观分析和预测。现阶段我国农村经济高速增长的主要因素是乡镇企业。同时应当看到，从以农业增长为主转向以乡镇企业增长为主的转向增长，不仅推动着农村经济在整个国民经济中的比例持续上升，而且也表明农村产业层次的提高和现代经济因素的增加。预计 1990 年以前的几年内，只要宏观指导上不出现大的波折，乡镇企业及其作为主体产业的乡镇工业仍可保持 20% 左右的增长速度，在 1986 年基础上实现产值和利税的翻番。1991—2000 年期间增长速度将明显放慢，由高速增长阶段转入产业优化阶段，保持和提高经济效益将置于更加优先的地位，然而其增长速度仍有可能保持在 10% 以上，仍然高于农业和城市工业的增长。本世纪末乡镇企业总产值可能达到 1.5 万亿元以上，其中乡镇工业产值可能达到 1 万亿元，乡镇企业利税总额可能达到 2000 亿元，分别相当于 1986 年实绩的 4 倍左右。由于乡镇企业的持续发展，再加上农业的逐年增长，到 2000 年我国国民经济格局将发生新的变化，如果现有统计口径不做调整，全国社会总产值权数分布中的农村部分可能达到甚至略微超过 50 个百分点。

宏观调节的职能是从总体上实现和保持国民经济运行的均衡。在社会主义的初级阶段，短缺经济仍然占据主导地位。在这种经济环境中，宏观调节应当具有双向调控的作用，既要压缩需求过度的倾向，又要缓解供给不足的矛盾，从而推动国民经济持续、协调、稳定地增长。与西方经济发达国家相比，我国宏观调节的侧重面明显不同。我国侧重解决供给不足的矛盾，以实现供给与需求的均衡增长。事实上 1979 年以来的经济改革已为我国社会生产力发展提供了新的激发机制，不仅造成了需求的增长，而且造成了供给的增长。因此，以紧缩作为宏观调节的主要职能，通过抑制需求和低速增长实现经济运行的均衡，则脱离了"改革、开放、搞活"方针所造就的国民经济必然以较高速度增长的现实。1979 年以来的事实一再证明了这一点。当然，这并不是说速度越快越好，更不是提倡高速或超高速增长，只是说对一定时期国民经济以较快速度增长的客观性应当予以承认，并且通过宏观调节机制的完善消除其中非正常因素，使各个方面的关系趋于协调，而不应当将特定历史条件下的较快增长硬性压缩到主观划定的低指标以内。

乡镇企业作为现阶段国民经济增长的新因素，在宏观调节中并未得到应有的位置。综合平衡所划定的乡镇企业资源配额过小，与社会经济发展所要求的乡镇企业就业容量不成比例。在处理总需求与总供给这一经济均衡的基本关系时，乡镇企业总是被当做过度需求的主要部分对待。尽管乡镇企业对国民经济发展的贡献不断增大，然而却一直未能摆脱遭受非议和紧缩对象的困境，其根源就在于宏观调节的上述偏差。

需要指出的是，乡镇企业快于城市经济的增长，不能误认为是乡镇企业的自我过度膨胀，而要从国民经济格局调整的角度考察和理解，即占社会劳动力总数 75%左右的农村应当在国民经济中创造与之相适应的份额。从 70 年代末直至本世纪末农村经济 20 多年在平均数以上的持续增长，不过是城乡经济布局从畸形走向合理的必然要求。农村经济占国民经济的比重与农村劳动力占社会劳动力的比重趋于接近，应当牢固地成为宏观调节的基本出发点。

乡镇企业在经济均衡发展中的影响，并非单纯表现在需求方面，对增加供给方面同样可以发挥效能。在农村经济层次，乡镇企业通过提供以工补农、城镇建设、社会福利等项资金所起到的均衡作用是社会公认的。在国民经济层次，乡镇企业通过提供税金、能源、原材料、消费资料、就业机会等同样起到了相应的均衡作用。从我国工业化发展战略的特殊选择出发，在适度追加需求份额的同时，也应当把乡镇企业作为增加供给的一条重要途径。

我国实行的是有计划的商品经济。随着市场调节机制的引入及其效能的增大，建立在高度集中管理基础上的综合平衡方法需要作较大的调整。综合平衡改革的关键是缩小资源直接分配的份额，扩大资源市场调节的份额，即除少数必须由国家直接管理的重点项目外，绝大部分资源的分配通过市场调节实现，给乡镇企业的发展留有相应的份额。至于这部分资源能否进入乡镇企业，则取决于乡镇企业的市场经营能力，在宏观调节中不必给予额外照顾。

为了保证扩大工业资源的市场调节份额而又能承受由此产生的市场生产资料的短期紧缺压力，国家必须保持足够的稀缺原料及其中间制品和高含能源产品的进口，作为实现中长期发展目标的补充调节手段。鉴于目前外汇不足的状况，国家除了鼓励乡镇企业出口创汇以增加外汇来源外，更重要的是实行创汇与用汇直接挂钩、扩大企业外汇留成的政策，使乡镇企业能够依靠自身力量进口所必需的工业资源。将外汇调剂市场由少数试点地区扩大到全部沿海经济开放地区和重点工业城市，提供乡镇企业有可能通过市场调剂获取进口工业资源所需外汇的机会，也是值得考虑和推行的措施之一。同时，国家还应当实行收缩生活资料，特别是高档消费品和国内可替代的生产资料的进口配额政策和高关税政策，将节省下来的外汇用于进口国内紧缺的工业资源，建立和保持一个较为宽松的资源环境，使乡镇工业和城市工业都能获得较为充足的资源配额。

与资源配额相对应的是资金配额调整。从总体上看，乡镇企业受资金约束的硬度不及国营企业。这是由于乡镇企业实行有弹性的分配制度并且多数采用年终分配为主的方式，在分配最终完成以前的时间内工资可以充顶流动资金。1985 年乡镇企业之所以能够渡过银根紧缩的难关，部分原因正在于此。

但是，资金短缺始终是乡镇企业发展中最重要的制约因素之一。坚持以自由资金为主是乡镇企业需要长期坚持的方针。在乡镇企业自身资金有限的情况下适度增加银行贷款，使资金配置同乡镇企业的发展相适应也是必要的。国家银行增加的贷款配额，重点应放在原有基础好、产品项目对路的乡镇企业的技术改造，扶持它们及早进入国内先进行列，而且尽可能由内向型企业转化为外向型企业。在苏南、浙北和珠江三角洲等乡镇企业比较发达的地区，只要国家在资金、资源、技术等方面强化扶持，很有可能在三五年以后就出现类似 70 年代"亚洲四小龙"等新兴工业区域的局面，成为全国乡镇企业乃至全国工业出口创汇的主要基地。同时，为确保地区差别的逐步缩小，仍然需要以优惠条件扶持西部不发达地区乡镇企业的政策，实行鼓励加强东西部之间横向联系的相关措施，使西部经济在 20 世纪末发生根本性的变化，达到和超过目前中部地区的水平。

除了国家直接增加贷款配额以外，还有必要进一步放宽资金融通政策。继续鼓励银行贷款的地区性流动，还可以设想建立资金跨专业银行流动的制度，以缓解乡镇企业资金短缺的矛盾。

宏观调节还应当对所有企业造就平等竞争的外部环境。国家对新上项目尽可能采用招标方式，不论国营企业还是集体企业，一律凭据投标条件择优选录，改变为按所有制关系只在国营企业内部分配投资份额的做法，使乡镇企业也有可能进入国家直接投资的企业行列。这种投资方式的改变，势必促进乡镇企业素质的全面提高。

税负平等是造就乡镇企业与国营企业公正竞争的条件之一。但是，税负平等不能孤立地就税收本身考虑，而应当放在构成企业外部竞争条件各相关因素的更加广泛的范围内考察，目的在于形成一个全面平等的外部竞争环境。构成企业外部竞争条件的重大因素有资金来源、原料分配、能源配额、销售保障、税收待遇、社会负担等。根据宏观经济学通行的综合平衡原则，当某些外部竞争条件处于劣势时，可以允许其余外部竞争条件的相对优势来补充，以求得外部竞争条件总体上的平等。目前现实情况是乡镇企业的资金来源、原料分配、能源配额、销售保障等都明显劣于国营企业，社会负担、税收待遇与国营企业大体相等，因而乡镇企业的外部竞争条件在总体上劣于国营企业，只是由于乡镇企业内部竞争条件主要是应变能力、分配制度等优于国营企业才得以蓬勃发展。而企业的内部经营机制只要不触犯国家政策法规，在宏观调节上是不应当进行干涉的，相反应当鼓励和提倡企业完善内部经营机制。对于外部竞争条件，亟待需要通过宏观调节实现不同所有制企业之间的总体平等。其选择有二：或者放宽乡镇企业的税收待遇，或者淡化以至消除国营企业其他外部竞争条件的优势。其实国营企业改革的关键也就在于国家保护色彩的淡化和消除，从而迫使其不断强化和优化企业经营机制，以增强在市场竞争中的生命力和灵活性。

对乡镇企业实行行业管理，是宏观调节的客观要求。鉴于乡镇企业的规范化程度较低，行业部门对乡镇企业的行业管理要从实际出发，有别于国营企业，主要在行业规划、技术改造、质量标准、经营管理和安全生产等方面进行指导，并依靠乡镇企业主管部门贯彻执行。至于乡镇企业的所有制和隶属关系仍然维持不变。

政府职能的转变是完善宏观调节机制的首要保证。我国县以上多数经济管理部门长期处于偏向国营企业的状态，以致出现将乡镇企业视为异军的局面，根本原因在于列入各级政府管辖范围的国营企业实绩如何直接关系到相关政府经济部门的政绩。这就使各级政府相关经济部门，把扶持直接管理的国营企业置于优先安排的地位，在确定行业规划、资金投向、原料供应、能源配额、销售保障、项目审批等方面往往只考虑和满足所管国营企业的要求，甚至在实际上行使同行业国营企业总公司的职能，而对乡镇企业即便是合理的要求也考虑很少或者不予考虑。基于这种情况，政府行为的转变主要取决于政府职能的转变。其中必备条件是将政府经济部门由管理企业改为管理行业，根据国民经济全局和行业发展的要求确定政府行为，即不但对本行业中的国营企业负责，而且对于本行业中的乡镇企业负责，对于乡镇企业和国营企业实行一视同仁的指导帮助。同时，摒弃直接管理企业的方法，通过运用税收、价格、信贷、利率等经济杠杆实行间接管理，更多地利用市场机制达到综合平衡的目标，不断推动和正确引导城乡经济的协调发展。

乡镇企业运行的宏观调控机制[*]

实现和保持乡镇企业的持续、稳定、协调发展，作为微观基础的各个乡镇企业自身努力固然是不可缺少的，但更重要的是运用和依靠宏观调控机制进行必要的干预。

党的十一届三中全会以来，逐年增多的乡镇企业自身的微观经济活动可以说是空前活跃，但是作为规范微观经济行为的宏观调控机制却至今没有形成较为完备的形态，对于乡镇企业运行中的紊乱现象未能予以及时、合理的调控，致使单个乡镇企业的运行犹如汪洋大海中的小船摇摆不定，时常偏离国家计划确定的目标，每每成为国民经济调整或治理整顿的重点对象。在总体上把握和指导乡镇企业的持续、稳定、协调发展，对于我国的经济发展是必不可少的。

本研究报告拟就调控主体、基建规模、资源配置、信贷投放等四个方面，对建立健全乡镇企业运行的宏观调控机制问题进行探索性的分析研究，期望能够给人们提供某些有益的启示。

一、调控主体：协调不同层次政府行为

80 年代乡镇企业的异军突起，对于加速我国国民经济发展起到了极其重要的推动作用。农业部乡镇企业司提供的统计数据表明：1988年，全国乡镇企业职工达到 9545.46 万人，分别占农村劳动力总数的 23.8%和全国劳动力总数的 17.6%；乡镇企业总产值达到 6495.66 亿元，分别占农村社会总产值的 53.8%和全国社会总产值的 24%。其中，乡镇工业产值达到 4529.38 亿元，占全国工业总产值的 27.6%；乡镇企业直接

---

* 本文原载《管理世界》1990 年第 4 期。

和间接出口创汇 80.2 亿美元，占全国出口创汇总额的 16.9%。1989 年除了职工数量有所下降外，乡镇企业的其他经济指标都有较大幅度上升。

虽然乡镇企业缴纳税金占国家财政收入的比重较小，1988 年乡镇企业税金为 310.29 亿元，仅占国家财政总收入的 12%，但是在国家财政新增长的部分中所占比重却明显地增大。10 年间乡镇企业税金增加 288.29 亿元，占国家财政收入增加额的 19.7%。同期乡镇企业税金平均每年增长 30.3%，相当于国家财政总收入平均每年增长 8.7%的 3.48 倍。即使与以超高速著称的乡镇企业总产值增长幅度相比，乡镇企业的税金增长率也毫不逊色。尽管 10 年间乡镇企业总产值平均每年增长 29.4%，乡镇企业税金增长率也仍然高于其 0.9 个百分点。

但乡镇企业的发展也存在不少不尽如人意之处，某些方面甚至在一定程度上对国民经济的协调发展产生了不利影响。其中影响较大的主要体现在以下几个方面：一是近几年来乡镇工业增长速度过快。1985 年到 1988 年，乡镇工业产值以每年 38.1%的超高速增长，相当于同期全国工业总产值每年平均增长 17.7%的 2.15 倍，成为全国加工工业过热发展的重要推动力量。二是固定资产投资增长过快。1988 年乡镇企业固定资产原值达到 2098.7 亿元，比 1984 年增加 1523.71 亿元，平均每年增长 38.2%，扩大了资金、能源、原材料供给与需求之间的缺口。三是产业结构不尽合理。在地区布局、行业布局等方面与城市工业趋同现象严重，并且往往是一哄而起，盲目发展，加剧了城乡工业不少行业加工能力过剩和普遍开工不足的状况。四是经济效益逐步下降。尽管乡镇企业百元固定资产原值实现的产值、利税仍然高于国营企业，但是百元资金实现的产值、利税和产销利润率等经济效益指标却低于国营企业，并且由于成本上升、管理落后等原因，上述各项经济效益指标继续呈下降趋势。

在有计划的商品经济条件下，国民经济发展遵循着计划经济与市场调节相结合的方针，作为微观基础的企业自身经济活动必然受到各级政府的直接制约。尽管乡镇企业在市场调节方面具有较大的自由度，但是没有相应的行政干预也难以获得超乎寻常的发展。如同乡镇企业的发展成就与各级政府的相应支持分不开一样，乡镇企业发展中产生的某些不足之处也不能完全归咎于企业本身,在很大程度上是同政府的调控行为直接相关的。可以说,乡镇企业存在的种种问题,客观上反映以政府作为主体的宏观调控机制的不健全、不完善。

在乡镇企业问题上,宏观调控机制的现行缺陷,集中表现为不同层次政府行为之间的差异性。这种差异性的存在,致使中央政策在经过各级地方政府的过滤和掺和之后,其影响力依次递减,逐渐失去了预期的调控效果。最为突出的是,中央政府确定的控制目标下达到地方政府以后,如工业增长速度、固定资产投资规模、银行信贷规模等属于宏观经济必须限制的指标,多数在各种名义下被层层突破。与此同时,中央政府确定的保证目标下达后,如税收计划、重要生产资料平价供应计划等属于宏观经济必须实现的指标,实际上往往依次递减。需要限制的不能如期限制,需要保证的又不能确实保证,必然导致乡镇企业运行中某些紊乱现象的产生,进而加重国民经济发展中的不协调状况。尽管通过进行调整或治理整顿,可以消除国民经济发展中的某些不协调状况,但是已经造成的经济波折却在相当程度上影响了乡镇企业的正常发展,对于那些被调整掉的乡镇企业的投资者(通常包括银行、乡村集体和农民)直接损害更为明显。

为什么中央政府的控制目标往往被突破而保证目标又不能如数兑现呢?有两种可能性可以作为答案:一是中央政府确定的目标不完全符合各地实际;二是地方政府偏重于追求自己的预期目标。事实上这两种可能性都是存在的。改革开放以来的 10 年间,中央政府和地方政府在以社会主义现代化建设为中心这个总目标上是一致的,但是出于全局和局部的不同角度,在具体经济目标上存在着某些差异。中央政府从确保中央财政收入平衡的角度考虑较多,对于作为利税大户的国营大中型企业在资金、能源、原材料和运输等方面提供了较多的优先保证条件,同时出于改变农村落后面貌和改善农民生活的考虑,期望通过市场调节的辅助作用使乡镇企业有一个适度的增长。而地方政府除了确保作为同级财政收入来源的利税大户的国营企业外,更多也更直接地感受到了农业剩余劳动力的巨大压力,特别是很少有或没有国营企业的县、乡政府也需要建立各自的利税大户队伍,多数把希望寄托在发展乡镇企业这条途径上，在实行层层财政包干的情况下这种期望尤其强烈，因而在发展地方经济过程中不同程度地提供了有利于乡镇企业发展的宽松环境，并且由于乡镇企业内在动力强盛和经营机制灵活等原因，结果形成乡镇企业的发展一再突破预定的控制指标。

中央政府与地方政府对待乡镇企业问题的差异性，用现时的流行说法比喻，可以归结为是侧重发展"国家队"还是过多发展"地方队"。从发展战略、均衡增长、财政收入、就业安排、技术水平、资源配置、经济效益等多方面考虑，国营大中型企业和乡镇企业都需要继续发展，并且同样存在适度发展的问题。以财政收入、技术水平、资源配置，经济效益等目标而论，发展国营大中型企业当然更加有利，因为在这些方面国营大中型企业的优化程度绝大多数都高于乡镇企业。但是，从发展战略、均衡增长、就业安排、技术层次、企业结构等方面考虑，发展乡镇企业同样是不可忽视的，因为乡镇企业在可以弥补国营大中型企业就业机会有限的不足之外，还可以容纳数以亿计的并且在继续增长的农业剩余劳动力，同时造就互相补充、协作配套的技术层次和企业结构。何况，只要调度得当，乡镇企业在促进财政收支平衡方面也可以作出不亚于国营大中型企业的贡献。

需要指出的是，发展乡镇企业是实现中国工业化和保持城乡经济均衡增长的必然选择。从 50 年代开始，我国在人口问题上出现了两项重大失误，即鼓励人口盲目增长和禁止农村人口流入城市。前者导致我国总人口的巨大增加，尽管从 70 年代末期开始实行严格的计划生育政策，却也无法摆脱今后数十年以内总人口以每年 1500 万左右甚至更多增长的既成事实。后者又导致人口过多地滞留在农村，造成现今 11 亿人口、80% 以上在农村的现实国情。纵观世界上已经实现工业化的国家所走过的道路，其基本特点是工业化与人口城市化同步，随着工业经济的发展，农村人口也相应转移到城市工业中去。在这些国家，城乡经济所占比重与城乡人口所占比重是大体一致或者相近的。而在我国却不能走这样的工业化道路，因为受到资金、交通、教育、住宅等基础条件的限制，现有城市无法吸纳如此众多的农村人口，只能选择实施农村工业化与城市工业化相结合的发展战略，通过城乡经济的均衡增长完成中国工业化的目标。

出于中国特有的发展战略选择和城乡经济均衡增长的要求,既不能放弃工业化的主体——城市工业,特别是国营大中型企业,去盲目地、过急地发展乡镇企业,也不能置巨量农业剩余劳动力转移的客观需要于不顾,片面地追求和发展城市工业。正确的努力方向应当是实现城乡工业的协调发展。作为宏观经济调控主体的政府部门更应对此持有清醒的认识,并且体现在宏观经济调控的全部过程中。诚然,仅仅从理论上指出城乡工业协调发展的要求是比较容易的,难点是在实际操作中如何实现和保持城乡工业的协调发展。在具体步骤上,首先是如何确定城乡工业适度发展的数量界限。

城乡工业适度发展的数量界限,需要参照我国社会主义现代化经济建设大体分三步走的战略目标确定。按照 1980 年不变价格计算,到 1988 年我国国民生产总值已经比 1980 年增长 1.16 倍,实现了比 1980 年翻一番、解决人民温饱问题的第一步战略目标,现在正向到 2000 年国民生产总值再翻一番、人民生活达到小康水平的第二步战略目标迈进,并力争到下个世纪中叶达到第三步战略目标,即基本实现现代化,人均国民生产总值达到中等发达国家水平,人民过上比较富裕的生活。但是,由于汇率的变动,我国以美元计算的人均国民生产总值 1988 年只有 300 多美元,尽管按照什么尺度折算成美元是尚待解决的争议问题,然而实现 2000 年人均国民生产总值 800 美元的战略目标的任务还相当艰巨。

鉴于这种状况,在本世纪剩下的 10 余年时间内使经济发展保持适当速度是完全必要的。参照 80 年代以来国民生产总值与社会总产值、工业总产值三者增长速度之间是 1.18% 和 1.36% 的相关系数,即国民生产总值增长 1%,社会总产值增长 1.18%,工业总产值则增长 1.36%,要求国民生产总值以每年平均 7% 左右的速度增长,社会总产值以每年平均 8% 左右的速度增长,工业总产值以每年平均 9% 左右的速度增长。这些增长率比 80 年代以来已经达到的实际增长率分别降低 4 个百分点左右,应当说是比较适中的现实可行的。

在今后 10 年内使全国工业总产值保持每年增长 9% 左右的速度,并不意味着城乡工业之间的增长速度也与此相等。由于城乡工业各自的实际情况不同，工业产值的增长速度也不尽相同。从 1979 年到 1988 年的实际情况看，城市工业平均每年增长 9.5%，乡镇工业平均每年增长 27.9%，两者之间的增长比率为 1：2.93。这种增长比率的差距显然过大，必须予以较大幅度的缩小。但是，巨量农业剩余劳动力转移的压力迫使乡镇工业仍然需要保持高于城市工业的增长速度。

根据推算，到 2000 年我国农村劳动力将达到 5.2 亿人，届时留在农村约 4.5 亿人，其中从事农林牧渔业的劳动力约 2.1 亿人，尚有 2.4 亿劳动力需要转入非农产业，而 1988 年从事非农产业的劳动力仅 1 亿人。从 1989 年起每年需要为 1160 万个劳动力在农村非农产业中找到就业岗位。农村非农产业的主要就业途径就是乡镇企业。即使按乡镇企业每年吸纳 600 万个劳动力的低限计算，20 世纪末乡镇企业就业人数将接近或达到 1.7 亿人，平均每年增长 5%。再参照过去 10 年乡镇工业劳动生产率每年提高 13.6% 的现实状况计算，今后 10 年乡镇工业劳动生产率每年至少需要提高 7%。这两个因素合在一起，要求乡镇工业每年平均增长速度保持 12% 左右。从留有余地和资金、能源、原材料、交通运输等基础条件的承受能力来看，一般也不宜超过 15%。城市工业平均每年增长速度保持在 7%—8% 较为适宜，城乡工业之间增长速度的比率保持在 1：（1.7—1.9）。

如果城乡工业都能保持上述增长速度，全国工业总产值的增长率就可以保持在 9% 左右。依据目前城乡工业在全国工业总产值中 7：3 的权数关系，城市工业对全国工业总产值增长率的推动将达 5—6 个百分点，乡镇工业则为 4—5 个百分点。到 2000 年全国工业总产值中的城乡工业所占比重将发生某些变化，其中乡镇工业所占比重将上升到 40%—45%，城市工业所占比重将下降到 60%—55%。

把握城乡工业格局发展变化的基本趋势和大体的数量界限，是协调不同层次政府行为的一个重要基准点。无论是中央政府部门还是地方政府部门，都需要从我国城乡工业发展变化的大势出发，对于由此涉及的经济、技术和社会等方面的多种因素予以通盘考虑，逐步建立一个富有成效的科学合理的宏观调控机制。为了确保城乡工业，特别是乡镇工业得到适度发展，并且尽力避免或减少发展过程中的盲目性，必须最大限度地运用以经济手段为主的各种调控手段,包括正在不断加强的法律手段和不能完全放弃的行政手段,对国民经济生活中出现的有悖于持续、稳定、协调的现象进行干预,使乡镇企业始终保持在健康发展的轨道上运行。

二、基建调控:保持固定资产适度增长

在 1985 年到 1988 年的 4 年间,乡镇工业之所以能够达到平均每年递增 38.1%的超高速,是与基本建设投资所形成的固定资产大幅度增长密切相关的。如前所述,在这 4 年间乡镇企业固定资产原值的增长每年平均也高达 38.2%,与乡镇工业的增长速度几乎完全一致。固定资产的大幅度增长造成了乡镇工业生产能力的急剧扩大,这种扩大又大幅度增加了对能源、原材料、产品运输和流动资金的需求,进而扩大了本来就在相当程度上存在的供求缺口。控制乡镇工业的过热增长,在流动资金、能源、原材料供应等方面采取措施固然能够起到相应效果,然而都属于事后调节,并且往往以固定资产甚至一部分流动资产的巨大损失为代价,其作用也远远不如事前控制那样理想。保持乡镇企业固定资产的适度增长,是控制乡镇企业工业发展速度的一种最有效而又最经济的事前调控措施,可以避免由于事后控制所产生的社会损失等多种负效应。因此,对乡镇工业增长速度的调控重点,需要转移到基本建设投资这个方面来。

乡镇企业固定资产保持多大增长幅度才算比较合适,是由国民经济协调发展所要求的乡镇工业增长速度所决定的。参照 1985 年到 1988 年乡镇企业固定资产原值与乡镇工业之间 1∶1 的增长比率,保持乡镇工业平均每年增长 12%—15%的速度,对乡镇企业固定资产原值也同样要求平均每年增长 12%左右。以绝对额而论,1985 年到 1988 年每增加 1 元乡镇工业产值,则需要增加乡镇企业固定资产原值 0.46 元,乡镇企业固定资产与乡镇工业之间的投入产出比率为 1∶2.17。值得指出的是,乡镇企业固定资产并不完全用于乡镇工业,如果加上从事农业、建筑业、运输业和商业(包括饮食服务业在内)的乡镇企业产值,乡镇企业固定

资产与乡镇企业总产值之间的投入产出率则更加高些。按照平均每年增长 12%的速度推算，到 2000 年乡镇工业产值将达到 17600 多亿元，比 1988 年增加 13100 多亿元，需要新增固定资产原值将近 6100 亿元。从第 1 年到第 12 年每年递增的固定资产原值数额依次排列如下：第 1 年 252 亿元，第 2 年 282 亿元，第 3 年 316 亿元，第 4 年 354 亿元，第 5 年 396 亿元，第 6 年 444 亿元，第 7 年 497 亿元，第 8 年 557 亿元，第 9 年 624 亿元，第 10 年 699 亿元，第 11 年 782 亿元，第 12 年 876 亿元。

基本建设规模的确定，并不直接等同于固定资产原值的增加额，而是取决于基本建设投资与固定资产原值形成之间的比例关系。由于各种原因造成的必要消耗和损失浪费，以及一部分固定资产原值的滞后实现，形成基本建设投资在投资年份内不能全部形成固定资产原值。因此固定资产原值的形成额往往在一定程度上低于基本建设投资完成额。近几年，我国国营企业基本建设投资额与固定资产新增额之间的形成系数在 0.70—0.78，即完成 1 元的基本建设投资可以形成 0.70—0.78 元的固定资产原值。但是，在乡镇企业方面出现了固定资产新增额大于基本建设投资额的奇怪现象。1986 年到 1988 年的 3 年间，乡村企业完成基本建设投资额 766 亿元，而固定资产原值却增加 833.94 亿元，固定资产投资形成系数高达 1.09，即每 1 元基本建设投资完成额所形成的固定资产原值为 1.09 元，高于国营企业 1/3 以上。产生这种现象的原因，除了乡村企业投资项目数额小、建设周期短以外，还在于乡村企业在基本建设过程中接受了相当数量的国营企业淘汰的旧设备，以这些旧设备构成的乡村企业固定资产增加值不是按购买额计算的，而是根据旧设备的原有价值或折旧价值计算的。

由于乡镇工业所处的技术层次，今后也很难完全避免上述现象，在进行基本建设过程中仍然将继续接受一定数量的国营企业旧设备。但是从加快技术进步要求来看，这种情况必须逐步改善，乡村企业固定资产投资形成系数也将随之逐步下降。乡村企业与国营企业两者之间固定资产投资形成系数的差距也将随之逐步缩小。如果按乡村企业与国营企业两者之间固定资产投资形成系数的中限 0.95 推算，到 20 世纪末乡镇企业新增固定资产原值 6100 亿元,大约需要基本建设投资累计为 6400 亿元,平均每年需要 532 亿元。各年需要基本建设投资数额的测算结果依次排列是:第 1 年 265 亿元,第 2 年 297 亿元,第 3 年 333 亿元,第 4 年 373 亿元,第 5 年 417 亿元,第 6 年 467 亿元,第 7 年 524 亿元,第 8 年 586 亿元,第 9 年 657 亿元,第 10 年 736 亿元,第 11 年 824 亿元,第 12 年 922 亿元。需要指出的是,乡村企业固定资产投资形成系数在今后 12 年内未必全部下降到 0.95,因而基本建设实际投资额一般会在某种程度上低于上述预期数,在宏观调控方面也应当把上述预期当作最高界限。

作为固定资产新增额和基本建设投资额的上述参考数据,与国民经济三年治理整顿所要达到的目标是大体吻合的。以上所说的第 1 年到第 3 年,恰恰是进行治理整顿的 1989 年到 1991 年。这三年乡镇企业固定资产新增额的理论控制数字平均为 298 亿元,仅相当于 1986 到 1988 年三年平均新增固定资产 449 亿元的 66.4%。与此相关联,乡镇企业基本建设投资规模也将压缩 1/3,明显超过全国基本建设投资规模的平均压缩幅度。只是到了第 7 年即 1995 年乡镇企业固定资产新增额才高于 1988 年实际增长额 495 亿元的水平,也就是说将乡镇企业固定资产新增额的增长推迟 6 年。这对于连续多年保持超高速增长的乡镇工业发展势头,无疑是釜底抽薪式的有力遏制。但是,从实现和保持乡镇企业与国民经济的协调发展来看,又是完全必要的。就是对于消除乡镇企业由于连续多年超高速增长带来的种种困难,特别是资金、能源、原材料、交通运输等基础条件严重脱节和企业自身经济效益明显下降的问题,也将产生巨大的积极效应。不在控制固定资产适度增长方面采取这种有力措施,则不可能将乡镇企业引入治理整顿所要求的运行轨道。

乡镇企业新增固定资产的调控目标,如同乡镇工业增长速度的调控目标一样,在不同地区需要有所区别。江苏、山东、浙江、广东、上海、北京和天津等省、直辖市构成的东部经济发达地区,在过去 10 年间乡镇企业发展比较充分、农业剩余劳动力的就业压力比较小,今后重点应当是通过技术改造,充分挖掘潜力,提高现有企业的技术层次、产品质量和经济效益,尽可能少上新项目。而广大中间地区,特别是西部经济落后地区，乡镇企业发展很不充分，以西北地区最发达的陕西省而言，1988 年全省乡镇工业产值只有 60.1 亿元，仅相当于江苏无锡县乡镇工业总值 82.3 亿元的 3/4，因而农业剩余劳动力就业压力相对较大。在这两个地区的乡镇工业发展速度理应适当快于东部经济发达地区。同时，东部地区乡镇工业以加工型为主，发展过快必然加剧能源、原材料供应的紧缺程度，而中部、西部地区乡镇工业以资源型或资源加工型为主，保持相对较快的增长速度，有助于缓和能源、原材料供应的紧缺状况。以今后乡镇工业年递增率 12%为全国平均水平，东部地区逐步降低到并保持在 10%左右，中部、西部地区则调整到并保持在 15%左右，是比较符合区域经济均衡发展要求的。乡镇企业固定资产投资规模的调控目标，也应当与此相配套，以形成一个系列化的宏观调控目标。

为了更加有效地调控包括乡镇企业在内的固定资产投资规模，有必要加强和保持各级政府，特别是中央政府在这方面的调控职能。有计划的商品经济，需要通过有计划地进行固定资产投资得以体现。这种预防性的事前调控措施，如能得到科学合理的运用，将可以有效地减少以至消除延续多年的固定资产投资中的无序状况和严重损失浪费现象，为原有和新建企业在资金、能源、原材料、交通运输等方面创造比较宽松的外部环境。从这个角度考虑，必须建立一套严密的固定资产投资管理制度，不论预算内项目或者预算外项目，包括乡镇企业的基本建设投资项目，都要纳入全国固定资产投资计划予以统筹安排，由中央政府通过省级政府下达到县级政府。作为指令性计划的重要体现，各级地方政府都必须接受和遵守中央政府制订的固定资产投资计划，不得擅自突破或者变相突破。与此同时，对于通过审查确定列入计划的乡镇企业投资项目，有关政府部门应当予以支持，并在物质条件上给予扶助，实行和坚持"网开一面"的政策，避免由于政府部门放弃管理或者控制过紧而造成乡村自行其是的现象。1989 年以来的实践证明，只要固定资产确实能够保持适度增长，乡镇工业增长速度必然会相应降低，并且有可能保持在较为合理的水平线上。

引导乡镇企业走以自我积累为主的扩大再生产道路，是宏观调控在基本建设投资方面务必致力解决的一个问题。就基本建设投资而言，近几年乡镇企业资金来源构成并不理想。以 1987 年全国乡村工业企业投资实际完成额的资金来源构成为例，银行贷款占 48.4%，企业自有资金（包括群众集资）占 26.5%，主管部门下拨资金占 7.1%，引进资金（包括外资）占 6.8%，乡村扶持资金占 3.6%，其他资金占 7.6%。这种结构再清楚不过地表明，乡镇企业仍然处于相当严重的负债经营状态，以银行贷款、群众集资、主管部门下拨资金等构成的负债率达 60.2%，如果加上通过联营企业和外商的资金，乡镇企业固定资产投资的负债率就更高了，与以自我积累为主的要求还有相当大的距离。之所以造成这种状况，固然与近几年许多地区片面追求乡镇企业增长速度密切相关，但是也与宏观调控不力分不开。改变负债经营比重过大的对策是坚持贯彻以自我积累为主的方针，明确规定乡镇企业基本建设投资中的企业自有资金、乡村扶持资金和联营企业资金合起来应占 60%—70%，银行贷款、主管部门下拨资金和群众集资等借贷性资金居于辅助地位。这样做既有利于改善乡镇企业基本建设投资的资金来源构成，也有利于保持乡镇企业固定资产的适度增长。

保持乡镇企业固定资产的适度增长，不能仅仅视为限制性措施，同时还应视为保证性措施，才能体现基本建设投资调控的全部内容。所谓保证性措施是需要付诸实际行动的，其中除了适当安排银行对乡镇企业的设备贷款外，还应当参照乡镇企业税金占国家财政收入的比重，在预算内给予乡镇企业安排相应比重的基本建设投资。这种投资可以采取与现今国营企业相同的投放方式，通过建设银行作为有偿使用的基本建设贷款下达到乡镇企业。由于不同所有制的关系，作为投资主体的国家历来都是将预算内基本建设投资全部用于国营企业，乡镇企业集体企业不能直接得到国家预算内基本建设投资。这种状况在基本建设投资无偿使用的过去是必然的，但是在改为有偿使用之后则为直接投向乡镇企业提供了可能性。事实上，在 1987 年以来的轻纺、机电产品出口创汇生产基地招标中，已有为数极少的乡镇企业中标而被列入国家计委的技术改造项目，但是在国家预算内基本建设计划中安排一定比例投资直接用于乡镇企业至今没有取得实质性进展。

依据乡镇企业目前在国民经济中的地位和作用以及今后必然继续

上升的趋势，把它完全排斥在国家预算内基本建设计划之外将愈益显得利少弊多，这不仅削弱宏观调控对乡镇企业的吸引力，在客观上推动宏观调控的空当日趋扩大，而且必然在今后乡镇企业税收优惠条件取消的情况下，加剧乡镇企业在市场竞争中的不利地位。既然乡镇企业能够以中小型国营企业相等的税率向国家缴纳税金，那么参照乡镇企业税金在国家财政收入所占比重，安排相应比重的预算内基本建设投资直接投放乡镇集体企业，也是合情合理的。这样做，除了有利于保持乡镇集体工业的适度增长，更有效地发挥宏观调控作用以外，还将在心理上对全国农民产生积极效应，使他们能够比较自觉地接受国家的宏观调控要求。当然，国家预算内基本建设投资直接投放乡镇企业的部分，也必须根据国家产业政策要求予以科学合理的安排和使用。

三、资源调控：促进城乡工业合理分工

城乡工业之间的合理分工，必须体现最大限度地提高资源利用效率这一要求，并使之与城乡劳动力就业安排有机地结合起来。在这里，梯形技术层次的构想为进行城乡工业之间的合理分工提供了一把钥匙。所谓梯形技术层次，是将工业发展划分为现代技术、中间技术和传统技术三个层次，城市工业一般处于梯形技术层次的上中端，即以现代化技术和中间技术为主；乡镇企业一般处于梯形技术层次的中下端，即以中间技术和传统技术为主。当然，其中并不排除少数城市企业滞留或下滑到梯形技术层次的中下端，也不排除少数乡镇企业跨越到梯形技术层次的上中端。需要指出，这里所说的现代、中间和传统的技术，不是一个静止的概念，而是处于不断变化中的动态概念。随着我国的技术进步，现代、中间和传统三个技术层次所实际表现的技术水平将趋于不断提高。城乡工业技术层次的这种划分，既比较符合我国农村落后于城市的现实状况，又为城乡工业的合理分工以及由此确定的资源配置方向提供了依据。

根据城乡工业所处的技术层次，城市工业将长期领先于乡镇工业。由此而产生一个最为重大的决策必然是：中国工业化的主体应当坚持放

在城市。尽管乡镇工业今后在全国工业总产值中所占比重继续趋于上升，但是从国民经济发展的全局考虑，乡镇工业在整个工业中将长期处于第二位。因此，在坚持以城市工业为中心的前提下，统筹安排城乡工业之间的分工，是理智的选择。同时，必须看到，作为全国工业重要组成部分的乡镇工业，在诸多方面起着城市工业所起不到的作用，在国民经济中的地位也是不能动摇的。我们既不应由于正视乡镇工业的地位和作用而将其过分地拔高到全国工业主导地位的地步，也不应由于强调城市工业的主导地位而贬低和动摇乡镇工业在国民经济中不可替代的地位和作用。各级政府在资源调控方面也应当体现城乡工业合理分工的这种必然要求。

从城乡工业合理分工的角度考察，乡镇工业自身的发展要求大体可以划分为五个层次，即当地矿产资源的开采和加工，以农副产品为原料的部分粗精加工，与城市工业配套的协作加工，部分生产资料和生活消费品的制造加工，某些以国际市场为导向的出口加工。不过，由于东部、中部和西部地区之间人才、技术、劳动力、资金、能源、原材料和交通运输等基础条件存在较大差异，各自又要求有不同的经济空间。目前乡镇工业的产业触角所及，已经进入国家正式划定的全部40个工业行业，只是在各个工业行业中拥有的权数不同而已。乡镇工业进入全部工业行业必然会产生某些积极作用和消极作用，其最小的积极作用在全部工业行业都有利于造成商品经济应当具备的比较浓厚的竞争空气，当然，伴随而来的将是与城市工业争夺资金、能源和原材料的现象不断出现。问题的关键不是在发生资源争夺战的工业行业中将乡镇工业驱逐出界，而在于通过资源调控引导乡镇工业在这类工业行业保持比较恰当的进入度。一般说来，乡镇工业在劳动密集型行业的进入程度较高，而在技术密集型行业的进入程度较低。这种状况符合乡镇工业劳动力资源充裕、科学技术素质较差的基本特征。充分考虑乡镇工业的基本特征，依据行业而异调整城乡工业结构和布局，分别留出乡镇工业的经济空间并且采取相应配套措施，才有可能在城乡工业之间实现资源的最佳配置。

乡镇工业自身的地区布局及其产业，也需要建立在各种工业资源最佳配置的基础之上。安排地区布局和产业结构,最具决定意义的是物产资源和技术层次。根据我国物产资源的分布和技术层次的排列,西部经济不发达地区适宜重点发展矿产资源的开采和加工,中部中等发达地区则应以发展农副产品加工业为主,东部经济发达地区则可以较多地从事部分生产资料和生活消费品的制造加工,以及以国际市场为导向的出口产品加工,至于与城市工业配套的协作加工在各类地区都可以因地制宜地发展。在确定全国各个工业行业的地区布局时,需要进一步解决不同地区乡镇工业与城市工业之间的合理分工和协调发展问题,尽可能避免或者缓解城乡工业之间争夺资源的矛盾。

对于城乡工业之间争夺资源的矛盾,同样需要具体问题具体分析。城乡工业之间的资源争挤矛盾主要是由于乡镇工业在某些特定行业中进入度过大引发的。一些地区出于偏重追求地方利益的考虑,在城市工业加工能力已经饱和的情况下,过多地兴办了超过可利用资源总量的重要加工项目,截留和挤占了本来属于城市工业的部分能源、原材料,从而导致或加剧了城乡工业之间的资源争夺战。多数乡镇企业由于技术设备落后、市场信息不灵和企业布局不合理等原因,资源投入产出的效益、质量都程度不同地低于同行业国营企业,其中有些乡镇企业的基本素质太差,加上经营管理不善,所生产的产品根本无法实现应有的使用价值,造成了能源、原材料的严重浪费。这种状况绝不能长期存在下去,必须尽早予以扭转。

但是,城乡工业之间争夺资源的矛盾,并非全是乡镇企业进入度过大引起的,有不少则是由于资源配置比例本来就不合理、近几年又有所加剧而造成的。其中某些城市工业行业加工能力扩展过快以至占据了部分应当属于乡镇工业的经济空间,也是引发城乡工业之间资源争挤矛盾的重要原因之一。最为突出的是,国家曾经再三明文规定凡是适宜在农村加工的农副产品加工业应当逐步转移到农村,分别由农村进行初级加工和某些精加工,但是时至今日所取得的进展令人失望。非但没有有意识地压缩城市加工能力,反而使得城市加工能力急剧扩大,没有给乡镇工业留下多少经济空间。而在这些行业,乡镇企业适当发展是必不可少的,在没有获得应有经济空间的情况下,是很难避免与城市工业发生资源争挤矛盾的。

由此可见,城乡工业之间产生的资源争挤矛盾不能完全归咎于乡镇工业,消除资源争挤矛盾的纠正措施也不能完全针对乡镇工业,合理而又经济的做法是对城市工业和乡镇工业实行双向控制。即在已经发生和容易发生资源争挤矛盾的工业行业中,根据城乡工业合理分工的要求和所需资源的供给状况严格控制加工能力总量的增长和城乡工业应当占有的比重,尽可能使城乡工业加工能力的增长不突破资源的承受能力。在近期资源不足的情况下,对于城市工业已有的合理的加工能力应当予以优先保证,乡镇工业的资源供给则主要从增长部分的地方留成中解决。同时,需要着手建立城乡协作的加工体系,即由乡镇工业从事某些农副产品的初级加工,城市工业则从事精加工,着重提高产品的附加价值。城乡工业之间的这种分工协作关系,同样适用于某些以矿产品为原料的加工工业。

大力提高资源利用效率,是我国城乡工业必须尽早解决的一个问题。根据世界工业及贸易发展组织的研究报告,在世界前 8 个能源消费大国中,我国能源利用效率位于最后,仅相当于能源利用效率最高国家的 1/5。1987 年全国工业消费能源总量 58792 万吨,消费电力总量 4005.8亿千瓦小时,平均每吨能源消费实现工业总产值 2349 元,每千瓦小时电力消费实现工业总产值 3.45 元。同年乡村工业消耗原煤 12403 万吨,消费电力 483 亿千瓦小时,分别占全国工业消费总量的 18%和 12.1%,而实现的工业总产值却占全国工业的 17.7%,单位能源投入产出率高于全国工业的平均水平。在主要原材料消费方面,1988 年乡村工业消费钢材 1267 万吨、木材 942 万立方米,分别占全国工业消费总量的 40.1%和 39.2%,原材料投入与工业产值的比率低于全国工业的平均水平。乡村工业的资源利用效率是与其劳动密集型产业为主的产业结构分不开的,尽管能源的投入产出好于城市工业,但是在资源的总体利用方面还存在许多消耗过高的现象。

为了缓解我国资源紧缺的状况,有效地提高资源利用效率,对那些在能源、原材料开采和使用方面造成严重浪费的乡镇企业有计划地实行并转关停,是提高乡镇企业资源利用效率必不可少的重要措施。除此以外，还需要通过合理调整产业结构、行业结构和企业结构，使资源配置尽可能朝消费低、产出高的方向转移和集中，逐步把乡镇工业的资源利用效率推进到比较高的层次。特别是资源短缺最为严重的东部经济发达地区，应当充分挖掘和发挥自己的技术优势，积极开拓发展资源消耗低、附加价值高的高档次产品，尽量减少以至避免与内地争夺资源的矛盾。对于某些高耗能产品（如硅铁、电石）和国内紧缺的资源性产品，在对外贸易方面需要强化和保持限制以至禁止出口的政策，必要时应当挤出部分外汇适当进口一部分这类产品，以弥补国内生产的不足，使资源供给的增长能够保持在合理的资源消费弹性系数所要求的范围以内，但这绝不意味着可以丝毫放松提高资源利用效率的努力。

与国营工业企业资源实行以计划供应为主的情况相反，乡镇企业工业资源供给实行的是以市场调节为主。这就是说，国营企业所需要的能源、原材料大部分有比较稳定的供应渠道，而乡镇企业则需要通过风险较大的市场购买所需能源和原材料。在资源供给总量中，计划调拨与市场调节各自占有的具体份额多少，将对城乡工业的发展产生重大影响。不容置疑，在有计划的商品经济制度下，计划调拨将继续占据资源供给总量的主体部分。但是，作为乡镇企业生存和发展的基本条件之一，在资源供给总量中，留出适当的市场调节份额是极为重要的。计划调拨和市场调节之间具体份额的划定，既要体现优先保证大中型国营企业的倾斜政策，又要注意保持包括乡镇企业在内的非重点企业正常发展的需要。通过资源分配份额的划分，一方面抑制乡镇工业过快的增长速度，另一方面保持乡镇工业的适度增长。至于市场调节部分的资源、原材料能否进入乡镇企业，则取决于乡镇企业自身的经营能力，不必给予专门的特殊照顾。在这个过程中，宏观经济调控必须致力解决的问题，是加快生产资料市场建设，进一步完善物资流通制度，保持生产资料价格相对稳定，制止各种违法经营现象。实际上，只要加工工业增长速度保持在适当的水平线上，随着能源、原材料和交通运输等基础产业发展的加快，工业资源供给与需求之间的紧张状况将会逐步缓解，乡镇工业正常发展所需要能源、原材料的保证程度也会有所提高。同时，能源、原材料价格也将趋于稳定，这将有助于提高乡镇工业的经济效益。

建立比较稳定的能源、原材料生产基地，是保障乡镇工业资源供给的一项有效措施。由于乡镇工业实行以市场调节为主，因而能源、原材料基地建设显得尤其重要。在宏观调控中，应当允许和鼓励开展地区之间的经济协作，通过地方政府的中介作用引导乡镇企业投资建设或者联合开发资源生产基地。特别是东部地区乡镇企业技术层次较高而又缺乏资源，以资金、技术、设备、人才等多种投入方式参与中西部地区的资源开发，不仅有利于建立比较稳定的能源、原材料供应渠道，而且有利于提高中西部资源开发利用率，加速中西部地区的经济发展，可以称为一举两得的明智行为。从全局来看，乡镇企业这种横向联合建设资源基地的做法，没有损害国家计划调拨的实施，并能够有效地增加能源、原材料的供给总量，是符合加快基础产业发展的产业政策要求的。

增加直接和间接纳入国家计划的比重，是今后乡镇工业能源、原材料来源结构变化的一个重要趋势。乡镇企业规模普遍较小，一般只能属于中小型企业，在可以预见的将来很难直接列入中央计划保证的重点企业。然而，一部分乡镇企业列入地方计划是完全可以做到的。在省、市、县计划分配，特别是通过协作而来的工业资源中划出一定比例，对那些符合产业政策要求并在工艺技术、产品质量和经济效益等方面达到地方以至全国同行业先进水平的乡镇企业实行优先供应，有利于改善乡镇企业的群体结构和提高乡镇企业的整体素质。同时，通过发展与国营大中型企业的配套生产，加工国营大中型企业必需的而自己生产又不经济的零部件，并且利用国营大中型企业提供相应的能源、原材料，从而把乡镇企业的发展间接纳入地方乃至中央的计划，也是一种具有推广价值的理想措施。从宏观经济角度来看，通过国营大中型企业零部件生产的扩散，不仅可以解决一部分乡镇企业的资源供给问题，避免城乡工业之间的资源争夺矛盾，更重要的是可以在城乡工业之间形成比较合理的分工体系，培植和推进国民经济协调发展的局面。

四、信贷调控：引导乡镇企业稳定发展

1984 年以来乡镇工业之所以形成超高速增长的态势，除了固定资产投资增长幅度较大和占用工业资源数量较多等因素外，用于购买固定资产和能源、原材料的资金条件比较宽松，恐怕是更具决定意义的原因。其中，银行贷款资金（包括农村信用社）的大量增加起着主要推动作用。1988 年全国乡村工业企业银行贷款额达到 650.34 亿元，比 1984 年的 163.52 亿元增长 2.98 倍，平均每年增长 41.2%，高于同期乡村两级工业产值平均增长 35% 的 6.2 个百分点。与此相关，银行贷款在乡村工业企业占用资金总额中的比重也迅速上升。根据有关资料推算，1988 年全国乡村工业企业资金占用总额约 1888 亿元，其中银行贷款资金占 36.4%。

诚然，乡村企业银行信贷资金占国家银行信贷资金总额的比重目前仍然较小。以 1988 年乡村企业全部银行贷款金额 732.38 亿元计算，仅占同年国家银行信贷资金总额 10551.33 亿元的 6.9%。其中，1988 年乡村企业银行信贷资金新增额为 154.27 亿元，相当于国家银行信贷资金新增总额 1518.98 亿元的 10.2%。不论从哪个角度看，都远远不能构成全国银行信贷规模失控的主要因素。但是，乡村企业银行信贷资金的超高速增长，为乡镇企业固定资产投资增加过快和工业资源占用过多，提供了有力的资金保证。可以说，没有银行信贷资金的超高速投放，也就没有乡镇工业的超高速增长。

今后要保持乡镇工业的稳定增长，同样也要保持银行信贷资金的稳定增长。在三年治理整顿期间，为了把乡镇工业过快的增长速度降到正常的水平，相应压低乡镇企业银行贷款资金的增长幅度，甚至对某些行业实行银行信贷零增长的控制措施，不仅要达到压缩乡镇企业固定资产投资规模和降低乡镇工业占用工业资源增长过快的目标，而且要改变乡镇企业资金来源结构极不合理的状况，使乡镇企业尽早走上以自我积累为主的扩大再生产道路。根据今后乡镇工业产值平均每年增长 12% 的要求，投放乡镇企业的银行贷款资金的增长也不应超过这个幅度，一般保持在 10% 左右比较适宜，这就既能够实现乡镇工业正常发展的基本

需要，又能够促进乡镇企业提高资金利用率和自有资金占有率。在 1989 年出台的对乡镇企业银行贷款一律实行零增长的措施，应当说是治理整顿中一种临时性的权宜之计，它对控制乡镇工业的超高速增长能够起到明显的抑制作用，但是长期实行必然会影响乡镇企业的正常发展，适时恢复对乡镇企业银行信贷资金的适度增长是必要的。

促进乡镇企业提高自有资金所占比重，坚持走以自我积累的扩大再生产道路，是信贷资金宏观调控中亟待解决的一个紧迫问题。近几年的实践充分说明，自有资金所占比重过低，借贷资金所占比重过高，必将给乡镇企业的健康发展造成极大损害。根据对乡镇企业最发达的苏南地区的调查，为保持乡镇工业的高速增长，每年都要筹集大量资金进行固定资产投资，其中 60% 以上来自银行贷款和各种集资，固定资产投资中属于企业自有的部分不足 40%，这 40% 也主要是拿自有流动资金充顶的，由此导致乡镇企业自有流动资金所占比重由过去的 50% 下降到 20% 甚至更少，固定资产投资和流动资金的综合负债率达到 70% 以上。这种状况又造成乡镇企业经济效益普遍下降，即使投资成功的盈利企业在支付沉重的利息、股息负担以后，利润也往往所剩无几。这就是近几年江苏省乡镇工业发展速度一直较高而经济效益连年下降，以致名列全国倒数前茅的主要原因所在。特别在 1989 年国家银行抽紧银根以后，乡镇企业普遍陷入资金严重不足的困境，只有 30% 的企业能够维持正常生产，40% 的企业只能勉强度日，还有 30% 的企业难以维持生计，其中 10% 的企业不得不关闭、停产，又一次形成了乡镇工业发展的大起大落现象。

摆脱乡镇企业困境的正确选择，是在放慢乡镇工业增长速度的同时，逐步提高自有资金在企业占用资金总额中的比重，增强乡镇企业在资金方面把握自身命运的程度。具体地说，就是通过压缩固定资产投资规模，以充实企业的自有资金，首先使自有流动资金恢复到 50% 以上的正常比例，其次使固定资产投资完成额中的负债比重下降到 40% 以下，分步走出资金严重不足的困境，进入以自我积累为主的乡镇企业运行轨道。以自我积累为主的标志，是指企业自有资金在资金占用总额中的份额达到一半以上。其中固定资产投资的自有部分达到 70% 左右，流动资金中的自有部分达到 50%以上，较为合适。再加上包括银行贷款在内的适量借贷资金，乡镇企业就比较有把握地实现工业的正常发展。即使在借贷资金方面受到某些限制，一般也不至于对乡镇企业的正常发展造成严重损害。通过三年或更长一些时间的治理整顿，使乡镇企业在总体上达到上述以自我积累为主的目标，应当说是有可能的。

在治理整顿期间，尽管对乡镇企业的银行信贷资金实行控制是必要的，然而这绝不意味着控制越紧越好。屡经曲折的我国国民经济发展过程一再告诫人们，在纠正偏差时务必注意防止"矫枉过正"，恰当把握尺度是极其重要的。对于乡镇企业的银行信贷资金控制问题，同样需要正确把握控制的尺度，尤其在固定资产投资贷款和流动资金贷款上需要区别对待。鉴于近几年乡镇企业固定资产原值增长过快的现实，必须通过紧缩用于固定资产投资方面的贷款，严格控制乡镇工业生产能力的过快增长，使其保持在工业资源增长所能允许的范围内。与此同时，促进乡镇企业有计划地充实和增加自有资金，特别是自有流动资金，使现有生产能力得到正确发挥，实现和保持乡镇工业的适度增长。为了达到这个目标，在流动资金贷款方面对乡镇企业需要适当放宽，使乡镇工业的适度增长备有必要的资金保证，避免由于流动资金严重不足而造成乡镇工业发展的重大挫折，进而造成社会物质财富的巨大浪费和农村社会经济的巨大震荡。基于这种考虑，即使在治理整顿期间对乡镇企业的流动资金贷款也应当实行低限度的增长，治理整顿结束以后更需要保持正常的增长。

对于乡镇企业贷款资金的投放与限制，必须符合国家产业政策的要求，根据产业、行业和企业的不同情况，实行有压有保、有限有扶的信贷政策，实现信贷政策与产业政策的一致性。具体地说，对以下几个方面乡镇企业应该在信贷资金上进行扶持：

一是能够增加社会有效供给的乡镇企业。这类乡镇工业所处的技术层次一般并不很高，但是所生产的产品是社会不可缺少的，并且是城市工业很难取代的，如建筑材料、小五金、小农具，以及符合国家开采政策的集体采掘业等，已在全国同行业占有相当大的比重，有些甚至已经居于主导地位。对这类乡镇工业如不在贷款方面给予必要扶持，势必造成和加剧社会有效供给的短缺。

二是与国营大中型企业进行配套生产的乡镇企业。这类乡镇工业的存在和发展，不仅对于发展农村经济有众多利益，而且与国营大中型企业融成一体，已经间接纳入了国家计划经济的范围，体现了未来乡镇工业的发展方向。在信贷资金方面对这类乡镇工业予以必要扶持，与国家对国营大中型企业实行倾斜政策的要求是一致的。

三是重点从事出口创汇产品生产的乡镇企业。目前乡镇企业已经成为出口创汇的一支重要力量，并且继续呈现上升的趋势。对这类乡镇企业在信贷资金方面实行必要扶持，与鼓励增加出口创汇的国家产业政策是并行不悖的，在我国偿还外债进入高峰阶段的 90 年代前半期更具有现实意义。

四是以利用当地农副产品为原料的乡镇企业。在符合经济合理原则的前提下，在农村发展农副产品的就地加工，是充分利用现有资源、开拓农村致富门路的重要措施。对这类乡镇企业给予必要的资金扶持，也是国家产业政策所要求的一项内容。

五是主要技术、经济指标处于同行业先进行列的乡镇企业。这类乡镇企业虽然为数极少，多数集中在经济发达地区，而且与国营大中型企业联结度不是很高，但却是乡镇企业中的佼佼者。对这类乡镇企业给予相应的信贷支持，符合"扶优限劣"的原则，有助于鼓励乡镇企业提高技术层次、产品质量和经济效益。

加强银行对乡镇企业经营活动的有效监督，是保证信贷政策能够得到正确贯彻的基本条件。我国乡镇企业原先只与农业银行进行存贷业务往来，银行对乡镇集体企业的经营活动和资金状况是比较容易进行监督的，但是这种完全对口的银行存贷体制存在着一个致命的缺陷，就是企业和银行都被束缚得太紧，丧失了彼此进行选择的机会与可能，给双方经营活动的开展形成了不可逾越的障碍。自 1984 年以来的银行体制改革，这种状况有了根本性的改观，银行与企业之间开始实行业务交叉，即原先不同职能的专业银行可以不受业务对口的限制选择企业，企业也可以不受业务对口的限制选择专业银行。在这种情况下，不可避免地出现了企业在不同银行多头开户的现象，使彼此双方都拓宽了开展存贷业务的活动空间。银行体制的这种改革，应当说符合发展社会主义商品经济的内在要求。

但是，业务交叉所引发的企业多头开户，明显地削弱了银行对企业经营活动、资金状况的监督效能，致使企业可以将从某一银行获得的贷款假冒为自有资金作为向另一银行贷款的条件，从而形成固定资产投资中的实际自有资金所占比重大大低于国家银行规定的最低界限，并且由于某些基层银行片面追求经济效益，对不符合国家产业政策的生产项目也大量贷款，从而使国家产业政策不能得到切实贯彻。因此，必须建立一种有效的监督体系，保证国家信贷政策和产业政策的严格执行。在没有形成这样一种监督机制之前，暂时取消金融业务交叉的做法也是一种必然的选择。但是，需要看到完全实行业务对口对发展社会主义商品经济所产生的负效应，在能够形成有效的监督体系的条件下，仍然应当实行类似业务交叉式的改革措施。

提高乡镇企业的资金使用效率，不仅是在银行抽紧银根情况下缓解资金紧缺状况的理想选择，而且是增加经济效益和增强竞争能力的长期对策。目前与固定资产相联系的经济效益指标，是乡村企业平均每百元固定资产原值实现产值 225.68 元，平均每百元固定资产实现利税 31.29元，与国营工业企业的 113.09 元和 20.18 元相比，分别高出 99.6%和55.1%。乡村企业的弱点主要是物质消耗大、占用流动资金系数高，导致与流动资金相联系的经济效益指标和包括固定资产、流动资金在内的资金综合效益指标明显低于国营企业，1988 年乡村企业平均每百元资金实现利税 14.13 元，每百元产值实现利税 13.86 元，与国营工业的 20.63元和 17.84 元相比，分别低 31.5%和 22.3%。

之所以产生这种情况，重要原因之一是乡村企业流动资金占用率显著高于国营企业，抵消并超出了乡村企业固定资产占用率低于国营企业的优势。1988 年国营企业每百元工业产值占用定额流动资金 24.76 元，而乡村企业每百元工业总产值占用流动资金 43.39 元，比国营企业高出75.2%。再加上乡村企业流动资金周转时间比国营企业长，借贷资金的利息、股息偏高，以及部分工业品质量较低所造成的损失浪费等，从而不仅大大影响乡村企业资金利润率的提高，而且增加了乡村企业对银行信贷资金的依赖。如果乡村企业资金利税率能够提高到国营企业的目前平均水平，即使工业总产值保持不变，也可以增加利税额 220 多亿元。届时将大大改善乡村企业的资金拥有状况，减少对银行信贷资金的依赖程度。提高资金利税率的途径，主要是降低物质消耗水平、缩短流动资金周转时间、提高产值销售率，在充分挖掘内部潜力特别是改进产品质量上下工夫，同时也有待于资金、能源、原材料等市场环境和交通运输条件的改善。

乡镇企业改革开放 15 年的
历程回顾与前景展望*

从 1978 年底党的十一届三中全会开始，我国改革开放已经进入第 15 个年头。改革开放推动着我国国民经济迅猛发展，取得了举世瞩目的辉煌成就。其中，最令人瞩目的重大事件之一，就是乡镇企业的异军突起。在 70 年代末期以前，乡镇企业（当时称作"社队企业"）只是国民经济中一支并不显要的经济力量，尚未被人们普遍看重。然而，时至今日，乡镇企业不仅已经成为我国农村经济的支柱力量，而且已经成为全国中小企业的主体力量，更重要的是已经成为发展社会主义市场经济的先导力量。可以说，没有乡镇企业的迅速发展，就没有农村经济和社会面貌的巨大变化，就没有农民物质文化生活的显著改善，也就没有国民经济的高速持续发展。甚至可以说，乡镇企业以市场为导向的运行机制在实践中不断被认识和承认，为我国社会主义市场经济新体制作为改革目标的酝酿和确立，提供了最为充分和最具说服力的客观依据。事实已经证明并将继续证明：大力发展乡镇企业，无论对农村经济还是整个国民经济，无论对经济发展还是体制改革，无论对过去、现在还是将来，其积极意义都是极其重大而又深刻的。

一、乡镇企业成长壮大的实践历程

我国实行改革开放以来的 15 年，正是乡镇企业蓬勃发展、迅速壮大的时期，也是乡镇企业在农村经济和整个国民经济中地位与作用日趋加重的时期。

---

* 本文原载《管理世界》1993 年第 5 期。

在改革开放以前的漫长岁月里，乡镇企业长期处于一种不太有利的政策环境中，逐步而又顽强地成长着。到 1978 年，乡镇企业职工人数 2826.6 万，在农村劳动力和全国社会劳动力中所占比重分别为 9.2%和 7%；乡镇企业总产值 493.13 亿元，在农村社会总产值和全国社会总产值中所占比重分别为 24.3%和 7.2%。其中，乡镇工业产值 385.3 亿元，在全国工业总产值中占 9.1%。这个时期的乡镇企业，不仅在整个国民经济中排不上位置，即使在农村经济中所占比重也远远不能同农业相比。

从 1979 年起，乡镇企业开始呈现奇迹般的成长壮大。到 1992 年，全国乡镇企业职工人数 10581 万，比 1978 年增长 2.74 倍，平均每年增长 9.9%，远远高于同期全国社会劳动力平均每年增长 2.8%的速度；乡镇企业总产值 17685.5 亿元，比 1978 年增长 34.9 倍，平均每年增长 29.1%，远远高于同期全国社会总产值平均每年增长 11.1%的速度。其中，乡镇工业产值 12676.5 亿元，比 1978 年增长 31.71 倍，平均每年增长 28.3%，也远远高于同期全国工业总产值平均每年增长 13.2%的速度。

由于乡镇企业的迅猛发展，使其在农村经济和整个国民经济中的地位与作用明显上升。1992 年，乡镇企业职工人数在农村劳动力和全国社会劳动力中所占比重分别达到 24.2%和 17.8%，比 1978 年上升了 15 个百分点和 10.8 个百分点；乡镇企业总产值在农村社会总产值和全国社会总产值中所占比重分别达到 66.4%和 32.3%，比 1978 年上升 42.1 个百分点和 25.1 个百分点。其中，乡镇工业产值占全国工业总产值的比重达到 34.4%，比 1978 年上升 25.3 个百分点。

不容置疑，乡镇企业所取得的成就是惊人的。然而，也要看到乡镇企业的成长壮大并非一帆风顺，其间历尽了种种艰难和曲折，是以兼有渐进和跳跃两种发展态势而成其大业的。纵观改革开放以来乡镇企业的发展历程，大致可以划分为四个阶段：

第一阶段：1979—1983 年，即乡镇企业的起步阶段。1978 年底党的十一届三中全会所确立的改革开放总方针，不仅为全国国民经济发展创造了前所未有的历史机遇，而且也为乡镇企业发展提供了良好的外部环境。在这样的社会经济大背景下，乡镇企业的运行开始走上正常轨道，增长速度有所加快。1983 年全国乡镇企业总产值 1007.87 亿元，比 1978 年增长 1.04 倍，平均每年增长 15.3%。由于当时乡镇企业总体规模还比较小，加上外部环境所孕育的各种有利因素尚未充分显示出来，因而乡镇企业的发展犹如在跑道上启动滑行，还没有起飞。

第二阶段：1984—1988 年，即乡镇企业的起飞阶段。通过前几年的发展，乡镇企业自身已经积蓄了相当的能量，社会各界特别是农村干部群众对乡镇企业的认识显著提高，经济发达地区乡镇企业提供的成功样板促使各地要求发展乡镇企业的呼声不断高涨，改革开放所产生的有利于搞活经济的各种效应逐渐显现出来。总之，乡镇企业进入起飞阶段的各种条件已经日趋成熟。就在 1984 年，又发布了两个对乡镇企业最为重要的文件：第一个是《中共中央、国务院转发农牧渔业部和部党组〈关于开创社队企业新局面的报告〉的通知》，第二个是《中共中央关于经济体制改革的决定》。前者制定了一系列重大政策措施，并正式将社队企业改称为乡镇企业，实行乡办、村办、联户办和户办四个轮子一起转，直接激励着乡镇企业的崛起；后者创造了全面搞活城乡经济的更加强有力的外部条件。由此而导致各地乡镇企业如雨后春笋般地产生，尤其是联户办和户办的企业更是大批量地诞生，或者由过去的隐蔽形式转入公开合法形式。1988 年，全国乡镇企业总数达到 1888.2 万个，比 1983 年增加 1754.2 万个。在短短 5 年间，全国乡镇企业总产值迅速上升到 7017.87 亿元，比 1983 年增长 5.96 倍，平均每年增长 47.4%。同期乡镇企业总产值绝对数增加了 6009.89 亿元，平均每年高达 1201.98 亿元。作为国民经济的一个部分，增长速度如此之快，增加数额如此之大，在当时是前所未有的。其中，1988 年乡镇工业产值达到 4992.9 亿元，比 1983 年增长 5.71 倍，平均每年增长 46.3%，相当于同期全国工业总产值年均增长率 17.8%的 2.65 倍。

第三阶段：1989—1991 年，即乡镇企业的调整阶段。从 1989 年开始的历时三年的治理整顿，目标在于消除经济过热所带来的各种弊端，使国民经济进入持续、稳定、协调发展的轨道。前几年乡镇企业高速增长及其产生的问题当然也在治理整顿之列，而且在实际操作中成为治理整顿的一个重点。治理整顿使乡镇企业经历了又一次严峻的考验。在治理整顿中，原先那些产品质量差、经济效益低、污染严重的乡镇企业被淘汰，而产品质量高、经济效益好又符合环境保护要求的乡镇企业继续得到发展，尽管面临市场疲软、速度回落和职工人数下降等不利因素，乡镇企业仍然以显著高于国民经济平均增长水平的速度继续发展，整体经济效益也在逐步上升，与国有企业增长速度和经济效益大幅度下滑的局面形成了鲜明对照。本来似乎不利于乡镇企业的治理整顿，结果却再次增强乡镇企业在市场竞争中的生存发展能力，并且为乡镇企业的再次腾飞打下了坚实的基础。1991 年，全国乡镇企业总产值 11621.69 亿元，比 1988 年增长 65.6%，平均每年增长 18.3%。其中，乡镇工业产值 8780.61 亿元，比 1988 年增长 74.4%，平均每年增长 20.4%，比同期全国工业总产值年均增长 10.1%高出 10.3 个百分点。乡镇企业职工人数经历了连续两年下降之后，也于 1991 年上升到 9609.1 万人，比治理整顿前的 1988 年增加了 63.6 万。

第四阶段：从 1992 年开始，即乡镇企业的第二次腾飞阶段。以 1992 年 1 月邓小平同志南方谈话和党的十四大为主要标志，我国改革开放进入了一个新阶段，国民经济的发展步伐再一次明显加快，乡镇企业更是首当其冲。由于建立社会主义市场经济新体制作为改革开放的基本目标在党的十四大上正式确立，乡镇企业通行的市场调节机制开始为社会普遍承认和接受，从而形成了对乡镇企业加速发展的前所未有的良好外部环境。在这种形势下，乡镇企业再一次呈现高速发展的势头。1992 年，全国乡镇企业总产值和乡镇工业产值，分别比上年增长 52.3%和 44.7%。更为重要的是，这些百分点所代表的绝对数比以往大大增加，乡镇企业总产值绝对额一年就增加 5962.2 亿元，其中乡镇工业产值绝对额也增加 4494.5 亿多元，又一次创造了历史最高纪录。同年乡镇企业职工人数增长 10.11%，职工人数总量比上年增加 971.9 万人，这在历史上也是一个相当高的数字。需要指出的是，1992 年只是乡镇企业再次腾飞的第一年，1993 年经济腾飞仍在持续。可以预料，随着整个国民经济的持续高速增长，乡镇企业必将获得更大的发展。

二、乡镇企业对国民经济和社会发展的重大贡献

乡镇企业起初发展阶段的基本目标,是开辟农村就业门路和提高农民经济收入。然而,随着乡镇企业的不断成长壮大,其作用和意义远远超出了预期的范围,所作贡献也出人意料地趋于扩大。迄今为止的实践表明:乡镇企业已经开辟了使数亿农民脱贫致富的康庄大道,探索了一条具有中国特色的实现农村工业化的可行途径,不仅在过去十多年中支持着农村经济的持续高速发展,初步塑造出国民经济增长和社会发展的全新格局,而且将在今后更长时期内和更大规模上推动经济改革与发展,加速社会主义市场经济和现代化建设的历史进程,影响着中国国民经济和社会发展的未来。乡镇企业所作的历史性的重大贡献,至少可以归纳为下列五个方面:

贡献之一:推动经济总量增长。国民经济总量增长,是经济发展的主要标志之一。乡镇企业以其总产值、工业产值、上缴税金、出口创汇和市场扩展的迅速增长,在这个方面作出了巨大的贡献。

——加速社会总产值增长。由于乡镇企业总产值增长率明显高于全国社会总产值增长率,因而对社会总产值增长所作的贡献不断趋于扩大。1978 年全国社会总产值 6848 亿元,1992 年上升到 54825 亿元,13 年增加 47979 亿元。其中,乡镇企业总产值增加 17090.87 亿元,占全国社会总产值增加额的 35.6%。就是说,全国社会总产值增加额的 1/3 以上来自乡镇企业。以目前乡镇企业的发展势头来看,今后乡镇企业对全国社会总产值增加额所作贡献的比重还将继续扩大。

——推进工业高速发展。乡镇工业是乡镇企业的主体所在,也是推动我国工业化进程的重要力量,更是推动农村工业化进程的主要力量。1992 年与 1978 年相比,乡镇工业产值增加 12291.2 亿元,占同期全国工业总产值增加额 32565 亿元的 37.7%。这表明,我国工业总产值增加额的 1/3 以上是由乡镇企业提供的。

——增加国家财政收入。乡镇企业是依靠农村自身的力量成长壮大的,基本上没有国家的直接投资,但在其发展过程中对国家财政收入有着愈来愈大的贡献。1978 年乡镇企业向国家交纳税金 22 亿元,1992

年上升到 636.9 亿元，共计增长 27.95 倍，平均每年增长 27.2%，远远高于同期全国各项税收年均增长 13.7%的水平。乡镇企业交纳税金占全国各项税收的比重，也由 1978 年的 4.2%上升到 1992 年的 20.3%，上升 16.1 个百分点，已经构成全国财政收入的重要来源之一，尤其在乡镇企业发达的东部沿海地区的众多县域，财政收入的一半左右甚至更多是来自乡镇企业所交纳的税金。需要指出的是，由于乡镇企业基本没有直接获得财政性支持、优惠贷款和各种亏损补贴，还由于乡镇企业的能源、资金、原材料和运输等生产要素基本上是以较高价格从市场获得的，因而乡镇企业对国家财政收入所作的贡献属于"净贡献"，与国有企业相比，其实际贡献量要明显高于名义贡献额。

——增加出口创汇。乡镇企业出口创汇原先很少或基本上没有，只是从 1985 年正式开始起步，目前已经发展成为我国出口创汇的一支重要生力军。1992 年乡镇企业出口商品交货额 1192.7 亿元，比刚有统计数字的 1985 年的 39 亿元增长 29.58 倍，平均每年增长 63%。乡镇企业出口交货额占全国出口商品收购额的比重，也由 1985 年的 4.8%上升到 1992 年的 42%。

——推动市场扩展。乡镇企业无论对市场供给还是市场需求，都作出具有重大意义的贡献。在市场供给方面，1992 年仅乡村工业所提供的消费品 5199.3 亿元，所提供的生产资料 4593 亿元，分别比 1980 年增长 19.96 倍和 16.15 倍，明显高于同期全国市场商品供给量的平均增长水平，再加上个体、私营等类企业提供的商品，有效地保障了全国市场商品供给量的增加。在市场需求方面，乡镇企业除了保持自身购买商品量的不断增加外，还有力地推动了农民生产生活资料购买量的不断增长。1992 年与 1978 年相比，我国县及县以下社会商品零售额增加 4470 亿元，占同期全国社会商品零售增加额 9435 亿元的 47.4%。其中，相当一部分购买力是由乡镇企业发展而形成的。

贡献之二：促进经济结构变革。经济结构变革是经济发展的又一个重要标志，主要表明经济运作的优化程度。乡镇企业在推进农村经济结构变革和整个国民经济结构变革两个方面，都做出了卓著的贡献。

——推动农村经济结构变革。在传统的经济发展战略制约下，我国农村经济长期保持以农为主的传统格局,其主要表现为劳动力所占比重过大,农业产值所占比重过大。乡镇企业的迅猛发展,打破了传统的农村经济结构,使以乡镇工业为主的非农产业得以快速成长,农村的劳动力结构和产业结构都发生了重大变革。农业劳动力在农村社会劳动力中所占比重由 1978 年的 89.2%下降到 1992 年的 77.7%,从事非农产业的劳动力则由 10.8%上升到 22.3%,相对数增减 11.5 个百分点;农业产值在农村社会总产值中所占比重由 1978 年的 68.6%下降到 35.8%,非农产业产值所占比重则由 31.4%上升到 64.2%,相对数增减 32.8 个百分点。上述两类比重的变化,说明农村工业化进程已经取得相当明显的成效。

——促进国民经济结构变革。传统的国民经济结构一个突出的不合理之处,是农村经济在国民经济中所占比重与农村劳动力在全国社会劳动力中所占比重极不相称。1978 年农村劳动力占全国社会劳动力的比重为 76.3%,而农村社会总产值占全国社会总产值的比重仅为 29.8%。以乡镇工业为主的农村非农产业的发展,使这种状况有所改善。尽管 1992 年农村劳动力占全国社会劳动力比重仍有 73.7%,仅下降 2.6 个百分点,但是农村社会总产值占全国社会总产值的比重上升到 46.3%。这两个比重的偏差值由 46.5 个百分点缩小到 27.4 个百分点,这表明国民经济结构变革同样取得了相当明显的进展。

贡献之三:提高国民经济总体效率。国民经济总体效率的高低,主要根据资源的利用程度和利用效率。乡镇企业在这些方面所作的贡献,虽然程度有所不同,但都是确实而又重要的。

——提高劳动力资源利用程度。劳动力资源充裕,是我国国情最为突出的特点之一。尤其在农村,超出农业实际需要的剩余劳动力队伍日益扩大。而传统的经济发展战略偏重于追求占用资金较多、容纳劳动力较少的重工业,虽然城市工业劳动生产率增长较快,但是由于劳动力资源利用程度较低,国民经济的整体劳动生产率增长是较慢的。乡镇企业作为解决农业剩余劳动力出路的主要途径,从 1979—1992 年以每年平均吸纳 550 多万劳动力的规模扩展,明显提高了劳动力资源的利用程度。乡镇企业的功绩在于:不是与农业争夺劳动力,而是大大降低了超出农业实际需要的剩余劳动力。如果没有乡镇企业如此之快的发展,农业剩余劳动力的状况将远比现在严重。

——提高社会劳动生产率。乡镇企业不仅有利于提高劳动力资源的利用程度，而且还有利于提高劳动生产率。一是乡镇企业通过吸纳大量农业剩余劳动力，直接推动了农业劳动生产率的提高。按可比价格计算，从 1979—1992 年每个农业劳动力提供农业产值增长 70.6%，平均每年增长 4.2%。与 1953—1978 年共增长 22.2%、平均每年增长 0.8%的水平相比，劳动生产率的年均增长率上升了 3.4 个百分点。二是乡镇企业自身的劳动生产率逐年提高，并且快于全国社会劳动生产率的增长。1992年乡镇企业人均创造产值 17555 元，扣除价格因素后，比 1978 年的 1744元增长 9.07 倍，平均每年增长 17.9%，与同期全国社会劳动力人均创造社会总产值每年增长 7.1%相比，高出 10.8 个百分点，即相当于全国平均水平的 2.52 倍。如果没有乡镇企业的较快增长，全国整体劳动生产率的现有增长水平也是难以达到的。可见，乡镇企业不是降低了全国整体劳动生产率，而是加快了全国整体劳动生产率的增长。

——提高工业劳动生产率。在我国工业化进程不断取得新成就的情况下，工业劳动生产率的增长对国民经济整体经济效率的提高至关重要。从 1979—1992 年，按 1980 年价格计算，乡镇工业企业人均产值由 2606 元上升到 19890.7 元，共增长 6.63 倍，平均每年增长 14.5%，明显快于同期全国工业企业全员劳动生产率年均增长 7.5%的水平。虽然由于种种原因，乡镇企业劳动生产率与国有工业企业之间尚有一定差距，1992 年约相当于国有工业企业的 60%，但与 1978 年只相当于国有工业企业的 23.4%相比，目前两者之间劳动生产率差距正在以每年 3 个多百分点的速度逐步缩小。照此下去，随着时间的推移，乡镇工业的劳动生产率可望接近国有工业企业。

——提高经济效益。过去乡镇企业以利润表示的经济效益长期低于国有企业，近年来情况发生了很大变化。以乡村集体企业与预算内国有企业作比较：1985 年乡村集体企业利润额 171.3 亿元，仅相当于预算内国有工业企业利润额 610.21 亿元的 28.1%；1992 年乡村企业利润额上升到 477.6 亿元，而预算内国有工业企业利润额却下降到 341.7 亿元，乡村企业利润额开始超过预算内国有工业企业。出现这种状况的原因，是由于过去预算内国有工业企业享受国家平价供应能源、原材料等各种优惠,所获得利润中有相当部分是靠差价转移而来的。近年来随着市场调节比重的不断扩大,乡村企业和预算内国有工业企业在利润方面出现的消长变化,则比较真实地反映了企业的实际经营状况。

贡献之四:促进农业持续稳步发展。乡镇企业与农业是当今农村经济的两大主体产业。在过去较长一段时期内,乡镇企业是依靠农业供给的生产要素得以发展起来的;乡镇企业在发展过程中又以多种方式反过来支持农业,保证和促进了农业的持续稳定发展。

——以工补农建农。乡镇企业最直接的贡献是以利润形式无偿支持农业,数额逐步趋于增大。1992 年乡村企业以工补农建农资金 105 亿元,比 1978 年的 26.2 亿元增长 78.8 亿元,平均每年增加 5.63 亿元。尤其是乡镇企业自 20 世纪 80 年代中期进入高速增长以来,对农业的资金支持明显增加。1992 年与 1985 年相比,以工补农建农资金增加 75 亿元,平均每年增加 10.71 亿元。需要指出的是,乡镇企业以工补农建农资金增长之快,已经超过国家对农业的基本建设投资,成为农业持续稳定发展的重要支撑力量。

——减轻农民负担。除以工补农建农外,乡镇企业还以多种形式支持农村经济建设和社会事业,大大减轻了农民的直接社会负担。在乡镇企业发展不足而农业发展较快的中部地区,农民负担逐年加重,远远高于国务院规定的占上年人均纯收入 5%的比例,加上收购农产品"打白条"现象严重,已经构成引发农民情绪波动的主要因素。而在乡镇企业发达地区,农民各项直接负担相对轻得多,一般都没有超出、有些甚至明显低于国务院的规定,同时收购农产品"打白条"的现象也很少发生。

——增加农民收入。1978 年乡镇企业职工工资总额 86.7 亿元,1992 年上升到 1738.4 亿元,扣除物价因素后,增长 9.5 倍,成为农民人均纯收入增长的一个日益重要的来源。在乡镇企业发达地区,乡镇企业已经取代农业成为农村居民收入的主要来源,来自乡镇企业的收入在农民人均纯收入中所占比重已经超过 50%。

——改善农业生产条件。以乡镇企业发达省份之一的江苏与全国平均水平相比:农业机械总动力,1991 年江苏平均每百亩耕地 28.8 千瓦,

比全国平均水平 20.5 千瓦高出 40.1%；农村用电量，1991 年江苏平均
每百亩耕地 17802.2 千瓦小时，比全国平均水平 6713.1 千瓦小时高出
1.65 倍；农用化肥施用量（按纯量计算），1991 年江苏平均每百亩耕地
3.49 吨，比全国平均水平 1.95 吨高出 78.9%。在衡量农业现代化进程
快慢的各项主要指标中，乡镇企业发达地区都明显高于全国平均水平，
更大程度上高于乡镇企业不发达地区。这说明乡镇企业的发展对改善农
业生产条件起到了重要作用。

贡献之五：推进农村社会发展。乡镇企业对农业和整个国民经济发
展作出了重大贡献，同时对直接关系到农村社会发展的各项公益事业所
作出的贡献也是不可忽视的。

——支持农村福利事业。乡镇企业用于农村福利事业的投入逐年增
加，有力地加强了农村福利事业的建设。1992 年乡镇企业支持农村福
利事业资金 45 亿元，比 1978 年的 4 亿元增长了 10.25 倍，平均每年增
长 18.9%。尤其在乡镇企业发达地区，农村医疗、保健、养老等公益性
服务蓬勃发展，已经开始形成较为完备的社会保障体系，充分体现了社
会主义制度的优越性。

——发展农村教育事业。1992 年乡镇企业用于农村教育发展的资金
32.9 亿元，比 1985 年的 6 亿元增长了 4.48 倍，平均每年增长 27.5%，
远远高于同期国家用于农村教育事业的经费增长速度。最为明显的是，
在乡镇企业发达地区有效地弥补了农村教育经费的不足，改善了教师待
遇，加强了教学设施建设，促进了农村教育事业的发展，对提高农村人
口的文化科学素质和精神文明程度起到了良好作用。

——带动村镇建设。乡镇企业的迅猛发展大大增强了农村经济实
力，带动了农村交通运输业、商业服务业等第三产业的发展，促进了村
镇建设，在此基础上逐步形成了一大批具有多项现代社会功能的小城
镇，并成为当地农村的政治、经济和文化中心。随着乡镇企业逐步走向
集中连片发展，农村小城镇建设正在出现方兴未艾的喜人局面。不仅如
此，乡镇企业还拿出相应的资金支持村镇建设。1992 年乡镇企业用于
村镇建设的资金 9.8 亿元，比 1985 年的 2.5 亿元增长了 2.92 倍，平均
每年增长 21.6%，加快了农村城市化进程。在这个时期，我国农村建制

镇由 7956 个上升到 14135 个，增长 77.7%，以平均每年新增 882.7 个镇的速度向前发展。可以说，其中绝大多数是由乡镇企业发展所带动起来的。

三、乡镇企业强劲崛起的基本因素

实行改革开放以来的十多年，我国国民经济的总体发展速度明显高于世界经济平均发展速度，乡镇企业的发展速度又明显高于我国国民经济的总体发展速度，可以毫不夸张地称作当今世界经济发展的一大奇迹。统计数字表明：从 1979—1991 年，我国社会总产值平均每年增长 10.4%，乡镇企业总产值平均每年增长 27.5%，后者比前者竟高出 17.1 个百分点。按可比价格计算，全国社会总产值从 1953—1990 年增长了 22.6 倍，乡镇企业从 1979—1991 年也增长了 22.6 倍。前者用去 38 年时间才达到的增长倍数，后者只用了 13 年时间就实现了，整整少用了 1/4 世纪。乡镇企业的强劲崛起和迅速发展，不仅已经构成我国国民经济中生机勃勃的一个重要部分，而且还表明我国国民经济发展完全可能提前实现第二步战略目标，并继续向第三步战略目标发起有力的冲击。

乡镇企业这种令人惊奇的高速增长究竟是如何形成的，这是近年来人们极为关注的一个核心问题。实践证明，乡镇企业的强劲崛起和迅猛发展是由多方面因素决定的，既来自外部改革开放大环境的催化，又来自内部运行机制的强盛；既来自市场调节的导向，又来自政府机构的支持。我们不能片面地归结于某一方面因素所起的作用，而排斥其他方面因素所起的作用。可以说，乡镇企业是较为充分地利用和发挥了多方面的有利因素，并将这些有利因素卓有成效地结合起来，形成了强大的经济发展的推动力、竞争力和应变力，才造就了如今这般蔚为壮观的国民经济新格局。

充分利用改革开放的政策环境，是乡镇企业强劲崛起和迅猛发展的基本因素之一。党的十一届三中全会以来所实行的改革开放的一系列重大政策措施，创造了一个前所未有的有利于现代化建设的外部环境。尤其是以"一个中心、两个基本点"为主要内容的党在社会主义初级阶段基本路线的确定，为国民经济发展提供了政治上的牢靠的保障条件。这既构成了加快国民经济发展的历史机遇，同样也提供了加快乡镇企业发展的历史机遇。如果没有改革开放所造就的历史机遇，加快国民经济发展包括加快乡镇企业发展将无从谈起。但是，同样重要的是能否抓住和利用这个历史机遇。如果不能抓住和利用这个历史机遇，加快国民经济发展，包括加快乡镇企业发展，也将难以实现。

值得指出的是，乡镇企业不仅及时抓住和充分利用了改革开放的历史机遇，实现了超出预期的高速增长，而且还通过高速增长进一步强化了有利于自身发展的外部环境，使之逐步向更好的方面转化和演进。实际上，尽管 20 世纪 80 年代以来产生了改革开放的历史背景，然而对于乡镇企业来说并不全是风和日丽，在乡镇企业成长过程中曾几度出现过某些不利的舆论和倾向。由于乡镇企业的运行轨道与国有企业的传统运行轨道不同，两者不可能不产生偏差和摩擦，因此，对于乡镇企业的指责时有发生。80 年代前半期，主要指责乡镇企业是"不正之风的根源""与国有企业争资金、争原料、争市场"，并将乡镇企业作为经济紧缩的重点目标。80 年代后半期，又指责乡镇企业"与农业争劳动力""经济效益低、产品质量差、环境污染重"。尤其在治理整顿期间，对乡镇企业贷款甚至实行"零增长"，造成空前的困难局面。但是，乡镇企业以其在改革开放浪潮中练就的顽强生命力，逐步消除自身的种种不足和缺陷，尽力克服外部的重重困难和障碍，一次又一次地将不利转化为有利，在每年倒闭几万个企业的同时又新生几十万个企业，始终保持着高于国民经济整个水平的增长速度，普遍实现每隔几年就登上一个新台阶，并且得到全国上下的公认。更为可喜的是，每历经一次重大困难时期，乡镇企业都比以前更加强大，更有活力，在国民经济中所具有的地位也相应变得更高、作用更大。

始终保持市场调节的运作方式，是乡镇企业强劲崛起和迅猛发展的基本因素之二。我国把建立社会主义市场经济新体制作为改革目标，是在 1992 年 10 月党的十四大上正式确定的。然而，发展社会主义市场经济的实践活动却早就产生了。其中，作用最为显著、影响最为重大的莫过于乡镇企业。乡镇企业的成长壮大，与市场经济的命运紧密联结在一起。虽然在改革开放以来的十多年中，乡镇企业不是在大张旗鼓地宣传社会主义市场经济的外部环境中发展起来的，但是在这段不短的时间内乡镇企业坚持以市场为取向的运作方式始终没有改变，实际上也不可能改变，完全可以说，乡镇企业实际上是推动我国社会主义市场经济逐步成长的先导力量。

在传统计划经济的体制制约下，乡镇企业的各种生产要素和商品销售都只能依赖于市场。一是乡镇企业所需要的能源、原材料、运输等没有列入国家计划，无权享受国有企业的种种优惠条件和供给保障，只能以不同程度高于国家平价的市场价格，历尽艰难地从市场中获得。即使直接列入国家计划的银行贷款，在数额上与乡镇企业的实际需要也相差甚远。1992 年乡镇企业总产值占全国社会总产值的 32.3%，而乡镇企业所得到的银行贷款余额只有 1876.8 亿元，仅占国家银行贷款余额 21615.5 亿元的 8.7%。以往差不多每次经济紧缩，都是拿乡镇企业开刀，首先压低甚至取消乡镇企业贷款的增加额。贷款不足部分的资金来源，只能以高于银行贷款基准利率 30%以至更高的代价，以多种形式从市场渠道获得。二是乡镇企业所需要的人才、技术也没有或很少列入国家计划，在很长时间内国家大中专应届毕业生几乎都没有直接分配到乡镇企业的计划，至于高中级的技术和管理人才更是乡镇企业通过高薪聘请的，乡镇企业的很多关键技术是以竞争方式购买的专利技术。因而乡镇企业对于人才和技术格外尊重，较为充分地发挥了人才和技术的作用。三是乡镇企业的商品销售更是极少有列入国家包销计划的，完全需要通过市场竞争得以实现。乡镇企业专门为此建立了一支能够吃苦耐劳的推销员队伍，80 年代中期以来在各地农村相继建立了一大批综合性批发市场和专业性批发市场，充分利用市场空隙，不断扩大市场容量，有效地推动着实现从商品转化为价值的跳跃，使乡镇企业的市场领域和生产规模愈益扩大。

由此可见，乡镇企业与市场经济之间是相互依存、相互促进的关系。乡镇企业的各种激励要素都孕育于市场经济之中，其成长壮大过程就是市场经济逐步发展的过程。在全国社会总产值和工业总产值中，乡镇企业已经分别接近和超过 1/3，则意味市场经济成分至少在同样领域中的成功发展,对于最终确立社会主义市场经济新体制的改革目标起到了重要作用。乡镇企业的成长壮大还较好地体现了社会主义的两项最本质的要求,即坚持以公有制为主和以按劳分配为主。在乡镇企业总产值中,明确属于集体所有制性质的乡村企业,1992 年占 66.6%,加上联户企业中尚有相当部分属于村民小组集体所有,乡镇企业是以集体所有制为主体可以确定无疑。乡镇企业在分配上以计件工资为主要形式,与产品质量和经济效益直接挂钩,实行多劳多得,少劳少得,同样较好地体现了按劳分配原则。这些足以说明,乡镇企业不仅实现了产值和效益的较快增长,而且始终坚持了社会主义本质要求,无愧为社会主义市场经济的成功实践者。

不断完善富有活力的企业机制,是乡镇企业强劲崛起和迅猛发展的基本因素之三。乡镇企业既然以市场调节为主,必然要求在实际运作中形成相应的企业机制,以适应市场竞争的需要,以弥补相对于国有企业的外部竞争条件的不平等,逐步增强驾驭市场变化的能力,求得最大限度的生存发展空间。实行改革开放以来的十多年中,乡镇企业在这方面取得出人意料的重大进展,已经创造和形成了一套比较成熟的富有活力的企业机制,为保证和推动经济发展发挥了突破性的重大作用,成为国有企业进行体制改革和机制转换的公认样板。

乡镇企业独创的一套较为适应市场经济发展要求的运行机制,主要包括下列内容:一是自担风险的发展机制。乡镇企业直接面对市场,生存发展还是亏损倒闭,完全由企业自己承担,企业的决策行为、经营活动和生产状况决定着自身的命运。一旦发生亏损倒闭,国家不可能实际上也没有给予财政性亏损补贴。这就使乡镇企业干部职工产生了强烈的危机感和责任感,上下齐心协力,共渡各种难关。在资金最为紧缺的时期宁可暂时缓发或少发工资,也要保证企业的生存发展需要。在经济效益好转后,又以扩大再生产为首要目标,不断增加积累,使企业后劲逐步增强。二是高效快速的决策机制。乡镇企业涉及第一、第二和第三产业,范围极为广泛,项目相当繁杂,但是管理机构却很精干,企业自主权大,办事简捷高效,市场应变能力强。对市场前景和经济效益较好的项目,能够抓住机遇及时决策,建设周期大大缩短,通常国有企业尚未办完审批手段，乡镇企业已经建成投产，抢先主动占领市场。三是催人奋进的分配机制。在乡镇企业不是干好干坏一个样，而是按经济效益决定分配、由贡献大小进行奖励，较为彻底地做到了"上不封顶，下不保底"，极大地激励了干部职工的生产积极性，劳动生产率大幅度提高。四是能者为上的用人机制。乡镇企业在用人制度上坚持德才兼备，在保证基本素质好的前提下重视才干、知识和实绩，实行"能者上、庸者下"的选择标准，大胆启用敢于开拓创新、有自我牺牲精神的各种能人，以实绩作为主要考核依据，较为普遍地造就了朝气蓬勃的企业领导班子，有才华、有贡献的乡镇企业家不断涌现，由这一大批企业家推动了乡镇企业的迅猛发展。

逐步优化各级政府的支持体系，是乡镇企业强劲崛起和迅猛发展的基本因素之四。在较为完备的市场经济中，政府对企业的干预应当尽可能减少，以此保证企业自负盈亏、自主经营、自我发展的权力，然而这并不意味着可以放弃政府对企业的支持。在目前我国市场经济发育程度还比较低的情况下，企业的发展更离不开政府的支持。乡镇企业是在各级政府尤其是所属县乡政府的有力支持下发展起来的。目前我国政府对乡镇企业的支持，已经从中央、省市到县乡形成了一个体系。

政府对乡镇企业的支持属于合理干预，与不合理干预是根本不同的。前者有利于乡镇企业的发展，后者则有碍于乡镇企业的发展。尽管十多年来，政府对乡镇企业支持的同时也夹带着某些负面行为，然而，总体上对乡镇企业的发展还是利多弊少，所起的积极作用毕竟居于主流地位。尤其在乡镇企业发达地区，政府对乡镇企业的支持体系日益趋于优化，其标志是对乡镇企业日常的经营活动不直接进行干预，放手让乡镇企业参与市场竞争并求得不断成长壮大，而当乡镇企业碰到较大困难或者面临重大发展机会时，政府则出面帮助乡镇企业排忧解难，包括帮助乡镇企业制订发展规划、研究经营对策、寻求生产要素、拓宽市场销路等，以尽力确保乡镇企业的正常运行和突破性发展。这种积极意义上的政企合力，对加速乡镇企业发展是富有成效的，已经构成乡镇企业迅猛发展的原因之一。国有企业发展相对较慢的重要原因之一，也正是政府部门对企业的不合理干预过多过细，严重束缚了企业的手脚，削弱了企业的市场竞争能力。

即使今后在市场经济发育程度比较高、乡镇企业已经普遍改组为股份制（包括股份合作制）的情况下，也仍然不能排斥政府的支持体系。在当今市场经济高度发达的西方国家,政府对企业的规范化引导和支持也是始终存在的,其中在对外贸易扶持方面更为突出。作为正处于由传统计划经济向市场经济过渡时期的我国,在政府机构改革特别是县乡政府机构改革方面有两点应当加大力度,即对乡镇企业的不合理干预必须尽力消除,而对乡镇企业的必要支持仍要保持并不断改进。

四、乡镇企业继续发展的前景展望

在充分估计和肯定乡镇企业成功之处的同时，也要看到乡镇企业存在的不足和发展中碰到的问题，使我们对乡镇企业能有一个较为全面而又清醒的认识，以利于继续保持乡镇企业高速而又健康的发展。从全国乡镇企业情况来看，目前存在的不足和问题主要有：一是地区之间发展不平衡，差距继续拉大。经济较发达的东部沿海地区乡镇企业继续以高于全国平均水平的速度增长,经济处于中间状态和较落后状态的中西部地区虽然有少数几个省份增长速度名列全国前十位,但是大多数省份增长速度仍然低于全国平均水平。二是整体经济技术基础仍然较差,与提高国民经济发展水平的要求不太适应。乡镇企业中产品档次高和技术含量高的只是少数企业,绝大多数乡镇企业还处于粗放经营的地步。三是投入水平与现实需要很不相称，妨碍着技术进步的更快发展。1992 年乡镇企业总产值已接近全国社会总产值的 1/3，但是国家银行对乡镇企业贷款余额仅占全国贷款余额的 8.7%。四是相关法规体系不健全，侵犯乡镇企业合法权益的行为时有发生。其中，一些地方强行平调、上收、改变乡镇企业所有制性质和隶属关系，以及乱摊派、乱收费、乱罚款等现象，尤其突出。上述存在的不足和问题，在一定程度上制约了我国乡镇企业的发展，亟待改进或消除，以适应经济更快更好发展的要求。

1993 年春节期间，邓小平同志在上海指出："希望你们不要丧失机遇。对于中国来说，大发展的机遇并不多。" 90 年代往后几年，我国仍将面临过去和未来都不多见的良好历史机遇,国内和国外形势都有利于我国国民经济的大发展。能否把握这个机遇,尽快把经济建设搞上去,是能否加快社会主义现代化建设步伐、提前实现第二步战略目标的关键时期。我们对待乡镇企业也要从这个历史大背景中进行考察,绝不能一看到乡镇企业增长速度较快并且存在某些问题就顾虑重重,而应当牢固树立全局观念,采取有效措施,继续促进和保持乡镇企业的大发展、大提高,把乡镇企业作为实现 90 年代国民经济大发展、全国农民生活如期达到小康水平的一大支柱力量。

在全国人大八届一次会议上,决定对原先制定的"八五"计划和十年规划进行修改,将国民生产总值增长率由平均每年 6% 调整为 8%—9%,提前实现国民生产总值第二个翻番的目标。对作为国民经济重要组成部分的乡镇企业发展规划,也需要进行相应的调整。1992 年 1 月,国家有关部门曾经规划:到 2000 年,全国乡镇企业总产值将达到 26000 亿元,其中乡镇工业产值为 18300 亿元,分别比 1991 年增长 123.7% 和110.1%,平均每年增长 9.6% 和 8.6%;出口商品交货额达到 2000 亿元,比 1991 年增长 198.6%,平均每年增长 12.9%。从 1992 年的实绩和今后几年的发展势头来看,乡镇企业的平均增长速度将有较大突破,总体发展规划也将提前到 1995 年或者更早实现。根据国家计委和农业部的新近研究结果,为确保全国农民能如期实现人均纯收入 1200 元的小康收入指标,乡镇企业年均增长速度需要保持在 15% 以上,这既是必要的,又是可能的。按年均增长 15% 计算,到 2000 年乡镇企业总产值将比 1991 年增长 251.8%,超过 40000 亿元。其中,乡镇工业产值和出口商品交货额的发展目标也将有相应程度的提高。可以肯定,在 21 世纪中叶以前我国实现国民经济第三步战略目标、人均国民生产总值达到中等发达国家水平的奋斗过程中,乡镇企业必将发挥更大的推动作用。

今后一定时期内,乡镇企业发展的基本指导思想是:坚定不移地贯彻执行"积极扶持、合理规划、正确引导、加强管理"的方针,走"发展、改革、完善、提高"的路子,进一步调整经济结构,深化体制改革,推动科技进步,加强企业管理,提高产品质量和经济效益,保护生态环境,努力把乡镇企业提高到一个新水平。在实际操作过程中,需要侧重抓好以下几个方面：

第一，继续深化体制改革。乡镇企业之所以发展较快，不是其他方面有什么奥秘，而是乡镇企业自身的运行机制比较灵活，在相当大程度上弥补了其他方面的先天不足，并且在激烈的市场竞争中形成相对的优势。在我国由传统计划经济逐步转向市场经济的今后，对于乡镇企业现有的运行机制不能改变，但是需要通过深化改革继续加以完善，进一步增强市场竞争能力，并从根本上建立社会主义市场经济新体制。深化体制改革的主要途径是：继续稳定和完善各种形式的经济责任制，积极推行股份制尤其是股份合作制，明晰产权关系，实行规范化管理；大力发展横向经济联合，加快组建企业集团，进一步调整和优化组织结构；努力建立健全社会化服务体系，特别是商品和生产要素的市场体系，改善乡镇企业的外部经营条件；加强保护乡镇企业的合法权益，坚决制止强行平调、上收、改变乡镇企业所有制性质和隶属关系的违法行为，进一步消除乱摊派、乱收费和乱罚款等不合理现象，对情节严重的要追究法律责任。

第二，继续扩大对外开放。90 年代及其往后乡镇企业的大发展、大提高，仅仅依靠国内市场资源是不够的，迫切需要进一步开发利用国际市场资源，并有效地将国内外两个市场资源的优势结合起来。扩大对外开放，对于依靠市场调节而成长壮大的乡镇企业来说，可以称得上是如鱼得水，能够更大限度地利用国际市场资源继续发展壮大，其好处是相当多的。由于乡镇企业提供的出口商品以劳动密集型产品为主，这对劳动力资源充裕的我国乡镇企业在国际市场上具有独特的优势。随着恢复我国在关贸总协定缔约国地位的谈判继续取得进展，加快发展乡镇企业外向型经济则显得更加重要。对有条件的乡镇企业要尽早赋予自营进出口权，推动这些企业更大步伐地走向国际市场，逐步实现大型化、国际化和产业、技术的高度化，不断增强国际市场竞争能力。对产品主要销售国内市场的乡镇企业，也要树立国际市场竞争的观念，并在尽可能短的时期内完成调整目标，以适应"复关"后国外产品大量进入国内市场所造成的冲击。今后不仅出口商品面临激烈的国际竞争，而且内销商品也将面临激烈的国际竞争，对此要有足够的估计和清醒的认识。为改变乡镇企业技术素质和管理水平普遍较低的状况，必须加速技术引进步伐，继续发展中外合资合作企业，按照国际市场要求组织生产，不断提高产品的质量和档次。

第三，积极推进均衡发展。东部沿海地区和中西部地区之间乡镇企业发展差距的拉大，在一定时期内是难以完全避免的，但是从全国经济均衡发展的战略出发，必须努力缩小地区之间的发展差距，至少使这种差距不至于过分拉大。加快发展中西部地区乡镇企业，就是缩小地区差距的一项重大战略措施。在产业政策上，要实行因地制宜的指导原则，从当地资源、资金、人才、技术、市场等客观条件出发，能发展什么就发展什么，能发展多快就发展多快，规模能搞多大就搞多大，不能人为限制，也不能套用东部沿海地区的模式。在企业组织形式上，要实行"多轮驱动、多轨运行"的指导方针，鼓励乡办、村办、个体、私营、合资、联营、股份等多种组织形式一起上，充分发挥各自的优势。鉴于中西部地区集体经济比较薄弱，应当更加放手地发展个体、私营企业，充分挖掘当地的经济潜力。国家对中西部地区要加强扶持，在资金、技术、人才等方面实行倾斜政策。同时，中西部地区与东部沿海地区之间要进一步加强横向经济联系，实行优势互补、共同发展。

第四，逐步改进企业布局。由于种种历史原因，造成目前我国乡镇企业的布局过于分散，在东部沿海地区尤为突出。这不仅影响工业经济聚集效应的发挥，加大了基础设施建设的投入，而且还阻碍农村小城镇的形成，导致我国城市化严重滞后于工业化。有人将这种现象称之为比"城市病"危害更大的"农村病"。根据国际社会公认的一个原则，城市化与工业化之间应当实现同步，以推动社会的全面进步。今后乡镇企业一定要走集中布局、连片发展的路子，结合建立乡镇工业小区，加速农村小城镇建设，以减少占用耕地、减轻环境污染、节省基础设施建设投入，方便经济交往和信息交流，丰富职工物质文化生活，推进农业适度规模经营。从加快农村城市化进程的要求出发，东部沿海地区乡镇企业要结合重大技术改造，实行逐步集中；中西部地区乡镇企业正处于起步阶段，从一开始就必须坚持集中连片发展。

第五，不断增强发展后劲。乡镇企业能否实现预期的大发展、大提高，增强包括技术、资金在内的各种生产要素供给，是至关重要的。在现阶段国家必须给予有力的扶持，例如在资金供给方面相应增加银行信贷规模，使之与乡镇企业的地位和作用趋向适应。更重要的是建立健全各种要素市场体系，开辟包括资金在内的各种要素的多种来源渠道，在全社会范围内更加有效地开发利用资源，满足乡镇企业不断发展的需要。

农产品流通与农村市场体系建设

关于工农业产品价格剪刀差的几点看法[*]

本文拟就工农业产品价格剪刀差（以下简称剪刀差）的概念、剪刀差的计算方法以及怎样解决剪刀差等方面进行一些探讨。

一

正确理解剪刀差的概念，是深入研究剪刀差问题的基础。我们知道，价格是价值的货币表现，商品交换必须实行等价交换的原则。在符合等价交换原则前提下形成的工农业产品交换比价，才是合理的比价；否则，便是不合理的比价。工农业产品之间的不等价交换正是这种情况。交换双方的价格与价值相背离，工业品价格高于价值，农产品价格低于价值。而且这种价格同价值之间的差距呈现扩大的趋势。如果用图形来表示，则以工农业产品的价值为一百，把工业品、农产品的价格与各自的价值背离的百分比画成两条曲线，前者在水平线以上，后者在水平线以下，差距由小逐步扩大，犹如一把张开的剪刀形状。这就是工农业产品价格剪刀差。

斯大林指出，剪刀差就是农民"在购买工业品时多付一些钱，而在卖出农产品时少得一些钱"。斯大林这里所说的"多付一些钱"和"少得一些钱"，都是相对工农业产品价值而言的，是以工农业产品价值为标准的。如果离开价值去谈价格，离开价格与价值的关系去谈剪刀差，就离开了作为客观依据的标准，也就不可能正确地回答有关剪刀差的诸问题。因此，工农业产品价格与价值的关系，是剪刀差概念中最有意义、最能说明问题的实质性的东西。

　＊ 本文原载《经济研究参考》1981 年第 46 期。

然而，抓住了剪刀差的实质，并不意味着可以离开剪刀差的表面现象。什么是剪刀差的表面现象呢？这就是工农业产品交换中的不合理比价，也就是两类产品价格之间的关系。这种价格关系虽然不能反映剪刀差的实质，但工农业产品价格之间的关系如何变化，会在相当程度上直接影响到剪刀差的存在或幅度大小。在了解工农业产品价格与价值关系的基础上，回过头来进而了解工农业产品价格之间的关系，才能知道工农业产品各自达到什么样的价格水平才同它们的价值相符合，工农业产品交换确定什么样的比价才是合理的比价，当剪刀差存在的时候对工农业产品价格调整到什么程度才能缩小以至基本消除剪刀差。综上所述，不合理的工农业产品交换比价，是可以而且应当包括在剪刀差这个整体概念之中的。不合理的交换比价同价格与价值的背离相辅相成，从两个不同的方面构成了剪刀差概念的整体。不过需要指出的是，与剪刀差相联系的只是不合理的交换比价，而不是交换比价的全部。当剪刀差消除以后，随之消失的只是不合理的交换比价，取而代之的是合理的交换比价。正因为如此，人们才有可能通过合理调整工农业产品交换比价，逐步缩小剪刀差。

二

如何计算工农业产品价格与价值的差距，是当前深入研究剪刀差问题所面临的一个课题。

马克思主义政治经济学告诉我们：作为价格的客观基础的价值，并不是个别价值，而是社会价值。计算工农业产品价格与价值的差距，关键在于确定工农业产品各自的社会价值。

怎样计算工农业产品各自的社会价值呢？

首先必须确定这样一个前提，即就工业品或农产品分别来看，价格与价值往往不一致，但是就整体而言，工农业产品的价格总额和价值总额是相等的。这个前提是符合马克思的商品价值理论的。然后，根据马克思关于等量劳动创造等量价值的原理，可以把工农业劳动力折算成统一的能够直接比较的劳动力（简称"可比劳动力"），从全国从事创造价值的可比劳动力总数中，计算出工业（其中除通常指的工业外，还包括运输业、建筑业及商业等部门）和农业这两大部类各自的比重，分别与国民收入总额相乘，并各自加上产品中物质消耗部分的价值，就可以得到工农业产品各自的社会价值总额。工农业产品价值总额的计算，可以化为下列公式：

（1）农产品价值总额 $= \dfrac{\text{国民收入}}{\text{总额}} \times \dfrac{\text{农业可比}}{\text{劳动力比重}} \times \dfrac{\text{农业物质}}{\text{消耗}}$

（2）工业品价值总额 $= \dfrac{\text{国民收入}}{\text{总额}} \times \dfrac{\text{工业可比}}{\text{劳动力比重}} \times \dfrac{\text{工业物质}}{\text{消耗}}$

这里有一个问题应当弄清楚：即作为工农业两类总产品中的物质消耗，各自本身也都分别来自工业或农业，其中来自工业的部分价格高于价值，来自农业的部分价格低于价值。在计算工农业两类总产品各自社会价值的过程中，是否要对物质消耗这种价格背离价值的状况进行计算呢？看起来似乎有计算的必要，实际上是没有这个必要的。我们知道，物质消耗一旦转化为新产品，人们总是以物质消耗的价格为基础，加上活劳动创造的价值，来确定新产品的价值的，而不管物质消耗本身的价值如何。换句话说，在工农业两类总产品的生产中，必须按照物质消耗的价格（而不是其价值）预付物质消耗的费用；在工农业两类总产品形成后，必须按照物质消耗的价格（而不是其价值）补偿物质消耗的费用。由此可见，就计算工农业产品各自社会价值来说，是没有必要计算物质消耗本身的价值的，只要将其价格作为一个既定数就可以了。

在计算出工农业产品各自的价值总额以后，再与两类产品各自的现行价格总额（即按当年实际价格计算的总产值）比较，两者各自的差额就是价格背离价值的数额。然后再用这两个数额，分别除以同类产品的社会价值，所得出的相对数并化为百分比，就是农产品价格低于价值的幅度和工业品价格高于价值的幅度。这两个幅度的计算，可以分别化为下列公式：

（1）$\dfrac{\text{农产品价格低}}{\text{于价值的幅度}} = \dfrac{\text{农产品价值总额} - \text{农产品价格总额}}{\text{农产品价值总额}} \times 100\%$

（2）$\dfrac{\text{工业品价格高}}{\text{于价值的幅度}} = \dfrac{\text{工业品价格总额} - \text{工业品价值总额}}{\text{工业品价值总额}} \times 100\%$

在具体计算过程中，我们必然会碰到这样一个问题，即如何把工业劳动和农业劳动折算成统一的可比劳动？马克思指出："比较复杂的劳动只是自乘的或不如说多倍的简单劳动，因此，少量的复杂劳动等于多量的简单劳动。""各种劳动化为当作它们计量单位的简单劳动的不同比例，是在生产者背后由社会决定的。"工农业劳动复杂程度的差别，在生产力水平不同的国家之间的情况是不同的。如何根据各个国家的具体情况准确地进行这种折算，是一个尚未明确解决的相当复杂的问题。

根据我国的实际情况，应当按什么样的比例把工业劳动还原于简单劳动（即农业劳动），需要加以探讨。

三

确定工业劳动力折算为农业劳动力的比例，是了解我国工农业产品价格与价值差距的关键。

我们知道，我国一个农业劳动日工分值为 0.8 元，而工业职工平均每天收入大体相当于农民收入的 3 倍左右。有人根据这一情况，依据按劳分配的原则进行推算，把 1 个工业劳动力折算成 3 个农业劳动力。前些时候，社会上流传的"1975 年工业品价格大体上高于价值 15%—20%，农产品价格大体上低于价值 25%—30%"，正是按这个折算比例计算出来的。

工农业劳动力的这种折算比例及其方法是否合理呢？很值得研究。因为现在 1 个工业职工的工资大体上相当于 3 个农业劳动者的报酬，在很大程度上是由于工业品价格高于价值、农产品价格低于价值的剪刀差所造成的，并非经济规律反映。把剪刀差造成的劳动报酬的差别这一结果作为前提，而且以此来计算剪刀差幅度的做法，无论如何是站不住脚的。有人会说，我国实行的是按劳分配原则，报酬差别完全可以体现劳动差别。实际上并不尽然，目前我国在劳动分配上还存在着不少弊端，有些方面还比较严重，还不能说已经完全贯彻落实了按劳分配。尤其在工业和农业两大部门之间，由于工业品价格偏高、农产品价格偏低，劳动报酬受价格不合理因素的影响极大，农民实际得到的报酬往往低于他们应当得到的报酬。因而，目前我国工农业劳动报酬的差别并不能准确地反映劳动复杂程度的差别，不能作为工业劳动力折算为农业劳动力比例的依据。事实上，农业劳动所付出的劳动量并不比工业劳动少，农业上的有些作业项目也并不比工业作业项目简单。工业劳动并不都是复杂程度很高的劳动，其中也有相当一部分是简单劳动。当然，从整体说来，工业劳动力受专门技术训练的程度要高于农业劳动力，但是这种差别不可能大到 3 个农业劳动力才顶得上 1 个工业劳动力的地步。实际上让 3 个中等农业劳动力去做工，绝不止创造 1 个中等工业劳动力创造的价值。我国社队工业的现实早已说明了这个问题。所以，把 1 个工业劳动力折算成 3 个农业劳动力，并以此为依据来计算我国工农业产品价格与价值背离的幅度，是不符合实际情况的，所计算出来的结果也是不可靠的。

那么，应该按什么比例把我国的工业劳动力折算成可比劳动力呢？笔者认为，可以通过与国外的比较来解决这个问题。经济发达的资本主义国家大体上是 1 个工业劳动力相当于 1 个农业劳动力，我国理论界有人计算，苏联大体上是 1 个工业劳动力相当于 1.3 个农业劳动力。考虑到我国工农业劳动复杂程度的差别比苏联更大些，似可把 1 个工业劳动力还原于 2 个可比劳动力（即农业劳动力）。这是一种经验估计算法，不一定完全准确，但可能比较符合实际。有人可能会说，这样的折算比例偏小，因为我国农业劳动的复杂程度比苏联低。这种说法具有极大的片面性。不错，我国农业劳动的复杂程度是比苏联低，但是我国工业劳动的复杂程度也同样比苏联低。综观国内外情况，把我国 1 个工业劳动力折算为 2 个农业劳动力，比例并非偏小，具有一定的可靠性和可取性。当然，这样的折算比例也还只是一种探讨，仍然可以继续研究。

如果按照上述折算比例对我国剪刀差进行概算，计算出来的工农业产品价格与价值的差距比前面说的要大些。这里选择 1952 年、1957 年和 1977 年为例，概算结果如下：农产品价格低于价值的幅度，1952 年为 22.7%，1957 年为 38.8%，1977 年为 41.1%；工业品价格高于价值的幅度，1952 年为 42.4%，1957 年为 53.9%，1977 年为 28.5%。据此推算，1979 年农产品调价以前，农民每年在交售农产品、购买工业品（包括生活消费品和农业生产资料）这种不等价交换中，加上农业税，向国家提供的积累约占国家财政收入的 2/5 左右。由此可见，我国农民虽然向国家直接交纳的农业税数额不大，只占国家税收总额的 1/10 左右，但是实际上通过剪刀差向工业提供的资金数额是相当可观的，对国家建设事业的贡献是相当大的。

这里还有一个问题，即在工农业产品价格背离价值呈现不同趋势的情况下，应当如何衡量剪刀差究竟是缩小还是扩大呢？现在有的同志往往把农产品价格低于价值的幅度和工业品价格高于价值的幅度合在一起，作为整个剪刀差的幅度，并通过与其他年份比较来看剪刀差变化趋势。这种方法看起来似乎有道理，实际上是极不准确的。需要指出的是，工农业产品价格背离价值的幅度是以同一个数额为基础计算出来的，即农产品价格低于价值的数额。这个数额流入到工业品价格中去，就成为工业品价格高于价值的数额。用这个数额除以农产品价值总额，就是农产品价格低于价值的幅度；用这个数额除以工业品价值总额，就是工业品价格高于价值的幅度。因此，衡量剪刀差幅度大小及其变化趋势，只要用上述两个幅度中的一个就可以说明问题了。用哪个幅度比较合适呢？我们知道，采取剪刀差这一措施的目的，是为了使资金从农业流入工业。所以，衡量剪刀差幅度的大小，要看流出资金在农产品价值中所占比重如何，也就是农产品价格低于价值的幅度如何。工业品价格高于价值的幅度只是作为相应的表现形式而存在的，它是由农产品价格低于价值的数额所决定的，不能作为衡量剪刀差大小及其变化趋势的标志。前面说过，1977 年农产品价格低于价值的幅度大于 1952 年和 1957 年，因而，我们说 1977 年我国剪刀差比 1952 年、1957 年扩大了。

四

根据我国国民经济发展的情况，今后一定时期内国家经济建设除了其他部门提供积累外，仍然需要农业提供一部分积累。这既是发展工业的需要，也是农业现代化本身的需要。因为农业现代化水平的提高，有待于工业提供与之相适应的农业生产资料，只有做到工农业互相促进，农业现代化建设速度才能更快。另一方面，我们也要看到，长期保持过大的剪刀差，对于农业现代化以至整个社会主义现代化建设，对于改善农民以至全体人民的生活，都会产生一系列严重的不良后果。因为实现农业现代化，必须加强和改进农业技术装备，这就需要投入大量资金。缩小剪刀差，减轻和改变使资金从农业流入工业的状况，是农业本身筹集现代化建设资金的一个重要来源。因此，在对待剪刀差问题上，两方面都要兼顾，正确的态度应当是逐步缩小（而不是立即消除）剪刀差，逐步改变目前农业支援工业的状况，使农业自身能够积累更多的资金进行现代化建设，以利于整个社会主义现代化建设的协调发展。

目前在部分同志中仍然存在着一些模糊认识，不利于剪刀差问题的正确解决，需要加以澄清。

首先，我们知道，剪刀差最明显的表现之一，就是工人和农民收入差别悬殊，大体 3 个农民的收入才顶得 1 个工人的收入。对此流传着一种解释：工人的收入为什么高，因为他们的劳动生产率高，创造了较大的价值，而农民收入这么低，是因为劳动生产率较低，创造的价值较小。这种说法是违背马克思的劳动价值论的。因为商品的价值取决于生产该商品的社会必要劳动时间，两者成正比，而社会必要劳动时间同劳动生产率成反比，劳动生产率提高愈快则社会必要劳动时间愈少，商品价值则愈小。较高的劳动生产率只能创造较多的使用价值，而不能创造较多的价值，两者必须分清。马克思指出："不管生产力发生了什么变化，同一劳动在同样的时间内提供的价值量总是相同的。"此外，作为使用价值，不同产品之间的劳动生产率是不能直接比较的。马克思指出："我们谈生产率的高低，指的总是同种产品。至于不同产品之间的关系，那是另外一个问题。"如果对工农业这两个不同领域里的劳动生产率进行比较，只能是相对的。一般只能以某一点为基点，比较两者的增长速度。但不要忘记劳动生产率的增长是同商品价值的变化成反比的。我们不能笼统地说工人劳动生产率比农民劳动生产率高，并由此认为工人创造的价值一定大于农民，也不能认为工人农民之间经济收入差别悬殊是完全合理的，从而忽视缩小剪刀差的必要性。

其次，我们知道，价值规律的一条原理是价格围绕价值上下波动，在一定限度内价格背离价值也是符合价值规律的。有人看到这种情况，就把剪刀差也看成是符合价值规律的。这也是一种错误的解释。价值规律所表现的价格围绕价值上下波动，是以等价交换为基础的，价格不应当背离价值太远，从整个过程来看，价格高于价值的部分和低于价值的部分大致相同，可以互相抵消。而工农业产品交换中的剪刀差与上述情况是完全不同的。我国剪刀差偏大，工业品价格长期大幅度高于价值，农产品价格长期大幅度低于价值。从整体说来，这两类产品的价格从未围绕价值上下波动，农产品价格从未高于价值，工业品价格从未低于价值，更谈不上两类产品各自高于或低于价值的幅度可以互相抵消。并且，工农业产品价格长期背离价值已经影响到农业扩大再生产的正常进行，有的地方甚至连简单再生产也不能维持，同时对工业发展也产生了不利的影响。由此可见，剪刀差偏大是违背价值规律的。我们必须清醒地认识到这一点，努力缩小剪刀差。

最后，马克思早就阐述过，在社会总产品对劳动者进行分配以前要作各种必要的扣除。有人看到这一点，便认为农民通过不等价交换向国家提供一部分剩余产品，实质上是马克思在《哥达纲领批判》中指出的为满足全社会需要而进行的那种扣除。这种观点也是值得商榷的。马克思在《哥达纲领批判》中确实说过，社会总产品在进行个人分配以前要进行各种必要的扣除。但是，马克思根本没有说过要进行剪刀差这种形式的扣除。相反，马克思历来是明确主张等价交换的，马克思所说的各种必要扣除是各个社会形态共存的经济规律，那些扣除永远是必要的，而剪刀差只是商品生产在一定阶段的产物，只是农业支援工业的暂时措施。尽管通过剪刀差扣除农民的一部分剩余产品在目前是必要的，但也不能把它同马克思说的各种必要扣除混同起来。如果把两者混同起来，那就意味着把暂时的经济措施说成是永久的经济规律，以至于使我们忽视剪刀差问题的解决。

我们还应当看到：解决剪刀差问题，并不是要求价格绝对符合价值，只是要求价格大体符合价值，在工农业产品之间实行相对等价交换或者近于等价交换。只要工农业劳动生产率变化程度不同，它们的价值变化就不可能完全一致。只要社会主义社会中价值规律仍然发生作用，工农业产品价格与价值背离的现象总是难以避免的。但是不能人为地助其扩大，而要根据经济规律的客观要求，尽可能予以缩小。这样，才有利于克服不等价交换幅度偏大所引起的各种不良影响，才有利于促进农业以及整个国民经济的协调而又迅速地发展。

五

如何才能缩小剪刀差呢？一般说来，在继续提高工业劳动生产率的同时，更为迅速地提高农业劳动生产率，是缩小剪刀差的一条根本措施。这可以使生产单位农产品社会必要劳动时间的降低速度快于工业品，从而更快地降低单位农产品价值，使价值同它的外在表现形式——价格趋于接近，同时能够向社会提供日益增多的食品和工业原料，满足人民生活经常增长的需要，增加农民和农村社队的经济收入，提高农村购买工业品的能力，促进整个国民经济的发展。

但是，目前乃至今后一定时期内，我国农业劳动生产率的增长仍将落后于工业劳动生产率的增长，单位工农业产品价值变化不平衡仍将继续出现，剪刀差还有趋于扩大的可能。在这种情况下，将不得不主要依靠调整工农业产品价格，使工农业产品交换比价不断趋于合理化，使工农业产品价格尽可能接近价值，以此缩小剪刀差。

调整工农业产品价格主要有两种方法：一种是以降低工业品价格为主，以提高农产品价格为辅；一种是以提高农产品价格为主，以调整工业品价格为辅。经过近几年的实践，看来第一种办法不大现实，主要因为我国近期内不具备工业品普遍大幅度降价的条件。不仅以农产品为原料的轻工业品由于原料价格提高而难以降价，而且其他许多消费品也因供不应求而不能降价。如果硬性大幅度降价，不利于消费品生产，也不利于市场稳定。农用工业品销售价格的降低，也有待于整个重工业水平的提高和产品价格的下降，单独大幅度降低农用工业品价格，使之与其他重工业品失去平衡，必然会损害农用工业品生产的发展，也不利于农业现代化建设。当然，某些具备降价条件的工业品仍然应当降价，但那只是局部产品。

比较现实的还是采取第二种办法。这样做，除同样能够达到缩小剪刀差目的外，还有以下好处：一是以提高农产品收购价格为主，对增加农民经济收入，调动农民积极性效果最为明显，有利于改善农民生活、促进农业生产以至整个国家经济的发展；二是适当调整工业品销售价格，有升有降，整体上保持相对稳定，有利于工业内部结构的调整，也有利于我国整个经济结构趋于合理化。不过，要解决好与之相关的几个问题。

第一，农产品价格倒挂问题。价格倒挂不利于商业经营管理，也影响商业职工购销农产品的积极性，反过来影响农业生产的发展，同时随着农产品收购价格的提高，而销售价格不变，国家财政对商业部门补贴的负担势必愈益沉重，也不利于国家财政收支的平衡。因此，应当把价格倒挂控制在一定限度内，在提高农产品收购价格的同时适当提高销售价格，把财政补贴的资金用在增加职工工资上，这对于改进商业经营管理、促进农业生产发展、保证国家财政收支平衡，效果可能更加明显。

第二，工业品价格轮番上涨问题。在农产品收购价格大幅度提高的情况下，适当提高某些必须提价的以农产品为原料的工业品的销售价格，是合理的。但要防止工业品价格普遍轮番上涨。即使某些必须提价的工业品，其提价幅度一般也不应高于原料的提价幅度。这是因为，我国工业品价格本来就远远高于价值，其中以农产品为原料的工业品尤为突出，不少工业品的原料虽然提价，但这些工业品的价格还往往高于价值。所不同的是价格更加接近于价值，由于价格偏高而带来的利润相应减少罢了。至于那些不是以农产品为原料的工业品，更没有理由因为农产品提价而提价。如果竞相涨价，剪刀差非但难以缩小，反而会人为助其扩大，调整工农业产品价格则失去了本来的意义，也不利于广大人民特别是城镇居民生活水平的稳定和提高。

第三，职工工资的调整问题。由于工农业产品价格的调整，职工工资也应当相应调整。从稳步提高或至少不降低职工及其家属的实际生活水平出发，工资上升的数额应当略高于（至少不低于）因物价上涨而多支出的货币额。目前我国处于经济调整期间，国家财力比较困难。如果调整进行得比较顺利，随着国民经济的发展，职工工资的增长速度是可以加快的。不过，鉴于近 10 多年来城乡生活水平差别有所扩大，近期内职工工资增长的速度一般不宜快于农民收入增长的速度。这样才有利于解决剪刀差偏大所造成的矛盾，缩小工农之间的差别。

除了加快提高农业劳动生产率和调整工农业产品价格外，实行农工商综合经营对于缩小剪刀差也能起到积极作用。它可以利用剪刀差中农产品价格偏低、工业品价格偏高的基本特征，积极发展社队工业和社队商业，使农民在交售农产品、购买工业品的不等价交换过程中损失的一部分价值重新回到农民手中，部分解决剪刀差所造成的矛盾。实行工农商综合经营，还能够解决多余农业劳动力的出路问题，有助于提高农业劳动生产率，降低单位农产品的价值，从根本上缩小剪刀差。

1979 年国家较大幅度地提高了农产品收购价格，使得近 10 多年来剪刀差偏大的状况有了一定程度的改善，对于增加农民收入、促进农业发展起到了显著作用。但是，已经缩小了的剪刀差仍然比较大，并且还有再度扩大的可能。从整体来说，目前农民通过剪刀差等途径向国家提供的资金仍然显著高于国家无偿用于农业的资金，我国仍然处于农业支援工业的阶段。这种状况不应当长期持续下去，必须从各方面努力，争取在不太长的时期内基本解决我国的剪刀差问题。

正确看待农产品价格调整与剪刀差[*]

农产品收购价格是整个价格体系的基础。农产品收购价格是否合理,不仅影响到农业内部能否协调发展,而且在一定程度上影响到以农业为基础的整个国民经济能否协调发展。目前,我国城乡正进入商品生产大发展的时期,正确看待 1979 年以来农产品收购价格的调整和现阶段工农业产品交换中的剪刀差这两个问题,无论在理论上还是在实践中都有极为重要的意义。

一、如何看待农产品收购价格的调整

根据党的十一届三中全会关于加快发展农业的有关决定,国家从 1979 年起较大幅度地提高了农产品收购价格。到 1981 年,全国农产品收购价格提高了 38.5%,平均每年提高 11.5%,显著高于 1957 年至 1978 年平均每年提高 1.8%的水平。1982 年在 1981 年的基础上,全国农产品收购价格总水平又上升了 2.2%。农产品收购价格提高以后,为了稳定城镇居民的生活水平,由国家财政对粮、棉、油实行购销差价补贴,以保持原有的销售价格稳定不变,并继续对经营粮、油、鱼、肉、蛋、禽、菜的定量供应部分实行亏损补贴。同时,为了支持农业生产,对国家供应的有关农业生产资料实行优待价格补贴。1981 年国家财政用于上述各项价格补贴的支出达 207.65 亿元,比 1978 年的 71.23 亿元增加了 136.42 亿元。在这种情况下,有的同志认为提高农产品收购价格增加了国家财政困难;也有的同志认为农产品收购价格提高幅度过大,农民收入增加过快,等等。因而,怎样看待农产品收购价格的调整,就成

* 本文原载《财经研究》1983 年第 6 期。

为一个相当突出的问题。

我国农产品收购价格之所以作较大幅度的调整，根本原因在于原先农产品价格过低、工业品价格过高，工农业产品交换中的剪刀差长期偏大，以致严重影响了农业生产的发展，使农业同整个国民经济的要求极不适应。我们知道，商品交换的基本原则是等价交换。合理的工农业产品价格，实际上体现着工农业产品价值量之间的比例。马克思提出："商品按照它们的价值来交换或出售是理所当然的，是商品平衡的自然规律。"马克思还指出："对于工业品来说，农产品只要求按自己的价值出卖。"如果工农业产品交换剪刀差偏大，农民在交售农产品、购买工业品的过程中，经济利益就会受到明显损害，从而会影响农业商品生产的发展。1979 年调整农产品收购价格以前，我国的实际情况正是如此。根据马克思关于"少量的复杂劳动等于多量的简单劳动"的原理，考虑到我国工业（除通常说的工业外，还包括建筑业、运输业和商业）劳动的复杂程度在整体上高于农业劳动，参照工农业劳动力再生产必要费用差额的比例，把 1 个工业劳动力折算为 2 个农业劳动力（即可比劳动力），按照当年工农业产品的实际价格计算，1978 年我国工业品价格高于价值 19.7%，农产品价格低于价值 35.6%，整个剪刀差相对量达 25.3%。农民通过低价出售农产品、高价购买工业品这种不等价交换，向工业提供的剪刀差资金相当于国家财政收入的 2/5 左右，再以工业税收、利润的形式上缴给国家财政。工农业产品价格如此严重地偏离价值，不仅使正常的农业扩大再生产难以进行，而且不少地区连简单再生产也难以维持，只能通过压低农民分配收益水平和大量贷款来实现。从 1953 年到 1978 年，全国农业总产值（扣除队办工业因素外）共计增长 102.7%，平均每年只递增 2.8%，远远不能满足人民生活和国家建设的需要。调整农产品收购价格，正是为了改变我国农业发展长期缓慢的状况。

实践证明，较大幅度地提高农产品收购价格，对于加快我国农业发展速度，促进整个国民经济按比例地协调发展，起了相当大的作用。从 1979 年到 1982 年，全国农业总产值（扣除队办工业因素外）增长了 28.1%，平均每年递增 6.4%，相当于过去 26 年平均增长速度的 2.3 倍。农业发展速度的加快，增强了农民向社会提供农产品和购买工业品的能力，从原料和市场两个方面促进了工业的发展。1981 年全国社会农副产品收购总额（包括实物农业税在内）达到 955 亿元，扣除价格上升因素外，比 1978 年的 557.9 亿元增长 23.6%。按照 1970 年不变价格计算，1981 年全国以农产品为原料的轻工业产值达 1832.1 亿元，比 1978 年的 1235.9 亿元增加 596.2 亿元，占同期轻工业总产值增加额的 68.6%，占同期工业总产值增加额的 61.6%。由此说明，在这期间我国工业的发展，在很大程度上同农业提供的原料增加直接相关。1981 年农村社会商品零售额达 1324 亿元，比 1978 年的 810.4 亿元增加了 513.6 亿元，占同期全国社会商品零售增加额的 64.9%。可见在这期间我国商品市场的扩大，六成以上是农村开拓的。正是农业这个国民经济的基础有所加强，我国国民经济才开始进入协调发展的轨道。现在人们一谈起党的三中全会以来农业持续增长的政策方面的原因，往往归结于实行包干到户为主要形式的联产承包责任制。实际上，这是不全面的。农业增产在政策方面并不仅是由实行联产承包责任制一个因素发生作用的结果，而是由多种因素发生作用的结果。其中，在农村普遍实行联产承包责任制以前，农产品收购价格较大幅度的提高，对于打开农业发展的新局面曾起过决定性的作用。即使在普遍实行联产承包责任制以后，已经提高的农产品收购价格，依然是我国农业持续增产的重要因素之一。

从宏观经济角度来考察，提高农产品收购价格虽然使国家财政补贴有所增加，但是却带来了比这大得多的社会经济效益。这种经济效益不仅表现在农业和以农产品为原料的轻工业生产的增长方面，而且表现在与国家财政直接相关的工商业税金、利润的增长方面。这是由于农业商品生产的发展为农产品加工工业提供了大量原料，使得以农产品为原料的轻工业部门和经销农产品及其加工品的商业部门所实现的税金、利润显著增加。1981 年与 1978 年相比，以农产品为原料的国营轻工业税金、利润，集体及合营轻工业税金，国营商业部门经销农产品及其加工品的税金、利润，集体商业部门经销农产品及其加工品的工商税，合计比 1978 年增加 136.56 亿元，这已经足以抵消国家财政补贴的增加额。这里，交通部门运输农产品及其加工品所增加的税金和利润，集体商业经销农产品及其加工品所增加的所得税，个体商业增加的有关税金以及其他同国家财政关系密切的收入，都未计算在内。如果加上这几项，农业商品量增加所实现的社会经济效益将更大。这就是说，在这期间由于提价所增加的财政补贴，已经通过加工和经销农产品及其加工品的工商业税金、利润的形式全部拿回来了。需要指出，以上加工和经销农产品及其加工品所增加的各项税金、利润，是在工商企业职工人数和工资总额大量增加的情况下实现的。1981年与1978年相比，全国轻工业劳动就业人数增加627万人，工资总额增加70亿元左右，商业（包括服务业、饮食业）劳动就业人数增加316万人，工资总额增加36.2亿元。如果没有农业商品量的增加作为提供就业机会的物质基础，上述部门是不可能安排这么多就业人员的，也是难以负担这样巨大开支的，国家财政困难就必然严重得多。再则，我国农产品收购价格仍然在一定程度上低于进口农产品的到岸价格。以粮食为例，国内收购0.5公斤粮食需要补贴0.1元，从国外进口0.5公斤粮食需要补贴0.2元，每公斤粮食的补贴相差0.1元。国家1981年比1978年多收购150多亿公斤粮食，如果把这些粮食改为从国外进口，国家财政补贴则将增加30多亿元。因此，提高农产品收购价格，看起来增加了国家财政补贴，实际上却减少了国家对进口粮食的补贴，从而缓和了财政收支不平衡的状况。

近几年来，我国农业人口的收入确实有了较快增长，并且在相当程度上快于非农业人口收入的增长率。根据国家统计局的抽样调查资料，平均每个农民家庭人口的收入，由1978年的133.6元提高到1982年的270.1元，四年间的增长率为102.2%，同期平均每个职工家庭人口的生活费收入由315.6元提高到500元，增长率为58.4%。由此可见，在这期间农业人口收入增长的速度虽然快于非农业人口，但是农业人口收入增加的数额仍低于非农业人口47.9元，而且1982年农业人口的收入绝对额仅相当于同年非农业人口的54%，也就是说农业人口与非农业人口收入差距的比例仍达1：1.85。还应看到，非农业人口的收入，全部可以用于生活消费，而农业人口的收入中还要有一部分用于生产开支，因而工农生活水平的实际差距还要大些。所以，农业人口收入的增长率快于非农业人口，对于缩小工农收入差别是完全必要的。工农收入差别过大，是我国农业长期落后的重要因素之一。如果农业人口收入的增长率慢于或者等于非农业人口收入的增长率,我国工农收入差别不仅不能缩小,反而会趋于扩大,其结果必然是损害农业这个国民经济基础的发展。正是为了避免这种情况,国家才较大幅度地提高农产品收购价格,使农业人口从中增加一部分收入。以 1981 年为例,全国社会农副产品收购总额比 1978 年的 557.9 亿元增加 397.1 亿元。在增加的农副产品收购总额中,由于农产品收购价格提高而增加的货币额达 265.5 亿元,占增加总额的 66.9%。农产品收购价格的提高,对于缩小工农收入差别起到了重要作用。1982 年农业人口与非农业人口的收入差距比例虽然还比较大,但是与 1978 年 1:2.36 的收入差距比例相比,终究有了比较明显的缩小。这种缩小的趋势有利于调动农民生产积极性,促进我国农业生产的持续增长。

近几年来较大幅度地提高农产品收购价格,还带有很大程度的补欠性质。我们知道,单位商品的价值量是同劳动生产率成反方向变化的。我国工业劳动生产率增长是远远快于农业劳动生产率增长的。随着工农业劳动生产率增长的不平衡,单位工农业产品价值量之间的差距会相应扩大。在这种情况下,就需要相应调整工农业产品价格,使工农业产品价格尽可能符合各自的价值。但是,长期以来工农业产品价格调整没有达到应有的程度,特别是从 1966 年开始的连续 12 年的物价冻结,造成工农业产品价格调整方面欠账过多,已经到了非作较大调整不可的时候了。否则,就不可能缩小剪刀差,改变工农业产品价格严重偏离价值的状况。如果不作这样的调整,仍然按照 1978 年的实际价格水平计算,即使把这几年农业较快发展的因素包括在内,1981 年我国工业品价格仍将高于价值 17.2%,农产品价格则低于价值 35.6%,整个剪刀差相对量仍达 23.2%。而农业之所以得到较快发展,是同农产品提价密切相关的。假如农产品收购价格不提高,农业也就不会得到这样快的发展,我国剪刀差必然比这里说的还要大。可见,1979 年以来国家较大幅度地提高农产品收购价格,是理所应当的。

二、如何认识工农业产品交换剪刀差

在较大幅度地提高农产品收购价格以后,应当如何估计和看待我国工农业产品交换中的剪刀差,也是正确看待农产品收购价格所必须解决的重要问题之一。因为农产品收购价格是否合理,首先取决于工农业产品比价是否符合等价交换原则,而我们知道剪刀差的存在是违背等价交换原则的。可见,研究目前的农产品收购价格是否合理以及怎样才能不断趋于合理,必须对价格调整以后的剪刀差变化情况及其发展趋势进行深入考察。

不可否认,前几年农产品收购价格较大幅度的提高,对于改变工农业产品交换比价的不合理状况,缩小我国实际存在的剪刀差,起了相当大的作用。1981 年与 1978 年相比,由于农产品收购价格总指数上升38.5%,农村工业品零售价格总指数只上升 1.9%,农民用同等数量的农产品就可以换取比原来多 35.9%的工业品。若以 1982 年与 1978 年相比,这种情况则更加明显。与此同时,工农业产品价格剪刀差也有了一定程度的缩小。但是,剪刀差的缩小并不等于消失,它仍然在相当程度上存在,我国工农业产品交换比价不合理的状况还没有得到根本性的改变。按照与前面相同的方法和口径测算,1981 年我国工业品价格高于其价值 13.3%,农产品价格低于其价值 24.2%,整个剪刀差相对量为 17.2%。该年剪刀差之所以比 1978 年有这样明显的缩小,主要是提高农产品收购价格这个因素发生作用的结果。其作用表现在两个方面:一是通过价格调整,直接缩小了工农产品价格与价值的差距;二是通过价格调整,刺激了农业生产的发展,缓和了单位工农业产品价值之间差距的扩大。不过,农民通过剪刀差向工业提供的资金仍然相当于国家财政收入的2/5 左右。这主要由于农民交售农产品、购买工业品的数量大大增加的缘故。按 1978 年的价格水平计算,扣除实物农业税后,1981 年农民交售农产品和购买工业品的数量分别比 1978 年增长 26.3%和 60.3%,因而出现了剪刀差缩小、农民所提供的剪刀差资金却没有相应减少的现象。由上述可见,那种认为农产品收购价格调整以后我国剪刀差已经消除,甚至出现了所谓"反剪刀差"的观点,是完全不成立的。

恩格斯指出："劳动产品超出维持劳动的费用而形成的剩余，以及社会生产基金和后备基金从这种剩余中的形成和积累，过去和现在都是一切社会的、政治的和智力的继续发展的基础。"如同工业以税收、利润形式把它创造的一部分国民收入上缴给国家财政一样，农业也相应要把自身创造的一部分国民收入上缴给国家财政，以保证整个国民经济和社会发展的需要。但是，农业向国家提供的建设资金也应当在等价交换的基础上，通过适当提高农业税这种公开方式实现，而不应当主要通过剪刀差途径，使农业提供的资金先从农业转移到工业，再以工业税收、利润形式上缴国家财政。这不仅使人们不易看到农业对国民经济和社会发展在资金方面的巨大贡献，更重要的是违背了作为商品经济发展基础的等价交换原则，从而也就在一定程度上阻碍了农业商品生产的发展和对国民经济与社会发展作出更大的贡献。有些同志认为，通过近几年的价格调整，现有的农产品价格水平对发展农业商品生产是有利的，因而无须再提继续缩小剪刀差了。值得指出，这种观点是片面的，现行工农业产品价格水平对发展农业商品生产有利或者不利，只能是相对而言的。与价格调整以前的工农业产品价格水平相比，目前的价格水平当然是比较有利于农业商品生产发展的。但是与等价交换原则固有的要求相比，现行工农业产品价格水平又是不利于农业商品生产发展的。既然剪刀差暂时还不能消除，那么剪刀差任何有意义的缩小对农业商品生产发展总是有利的。这正是缩小剪刀差的目的及其意义所在。随着工业结构调整和体制改革的深入进行，工业劳动生产率的增长必然还将大大快于农业劳动生产率，单位工农业产品价值之间的差距仍然会趋于扩大，剪刀差也就有自然扩大的可能。如果不继续努力缩小剪刀差，现行工农业产品价格水平对农业商品生产发展就会由有利转化为不利，进而严重损害农业商品生产的发展。因此，必须根据工农业劳动生产率增长不平衡所引起的工农业产品价值量的变化，有计划有步骤地进行多方面的努力，不断接近等价交换原则所提出的要求，逐步缩小以至消除剪刀差。

缩小剪刀差主要有两条途径：一是加快提高农业劳动生产率；二是适当调整工农业产品价格。前者是通过缩小单位工农业产品价值之间的差距来实现，后者则是通过调整工农业产品价格之间的关系来实现。一般而言，在继续提高工业劳动生产率的同时更快地提高农业劳动生产率，是解决剪刀差最为理想的途径。但是，目前我国还不具备所必需的条件：一是按农业劳动力平均的农业自然资源（特别是耕地资源）在一定时期内不可能大量增加；二是按劳动力平均的农业固定资产低于工业过于悬殊，这就极大地限制了农业劳动生产率增长速度的加快。在上述条件根本改变之前，我国将不可避免地产生工业劳动生产率的提高快于农业劳动生产率的情况。在这个时期内，我们将不得不主要以调整价格来缩小剪刀差。

通过调整价格缩小剪刀差也有两种方式：一种是以降低工业品销售价格为主，以提高农产品收购价格为辅；另一种是以提高农产品收购价格为主，以降低工业品销售价格为辅。经过近几年的实践，看来第一种方式不太现实，主要是因为我国在一定时期内并不具备工业品普遍大幅度降价的条件。不仅以农产品为原料的工业品由于原料价格趋于上升而难以降价，而且农用柴油、煤炭等农业生产资料的价格也难以降低。如果硬性大幅度降价，既不利于这些工业品生产的发展，又不利于国家财政收入的稳步增长，也不利于农业的长远利益。在工农业产品交换中，一般说来价格运动的方向是逐步趋于上升。其中农产品价格的趋于上升自不必说，即使以农产品为原料的工业品价格也将或多或少、或迟或早地趋于上升。尽管以矿产品为原料的工业品价格总水平有所下降，但是整个农村工业品销售价格指数难以大幅度下降，一般将继续保持基本稳定，即小幅度地上升或下降。因此，缩小剪刀差的努力，只能在工业品销售价格基本稳定的情况下，主要通过提高农产品收购价格的方式进行。马克思早就指出："可以得出结论说，农产品的价格，在达到它们的价值以前，可以持续上涨，直到一定点为止。"这是不以人们意志为转移的客观必然性。

在工业品销售价格基本稳定的情况下，农产品收购价格需要提高到什么程度，我国的剪刀差才能消除呢？这里暂且撇开工农业劳动生产率增长不平衡的因素，不妨以 1981 年为例进行测算。测算结果表明：如果工业品销售价格保持不动，农产品收购价格就需要提高85.2%，1981年既有的剪刀差才能消除，假定用 20 年时间完成，平均每年需要提价

3.1%；如果工业品销售价格提高 5%，农产品收购价格需要提高 107.7%，1981 年既有的剪刀差才能消除，假定用 20 年时间完成，平均每年需要提价 3.7%以上；如果工业品销售价格降低 5%，农产品收购价格需要提高 62.7%，1981 年既有的剪刀差就可以消除，假定用 20 年时间完成，平均每年只需要提价 2.5%。由此可见，工农业产品之间的价格调整是相互影响的。工业品销售价格降低，农产品收购价格需要提高的幅度则相应较低；工业品销售价格提高，农产品收购价格需要提高的幅度则相应较高。

以上测算，是在排除工农业劳动生产率变化不平衡因素的基础上进行的。如果考虑到工业劳动生产率增长快于农业劳动生产率增长这一因素，农产品收购价格提高的幅度还需要相应加大才能消除剪刀差。我们假定工农业各自总产值中物质消耗和净产值两个部分所占比重不变，同时假定工农业产品各自价格水平也不变，以 1981 年为基础平均每年工业劳动生产率增长 7%，农业劳动生产率增长 4%，20 年以后工业品价格高于价值的幅度将扩大到 18.8%，农产品价格低于价值的幅度将扩大到 43.7%，整个剪刀差相对量将扩大到 26.3%。在这种情况下，如果工业品销售价格保持不变，农产品收购价格需要提高 203.5%才能消除剪刀差，假定用 20 年时间完成，平均每年需要提价 5.7%；如果工业品销售价格提高 5%，农产品收购价格需要提高 243.2%才能消除剪刀差，假定也用 20 年时间完成，平均每年需要提价 6.4%；如果工业品销售价格降低 5%，农产品收购价格只需要提高 163.8%就能消除剪刀差，假定还用 20 年时间完成，平均每年需要提价 5%。总之，工农业产品价格的调整必须快于单位工农业产品价值之间差距的扩大，才能确保逐步缩小以至消除剪刀差。

这里需要正确处理农产品收购价格调整与国家财政之间的关系。我国农产品收购价格固然低于价值，但是国家计划供应的某些主要农产品（例如粮食、食油）的销售价格，不仅低于价值，而且低于收购价格。收购价格加上经营费用与销售价格之间的差额，由国家财政补贴解决。在这种购销价格倒挂的情况下，提高农产品收购价格就意味着增加国家财政补贴。实行一定限度的财政补贴，对于平抑商品价格、稳定职工生活,当然是必要的。但是,当财政补贴超过一定限度之后,就会影响国家财政收支的平衡。这种状况并不是农产品提价本身造成的,因为农产品提价并没有超过它的价值量所要求的范围,而是现行价格体制不合理的必然结果。不应当把价格体制不合理所形成的后果归咎于农产品提价,也不能因为国家财力一时偏紧就否定通过农产品提价缩小剪刀差的客观必然性。要解决国家财政补贴过多的问题,必须对现行价格体制进行改革,尽可能改变农产品购销价格倒挂的状况。其解决办法主要有两条:一是在降低某些以矿产品为原料的工业品销售价格的同时,适当提高某些农产品或以农产品为原料的工业品销售价格,并使消费者在购买工业品时少付的货币额略高于(至少不低于)购买农产品及其加工品时多付的货币额,借以保持整个市场价格的稳定;二是在条件具备时根本解决主要农产品购销价格倒挂的现象,使产品销售价格略高于(至少不低于)收购价格或成本价格,同时相应提高职工的工资水平,使职工工资的增长略快于市场物价的上升,确保人民生活水平的稳定和提高。当主要农产品购销价格倒挂现象解决以后,国家财政补贴过多的问题也就自然解决了。

工农业产品价值是经常而又逐步地发生变化的。在正常情况下,工农业产品价格的调整也应当经常而又逐步地进行。鉴于国家财政力量暂时偏紧,并且需要集中资金进行重点建设,近几年内除了极少数突出不合理的品种必须作有升有降的调整外,对整个农产品收购价格应当保持基本稳定。农民出售农产品这一部分收入的增加,不再主要依靠农产品提价,而应当主要依靠增加商品数量和提高商品质量。同时,尽管从长远看我国农产品收购价格还需要作较大幅度的提高,但是一般不宜采取"长期不提,提则大提"的做法,而应当根据工业产品价值变化情况和国家财政力量的可能,有计划有步骤地经常进行一些小范围、小幅度的价格调整,积小成大、循序渐进,逐步缩小以至消除剪刀差。

深化农产品价格改革的基本思路[*]

一、农产品价格改革的成就

从我国农产品价格改革本身的演进过程来看,大体上可以划分为既有明显区别又有相互交叉的三个阶段。这三个有着密切联系的阶段,体现了我国农产品价格改革逐步深化的必然顺序。

第一个阶段,从 1979 年到 1984 年,农产品价格改革的基本内容是调整价格,以改善工农业产品之间及农产品内部的重大比价关系,促进国民经济的协调发展。在这期间,虽然也对某些指令性计划外的农产品,实行一定限度的议购议销和集贸市场自由购销,并由此开始形成农产品价格"双轨制",使农产品价格形成机制引进了市场调节的因素,但从总体上来说,农产品价格改革还是局限在传统计划经济范畴以内。

第二个阶段,从 1985 年到 1991 年,农产品价格改革的基本内容是调整价格与放开价格相结合,体现了这段时期的经济体制改革的趋势与特征,即计划经济与市场调节相结合。对于关系国计民生的粮食、棉花等重要农产品,仍然由国家实行较大比重的指令性计划管理,价格调整仍然由国家直接掌握;计划外的部分主要实行市场调节,价格高低涨落主要取决于市场供求关系变化,国家根据需要对部分产品提出指导性价格。这种指令性价格与市场决定价格并存的状况,构成了我国农产品价格改革在特定时期的价格"双轨制"。

第三个阶段,从 1992 年起至今,社会主义市场经济理论的酝酿和正式提出,促使农产品价格改革转上较为自觉地转换价格形成机制的新

＊ 本文原载《中国农村经济》1994 年第 1 期。

轨道。1992 年以来的农产品价格改革，虽然在放开价格这个形式上与第二阶段有不少共同之处，但是，实际上无论改革的深度还是改革的广度都存在着重大区别。在第二个阶段，是把放开价格作为一种似乎迫不得已的权宜之计，对由市场决定价格的作用还在相当程度上持不放心的怀疑心态，实行价格放开的农产品也不是选择国民经济中最重要的部分。在第三个阶段，这种状况发生了重大变化，对市场机制的怀疑由完善市场体系的努力所取代，开始寻求在放开价格的前提下加强调控体系建设的构架，农产品价格放开的范围也开始扩大到国民经济中最重要的部分。到 1993 年 5 月，全国城乡包括北京、上海、天津等大城市基本实现了粮食购销价格的全面放开，沿袭近 40 年的粮食定量供应制度及其特有形式——粮票一并取消。这是农产品价格改革最具历史意义的重大事件之一。

15 年来，我国农产品价格改革所取得的进展之快、成绩之大，在很大程度上超出了当初许多人的预想，对促进农业和国民经济的较快而又稳定协调的发展起到了重要作用。具体表现在以下三个方面：

第一，极大地缓解了不合理的比价关系。1991 年与 1978 年相比，农副产品收购价格总指数上升了 173.9%，显著高于同期农村工业品零售价格总指数上升 77.4%的幅度，使比价关系发生了有利于农业发展的变化。尽管其中有些不可比的因素未能剔除，然而这个变化趋势是肯定无疑的。尤其在 1979 年到 1984 年，我国农业生产获得较快发展，为整个国民经济的发展奠定了较为坚实的基础，这与价格调整所发挥的积极作用是分不开的。

第二，初步形成了市场调节价格的新格局。国家直接管理农产品价格的产品范围日趋缩小，由市场供求关系决定农产品价格的比重相应扩大。目前全国作为商品出售的农产品总额中，由市场决定价格的比重已经由 80 年代初期的 10%左右、80 年代中期的 50%左右扩大到 90%左右。从以国家定价为主转向以市场决定价格为主，标志着我国农产品价格改革已经达到了新的深度，农产品价格"双轨制"已经进入大规模并轨的阶段，农产品价格形成机制的转换已经取得决定性的重大进展。

第三，开始了建立新型价格调控体系的探索。从 80 年代中期开始，部分地区就进行了这方面的努力和尝试。1990 年以来，建立新型农产品价格调控体系的探索已经扩大到全国范围，并且在中央政府机关的指导下进行。目前，一些大中城市已经开始建立蔬菜等副食品的价格风险调节基金，一些农业大省也开始筹建粮食等大宗农产品的价格风险调节基金。为了保持农产品价格的稳定，保护生产者、经营者和消费者的利益，国家已经建立了粮食专项储备制度，并着手建立粮食价格风险调节基金。在这同时，与建立新型农产品价格调控体系密切相关的各类农产品批发市场，也开始进行筹建或者已经投入运行。

二、农产品价格改革存在的问题

（一）工农业产品比价关系不合理的现象仍然存在，有的方面还比较严重。1992 年以来，工农业产品之间的比价关系不合理，农产品收购价格处于偏低的状态，尤其是粮食、棉花等大宗农产品生产比较利益偏低的问题又一次突显出来，已经影响到农民从事农业生产的积极性，1993 年上半年农民对农业的投入实际上是下降的。农村资金大规模地流出比较利益偏低的农业，进入比较利益较高的第二、第三产业，农业发展与国民经济整体要求之间的差距迅速拉大。

1984 年到 1988 年，国民经济出现了持续几年的高速增长，然而由于农业等基础产业的发展跟不上，导致国民经济重大比例关系严重失调。在 1989 年到 1991 年治理整顿期间，这种矛盾有了很大程度的缓和。1992 年我国国民经济开始进入又一个高速增长期，农业等基础产业相对削弱，不能适应国民经济整体发展要求的矛盾再次渐渐显露出来。不可否认，出现这种状况是由多种因素造成的。然而，工农业比价关系不合理，从事农产品生产的比较利益严重偏低，农业的自我积累和发展能力较差，也是其中一个至关重要的因素。

（二）市场决定价格的机制尚不成熟，与之相关的市场体系还没有真正形成。尽管目前已有 90%左右的农产品价格是由市场决定的，但是这仅仅是一个开端。对于关系国计民生的农产品价格究竟如何由市场形成，短时间内还拿不出较为成熟的规范性方法，主要还是听任市场自发作用的摆布。我国在农产品价格形成机制的转换过程中常常面临着两难选择：或者由市场自发形成价格，但是伴随而来的往往是价格的大起大落；或者仍由国家定价，但是又不能及时有效地对市场供求关系变化作出正确反映。之所以出现这种两难选择，是因为我国的农产品价格改革与市场体系建设不同步，农产品价格形成机制在阵阵改革浪潮的冲击下被推向了市场，而"市场决定价格"所需要的市场体系却很不完善，甚至还没有全面建立起来。直到现在，我们还不能理直气壮地宣布，有任何一种关系国计民生的重要农产品（如粮食、棉花、猪肉等）的市场体系已经较为健全完善了。

（三）价格调控体系还没有全面建立，市场价格过大波动的可能性依然存在。迄今为止，我国已经作出的建立农产品价格调控体系的努力只是处于尝试阶段，一旦市场价格发生较大波动，所能运用的经济手段并不多，至于法律手段更是短期内难以出台，考虑比较多的可能还主要是依靠行政手段。如果真的出现这种状况，对我国正在进行的农产品价格改革无疑会增加新的困难，甚至可能产生极为不利的影响。而如果放弃采用行政手段，农产品价格波动过大的局面就难以控制。

问题的严重性在于：由于目前我国农产品市场体系很不健全，在市场体系基础上建立的农产品价格调控体系还没有真正形成，市场自发行为所固有的盲目性导致农产品价格波动过大的危险性仍然存在。根据国内外的经验教训，经济高速增长往往容易导致经济过热现象，经济过热又往往容易引发严重的通货膨胀。1988年我国出现的高通货膨胀率，已经充分说明了这一点，在1992年开始的又一个经济高速增长时期，高通货膨胀率同样是需要高度重视和尽力避免的问题。因而，以经济手段为主的农产品价格调控体系的及早建立，是相当迫切和重要的。

上述三个方面表明，我国农产品价格改革确实还只是初步的，没有任何理由可以放慢农产品价格改革的步伐，恰恰相反，必须继续抓紧深入进行农产品价格改革。不仅如此，今后我国农产品价格改革步伐的加快，还受到扩大对外开放的影响和制约。在这方面，关系最为重大的举措是我国恢复关贸总协定缔约国地位的谈判进程正在加快。这就要求我国的经济运行机制和管理体制尽早与国际通行的原则接轨。对于农产品价格体系来说，不但要适应国内全面建立市场经济体制的要求，而且还要适应重返关贸总协定的要求。尽管两者对价格改革基本方向的要求是大体一致的，但是重返关贸总协定却使加快农产品价格改革步伐在时间进度上变成了刚性要求。

三、深化农产品价格改革的基本思路

从现在起到本世纪末，既是我国国民经济发展的关键时期，也是我国经济体制改革的关键时期。在这段时间内，我国不仅要实现国民经济发展的第二步战略目标，而且要初步建立起社会主义市场经济体制的框架。作为农村经济改革中处于核心部位的农产品价格改革，同样需要获得与此相适应的进展，即初步完成新型农产品价格体系和价格管理体制的框架，以后再根据全面建成一个比较成熟的社会主义市场经济体制的要求，不断将新型农产品价格体系和价格管理体制推向成熟和完善。其基本思路是：

（一）继续放开农产品购销价格，改革粮食的购销方式。虽然全国城乡已经开始全面放开粮食购销价格，但是这个重大举措的全面贯彻落实还只是初步的，在实践中还可能会碰到各种问题，需要有一个逐步解决的过程。对于迄今尚未全面放开的棉花、蚕茧等农产品的购销价格，务必积极创造条件，争取在两三年内全面放开。

在粮食价格放开过程中，为保证消费者的利益不受损害，粮食销售价格放开所引起的价格上涨不能高于城镇居民实际收入水平的提高；否则就需要采取相应的弥补措施，保证粮食价格改革所必备的社会环境的安定，对于这一点，各地已经付诸实施，并且取得了较好的效果。问题在于：今后在粮食等农产品市场价格继续上升的情况下，如何保持绝大多数消费者的实际利益不受损害。

在粮食购销价格放开以后，为了保证用于社会基本消费需求的粮食有足够的来源，还需要制定相应的保障措施。其中主要一条是对原先国家定购粮食实行的化肥、柴油等生产资料供应"三挂钩"政策，改为按国家平价与市场价格之间的差价折成现金,由粮食经营部门直接下发到农民手中,并且与兑现粮食收购合同挂起钩来。这样除了能够获得接近于市场价格的价款外,还可以获得生产资料差价部分的加价款,即通常所说的粮食价外加价,其综合价格水平将略高于市场价格,以此调动农民的种粮积极性,使社会对粮食的基本消费需求得以保证。在大部分粮食主产区,还可以对原先国家定购部分的粮食,实行定量不定价的方式,即粮食经营部门保证收购相应数量的粮食,农民也要保证交售相应数量的粮食,而粮食的收购价格实行随行就市和价外加价。除此以外的粮食,农民可以通过多渠道销售,粮食经营部门可以自主经营。

(二)努力保持农业生产资料与农产品之间的合理比价关系。这种合理的比价关系,必须建立在下列基础之上,即投入农业生产资料所形成的收益大于所花费的成本,并能带来正常的利润。

实现这个目标,需要从两个方面进行努力:一是保持农业生产资料的相对稳定。在确保农业生产资料生产企业能有正常利润的同时,建立以资格经营为特征的农业生产资料经营秩序,绝不能将生产资料的放开经营等同于谁都可以经营,对经营农业生产资料的单位和个人必须进行资格审查,凡是直接为农业服务的单位(主要是农村供销和农业技术推广服务组织)才有资格经营生产资料,凡与农业生产没有直接关系的单位和个人一律不得经营,以制止由于任意扩大经营对象所造成的价格上升过快现象。二是增加农产品有效供给的比重。政府要通过多种有效途径,引导农民根据市场需求进行生产,适当压缩滞销积压的农产品品种,相应扩大市场销路较好的优质农产品,通过适应市场需求实现农产品价格的上升,提高农民的经济收益。

(三)继续扩大运用农产品价格调控的经济手段。价格放开与价格调控,是市场经济条件下价格运动中不可分割的两个侧面。前者是为增强经济运转的活力,后者是为保持经济运转的秩序。在全国转入农产品价格由市场决定的新阶段以后,我们面临的一项重要任务,就是继续扩大经济手段在价格调控中的作用,逐步建立以经济手段为主的农产品价格调控体系,并且逐步将经济手段推向成熟、完善,以致用法律形式确定下来，同时尽可能减少行政手段的运用。在市场经济条件下，国家进行农产品价格调控的基本途径，包括建立价格风险基金、商品储备制度和其他经济手段。尤其是关系国计民生的粮食、棉花等主要农产品，对保持社会商品价格总水平的相对稳定的作用举足轻重，更应当及早建立一套较为健全完善的价格调控体系。

建立主要农产品的价格风险调节基金，是以资金形态进行农产品价格调控的必要经济手段。例如，对保持社会稳定最为重要的粮食等主要农产品，应当通过多种渠道筹集资金建立价格风险基金，使国家在粮食价格出现较大幅度波动时能够以适当方式进行干预，以保持市场粮食价格的相对稳定。粮食价格风险调节基金的主要来源之一，是原有的财政补贴。在粮食放开价格以后，原有财政补贴不应当抽走，而应当转成价格风险调节基金。同时，还可以从粮食批发环节以及新增财政收入中提取一定比例，充实价格风险基金。除粮食以外，对棉花、食油、糖料、猪肉、蔬菜、蚕茧、羊毛、天然橡胶等重要农产品，也可以考虑建立价格风险调节基金。

建立农产品专项储备制度，是以实物形态进行价格调控的必要经济手段。这与农产品价格风险调节基金是相辅相成的，两者缺一不可。农产品专项储备制度对于保持市场价格相对稳定，同样具有重大的作用。据世界银行驻中国代表处介绍的国外经验，国家以吞进吐出方式调控市场的粮食数量，一般占市场粮食交易总量的5%至10%，就能起到保持市场粮价相对稳定的显著作用。在我国投入多少数量的粮食才能起到预期的调控作用，显然还是一个新的课题，有待于从实践中进行总结和检验。而国家用于进行吞吐式调控的资金，则来源于所建立的价格风险调节基金。不仅粮食价格调控是这样，其他重要农产品的价格调控大体也是如此。

在国家进行农产品价格调控过程中，还必须重视农产品批发市场的建设，以期逐步建立健全以批发市场为中心的农产品市场体系。在市场经济条件下，市场体系既是合理的价格体系形成的依托，又是国家进行宏观调控（主要是价格调控）的依托。规范化的农产品市场体系有一个重要标准，即大宗贸易必须在批发市场中以拍卖等公平竞争方式公开进行，批发市场以外的任何大宗贸易行为都视为非法而将受到法律追究和制裁。如果不能做到这一点，合理的价格体系就难以形成，国家对农产品价格进行的调控也难以充分发挥作用。当然，农产品市场体系建设还包括市场基础设施建设等多项内容，但是从保持市场经济的正常运转和国家进行宏观调控的要求来说，健全的交易规则是万万不可忽视的。

努力提高我国农民的组织化程度[*]

——加入世贸组织与农业发展对策研究

如何按照加入世贸组织的要求,把分散经营的农民组织起来参与激烈的国际市场竞争,应作为我国加强农业基础地位的一项重大应对措施,尽快而又切实地加以研究解决。

一、加入世贸组织要求我国农民组织化程度必须有较大提高

现代化农业是市场激烈竞争的农业,参与市场竞争必须组织起来。虽然以农户为农业基本经营单位的格局将长期存在,但是加入世贸组织后更加迫切地要求农户相应提高组织化程度。

农民组织化是增强农业竞争力的基础。只有在有效组织的基础上,分户经营的农民才能形成较强的聚合力,建立相应的企业化组织形式,增强内部协调性和外部适应性,从而扩展整个组织、行业乃至整个农业产业在市场竞争中的生存发展空间,并使农业生产工具、科学技术现代化的作用得以充分体现。

农民组织化程度高低与市场竞争能力强弱成正向关系。组织化始终是市场竞争中取胜的重要法宝。这在比较成熟的市场经济制度中是不可忽视的。欧美等发达国家的农业之所以在世界农产品贸易中居于主导地位,较高程度的组织化对于增强这些国家的农业竞争力起到了不可忽视的作用。

---

* 本文原载国务院研究室《研究报告》2001 年第 9 号。

338

　　农民组织化程度的提高是国家进行宏观调控的基础。与盲目的市场主体相比，清醒的市场主体能够比较准确地判断和把握市场的基本走势，国家宏观调控比较容易通过市场主体的理性行为作出正确的判断和对策。更重要的是，组织化程度较高的农户也比较容易接受国家的宏观调控政策，使国家宏观调控能够比较顺利地实现预期的目标。

　　提高农民组织化程度是加入世贸组织的必然选择。在加入世贸组织之前，只是出口农产品面临激烈的国际市场竞争，国内一般农户所面临的通常只是国内市场竞争。加入世贸组织后，由于国内外市场的开通，即使农民生产的农产品不出口，在国内市场上也面临着进口农产品的竞争，而且是来自国外现代化大农场的激烈竞争。因此，我国农民必须有效地组织起来，缓解和克服经营规模过小所产生的种种不利影响，逐步改变和消除农户在市场竞争中单打独斗所遇到的障碍，从而较快地增强我国农业的整体竞争能力。

　　与发达国家相比，我国农民组织化面临的任务主要是：第一，扩大农业经营规模。目前，我国农户经营规模过于细小，土地经营规模平均只有 0.5 公顷左右。以半公顷的农户经营规模与北美、澳洲、西欧和南美等地区数十公顷甚至上百公顷的农户经营规模进行竞争，我国无论如何也不具备竞争优势。因此，必须通过相应形式适当扩大我国农业的经营规模。第二，采取适当形式将农户纳入相应的组织体系。当今农业竞争能力较强的国家不仅农户经营规模较大，而且农户经营行为的协调性较强。在这些国家，农户一般都参加了合作性经济组织或者农业行业协会，许多农户甚至参加了几个不同形式的相关合作经济组织或者行业协会。而我国自人民公社解体以来，大多数农户至今仍然处于一种近乎混沌的分散经营状态，停留在农产品短缺时代的户自为战阶段，组织化程度极低甚至几乎等于没有。因此，有必要在扩大农业经营规模的基础上，逐步形成和建立相应的农业产业协调组织，最大限度地覆盖农户。根据各地的实践和探索，提高农民组织化程度应主要采取三种形式，即"销售组织化""基地组织化"与"合作组织化"。

二、"销售组织化": 普遍推行"订单农业"

所谓"销售组织化",就是农户根据市场供需双方事先签订的销售合同,按照统一规定的品种、数量、规格、质量等项要求,有计划地进行种植、养殖和作业管理,并按照事先规定的时间和价格,由市场中介统一向客户提供货源,所获货款扣除中介费后全部返还农户。

"销售组织化"实现规模经营的基本途径是"连片种植(养殖)",即在分户经营的基础上将生产用地相对集中的尽可能连成一片,以较大的土地面积生产同样的或者同类的农产品,形成专业化程度较高,具有一定规模、特色和信誉的专业村、专业乡,由此扩大产品的知名度和市场占有率,吸引更多的客户前来订货和批量购买。

如何实现"销售组织化",最关键的问题是要充分发挥中介组织的作用,把握好订单来源、合同签订和销售兑现等环节,确保农产品能够比较顺利地卖出并获得较好收益。对这种形式的基本要求是,应当在新的生产周期到来之前,就使农户能够获得可靠的订单并签订合同,以便依据合同结合其他销售渠道安排生产计划,从而将农户的生产计划与市场需求紧密结合起来。订单来源的基础是广泛、及时、可靠的市场信息。这就需要大力支持和培育经纪人队伍,借助他们的能量收集、梳理和选择市场信息,并将市场信息转化为供货订单和销售合同,帮助农户实现商品交换中"惊险的一跳"。发挥中介作用并不等于仅是发挥经纪人的作用,而应当充分运用各个相关方面的资源和潜力。这就要求在全社会范围内共同努力,创造有利于全面搞活农村商品流通的外部环境。其中最为重要的是运用现代网络技术,尽快建立覆盖全国城乡的农产品市场信息体系,使需方和供方能够比较容易地获得对方的信息而从中进行选择。同时,采用新的技术手段和商业规则,确保交易双方能够信守合同,及时足额地提供商品和兑付货款。

"销售组织化"能否取得良好的效果,供方与需方信守合同是最重要的因素。在提高农民组织化程度的过程中,必须进一步健全和严格履行经济合同法规,以强有力的法律规范约束供需双方的行为,同时加强对供需双方的市场观念教育和法制意识教育,促使双方都注意树立和维护良好的市场信誉。即使由于客观情况的变化导致某些合同难以兑现,也要尽量避免和减少对方的经济损失,逐步形成长期稳定的合作关系,在合作中不断增进双方的利益。

三、"基地组织化":大力推进农业产业化经营

自 90 年代中期以来,农业产业化经营逐步得到人们的普遍认可,在许多地区相继兴起了热潮。农业产业化经营受到各地普遍欢迎的主要原因,首先在于农业产业化经营改变了过去农业只是停留在生产环节的状况,将农产品的生产、加工、流通等相关环节连接起来,形成一个完整的产业体系,为农民就业和农村经济发展提供广阔的空间。其次,农业产业化经营内含着一种新的利益分配机制,农民除了从生产环节获得应有的收益外,还有可能通过与龙头企业建立利益共同体,从加工、流通等相关环节获得相应的收益。更重要的一个原因在于,农业产业化经营还是一种有效的组织形式,能够在保持家庭承包经营基本格局的基础上,将分散经营的农户通过适当方式组织起来,根据市场需求变化发展规模经营,提高农业经济实体的竞争能力。

就农业产业化经营的组织形式来说,基本途径是由龙头企业建立原料生产基地,由生产基地带动农户发展原料生产,从而形成"公司+基地+农户"的产业布局和组织体系。在这个组织体系中,基地是联结龙头企业和农户的载体。龙头企业与农户之间一般不直接进行联系,而是借助于生产基地发生联系。因此,可以将这种组织化形式称之为"基地组织化"。

在我国现实条件下建立和发展原料生产基地,通常需要依托社区集体经济组织的支持与配合,许多具体组织工作也需要由社区集体经济组织承担。但是,相比之下,在社区集体经济组织与龙头企业的相互关系中,龙头企业依然发挥着主导作用,由龙头企业直接面对千变万化的市场需求,而且承担着市场风险压力的主要责任。尽管如此,这种组织化

形式还是能够有效地集合农户、龙头企业和社区集体经济组织的相互依存、相互补充的优势，能够体现三者各自相应的要求和利益，不失为在目前现实条件下提高农民组织化程度的一种重要选择。

"基地组织化"对于农户、龙头企业和社区集体经济组织三者都有着关系重大的实际利益，而且三者利益的基本趋向是一致的。第一，作为原料生产基地而言，可以实现区域化的规模种植和养殖。有利于统一开展产前、产中和产后的各种社会化服务，有利于对农产品原料统一进行批量收购、加工、运输、储存、包装、销售，有利于提高质量和控制质量，创立名牌产品，占领和扩展市场，提高整体经济效益和社会效益。第二，对农民的好处主要体现在能够增加收入来源和就业机会。农民除了可以获得土地使用权转让费外，参加基地的农业耕作和其他劳动还能够获得相应的劳务收入。龙头企业在加工、流通环节优先吸纳部分转让承包土地使用权的农户劳动力就业。第三，对龙头企业尤其是大型龙头企业的好处，主要是能够形成和保持可靠、稳定的原料来源，节约与单个农户打交道的时间、精力和成本，以便集中力量进行产品开发和技术创新，提高产品的市场覆盖率和占有率，从而使企业获得较快发展壮大。第四，对社区集体经济组织的好处，主要是能够较好地履行带领农民劳动致富的职责，维护社区内农民的利益，发挥应有的组织协调作用，同时也可以获得相应的中介费用，缓解基层组织经费不足的压力。

四、"合作组织化"：积极发展农民合作经济组织

建立农民合作经济组织是更能体现农民主导作用和创造性的一种组织化形式。从当今发达国家的实际情况来看，建立农民合作经济组织可以说是一种比较理想的组织化形式。农民合作经济组织的基本特征，就是农民在该组织中起着主导和支配的作用，合作经济组织采用平等协商和一人一票表决的方式决定重大问题，合作经济组织的重大决策均根据大多数成员的意志而作出。民主、平等、公开是合作经济组织的基本运行机制。在这种运行机制下，全体成员的根本利益能够得到最大限度的体现和保障。这种通过建立合作经济组织提高农民组织化程度的做

法，也可以称作"合作组织化"。

相对于发达国家，我国农民合作经济组织的发育和成长
目前我国通常以农村社区集体经济组织来代表农民合作经济
现有的社区集体经济组织带有比较浓厚的行政色彩，除了对集
使所有权和发包权以及管理权外，多数地区的集体经济组织在
发展经济、增加收入方面所能提供的有效引导和服务还比较
社区集体经济组织中农民能够自主决策重大事务的权力也比
农民的组织化程度之所以相当低，与多数地区的社区集体经济
充分发挥其效能有着直接关系。

农民合作经济组织就类别来看，可以分为综合性的和专
种类别的合作经济组织各有其优势和缺陷。综合性合作经济
全，但是比较庞杂；专业性合作经济组织有一定的产业局限
较灵活。相比之下，在目前我国农民组织化程度相当低的现
兴办专业性合作经济组织比较合适，相对容易获得较快发展
易形成跨区域的专业性合作经济组织系统。当然，也不排除
组织化程度较高的地区适当发展综合性的农民合作经济组织

农民合作经济组织尤其是专业性农民合作经济组织，在
济方面具有较大的自主性和灵活性。第一，农民合作经济组织
个企业或某些企业进行供销联合，成为龙头企业的原料生产
考虑将原料生产基地办成合作经济组织性质的联合体，通过
作经济组织本身增强自身的谈判地位，在与龙头企业打交道
地维护和增进农民的利益。第二，农民合作经济组织可以在
生产的基础上，自己创办农产品加工、流通企业，使之生产
通等环节联成一体，形成相对独立的产业体系和合作经济组
头企业，获取更高的经济效益和社会效益。第三，农民合作
可以用部分产品与龙头企业联合，以其余产品组成相对独立
业体系，更加灵活、更加充分地利用自身和龙头企业的各自
合作经济组织能够把主动权掌握在自己手中，完全可以依据
选择对自身最有利的发展模式。

　　需要指出的是，在农民专业性合作经济组织发展的基础上，可以建立各种由相应的农民专业性合作经济组织参加和组成的农民专业协会。农民专业协会对所属成员实行自律，政府也可以授予农民专业协会进行某些类似行业协会的自律管理权，以协助政府履行某些行业管理职责和促进政府机构改革。

充分发挥现代流通在
现代农业建设中的积极作用[*]

一、加深认识现代流通在现代农业建设中的积极作用

改革开放以来，我国流通体制改革和流通产业发展取得了显著成绩，对促进农业和农村经济发展起到了重要作用。现在，全国已经进入发展现代农业和建设社会主义新农村的历史时期，对现代流通提出了新的要求。与发展现代农业和建设新农村的要求相比，目前农村流通改革和发展显得相对滞后，其积极作用远远没有充分发挥出来。

发展现代农业是一项关联度很强的重大任务，离不开现代流通的支持和促进，仅在农业自身做文章是不可能达到预期目标的。发达的物流产业和完善的市场体系是现代农业的重要保障，对发展现代农业、建设新农村具有至关重要的积极作用。

因此，在推进现代农业发展的过程中，应高度重视农村市场体系建设、加快物流产业发展。要强化农村流通基础设施建设，发展现代流通方式和新型流通业态，培育多元化、多层次的市场流通主体，构建开放统一、竞争有序的市场体系，充分发挥现代流通在现代农业建设中的积极作用，促进我国农业现代化水平的不断提升。

现代流通对推动现代农业建设的积极作用是多方面的，主要表现在四个方面；一是现代流通对农业生产具有导向作用；二是现代流通对农产品质量具有把关作用；三是现代流通对农产品购销具有组织作用；四是现代流通对农产品市场具有开拓作用。

---

* 本文原载《中国流通经济》2007 年第 8 期。

如果现代流通以上几个方面的积极作用能够得到充分发挥,必将极大地加快现代农业发展和新农村建设的进程。

二、现代流通对农业生产的导向作用

经过多年的持续努力,我国农村市场机制已经确立,对引导和调节农业生产发挥着基础性作用。但是应当承认,目前农村市场体系还很不完善,市场信息滞后和信号失真的情况时常发生,加上农民的组织化程度较低,农业生产安排上的盲目性仍然在相当程度上存在,农产品供给与市场需求不协调的现象还比较突出。

这种情况不仅影响到某些重要农产品生产的稳定发展和农民收入的持续增长,而且影响到市场供给和市场价格的相对稳定。我们面临的一个重要课题,就是要充分发挥现代流通的导向作用,促进农业生产的稳定发展和农民收入的持续增长,努力保持市场供给和市场价格的相对稳定。

(一)通过提供市场信息引导农业发展。现代农业是以市场为导向的农业,市场导向首先是通过市场信息来体现的,而市场信息往往是通过流通领域来传递的。因此,推进现代农业建设必须加强流通信息网络建设,向农业经营者提供及时、准确、有效的市场信息,避免农产品生产、加工的盲目性,增强针对性,使农产品及其加工品能够顺畅地销售出去,实现农业发展、效益提高和农民增收的目标。

(二)通过联系和签订订单保证农产品销售。市场信息具有趋势性和意向性的性质,要实现和保持农业稳步发展,关键是签订要求明确、约束力强的农产品及其加工品的购销合同,并且努力将这种订单予以兑现,确保购销双方的要求如期足额得到满足。这个看起来很普通的老问题,截至目前还没有得到很好解决,因此,应当作为发展现代流通的一个重点问题来对待。可以说,这个问题的及早解决,不仅关系到现代农业的顺利发展,而且关系现代流通体系和信用体系的建设。

(三)通过规范产品标准促进农业规模经营。现代农业要求实现规模经营,但是推进规模经营必须适应我国普遍实行家庭承包经营的现实。如何做到两者有机结合,相当程度上需要发挥现代流通的催化作用,即通过签订订单和兑现合同,规范农产品及其加工品的品种、品质、批量、批次、规格和包装等方面的标准,推动农产品生产实行区域化布局、专业化生产、社会化服务,在稳定和完善农村基本经营制度的基础上推进集中连片生产,形成区域规模经营和特色产业,从而提高产品质量,推进批量加工销售,创造品牌、名牌,实现传统农业向现代农业的转变。

三、现代流通对农产品质量的把关作用

保证农产品质量特别是食品安全,是现代农业发展中的一项基本要求,更是消费者高度关注的热门话题。在市场化程度日趋提高的今天,包括食品在内的农产品主要是通过流通领域进入消费领域的。把好农产品及其加工品的质量关,是现代流通的神圣使命和重要职责。近些年来,在农产品质量特别是食品安全方面暴露出来的一些问题,更是提醒我们必须高度重视和认真解决这个问题。

(一)现代流通对农产品质量的把关要从两个环节入手。一是农业生产资料供应;二是农产品及其加工品运销。在农业生产资料供应方面,实行农药、兽药专营和添加剂规范使用制度,严格禁止不符合质量标准和规定用途的化学品用于种植业、养殖业、加工业及其他相关环节。在农产品及其加工品产销方面,继续加强农产品生产环境和产品质量检验检测,搞好无公害农产品、绿色食品、有机食品认证,依法保护农产品注册商标、地理标志和知名品牌,严格禁止不符合质量标准的农产品及其加工品进入市场销售。

(二)加强农产品质量安全监管和市场服务。加快完善农产品质量安全标准体系,建立农产品质量可追溯制度。在重点地区、品种、环节和企业,加快推行标准化生产和管理。尤其是对上市销售的食品,应当进一步健全完善质量安全标准,继续加强质量安全监测,加大处罚力度,严格法律追究制度,全面提高食品的安全性。加强对农资生产经营和农村食品药品质量安全监管,探索建立农资流通企业信用档案制度和质量保障赔偿机制。

（三）增强农产品经营者、生产者和加工者的质量意识。农产品质量安全是由多个环节共同努力的结果，只要一个环节出现疏漏就可能造成不良后果。流通领域是农产品特别是食品进入消费领域的关键领域，不应只是等到农产品临上市前才显示质量把关的作用，应利用流通所处的特殊位置，对包括农产品生产、加工、包装、储存、运输等环节在内的产销全过程都提出相应要求，增强农产品经营者、生产者和加工者的质量意识，促使这些环节建立健全完善的农产品质量保证制度。

四、现代流通对农产品购销的组织作用

现代农业发展要求建立完备通畅的农产品流通体系，使农产品的应有价值能够及时实现。现代流通在发展现代农业中最普遍、最大量的工作，就是发挥对农村流通特别是农产品购销的组织作用，运用适应现代农业要求的组织形式、流通方式搞活农村流通，促进农业和农村经济全面发展。这方面的事情纷繁复杂，应着重抓好以下几个要点：

（一）着力培育多种形式的农村流通组织。加快培育农村经纪人、农产品运销专业户和农村各类流通中介组织；在财税、金融等方面，鼓励各类工商企业通过收购、兼并、参股和特许经营等方式参与农村市场建设和农产品、农资经营，培育一批大型涉农商贸企业集团；供销合作社要推进开放办社，发展联合与合作，提高经营活力和市场竞争力，从而最大限度地发挥各类流通组织的特点和优势，构成相互补充、相互促进的农村流通组织体系。

（二）健全完善各种形式的市场。在合理布局的基础上，加快建设一批设施先进、功能完善、交易规范的鲜活农产品批发市场；改善农民进城销售农产品的市场环境；加快建设"万村千乡市场""双百市场""新农村现代流通网络"和"农村商务信息服务"等工程；规范和完善农产品期货市场，充分发挥其发现价格、引导生产、稳定市场、规避风险的作用；规范和完善生产资料市场，增加供应品种，提高产品质量；同时，大力加强农村流通的基本设施和装备建设，为进一步发展农村物流产业创造良好条件。

（三）发展新型流通业态。大力推广农村连锁经营、电子商务等现代流通方式；支持龙头企业、农民专业合作组织等直接向城市超市、社区菜市场和便利店配送农产品；积极支持农资超市和农家店建设，发展农资和农村日用消费品连锁经营，力争较快地做到全面覆盖农村，成为农民购买日用消费品和生产资料的主要途径；加快流通组织创新步伐，传统流通组织都应积极创造条件改造成现代流通业态，通过配送中心和连锁店形成网络，降低流通成本，方便农民群众，杜绝假劣产品，改善农村购物环境。

五、现代流通对农产品市场的开拓作用

向农村销售和从农村采购，历来是我国农村流通网络的两大职能。改革开放以来，随着农村流通渠道的多元化，这两大职能在相当大程度上分别由不同的流通渠道承担，但是覆盖程度各有不同，向农村销售的覆盖面相对广泛，而从农村采购的覆盖面相对狭窄。这就导致在部分地区农民生产的产品卖不出去或者卖不出好价钱，同时也没有能力购买生活用品和生产资料。增加农民收入，扩大国内需求，必须把拓展农产品市场放在更加突出的地位，使农民生产的农产品能够以较好的价格顺畅地卖出去。

（一）重视连锁经营网络的采购功能。现在连锁经营网络发挥着比较大的作用，完成了大部分农民生活消费品和农业生产资料的销售，但是这一网络农产品采购的作用还远远没有发挥出来。对于比较健全的连锁经营企业，在继续强化销售职能的同时，应当拓宽业务经营范围，重视发挥采购农产品的作用，帮助农民解决农产品卖难问题，以采购带动农户发展生产、增加收入。

（二）加强连锁经营网络的推销功能。采购农产品及其加工品，目的是为了卖出去。连锁经营网络在这方面具有很多优势，完全可以大有作为。特别是城乡都有较多销售网点的连锁经营企业，除了大力向外界推销企业采购的农产品外，完全可以发挥自身销售网络优势，把城市生产的工业品销往农村，把农村生产的农产品销往城市，把产区农产品销

往异地城乡市场，不断拓宽城乡商品流通渠道，持续推进不同区域经济融合，增进社会效益和企业经济效益。

（三）发挥农业产业化经营中的龙头作用。城乡购销网络比较健全的连锁经营企业，不应只满足于被动收购农产品的状态，而应向产供销一体化的龙头企业发展。可以考虑根据市场需求，建立农产品生产基地，加强与农民专业合作经济组织的沟通和对接，组织农产品生产、加工和销售，并向农户提供产前、产中和产后的系列化服务。在此基础上，还应当建立利益联结机制，增强龙头企业的凝聚力，形成稳定可靠的生产基地、加工基地和销售基地，在富裕农民的同时使企业逐步做大做强。

（四）带领开拓农产品贸易的国际市场。作为一个农业大国，我国应当逐步确立在国际贸易中的应有地位。流通企业应当具有全球眼光和战略思维，根据国际比较优势的原则，充分运用我国劳动力资源丰富这个突出优势，集中力量组织生产和出口竞争力较强的园艺产品、养殖产品、土特产品和农产品的加工制成品。应充分发挥大型流通企业在国际贸易中的骨干作用，带动我国农产品及其加工品更多更快更好地走向国际市场。不但要使我国成为农产品出口大国，而且要使我国成为农产品出口强国，进而对世界农业发展做出更大贡献。

城镇化与新农村建设

论加快我国小城镇发展的基本思路*

　　当今中国经济社会发展中存在的一个突出问题,是工业化与城市化不协调。以 1998 年为例, 全国由第二、第三产业构成的非农产业所占比重达到 81.6%, 而城镇人口所占比重仅为 30.4%, 两者相差 51.2 个百分点, 城市化严重滞后于工业化, 极大地制约了市场容量的扩大和整个经济社会的发展。从中国今后几十年经济发展和社会进步来看, 城市化应成为主要推动因素之一。加速城市化进程是改变中国城乡二元结构的客观要求, 也是实现工业化与城市化协调发展的必然选择。

　　在中国这样一个传统的农业大国和人口大国,大中小城市在城市化进程中各有其优点和缺陷, 能够相互补充, 不能相互替代, 应当实行多元化推进的战略。大城市现有社会发展程度高, 第三产业需求量大, 就业机会多, 收入水平高, 是中小城市所不能取代的。但是, 中国现有大城市已经面临人口过多、就业困难、交通堵塞、住房拥挤、空气污染等一系列弊端, 不能成为农村劳动力转移的主要出路。中等城市虽然可以缓解大城市存在的种种弊端, 在第三产业发展和增加就业等方面有其独特优势, 发展潜力较大, 看起来以中等城市为主似乎是城市化的最佳途径, 然而却不是最具可行性的选择。主要原因是中等城市与农村距离依然过远, 在社会保障机制尚未健全的情况下, 也难以吸纳大量农村劳动力并解决由此产生的各种问题。相比之下, 小城镇数量众多, 分布最广, 具有距离农村近, 可以兼顾第二、第三产业和农业, 可以充分利用民间投资等优势, 可以有效地降低城市化进程中的风险和成本, 能够容纳最大数量的农村剩余劳动力并创造就业机会, 还能够最大限度地吸纳依然从事农业的劳动力及其赡养人口迁来居住。同时, 随着小城镇的发展,

---

　　* 本文原载《管理世界》2000 年第 3 期。

必然有一部分演变为小城市,小城市在发展中也必然有一部分逐步扩展为中等城市。可见,小城镇的发展并不排斥中等城市,而是为中等城市的发展奠定了坚实的基础。因此,中国城市化应当实行"大中小并举、以小城镇为主"的基本方针,适当发展大城市,积极发展中等城市,大力发展小城镇,实现农村城镇化,走出一条具有本国特色的城市化道路。

中国在城市化问题上已经延误了相当长的时间,错过了不少宝贵的机会。今后几十年内,是中国城市化能否取得决定性进展的关键时期。抓住并利用好这个时期,中国小城镇发展就能出现一个新的局面,整个城市化进程就能明显加快。实现农村城镇化,应当从整个国家实现工业化和农村经济发展和社会进步的长远需要进行统筹安排,把小城镇发展与大中城市建设、小城镇布局与农业发展布局结合起来统筹考虑,在明确总体目标的前提下,做到合理规划,规模适度,分批建设,逐步推进。小城镇发展不是三年、五年,也不是八年、十年所能够完成的,需要几十年的较长时期,在这个问题上切不可操之过急。但是,千里之行始于足下,对于作为一项重大战略任务的小城镇发展应当及早加大推进力度,使其在经济社会发展中充分发挥作用。

一、小城镇发展的总体目标

衡量一个国家是否实现了城市化,主要是看这个国家的城镇人口占总人口的比重。尽管具体看法还不一定完全一致,但是比较公认的标准是:居住在城镇的(即大中小城市和小城镇)人口达到总人口的 70%,就算基本上实现城市化。1998 年中国的人口城市化率为 30.4%,与实现城市化所要求达到的水平比还相差 39.6 个百分点。目前的城市化步伐虽然比改革开放之前有所增大,但是与加快实现城市化的要求仍然存在相当大差距,与保持国民经济持续快速健康发展的要求同样远远不能适应,迫切需要加快城市化进程特别是小城镇发展的步伐。

所谓积极推进小城镇发展,应当是以明显快于目前的速度推进小城镇发展。目前全国城市化的推进速度是年增加 0.5 个百分点左右,其中约有 0.35 个百分点来自小城镇、0.15 个百分点来自大中城市。按 1998

年全国总人口计算，一个百分点所包含的人口是 1250 万，0.5 个百分点大约相当于 625 万人口。就是说，目前一年从农村转入城镇的人口有 600 多万，其中 400 万左右转入小城镇，200 多万转入大中城市。随着全国总人口逐年增加，每个百分点所包含的人口数量也相应增加，预计 2000 年一个百分点所包含的人口可达 1270 万—1280 万，2010 年可达 1400 万左右，2020 年可达 1500 万左右，2030 年可达 1600 万左右。加快速度推进小城镇发展，则意味着小城镇在城市化进程中的贡献份额高于目前的每年 0.35 个百分点，大中城市的贡献份额则是小城镇的一半。

具体可以作如下选择：方案 1 是城镇每年吸纳的农村人口增加到 0.6 个百分点，其中小城镇吸纳 0.4 个百分点，大中城市吸纳 0.2 个百分点；方案 2 是城镇每年吸纳的农村人口增加到 0.9 个百分点，其中小城镇 0.6 个百分点，大中城市 0.3 个百分点；方案 3 是城镇每年吸纳的农村人口增加到 1.2 个百分点，其中小城镇 0.8 个百分点，大中城市 0.4 个百分点。如果这三个方案能够实现其中一个，小城镇人口占全国总人口的比重将会发生相应变化（详见表 1）。

表 1　不同方案小城镇和大中城市人口比重变化（%）

年份	方案 1			方案 2			方案 3		
	合计	小城镇	大中城市	合计	小城镇	大中城市	合计	小城镇	大中城市
1998	30.4	13.6	16.8	30.4	13.6	16.8	30.4	13.6	16.8
2000	31.6	14.4	17.2	32.2	14.8	17.4	32.8	15.2	17.6
2010	37.6	18.4	19.2	41.2	20.8	20.4	44.8	23.2	21.6
2020	43.6	22.4	21.2	50.2	26.8	23.4	56.8	31.2	25.6
2030	49.6	26.4	23.2	59.2	32.8	26.4	68.8	39.2	29.6

以上三个方案中，方案 1 为低方案，方案 2 为中方案，方案 3 为高方案。这三个城市化进程方案中的城镇人口变化情况详见表 2。

表 2　不同方案小城镇和大中城市人口量变化（亿人）

年份	方案 1			方案 2			方案 3		
	合计	小城镇	大中城市	合计	小城镇	大中城市	合计	小城镇	大中城市
1998	3.79			3.79			3.79		
2000	4.01	1.83	2.18	4.09	1.88	2.21	4.17	1.93	2.24
2010	5.26	2.58	2.68	5.77	2.91	2.86	6.27	3.25	3.02
2020	6.54	3.36	3.18	7.53	4.02	3.51	8.52	4.68	3.84
2030	7.94	4.23	3.71	9.47	5.25	4.22	11.01	6.27	4.74

　　对以上方案如何进行选择？我们认为有必要从几个方面考虑：第一，今后小城镇在城市化进程中的贡献率应当高于目前的贡献率，也就是说至少要达到低方案（即方案 1）的要求，届时农村新增人口的大多数将转入城镇（主要是小城镇）。第二，农村新增人口的全部转入城镇（主要是小城镇），保持农村人口总量的不增加或者略有减少，也就是实现中方案（即方案 2）的要求。第三，城镇除吸纳全部农村新增人口外，还将吸纳相当部分的农村原有人口，使农村人口总量有较多的减少，也就是实现高方案（即方案 3）的要求。

　　根据中国经济社会发展的要求和今后可能的综合经济实力来看，我们认为应当立足于中方案，争取高方案，但无论如何也得确保低方案的实现。低方案与现实情况并无多大差别，只是提高了不足 0.2 个百分点，如果连低方案都不能实现，那就根本谈不上积极推进小城镇发展，也无从谈起加快整个城市化进程。实现了低方案的要求，到 2030 年中国整个城市化率仅达到 49%，与基本实现城市化的标准相比仍然存在相当大距离。按照中方案的要求，到 2030 年中国城市化率可以在现有 30.4%（1998 年）的基础上增加 29 个百分点左右，可以接近或者达到 60%。应当说，中方案的要求并不高，经过努力是完全可以实现的。然而，与基本实现城市化的标准仍有一定距离。如果要提高城市化水平，就要付出更大的努力，按照高方案的要求去做。一旦 2030 年能够实现高方案的要求，中国整个城市化率可以达到 68.8%，就是说接近 70%，也可以说基本上实现城市化。

　　总而言之，按照高方案的要求，中国达到 70% 的城市化率需要 33

年时间，大体将在 2031 年基本实现城市化；按照中方案的要求，中国达到 70% 的城市化率需要 44 年时间，大体将在 2042 年基本实现城市化；按照低方案的要求，中国达到 70% 的城市化率需要 66 年时间，大体将在 2064 年基本实现城市化。而如果按照目前城镇人口比重平均每年增加 0.46 个百分点（1989—1998 年）推算，中国达到 70% 的城市化率需要 86 年时间，大体要等到 2084 年才能基本实现城市化，时间之长已经远远超出人们的想象和所能接受的范围。

从国际经验来看，城市化率达到 30% 左右往往会出现一个快速推进的时期。城市化进程中的决定性进展往往是在这个快速期中实现的。国务院发展研究中心发展预测研究部的一项研究成果表明，日本城市化率由 28%（1949 年）提高到 57% 仅用了 7 年时间，韩国城市化率由 20%（1960 年）提高到 56%（1981 年）用了 21 年时间，世界上低收入国家城市化率的平均水平由 33%（1960 年）提高到 57%（1987 年）也只用了 27 年时间，以上这些国家的城市化推进速度平均每年达到 1 个百分点左右，大体上相当于中国 90 年代以来平均推进速度的 2 倍左右，有些国家甚至更多。可以说，中国城市化进程中同样存在着这样的机遇。能否抓住有利时机加速推进城市化，在目前客观条件已经基本具备的前提下，主要取决于能否创造有利于城市化快速发展的宏观环境。

二、小城镇发展的布局和规模

小城镇发展的布局和规模是建立在总体目标选择的基础之上的。小城镇发展的总体目标选择与规划设想有着直接关系。我们暂且以中方案为基础：从现在开始，通过长期持续的努力，力争到 2010 年小城镇居住人口占全国总人口的比重达到 21% 左右，2020 年达到 27% 左右，2030 年达到 33% 左右。同时，结合目前小城镇的数量及其在不同地区的分布情况，对未来全国小城镇布局和规模的变化趋势作些初步的分析。

（一）小城镇的数量及其人口规模。这里所说的小城镇包括三个层面的含义，即一般建制镇、中心建制镇（通常称作中心镇）和小城市。一般建制镇数量最多，在 1998 年全国 19060 个建制镇中，大约 95% 以上属于一般建制镇。中心镇的数量较少，在全国绝大多数地区能够称得上中心镇的，一个县或县级市中不过1—2个，即使经济发达地区的县或县级市也不过2—3个。小城市一般是指县级市（人口通常在10万—20万），1998年全国2126个县级区划中共有437个县级市，其中多数是在原先的中心镇（主要是城关镇）基础上发展起来的。这样，1998年全国小城镇（包括一般建制镇、中心镇和县级市，下同）共计19479个。目前建制镇正处于较快增长时期，1991—1998年平均每年增加958.5个，但是近几年出现了放慢的趋势，1998年仅增加了639个。根据今后每年增加600个左右的速度推算，2010年大体达到2.6万个，平均每个一般建制镇居住人口由1997年的4500多人增加到9000人左右（其中东部平均达到1万人左右，中部平均达到9000人左右，西部平均达到7000人左右），加上中心镇和县级市的居住人口，平均每个小城镇居住人口将达到1.2万人左右，小城镇人口可能达到3亿人左右，占全国总人口14亿的21%以上。预计在那以后小城镇的数量增加将继续放慢，平均每年增加300个左右，2020年总量可能达到2.9万个左右，人口居住进一步集中，平均每个小城镇居住人口1.4万人（包括中心镇和县级市），全国小城镇居住人口将达到4亿人左右，占届时全国总人口15亿的27%左右。预计21世纪20年代小城镇的数量增加将进一步放慢，2030年总量可能达到3万个左右，平均每个小城镇居住人口1.7万人以上（包括中心镇和县级市），全国小城镇居住人口可能达到5.2亿人左右，占届时全国总人口16亿人的33%左右。当然，这里所列的小城镇数量及其居住人口的数量，只是一种可能性的推算和预测，究竟能否实现取决于很多复杂的因素。

（二）小城镇的布局及其与村庄的关系。小城镇对于农村经济社会发展具有大中城市不可取代的直接辐射和带动作用，其分布状况与各个地区的经济社会发展水平和人口分布存在着极为密切的关系，主要是由各个地区的特性决定的。相对而言，经济社会发展水平较高的地区，人口居住往往比较密集，小城镇的分布往往比较集中，大中城市的形成和发展也比较快。在中国的东部、中部和西部三类不同地区，东部经济社会发展程度最高，人口和城镇的密集程度也最高，中部次之，西部再次之。根据第一次农业普查资料，在 1996 年全国 16126 个建制镇中，东部地区有 7479 个，占 46.4%；中部地区有 4682 个，占 29%；西部地区有 3965 个，占 24.6%。这种情况对于今后中国的城市化进程将产生深远影响。小城镇的分布同样分一般建制镇、中心镇和小城市三个层面。在建制镇以下，还可以分为中心村、行政村和一般自然村三个层面。截至 1998 年，全国共有 45462 个乡镇（包括 19060 个建制镇），739987 个行政村，23692.7 万个农户。至于自然村的数量，估计多达几百万个。

按照基本实现城市化的要求，农村总人口中要有一半以上居住在小城镇，因此小城镇的布局应最大限度地为实现这个目标着想。小城镇建设首先应当确定中心镇，根据中心镇的辐射能力和带动能力的半径确定一般建制镇。可以考虑，每 20 万左右人口的区域范围内设立一个中心镇，使中心镇的人口能够聚集到 5 万—10 万人；每 3 万—5 万左右人口的区域范围内设置一个建制镇，使建制镇的人口能够聚集到 1 万人以上；在建制镇范围内和没有条件设立建制镇的乡范围内，根据具体情况设立若干个中心村，分散在自然村落的居民尽量迁居到中心村（中心村一般是行政村村民委员会所在地，有的甚至是乡政府所在地）。对于耕地距离小城镇较近（如不超过 5 公里）的农村居民，或者虽然距离小城镇较远但在小城镇有就业岗位的农村居民，都应当支持和鼓励他们迁居到小城镇；对于距离小城镇较远、在小城镇又没有非农产业就业岗位的农村居民，或者交通不便的山区农村居民，也要尽可能支持和鼓励逐步集中到中心村，最大限度地减少自然村落。

总的说来，西部地区每个县域设一个中心镇，原则上建在有条件的县政府所在地，同时根据条件建立若干一般建制镇。中部地区原则上除县城外，每个县域还可以设 1—3 个中心镇，同时根据条件设立若干一般建制镇（四川省和重庆市人口稠密的县市可以参照中部地区）。东部地区原则上除县城外，每个县域还可以设立 2—4 个中心镇，同时根据条件设立若干一般建制镇。比较而言，中心镇的集聚效应要优于一般建制镇，主要表现为能够更多地容纳和促进非农产业尤其是第三产业的发展，丰富人们的精神文化生活，充分利用并完善公益性基础设施，增加社区财政收入。不过，中心镇不可能也没有必要将所在区域的全部人口都吸纳进去，一般建制镇乃至中心村仍然是不可替代的层次。

应当指出，小城镇发展的重点是中心镇，中心镇的进一步发展将成为小城市（人口一般在 10 万—20 万）。这样，2010 年全国小城镇总量达到 2.6 万个左右时，中心镇有可能达到 2000 个以上；2020 年全国小城镇总量达到 2.9 万个左右时，中心镇有可能达到 3000 个以上；2030 年全国小城镇总量达到 3 万个左右时，中心镇有可能达到 4000 个左右，其中 20%甚至更多的中心镇可能发展成为小城市，有些甚至可能发展成为中等城市。当然，在现有的小城市中将会有一批发展成为中等城市（人口在 20 万—50 万）。从长远看，我们在政策选择上就应当推动建制镇（主要是中心镇）向小城市发展，推动小城市向中等城市发展。在大城市和特大城市周围，要适当发展一批卫星城式的小城市或者建制镇，以利于对大城市的人口和传统产业进行分流，缓解大城市人口压力过大带来的各种问题。

截至 1998 年，除去建制镇以外，全国还保留着 26402 个乡的行政区划，其中除一部分可以直接撤乡建镇外，还有一部分需要并乡建镇。对有些面积和人口都比较少的乡，即使今后若干年内不符合建镇的条件，也要考虑适当调整行政区域范围，实行必要的撤并扩大，使之更加有利于经济发展和社会进步。

三、小城镇建设规划的把握要点

在明确小城镇发展的总体目标和布局、规模之后，对于制定小城镇建设规划需要把握的要点也应当明确，以指导小城镇建设的健康运行。小城镇建设规划主要包括功能配置、土地占用、基础设施、推进步骤和支持重点等。具体应把握好以下几个要点。

（一）科学制订发展规划，合理配置功能。长期以来，中国小城镇发展往往是作为小集镇来建设的，主要立足于发展集市贸易，把重点放在建市场上。第一次农业普查资料表明，1996 年全国平均每个建制镇有集贸市场 1.86 个，其中综合市场 1.27 个、专业市场 0.58 个。建立集贸市场无疑是必要的，但是多数建制镇缺乏综合考虑和长远打算，集贸市场往往建立在干线公路两边，镇区又以集贸市场为中心进行建设，结果造成布局凌乱，设施落后，既妨碍了交通运输，又影响了环境整洁，很不适应农村经济发展和社会进步的要求。今后在小城镇发展之前就应当进行科学规划，做到布局合理，规模适度，设计先进适用，并为将来的继续发展留有余地。在镇区范围内应当设有居住区、商业贸易区、文教卫生行政区和工业小区，以促进小城镇及其附近乡村的经济发展和社会进步，特别是工业小区要充分体现相对集中、连片发展的要求。总之，要把小城镇努力建成一定社区范围内具有较强辐射能力和吸纳能力的经济中心、科技文化教育中心，也是联结广大农村与城市的纽带和传播现代文明的桥梁。

（二）合理选择地理位置，尽量减少占用土地。小城镇一般应在原有小集镇的基础上进行扩建和改建，尽量利用荒地坡地和减少占用土地，尤其要做到少占或不占耕地。地理位置应当选择在交通方便、水资源丰富的地方，但不宜选在影响洪水通行的河滩地，也不宜选在妨碍交通的干线公路两边。对于已搬迁腾空的旧房，必须进行拆除和复垦，并结合农村道路、农田水利建设进行土地整治，恢复农业用途，务必保持当地耕地总面积的动态平衡。对于小城镇发展占用的土地面积，应根据不同的规模，统一确定相应的标准，按土地管理有关法规报批，批准后方能占用。第一次农业普查资料表明，1996 年全国平均每个建制镇镇区占地面积为 2.2 平方公里。与实际居住的人口相比，应当说占地面积已经不少，主要原因是由于土地规划和房屋建设不合理，土地利用不充分和浪费现象比较普遍。

今后新建扩建小城镇时必须把重点放在挖掘内涵上，从中国人多地少的基本国情出发，以节约用地为目标进行科学规划，合理布局，适当提高人口的密度和建筑的容积量，根据不同类型地区、不同人口规模和不同功能区建设要求等因素，确定小城镇的占地面积，不能再走单纯扩大外延的路子。今后一个较长时期内（至少到 2010 年），在统一规划和分步建设的前提下，一般建制镇实际占地面积应当控制在 3—4 平方公里以内，平均每平方公里的人口密度由 2054 人（1996 年底普查数）增加到 2500—3000 人。中心镇实际占地面积应当平均控制在 4—6 平方公里以内，平均每平方公里的人口密度达到3000—4000人，在东部和中部人口密集地区的人口密度还可以更大些。有些多层公寓式住房较多的中心镇，平均每平方公里的人口密度甚至可以达到5000人以上，目前广东有些小城镇已经达到这个水平。当然，在人口多达数万以上的中心镇（主要是城关镇），在适当增加人口密度的同时，占用土地面积也需要适当增加。但是，未经严格的用地规划审查和符合国家土地管理权限的政府土地管理部门的批准，任何地区的小城镇建设都不得擅自扩大镇区占地面积。

（三）通盘考虑基础设施，逐步实现配套齐备。根据第一次农业普查资料，到1996年底，全国建制镇的社区环境基础设施建设仍然相当落后，所涉及的基础设施仅有供水站、汽车站、火车站、码头、邮电所、电话装机量、发电站、公园、本乡镇公路等，而体现现代城市文明和环境整洁的排水系统、污水处理系统和垃圾处理系统等基础设施微乎其微，甚至没有也不值得列入普查内容。即使列入普查内容的社区基础设施，其拥有量和建设标准也比较低，以普遍需要的供水站为例，中部和西部平均每个建制镇分别为0.6个和0.9个，根本满足不了城镇居民生活的需要，东部虽然平均每个建制镇为1.2个，但是处于规模效益较低的不经济状态。再以公园为例，不论中部、西部还是东部，平均每个建制镇只有0.1个，也就是说10个小城镇才拥有1个公园，数量之少达到何种程度可想而知。按照现代小城镇的要求，社区基础设施建设需要从多方面进行考虑和安排，主要内容应当包括：一是道路交通（还包括码头、车站等）、通信系统，二是供水、供电和燃料供给系统，三是水利、防汛系统，四是排水、污水和垃圾处理系统，五是文化、教育、卫生、体育系统，六是绿化、园林系统。随着经济社会发展水平的逐步提高，小城镇还将根据需要建立某些新的基础设施（如微机网络等）。

在上述几个基础设施系统比较齐备的情况下，小城镇对第二、第三产业和农民住户的集中布局才能产生较强的吸引力，小城镇的各项功能才能得到较好的发挥。特别是污水处理等由分散走向集中和其他有规模要求的基础设施，各个建制镇都建立完整的系统是很不经济的，应当在整个县域范围内进行统一规划，提倡若干个邻近的建制镇采用股份制等形式共同投资建设，实行有偿使用，以提高基础设施运行的经济效益和社会效益。对于分布在各个乡镇所辖范围内的中心村，也要有计划地适当建设一些现代基础设施，如自来水、硬化道路、电话、路灯、公共厕所、排污处理系统等，以提高村民的生活质量。

小城镇的文化、教育、卫生、体育和福利等方面的基础设施建设，也是不可忽视的。第一次农业普查资料表明，1996 年全国平均每个建制镇拥有文化站 0.91 座，图书馆 0.27 座，影剧院 0.60 座，小学 4.83 所，中学 1.77 所，职业技术学校 0.29 所，幼儿园、托儿所 1.11 所，敬老院 0.83 所，医院、卫生院 1.41 所，病床 37.44 张，体育场馆 0.14 座，广播站 0.99 座，电视播转台 0.63 座。应当说，这类构成社会发展载体的基础设施建设本来就是相当落后的，随着小城镇人口的增多和规模的扩大，社会发展类基础设施的现状与需求之间的差距还有可能扩大。今后必须相应加快建设步伐，尽早满足镇区和附近村庄居民的文化、教育、卫生、体育和福利方面的需求，促进小城镇和邻近村庄的社会进步。随着小城镇的发展，对原先分散在各个自然村的中小学校有必要进行适当的撤并，尽可能将中小学校迁移归并到小城镇，实在不能迁移归并到小城镇的小学也要建在中心村，中学原则上应集中到小城镇（或者乡政府所在的中心村），以压缩中小学校的数量，精干教师队伍，集中人力、物力、财力办好小城镇和中心村的中小学校。这不仅有利于提高中小学校的教学质量，而且与压缩财政开支、减轻农民负担有极大关系。

（四）首先形成基本架构，再分期建设到位。小城镇发展规划的付诸实施需要经过较长的时期，不可能在短期内完全达到最终目标，只能根据统一规划的要求，积极引导，分步推进。力争经过 5 年左右时间的努力，首先形成小城镇的基本架构，然后逐步建设到位。对原先在村庄已有住房的农民，应当以优惠的政策引导农民到镇区购房建房，也应允许若干年后有条件再到镇区购房建房，但是在镇区建新房必须按照规划选址和设计，大力推广建设多层公寓式商品楼房出售给农民，以减少占用土地。对原先分布在村庄的乡镇企业，也不能要求马上迁入小城镇的工业小区，应当从企业的经济实力和发展需要出发，通常在进行重大技术改造时再迁入工业小区。基础设施建设的特点是投资大、社会效益显著，但资金回收较慢，应当根据经济实力和轻重缓急，实行区别对待。

（五）重点抓好中心镇建设，发挥示范引导作用。在中国整体经济发展水平还不是很高的情况下，要通过加快小城镇发展推进经济发展和社会进步，应当根据原有基础和地理位置确定重点乡镇（主要是现有建制镇），并集中力量将重点建制镇逐步建设成为中心镇。重点建制镇一般基础条件比较好，经济发展已具备一定的水平，对农民已经具有一定的吸引力，只要在基础设施建设和农民进城居住、兴办产业上有一定的鼓励政策，与地方经济发展相结合，经过若干年的努力就有可能建成中心镇，成为所在县域内新的经济增长点，对一般建制镇的建设也将起到示范引导作用。因此，在小城镇发展过程中不能刮风，不能不顾客观条件一哄而上、齐头并进，而要根据各方面条件尤其是建设资金的许可，分期分批地建设小城镇，建设一批成功一批。在今后5—10年内，各地小城镇的建设重点应当放在中心镇，县级和县以上政府的支持重点也应当放在中心镇，一般建制镇的建设基本上立足于自身的经济能力。

四、小城镇发展与农业产业布局

各种非农产业可以集中到小城镇，农业却需要最大限度地利用土地空间，除少数温室农业和设施农业可以靠近小城镇外，大面积的大田农业是不可能都集中到小城镇附近的。但是也要看到，小城镇发展不仅涉及人口居住和非农产业的集中，对农业的产业布局也必然产生重大而又深刻的影响。这虽然不构成小城镇自身建设规划的一个部分，但与小城镇的发展同样有着密切的关系。从一些发达国家的经验来看，推进城市化尤其发展小城镇，实际上是对整个农村面貌进行彻底改造的一次极为宝贵的机会。我们也要充分利用这个机会，在未来几十年内对农村面貌特别是农业的产业布局进行革命性的改造，消除农村"脏乱差"现象，美化农村自然环境，确立农村新面貌。

（一）拆除与合并自然村落。根据发展小城镇的要求，除在农村保留必要的中心村外，随着农户的逐步迁移，对原有的自然村应当逐步进行拆除和合并，减少村庄占用的土地，将这部分腾出的土地进行复垦，恢复农业用途，以弥补由于小城镇建设而减少的农业用地，实现耕地总量的动态平衡，并尽可能增加耕地面积。同时，通过拆除与合并自然村，减少村庄的数量，拉大村镇之间的距离，扩大农田的自然空间，并按新的标准建设小城镇和中心村。

（二）整治农村自然环境。由于长期以来自然村落过于凌乱，河湾沟壑纵横交错，田间道路随意蔓延，加上农村工业分散发展造成的污染，不仅侵占了大量的农业用地，而且极大地损害了农村的自然面貌。随着自然村落的拆除与合并，对农村土地也要大力进行整治，加强生态环境建设和农村水利设施建设，实现退耕还林、退耕还牧、退田还湖，消除农村工业的污染源，填平不必要的河湾沟壑，拉直田间道路，以增加农用土地的比重，扩大农田地块面积，适应农业机械作业，并逐步建成优美的田园环境。同时，可以根据需要在农田保留或建设少量的农用房，用于存放农具、机械等生产资料和少量农业劳动力临时居住。

（三）加强农用道路建设。现在一般农村的大多数人居住在村庄里，随着小城镇的发展，若干年后农村中多数人口将迁居到镇区。这样，中国目前普遍存在的农村非农产业就业人员由居住地村庄前往镇区上班的情况将发生变化，即相当大比重的农民由居住地镇区前往农田作业。由于中国人多地少，小城镇距离农田一般不会太远，绝大多数只有几公里，农民可以利用各种交通工具（包括自行车、摩托车和农用汽车等）前往田间作业，犹如城市职工上下班一样。农民平时可住在小城镇从事非农产业，农忙时到农田从事农业生产活动。何况，随着农业科学种田技术的普及和社会化服务的发展，单位面积的劳动力使用量已经大大减少，一般每亩耕地的全年用工量只有十几个。即使实行两熟制的南方，一般农户全年用于田间作业的劳动日也不过2—3个月。至于不是两熟制的北方，用于田间作业的劳动日数量则更少。这种从居住处到作业点往返次数的大幅度减少，为农民迁居小城镇在客观上提供了可能。从适应农民居住格局变化要求出发，应特别重视和加强农用道路建设，适当提高农用道路的建设标准，确保农用道路畅通无阻，以方便农民从事田间作业和产品运输。

关于加快推进城镇化的几个问题[*]

一、城镇化的核心问题是农村人口转移

推进城镇化主要是为了解决农村人口和劳动力数量过多的问题，而不仅仅是城市自身的建设问题。如果仅仅理解为城市建设，就没有必要非使用"城镇化"一词不可。城镇化主要是将农村人口转化为城镇市民，重点是在"化"字上做文章。将农村人口转化为城镇市民需要有一个载体，加强城镇建设的目的正是为了提供一个较为理想的载体。可以说，转化农村人口与加强城市建设不仅是一致的，而且是相互促进的。

农村人口的转化需要从两个层次上实现：一是将农业剩余劳动力由农村就业转移到城市就业；二是将农村富余人口由农村居住转移到城市居住。也就是，通过非农产业的集聚和发展，带动农村多余的劳动力和人口转移到城镇，相应减轻农村自然资源的负载率，并使转移的农村人口和劳动力逐步与农业脱离关系。

城镇化与工业化是不可分割的融合体。我国过去几十年的做法是，将农业提供的工业原料从农村集中到城市，而将农村劳动力阻挡在城镇之外。结果工业发展确实比较快，但是城镇化进程却严重滞后。即使目前非农产业增加值在国内生产总值中所占比重已达 85%左右，世界上也没有承认我国已经实现了工业化，我们自己也不认为我国已经实现了工业化。究其原因，就在于我国非农产业远远没有吸纳和消化过剩农业劳动力，表明我国工业等非农产业的发展还很不充分。2001 年，我国城镇人口占总人口的比重仅为 37.7%，农村人口比重仍然高达 62.3%。

* 本文原载《中国工业经济》2002 年第 8 期。

没有城镇化，不可能从根本上解决农村人口过多的问题；搞好城镇化，解决的则将远不止是农村人口过多的问题。

加快推进城镇化进程，是促进城乡经济社会全面发展、逐步实现现代化的过程。无论从当前还是从长远看，加快城镇化进程都具有不可替代的重大战略意义。

（一）依托城镇化加快城乡建设步伐，形成长期持续的经济增长点。加快城镇化进程，既包括水、电、路等基础设施建设，又包括工商企业的投资建设和居民住房建设，特别是住房建设对经济发展带动作用的潜力巨大。如果把农村人口进入城镇与基础设施建设、住房建设等结合起来，将极大地、持久地促进房地产业的发展，使房地产业成为整个国民经济中一个长期发生作用的增长点。与其他基础设施建设相比，投资城镇建设对扩大国内需求、促进经济增长往往具有更大的刺激作用，不仅可以拉动建材、建筑、家电、家具、电力、交通、供水、环保等许多行业的发展，而且可以为剩余农业劳动力创造大量的就业机会，并通过建设资金转化为消费资金，实现城乡居民收入的持续增长。

（二）依托城镇化开拓国内市场，增加社会商品消费需求。我国城乡收入差别的表现，是大中城市高于小城镇，小城镇高于普通农村，农业兼业户高于一般纯农户。然而，由于农村人口居住过于分散，收入水平较低，加上半自给性质的生活方式和消费方式，较少购买生活消费品，极大地限制了商品性消费。在这种情况下，只有加快农村人口向城镇集中，才能有效地改变他们的生产方式和消费方式，增加他们的商品性消费，扩大国内的市场容量，使目前相对充裕的农产品和工业品能够较为顺利地销售出去。城镇投资建设与居民最终消费的持续扩张，将构成未来几十年内我国经济增长的持久推动力。

（三）依托城镇化发展第三产业，增加农民就业门路和收入来源。我国第三产业之所以发展较慢，主要原因是需求严重不足。尤其是占全国 64%左右的农村人口居住分散，交通不便，收入来源单一，局限于家庭自我服务的传统圈子里，不可能形成对第三产业的规模需求。第三产业发展与城镇化进程是相辅相成的。加快城镇化进程，将农村居民由分散居住迁入城镇集中居住，必然形成和增加对第三产业的消费需求，增强第三产业发展的内在动力和市场容量。原先的农民既是第三产业的消费者，又是第三产业的就业者，这将极大地缓解城乡就业压力。随着农村居民迁入城镇居住的增加，城镇第三产业的需求规模将随之增大，劳动力的就业和收入也随之增加。

（四）依托城镇化调整农村产业布局，提高乡镇企业综合效益。乡镇企业对于农村经济发展的历史性贡献不可磨灭。但是，乡镇企业发展中存在的最大缺陷是布局过于分散，由此派生出许多弊端，导致乡镇企业综合效益下降，市场竞争能力削弱。通过加快城镇化进程，使乡镇企业向工业园区相对集中连片发展，是改变这种状况、提高乡镇企业整体素质和综合效益的有效途径。与一般村庄相比，城镇具有明显的区位优势和其他多种优势。乡镇企业在城镇的工业园区实行相对集中、连片发展，既可以减少占用土地，减轻环境污染，改变农村面貌，还可以减少道路、管道、电网、通讯等基础设施投资，确立区位优势，改善交通运输，方便信息交流、商品流通和技术传播，加强产业管理，促进资产流转和保值增值，从而增强竞争能力，提高综合效益。所有这些，最终将有利于更加充分地发挥乡镇企业在国民经济发展中的重大作用，也有利于持续较快地增加农民收入。

（五）依托城镇化减少农业劳动力，增强农业的国际竞争能力。通过农村现有人口向城镇转移和集中，逐步做到农村绝大多数人口居住在城镇，减少现有农户和农村自然村庄，减少农村直接从事农业的劳动力，以及通过承包地使用权的流转，使土地逐步向专业户集中。在这个基础上，增加仍然从事农业的劳动力人均自然资源占有量，相应扩大农业经营规模，提高农业机械化水平，扩大运用先进科学技术和设备，促进农业产业化经营，加快建设现代化农业。

（六）依托城镇化推进少生优育，减轻经济社会发展的长期压力。我国农村人口增长远远快于城镇人口增长，固然与农村长期形成的传统意识有密切关系，但主要是由从事农业生产活动决定的。农村人口集中到城镇居住，将有利于造就人们容易接受控制人口增长的客观条件，逐步改变人们的传统意识，促进人口自然出生率的大幅度下降，为我国经济社会长期发展创造相对宽松的条件。

（七）依托城镇化推动文化教育发展，提高全国人口综合素质。城镇的文化教育事业发达程度明显高于农村，人们能够享有更好的教育和文化生活，有利于提高人口综合素质，促进经济社会全面发展。人口自然增长率的有效控制和人口综合素质的全面提高，可以使劳动力获得更多的就业机会，而且能够胜任劳动复杂程度较高的工作岗位，从而创造更多的价值，获得较高的劳动收入，相应提高生活质量，促进人的全面发展。

（八）依托城镇化节约建设用地，优化人们生活环境。推进城镇化既有增加城镇占地的一面，也有减少农村占地的一面。农民进入城镇居住与在农村居住相比，一般都能不同程度地节约土地。特别是经过科学规划和合理布局，在城镇集中建设住房和基础设施，对于提高土地利用率将产生更为显著的积极作用。城镇建设占用的耕地，经过土地置换和复垦之后可以在较大范围内实现总量动态平衡，有的地区还会有一定程度的增加。同样重要的是，农民集中居住到城镇，公共卫生和环境保护意识必将大大增强，加上城镇排污处理系统的逐步建立和完善，能够有效地改变"脏乱差"的状况，明显改善生活环境和卫生条件，提高人们的健康水平和身体素质。

二、推进大中小城市和小城镇协调发展

国家"十五"计划采用的提法是"城镇化"。应当指出，"城镇化"并不是"小城镇化"，而是包括大中小城市和小城镇。目的是通过城与镇的协调发展，重视发挥小城镇的作用，最大限度地吸纳农村人口。这是从我国整体情况出发而提出的。各个地区由于具体情况存在很多差异，没有必要采用一种模式、一种提法，应当允许有不同模式、不同提法，总的目标是加快农村人口转移。有的沿海经济发达省份从本省乡镇企业尤其是个体私营企业发展较快、小城镇建设起步较早、大中城市发展相对滞后的实际出发，采用"城市化"的提法，引导全省关注大中城市发展，这符合本省的特点。不论采用"城镇化"的提法还是采用"城市化"的提法，总体目标都是一致的。"城镇化"不能忽视大中城市，

"城市化"不能忽视小城市和小城镇。

（一）大中小城市和小城镇各有存在和发展的必要。大中小城市和小城镇各有自身的优势与局限，是不能相互替代的。在推进城镇化过程中，应当充分利用和发挥大中小城市及小城镇各自的优势，使之互为补充，构成一个结构完整、运行协调的城镇体系。城镇类型规模的多样性和共存性，可以说是一个城镇生态系统，缺少哪一种类型规模都是不完整、不协调的。在我们这样一个人口总量近 13 亿的大国，大中小城市和小城镇都应当获得充分发展。

大城市的优势是基础设施好，经济规模大，就业机会多，特别是发展第三产业的市场条件极为有利，但是大城市对劳动力素质和经济承受能力等条件的要求相对较高，不是所有农村人口和劳动力都能适应大城市的要求，大城市也不可能吸纳所有需要转移的农村人口和劳动力。中等城市的优势是人口规模、产业结构和就业机会比较适宜，交通、环境和基础设施相对比较容易规划和建设，人们居住和生活比较方便，但是中等城市对劳动力素质和经济承受能力也有一定的要求，除了沿海发达地区之外，目前我国多数中等城市就业机会的增长潜力都比较有限，也不可能吸纳所有需要转移的农村人口和劳动力。小城市和小城镇的优势主要是数量远远大于大中城市，开发建设的成本较低，距离农村比较近，农民进入门槛比较低，作为城市与农村之间连接点的作用是大中城市无法替代的，单个小城镇所能提供的就业机会不能与大中城市相比，但是从总体上看小城镇所能提供的就业机会总量相当巨大。

究竟是以大中城市为重点还是以小城市和小城镇为重点，不能一概而论，应当从各个地区的实际出发。在农村人口和劳动力转移去向的排列上，可以考虑先大城市、再中等城市、后小城市和小城镇，根据农村劳动力素质和经济承受能力选择最适宜的城镇落户。也就是说，适宜进入大城市的当然进入大城市，适宜进入中等城市的则进入中等城市，适宜进入小城市和小城镇的则进入小城市和小城镇。

（二）城镇体系的形成要以大城市为中心。大中小城市和小城镇不能各自孤立地发展，而应当在相互联系、相互促进中发展。城镇体系是由不同层次的城镇构成的。在一个省域范围内，根据科学规划、合理布局的要求，可以有一个中心城市，也可以有几个中心城市，中心城市一般是由大城市承担的。在城镇化过程中应当以大城市为中心，根据经济社会发展要求和原有基础进行统一规划，形成由大中小城市和小城镇相结合的城镇网络体系。小城市和小城镇虽然较小，但也不能遍地开花，需要有选择地布局和发展，主要集中在县城和中心镇，其中有一部分将会发展成为中等城市。大城市虽然很大，但也不能临渊止步，同样需要在科学规划的基础上继续发展，在较大范围内推动城镇化进程。中等城市重点是发展经济增长潜力较大的城市，并使其中一部分中等城市扩展成为大城市。

城镇体系规划应当打破行政区域的限制，按照经济社会发展的最佳选择，以大城市为中心进行规划和布局，在产业结构、基础设施建设和人力资源开发等方面进行合理配置，防止重复建设和损失浪费。在这个问题上应当防止几种倾向，一是不能对所有中等城市都按照中心城市的要求进行规划和建设；二是不能要求所有中等城市辐射的区域范围都要各自建成完整的城镇体系；三是不能只是强调以本省大城市为中心建完整的城镇体系。尤其有些地区的中小城市和小城镇，距离本省大城市较远，所接受的扩散效应较小，反而距离外省大城市较近，接受的扩散效应较大，在这种情况下就应当以邻近的外省大城市为中心进行规划和建设，而不应以距离较远的本省大城市为中心进行规划和建设。为了促进跨行政区域的城镇体系的协调运转，有必要借鉴一些发达国家的有益经验，建立跨行政区域的城镇发展协调机制，通过协商、入股、联合等地区合作方式，实现重大基础设施的开放和共享，形成一种新型的跨区域合作机制和资源的最佳配置。

（三）大中城市是第三产业发展的主要载体。大中小城市和小城镇的规模不同，所形成的产业结构和所提供的就业机会也不同。小城镇和小城市主要是通过乡镇企业的相对集中、连片发展，产生积聚效应，以第二产业为依托带动第三产业发展，在相当一个时期内第二产业仍然占据较大的比重，农产品加工业应当成为重点产业甚至支柱产业。大中城市各类企业的积聚程度本来就比较高，随着人口总量的继续增加，对第三产业即各种服务业的需求日益扩大和迫切，应当把发展第三产业放在首位加以大力发展，力争在较短时期内使第三产业所占比重（包括增加值和就业人员）超过第二产业。

人们消费类型的演变趋势与产业升级有着密切的关系。在温饱问题没有解决之前，人们消费的主要是农产品及其加工品，即消费以第一产业为主的产品。在进入小康阶段之后，人们消费的主要是工业品，即消费以第二产业为主的产品。在达到中等发达国家的生活水准时，人们主要消费的将由以产品为主变成服务为主，即以构成第三产业的各种服务业为主。目前我国城乡居民尤其是城市居民消费的主要是第二产业的产品。从以消费产品为主进入以消费服务为主，有待于第三产业的发展。第三产业的发展主要取决于城镇的发展，城镇的人口规模越大对第三产业的需求规模越大，第三产业的供给规模也越大。加快建设和形成一批大中城市尤其是大城市，是加快第三产业发展、实现整个产业结构由以第二产业为主提升到以第三产业为主的必备条件。

（四）妥善解决大中城市扩展中的"城中村"问题。大中城市人口增加的一个重要来源，是来自行政区划调整和城市扩展过程中的当地农村人口。采用这种扩展模式的大中城市，普遍都会遇到"城中村"问题。其中，除对原有住房进行改造外，难点是农村集体资产如何处理，尤其是土地增值的收入如何处置。

土地是农村人口最基本的生活保障，也是城市建设中最重要的自然资源和资金来源。有些城市采用"土地换社会保障"的做法，是很值得认真总结的。"土地换社会保障"，是对原有农村人口以一种形式的保障换取另一种形式的保障。政府征用农民土地的补偿标准比较低，而经过整理后转让的土地价格则比较高。两者差额构成的土地增值收入，应当首先用于原有农村人口（有些地方称作"失土农民"）自身：一是用于住房置换，使这部分人口能够安居，改善住房条件；二是用于社会保障，使这部分人口能够保证基本生活需求，消除后顾之忧；三是用于劳动力的职业培训，使失去土地的农村劳动力能够找到适当的就业岗位，提高生活水平。目前多数地区将土地增值的收入基本用于城市公共设施建设和交通建设，这就有可能造成今后原有农村人口社会保障资金的不足，从而埋下影响社会稳定的隐患。对于这个缺额，应当由公共财政负责解决，社会保障是政府的基本职能之一，必须纳入政府的财政预算，千万不能造成原有农村人口今后社会保障资金的悬空。

除此以外，对于征用土地补偿标准偏低的问题也需要进行研究。征用1亩土地的价格是几万元还是十几万元，对于投资者的成本并不大，因为土地是经过整理、升值之后出让的，影响主要表现为政府拿到的增值收入少一点，但是1亩土地价格增加几万元对原有农村人口的影响却很大。应当树立一种观念，即通过推进城镇化较为明显地改变农村人口的社会地位和经济地位，力争使失去土地的原有农村人口达到城市中等或中等偏下收入的生活水准，而不能制造新的城市贫困人口来增加弱势群体的队伍。可以考虑参照城市中等收入人口的生活水准来考虑征用土地的补偿问题，适当提高征用土地的标准，或者对收益稳定有保障的基础设施用地采取土地入股的办法，从而较大幅度地增加原有农村人口的收入和购买力，扩大市场需求容量，促进经济持续快速发展。

三、公平对待进入大中城市的农民工

随着大中城市劳动力择业"贵族化"倾向的逐步强化，总有一些不被看好的就业岗位不断空置出来，需要"平民化"的农民工来接替。这种情况不可避免地长期存在和循环往复，为农民工源源不断地进入大中城市就业提供了机会。可以说，农民工是现阶段工人阶级的一个重要组成部分。农民工为大中城市创造了大量的社会财富，但是却没有得到"城市社会"的全面承认，反而在许多方面遭遇到不公正的待遇。在城镇化过程中公平对待农民工，是当前和今后我们面临的一个极为重要的现实问题。

（一）正视在对待大中城市农民工方面存在的问题。目前绝大多数农民工的生存环境恶劣，发展环境基本没有。从事的往往都是最苦、最累、最脏、最危险的工种，工资又低，基本没有社会保障。不仅如此，农民工还经常受到各种乱收费和收容遣返的干扰。在这种情况下，很容易造成心态不平衡，有的甚至引发犯罪行为，对社会稳定带来严重的负面影响。与此同时，一些地方的政府对农民工没有给予应有的关心和管理，绝大多数大中城市都没有对农民工进行管理的专门机构。即使有专门机构的大中城市也往往设在公安部门，公安部门主要是从防止和打击犯罪行为的角度对农民工进行管理的。目前，对农民工虽然在乱收费方面有所改进，但是其他方面的不公平待遇依然存在。这种状况与推进城镇化的客观要求是相悖的，应当采取有效措施及早予以解决。

（二）合理调整大中城市的农民工政策。现在有许多地方口口声声说要加快推进城镇化，并且论证农村人口进入大中城市是最为合理的。但是，对于已经进入大中城市的农民工却远远没有做到公平对待。必须看到，农民工也是公民，是城市财富的创造者，应当与城市劳动力同等对待。经济收入和科技文化素质的差别，是一定时期内客观存在的现象，有其深刻的社会原因，主要是城乡社会二元结构造成的，并不完全是个人因素造成的，不能由此构成对农民工实行歧视性待遇的依据。解决这个问题的基本思路是：要把农民工作为加快城镇化进程和农村人口进入大中城市的先导力量来对待。政府应当在职业培训、就业咨询、工作条件、社会保障、住房供给、子女上学和最低工资等方面制定必要的政策措施，并且提供切实有效的服务。鉴于有些大中城市农民工数量庞大，有必要设立由有关部门共同组成的管理机制和协调机制。

（三）农民工是大中城市建设和扩展的人口来源之一。尽管相当多的农民工经过若干年大中城市工作和生活的洗礼后，最终仍会回到自己的家乡，或者成为小城市和小城镇的定居者。但是，大中城市也应根据实际情况提供一定的落户机会，给农民工一种可以通过自身努力实现的希望和奋斗目标。现在大中城市普遍制定了这样一些规定：一是进城投资或购买商品房达到几十万元人民币的，可以在大中城市落户；二是具有大学本科或大专以上文凭的，可以在大中城市落户。在这里，显然将不具备上述条件的农民工排除在外。这有点类似加拿大、澳大利亚等国家的移民条件。应当指出，那些国家的移民条件是针对外国移民申请者而言的，本国公民是有迁徙自由的，进入大中城市定居绝不会碰到这些门槛。我们许多大中城市制定这些条件，目的是想引进一些投资者和高学历人才，这本身是无可非议的。但是，仅仅限于吸引投资者和高学历人才落户，并不符合加快大中城市发展的要求和目标。由于投资者和高学历人才毕竟是少数,加快大中城市发展所增加的外来人口和劳动力大部分还是来自普通农村人口,其中应当包括已经在大中城市长期就业、遵纪守法并有一定经济基础的农民工。历史上,国内外几乎所有大城市在形成和扩展的过程中,所增加人口的大部分都是来源于普通打工者及其赡养人口。我国在 20 世纪 50 年代从农村迁徙到大中城市落户的农村人口,多数是以家庭主要劳动力在城里打工为过渡条件的。在今后我国加快城镇化进程的大背景下,大中城市应适当放宽条件、降低门槛,将符合要求的农民工纳入在大中城市落户的范围进行考虑和安排。

(四)探索农民工在大中城市落户的吸纳机制和操作程序。吸纳农民工在大中城市落户,绝不意味着可以放任自流,而是要根据各个城市的实际情况,从符合农民工特点的要求出发,逐步建立正常的考察审批程序和运行机制。具体操作应把握几个要点:一是普遍建立农民工个人档案,纳入信息管理网络,一个人终生使用一个号码,便于相关部门查询和跟踪;二是文化程度适当降低,根据不同城市的要求,可以降低到高中毕业或相当学历;三是对进城打工达到规定年限的农民工列入考察范围,再经过几年的考察,主要是考察遵纪守法情况和工作表现,特别是有无犯罪记录;四是具有稳定的工作岗位与合法住所。对合法住所的概念要有合理的界定,不一定是购买新建的商品房,而应包括合法购买的经济适用房、二手房,但必须要防止形成"贫民窟"。对符合以上几个条件的农民工,可以考虑让他们在大中城市正式落户。对表现突出、作出重大贡献的农民工,应给予特别的奖励,可以提前让他们在大中城市落户。通过建立这样一种激励机制,鼓励农民工积极奋发向上,为所在大中城市作出更大贡献。由于这项工作影响面较大,需要通过试点来探索农民工在大中城市落户的吸纳机制和操作程序,在取得和总结成功经验的基础上,根据各地大中城市的具体情况,有计划有步骤地进行。

四、进一步关注和支持农村发展

推进城镇化绝不意味着可以放弃和忽视农村,而应当进一步关注和支持农村经济社会发展。我们知道,各种非农产业可以集中到城镇,农业却需要最大限度地利用土地空间,除少数温室农业和设施农业可以靠近城镇外,大面积的大田农业是不可能都集中到城镇附近的。但是也要看到,城镇化进程不仅涉及人口居住和非农产业的集中,对农业的产业布局也必然产生重大而又深刻的影响。这虽然不构成城镇自身建设规划的一个部分,但与城镇发展同样有着密切的关系。从一些发达国家的经验来看,推进城镇化尤其是发展小城市和小城镇,实际上是对整个农村面貌进行彻底改造的一次极为宝贵的机会。我们也要充分利用这个机会,在未来几十年内对农村面貌特别是农业的产业布局进行革命性的改造,消除农村"脏乱差"现象,美化农村自然环境,确立农村新面貌,在建设现代化城市的同时建设现代化农村。

究竟建设什么样的农村,我们可以初步作这样一种描述:农村人口绝大部分集中到小城镇和小城市居住,主要从事第二产业和第三产业,享受现代城市文明带来的各种好处;仍然留在农村的人口主要居住在中心村,同样享受现代基础设施提供的各种好处,农村人口的平均收入比较接近城镇人口;农业主要由居住在中心村的专业户承担,在小城镇和小城市也有一部分兼职农业的劳动力,他们主要是利用空隙时间和周末务农;农村耕地大片地连接在一起,农业布局实行区域化、专业化、基地化和规模化,农业现代化水平和劳动生产率大幅度提高。不可否认,实现这个目标需要经过较长时间的努力,不是轻易能够实现的,但也并非永远不能实现。发达国家在过去几十年、上百年以前已经成为现实,我国沿海发达地区再经过十几年或者二三十年的努力,同样也是有可能实现的。事在人为,重要的是首先要确定一个明确的奋斗目标和规划,然后根据各地实际情况采取切实有效措施逐步加以推进。

(一)加大中心村建设力度。农村人口无论如何转移,最后总有一部分留在农村,这部分农村人口主要居住在中心村。中心村将是农村建设的重点之一,应当与小城市和小城镇建设进行统筹规划布局,在住房条件、道路交通、通信设施、文化教育、保健医疗、供水排水、垃圾处理等方面基本达到或接近小城镇的水平,使农村居民能够比较充分地享受现代化基础设施带来的各种好处,同时能够较为畅通地与外界进行联系和沟通,方便他们从事农产品生产、加工和运输活动,以及其他方面的经济社会活动。

（二）逐步合并自然村落。在推进城镇化过程中，随着农户的逐步迁移和集中，对原有分布零散的自然村应当尽可能进行合并，减少村庄占用的土地，将这部分腾出的土地进行复垦，恢复农业用途，以弥补由于城镇建设而减少的农业用地，实现耕地总量的动态平衡甚至增加耕地面积。同时，通过逐步合并自然村落，减少村庄的数量，拉大村镇之间的距离，扩大农田的自然空间，并按新的标准建设小城镇和中心村，使农村在外观上更像农村。应当看到，逐步合并分布零散的自然村，是对农村重新进行布局的最重要的一项工作，也是增加城镇建设用地的最重要的一个来源。从现在起，必须认真制定和严格执行村镇建设规划，停建各种不符合规划要求的住房，新建的住房和各种公共设施必须符合规划要求，为今后逐步合并自然村奠定较好的基础。

（三）整治农村自然环境。由于长期以来自然村落过于凌乱，河湾沟壑纵横交错，田间道路随意蔓延，加上农村工业分散发展造成的污染，不仅极大地损害了农村的自然面貌，而且侵占了大量的农业用地。随着自然村落的拆除与合并，对农村土地也要大力进行整治，加强生态环境建设和农村水利设施建设，实现退耕还林、退耕还牧、退田还湖，消除农村工业的污染源，填平不必要的河湾沟壑，拉直田间道路，以增加农用土地比重，扩大农田地块面积，适应农业机械作业要求，并逐步建成优美的田园环境。同时，可以根据需要在大面积农田中保留或建设少量的农用房，用于存放农具、机械等生产资料和少量农业劳动力在农忙季节临时居住。

（四）加强农用道路建设。现在一般农村的大多数人居住在村庄里，随着城镇化进程的加快，若干年后农村中多数人口将迁移到城镇居住。这样，我国目前普遍存在的农村非农产业就业人员由居住地自然村前往镇区上班的情况将发生变化，今后相当大比重的农业劳动力由居住地小城镇和中心村前往农田作业。由于我国人多地少，中心村和小城镇距离农田一般不会太远，绝大多数只有几公里到十几公里，从事农业的劳动力可以利用各种交通工具（包括自行车、摩托车和农用汽车等）前往田间作业，犹如城市职工上下班一样。尤其是那些兼业农户的劳动力，平时可住在小城市和小城镇从事非农产业,农忙时到农田从事农业生产活动。何况,随着农业科学种田技术的普及和社会化服务的发展,单位面积的劳动力使用量已经大大减少,一般每亩耕地的全年用工量只有十几个。即使实行两熟制的南方,一般农户全年用于田间作业的劳动日也不过2—3个月。至于不是两熟制的北方,用于田间作业的劳动日数量则更少。这种从居住点到作业点往返次数的大幅度减少,为农村人口迁居中心村和小城镇在客观上提供了可能。从适应农村人口居住格局变化的要求出发,应特别重视和加强农用道路建设,适当提高农用道路的建设标准,确保农用道路畅通无阻,以方便农民从事田间作业和产品运输。

扎实推进社会主义新农村建设[*]

建设社会主义新农村，是《政府工作报告》强调的一个突出亮点，也是全社会面临的一项共同任务。推进新农村建设，不仅事关农村经济社会的发展，而且事关全面建设小康社会和现代化建设的全局。我们要充分认识新农村建设的重大意义，全面把握新农村建设的丰富内涵，认真贯彻新农村建设的政策措施，确保新农村建设扎实稳步地向前推进。

一、充分认识社会主义新农村建设的重大意义

建设社会主义新农村，是党中央总揽全局、与时俱进，作出的一项重大战略决策。党和政府早在20世纪50年代就正式提出建设社会主义新农村，之后又多次提出过建设社会主义新农村。党的十六大以来，党中央、国务院把"三农"工作作为全党工作和政府全部工作的重中之重，形成了一系列指导"三农"工作的新理念、新认识，出台了许多符合我国国情、符合农村实际的新政策、新举措。正是在这个基础上，党的十六届五中全会顺势而为地提出了建设社会主义新农村的重大历史任务。这次提出建设新农村，与以往相比有一些不同的特点，主要是新农村建设的要求更具时代性，新农村建设的内涵更具全面性，新农村建设的影响更具全局性。在当前形势下，推进新农村建设既具有重要的现实意义，又具有深远的历史意义。

（一）推进新农村建设是全面贯彻科学发展观的需要。科学发展观是我国经济社会发展的根本指针。我国经济社会发展的各个方面都必须

---

　　* 本文原载《十届全国人大四次会议〈政府工作报告〉辅导读本》，人民出版社、中国言实出版社2006年版。

体现科学发展观的要求。建设社会主义新农村，促进城乡协调发展，正是科学发展观对我国经济社会发展的客观要求。科学发展观的核心是以人为本，这就要求发展必须从全体人民的根本利益出发，立足于城乡全体居民，尤其是注重实现好、维护好和发展好占人口大多数的广大农民的利益，使广大农民群众的生活水平和生活质量不断得到提高。科学发展观的目的是实现全面协调可持续发展，这就要求发展必须统筹考虑经济社会的各个方面，着眼于所有城镇乡村，特别是加快农村经济社会发展，使广大农村的生产生活条件和整体面貌发生重大变化。建设新农村与落实科学发展观之间存在着密不可分的内在联系。贯彻落实科学发展观在"三农"工作中的主要体现，就是推进社会主义新农村建设。

（二）推进新农村建设是从整体上改变农村面貌的需要。以往推进农村改革和发展的主要是某些方面的政策措施，这些政策措施的实行往往由不同部门分别承担，对于推进某些方面的改革和发展成效比较明显，但是对改变农村整体面貌来说，效果不是很显著。新农村建设既包括经济全面发展，又包括农民收入较快增加；既包括体制改革继续深化，又包括公共事业不断进步；既包括加强物质文明建设，又包括加强政治文明、精神文明建设与和谐社会建设。而且，新农村建设实行城乡统筹发展，资源整合优化，综合配套推进，相对容易取得较好的整体效果。同时，新农村建设没有统一的标准和固定的模式，发展水平不同的地区都可以在现有基础上有所进展，不仅中西部地区可以大有作为，而且沿海发达地区也可以继续推进。在所有出台的农村各项重大政策措施中，新农村建设这项战略举措起着集成和发展的作用，具有明显而独特的全面性、整体性。

（三）推进新农村建设是统筹城乡发展的需要。统筹城乡发展是我国现阶段的基本方略，其实质就是促进城乡的协调发展和良性互动。在目前农村发展滞后、城乡差距拉大的情况下，统筹城乡发展的重点就是要加大对"三农"的支持力度，加快农村经济社会发展，缩小城乡之间的过大差距。推进新农村建设，让亿万农民公平分享现代化建设成果，将广大农村全面纳入现代化进程，必然会增强和密切城乡之间的联系与交流，促进工业与农业良性互动，实现城市与农村共同繁荣。

（四）推进新农村建设是建设全面小康社会的需要。实现全面建设小康社会的宏伟目标，重点和难点在农村。我们正在建设的全面小康社会，是惠及全国十几亿人口的小康社会。目前，我国城镇化率 43%，大部分人口生活在农村。根据我国人口增长的预计，即使将来城镇化率达到60%甚至更高，也还有好几亿人口生活在农村。农村建设和发展是一个始终无法回避的重大现实问题。如果农村问题不能得到有效解决，农村落后局面不能得到明显改善，农民生活水平不能得到较大提高，全面小康社会就不可能建成。新农村建设的进程也就是加快改变农村落后面貌的进程，直接关系我国全面小康社会和整个现代化建设全局。同时，推进新农村建设也有利于从多方面缓解和消除社会矛盾，保持农村以至全国社会稳定，促进和谐社会建设。

（五）推进新农村建设是扩大国内需求的需要。我国是一个有十几亿人口的发展中大国，国民经济发展必须主要立足于扩大国内需求。现在我国经济发展对出口贸易的依存度已经相当高，国际贸易摩擦日趋加剧，在这种情况下更应重视扩大内需。农民是我国数量最多、潜力最大的消费群体，是扩大内需的主要潜力所在。通过加强基础设施建设，发展农村社会事业，既可以改善农村生产生活条件，扩大农村消费需求，又可以直接形成农村投资需求，带动当地乡镇企业发展。通过加快农村经济发展，持续增加农民收入，可以使亿万农民的潜在购买意愿转化为巨大的现实消费需求，对整个国民经济发展将产生强大而持久的拉动作用。

（六）推进新农村建设是促进人全面发展的需要。无论发展经济还是发展社会事业或者进行基础设施建设，其最终目标都是为了满足人的多方面需要，都是为了促进人的全面发展。环境熏陶人，环境培养人，环境造就人。我国农村人口和劳动力的素质较低，关键是农村的经济社会环境较差，不能适应人全面发展的多种要求。推进新农村建设，正是改善农村经济社会环境，为促进广大农村居民的全面发展从多方面提供良好的外部条件，从而全面提高农村人口和劳动力的素质。

目前，推进新农村建设面临许多有利的条件和难得的机遇，整体外部环境已经具备。一是我国总体上已经进入以工促农、以城带乡的发展阶段。第二、第三产业已占国内生产总值的87.6%，农业在国内生产总值中的比重已经下降到12.4%。农业劳动力占全社会劳动力的比重也下降到46%左右，今后仍将呈现下降趋势。工业化、城镇化快速推进，工业发展水平显著提高，城市面貌发生巨大变化，初步具备了反哺农业和支持农村的能力。二是我国经济实力和综合国力明显增强。2005年，全国国内生产总值超过18万亿元，已居于世界第4位；人均国内生产总值1700美元，在今后若干年内仍将保持较快增长的趋势；国家财政收入总量超过3万亿元，近5年平均每年增长3500亿元。各方面特别是经济上的回旋余地增大，为推进新农村建设构筑了坚实基础和可靠保障。三是全社会关心和支持"三农"，已经形成共识。各地区、各部门对解决"三农"问题的理解不断加深，认识趋于一致。一个关心农业、关注农村、关爱农民的社会氛围已经开始形成。四是许多地区在新农村建设方面已有不少有益探索。无论是沿海发达地区还是中部地区或者西部欠发达地区，都积累了一些成功经验。以上可见，推进新农村建设，不仅对促进农村长期持续发展是必要的，而且根据我国现实状况来说是适时的，从当前我国各方面情况综合来看也是能够做到的。

二、全面把握社会主义新农村建设的丰富内涵

根据《中共中央关于制定国民经济和社会发展第十一个五年规划的建议》的精神，从总体上说，推进社会主义新农村建设，就是要以邓小平理论和"三个代表"重要思想为指导，牢固树立和全面落实科学发展观，坚持把解决好"三农"问题作为全党工作的重中之重，积极推进城乡统筹发展，建立以工促农、以城带乡的长效机制，实行工业反哺农业、城市支持农村和"多予少取放活"的方针，下决心调整国民收入分配格局，把支持"三农"放在各级政府预算的优先位置予以安排落实，切实提高国家财政支出和基本建设投资用于农村的比重，扩大公共财政覆盖农村的范围，强化政府对农村的公共服务。通过农民辛勤劳动和国家政策扶持，明显改善广大农村的生产生活条件和整体面貌。

建设社会主义新农村的目标和要求，概括起来就是：生产发展、生

活宽裕、乡风文明、村容整洁、管理民主。这五句话、二十个字是一种通俗表述，看起来似乎非常简单，实际上内容十分丰富、含义极为深刻，涉及农村经济建设、政治建设、文化建设、社会建设和党的建设等各个方面，全面体现了新形势下新农村建设的要求。通过坚持不懈的努力，使农村生产力水平有较大的提高，使广大农民生活有比较明显的改善，使农村基础设施建设得到切实加强，使农村社会事业全面发展，使农村基层民主政治建设继续推进，使农村整体面貌有一个大的改变。

（一）发展农村经济。推进新农村建设，必须把发展这个执政兴国的第一要务放在首位。提高农村生产力水平，繁荣农村经济，是新农村建设的首要内容，也是新农村建设的重要基础。首先要推进现代农业建设，着力推进农业增长方式转变，用现代发展理念指导农业，用现代物质条件装备农业，用现代科学技术改造农业，用现代经营形式发展农业。着重做好四篇文章：一是加强耕地保护和水利建设。坚持实行最严格的耕地保护制度，千方百计守住现有耕地面积，建设好基本农田，提高单位面积产量；大力加强农田水利建设，发展节水旱作农业，努力提高水资源利用率。二是加快农业科技进步。不断增强农业科技的创新能力、储备能力和转化能力，提高农业科技贡献率、资源利用率、土地产出率和劳动生产率。三是创新农业经营形式。在稳定家庭承包经营制度、保障农民土地承包权益的基础上，适应现代农业的要求，不断推进农业经营形式的创新，大力发展农业产业化经营和专业合作经济组织。四是稳定发展粮食生产。继续稳定和强化扶持粮食生产的各项政策措施，保护农民和地方发展粮食生产的积极性，大力加强粮食生产能力建设，改善粮食宏观调控，确保国家粮食安全。在建设现代农业的同时，要加快农村经济全面发展，大力扩展农村非农产业，推进乡镇企业结构调整、技术改造和体制创新，加强县城和重点建制镇建设，提高经济集聚效应，不断壮大县域经济。通过农村经济持续快速健康发展，大幅度增加经济总量和经济效益，为农民增收和农村全面发展奠定牢固基础。

（二）建设农村基础设施。抓好农村基础设施建设，直接关系到农村生产生活条件和整体面貌的改善，要作为一件大事摆上工作日程。应注重搞好乡村建设规划，统筹城乡土地管理，节约和集约使用土地，切实做到减少占用土地，高效利用土地。改善农村公共设施状况，加快乡村道路建设，继续完善农村电网，解决农村饮水安全问题。结合农村改厨、改厕、改圈，大力推广普及沼气，积极发展适合农村特点的风能、太阳能等清洁能源，推进农村生活垃圾和工业垃圾的无害化处理，搞好农村环境保护，改变村容村貌，健全公共设施，改善人居环境，提高农民生活质量。需要指出，村庄建设是新农村建设的重要组成部分，但不能把新农村建设简单地理解为村庄建设。村庄建设必须建立在经济社会发展的基础上，重点是整治村庄环境、完善配套设施、节约使用资源、改善公共服务、方便生产生活。通过持续若干年的公共基础设施建设，明显改变农村落后面貌，使广大农民群众能够真正享受现代化成果。

（三）推进农村社会事业。新农村建设的一项重要内容，是尽快改变农村社会事业发展严重滞后的状况。要大力加强农村教育事业，全面普及九年制义务教育，积极发展职业教育，不断提高教育水平。加快农村公共卫生服务体系建设，基本普及新型农村合作医疗制度。继续实施农村计划生育奖励制度和"少生快富"工程。加强农村文化设施建设，积极推进广播电视"村村通"和农村电影放映工程。沿海地区和大中城市郊区等有条件的地方，应逐步建立农村社会保障制度。通过推进农村社会事业的全面发展，促进人的全面发展，培养有文化、懂技术、会经营的新型农民。

（四）深化农村体制改革。推进新农村建设，要有相应的体制和机制作保障。必须坚持社会主义市场经济的改革方向，积极推进农村各项改革。要坚持稳定和完善以家庭承包经营为基础、统分结合的双层经营体制，健全土地流转机制，促进土地依法、自愿、有偿流转，发展多种形式的适度规模经营。从2006年1月1日起，在全国范围内全面取消农业税，这标志着在我国延续2600年的古老税种从此退出历史舞台，具有划时代的重大意义。但是，农民负担问题并没有也不会自然消失，农民负担反弹的可能性依然存在，必须全面推进农村综合改革，巩固和发展税费改革成果。农村综合改革的重点，是推进乡镇机构、农村义务教育管理和县乡财政管理体制改革，逐步建立精干高效的基层行政管理体制和覆盖城乡的公共财政制度。同时，切实抓好农村金融、征地制度和粮食流通体制等项改革，进一步健全农产品市场体系和城乡统一的要素市场体系，全面改善农村经济社会发展的政策环境。适应新阶段农村形势的变化，增强村级集体经济的服务功能，鼓励和引导农民发展各类专业合作经济组织。通过深化农村改革，明显增强农村发展内在的动力与活力，从而加快农村经济社会发展。

（五）倡导农村文明新风。农村现代文明是新农村建设中不可缺少的重要内容。在抓好物质文明建设的同时，要切实加强农村精神文明建设和政治文明建设。农村精神文明建设，主要是满足农民多样化的文化需求，丰富农村文化生活，形成邻里和睦团结、干群关系融洽的良好风尚，使农村社会更加和谐。农村政治文明建设，重点是发展农村基层民主，加强农村党组织和基层组织建设，健全村党组织领导的充满活力的村民自治机制。中央决定，安排 17.5 亿元专项资金，支持全国村级组织活动场所建设。这是新中国成立以来的第一次。通过协调推进农村物质文明、政治文明、精神文明与和谐社会的建设，提高农村经济社会发展的整体素质，使之与社会主义市场经济体制和全面小康社会的要求相适应。

（六）提高农民收入水平。实现农民持续较快增收，是推进新农村建设的核心任务。要采取综合配套措施，广辟农民增收渠道。保持粮食和农产品价格基本稳定，控制生产资料价格过快上涨，努力使种粮农民能够获得相应收益。充分挖掘农业内部增收潜力，发展高产、优质、高效、生态、安全农业，努力开拓农产品市场，建立现代流通体系。在稳定和完善农村现有农业补贴政策的基础上，逐步健全完善符合国情的农业支持保护制度。加强农村劳动力技能培训，增强农村劳动力转移就业能力，提高科学种植养殖水平。加快发展农村第二、第三产业，支持、鼓励和引导非公有制经济发展，增加农村劳动力就近转移就业机会。支持和引导农村富余劳动力外出务工经商，依法保障进城农民工的合法权益，改进面向农民工的各项服务。加大扶贫开发力度，继续实行整村推进、龙头企业带动等重点工作措施，提高贫困地区的人口素质，改善生产生活条件，开辟增收途径。通过持续较快地增加农民收入，不断提高农民的生活水平，使城乡居民之间收入差距的扩大得到缓解并逐步趋于缩小。

三、认真贯彻社会主义新农村建设的政策措施

建设社会主义新农村，是一个宏大而复杂的系统工程，是一项长期而艰巨的历史任务，需要从多方面进行持续不懈的努力奋斗。前不久公布的《中共中央、国务院关于建设社会主义新农村的若干意见》（即 2006 年中央 1 号文件），全面系统明确地提出了推进新农村建设的总体要求和重大政策措施。温家宝同志在这次《政府工作报告》中，对如何推进新农村建设又作了进一步的阐述。我们要全面贯彻党中央、国务院制定的各项政策措施，结合各地实际情况，认真予以落实，务求取得实效。

在新农村建设过程中，必须严格遵循以下五条指导原则，切实做到扎实稳步推进。一是必须坚持以发展农村经济为中心，进一步解放和发展农村生产力，促进粮食稳定发展、农民持续增收。二是必须坚持农村基本经营制度，尊重农民的主体地位，不断创新农村体制机制。三是必须坚持以人为本，着力解决农民生产生活中最迫切的实际问题，切实让农民得到实惠。四是必须坚持科学规划，实行因地制宜、分类指导，有步骤有计划有重点地逐步推进。五是必须坚持发挥各方面积极性，依靠农民辛勤劳动、国家扶持和社会力量的广泛参与，使社会主义新农村建设成为全党全国的共同行动。

具体说来，推进社会主义新农村建设，重点要认真贯彻以下几个方面的重大措施：

（一）国家建设资金投放重点切实转向农村。推进新农村建设，政府起着主导作用，除了加强政策方面的指导外，还要切实增加资金投入。要下决心调整国民收入分配格局，特别是调整国家建设资金的投向和结构，切实把投资重点放在农村。今年要做到国家财政支农资金增量高于上年，国债和预算内资金用于农村建设的比重要高于上年，其中直接用于改善农村生产生活条件的资金总量要高于上年。根据财政预算安排，今年中央财政用于"三农"的支出达到 3397 亿元，其中新增 422 亿元，增量高于上年。今后要做到财政新增教育、卫生、文化等事业经费主要用于农村，国家基本建设资金增量主要用于农村，国家征用土地转让收益主要用于农村。在现行的资金管理体制下，各地区、各部门都掌握了

大量的建设资金，要按照存量适度调整、增量重点倾斜的原则，努力增加对新农村建设的投入。有条件的地方，步子要迈得更大一些，使财政性建设资金更多地投向农村。要加大支农资金协调整合力度，提高资金使用效率，切实解决资金分散、效率不高的问题。同时，各类金融机构也要适应新农村建设的要求，调整信贷投放结构，不断改善金融服务，加强对"三农"的支持。

（二）认真落实已有的各项农村政策。党的政策是农民利益的具体体现，也是新农村建设的根本保证。中央近年来出台了许多扶持"三农"的政策措施。特别是对种粮农民的补贴政策、对粮食主产区和财政困难县的扶持政策、对农村基础设施建设的投入政策、对农村义务教育和医疗卫生的支持政策，以及对农民工合法权益的保护政策等，对于维护农民利益、促进农业农村经济发展、较快增加农民收入，已经产生并将继续产生巨大的积极作用。这些政策措施针对性强、含金量高、支持力度大，是建设新农村最直接、最管用的，也是农民最关心、最欢迎的，在推进新农村建设中必须进一步落实好，并不断完善和强化，充分发挥政策的效力。

（三）充分发挥城市对农村的带动作用。我国实行市管县体制的初衷，就是为了发挥城市的带动效应，促进城乡协调发展。经过这些年的建设，城市经济实力和财力大为增强，基础设施建设有很大改善，城市面貌日新月异。从现在开始，就要更多地关注和支持农村，把基础设施建设重点转向农村。各个大中城市都要切实履行市带县、市帮县的责任，通盘制定城乡发展规划，加大市级财政性建设资金对郊区和县域的投入，加大基础设施和公共服务向农村的延伸，动员城市有条件的企事业单位对口帮扶，增强城市对农村的辐射和带动，形成城市与农村协调发展、共同繁荣的局面。

（四）充分发挥农民群众的主体作用。农民群众是新农村建设的主要参与者和直接受益者。要充分调动广大农民群众的积极性，引导他们发扬自力更生、艰苦奋斗的精神，通过自己的辛勤劳动改变农村面貌、建设美好家园、创造幸福生活。要组织和引导农民群众对直接受益的公共基础设施建设投工投劳，项目决策要经过农民民主讨论，实施过程和结果要接受农民监督。国家财政通过直接补助资金、补助原材料或"以奖代补"等方式，给予鼓励和支持。要教育干部和群众学会运用"一事一议"等民主决策机制，尤其是基层干部要学会与群众商量办事，按民主决策程序办事。

（五）发挥社会各界的帮扶作用。建设新农村是关系经济社会发展全局的大事，需要全社会各方面力量的参与和扶持。要加快建立全社会参与的激励机制，积极引导社会资金投向农村建设，支持龙头企业带动农户发展产业化经营，鼓励企业和社会团体兴办农村公共设施与社会事业，继续营造全社会关心、支持、参与农村基础设施建设的浓厚氛围。

历史经验表明，要保持新农村建设健康发展，必须严格遵循党的各项方针、政策和原则。我们要认真总结过去的经验教训，既要充分认识新农村建设的重要性和紧迫性，又要充分认识新农村建设的长期性和艰巨性，真正做到扎实稳步地向前推进，务求不走弯路。在推进新农村建设工作中，要注重实效，不搞形式主义；要量力而行，不盲目攀比；要民主商议，不强迫命令；要突出特色，不强求一律；要引导扶持，不包办代替。防止加重农民负担和增加乡村债务搞建设，防止盲目照抄照搬城镇小区建设模式，防止搞不切实际的大拆大建，防止搞劳民伤财的形象工程，防止违背群众意愿随意并村。尤其要强调尊重实际、尊重群众，一切从当地实际出发，让农民群众得到实惠，确保社会主义新农村建设真正造福亿万农民群众。

关于新农村建设中的农民土地问题[*]

建设社会主义新农村作为我国现代化进程中的一项重大历史任务，自 2005 年 10 月党的十六届五中全会提出以来，引起社会各界的高度关注，日趋广泛地深入人心。目前，一个有利于推进新农村建设的良好社会氛围在全国已经初步形成。这次提出的新农村建设，是在加快工业化、城镇化的大背景下进行的，基本特点是在统筹城乡发展中推进，以提高农业生产力为重点全面推进，从整体上改变农村生产生活条件和人居环境。与以前只是在农村内部谈新农村建设大不一样，这次提出的新农村建设不仅涉及"三农"工作的各个方面，而且涉及整个国民经济和社会发展的众多方面。在新农村建设过程中，必须认真对待和慎重处理的一个重大问题，就是涉及国家长远利益和农民切身利益的土地问题。要想顺利推进新农村建设，就必须处理好涉及农民土地的相关问题。

正确处理新农村建设中的土地问题，必须坚持两条原则：第一，严格控制占用耕地；第二，切实保护农民利益。重点是做好四个环节的工作：一是农民土地经营承包权问题；二是征地制度改革问题；三是土地市场问题；四是农民宅基地问题。这四个问题是我们在工作中经常碰到的实际问题，影响面相当大，敏感度相当高，可以说是无法回避的。处理好这四个实际问题，对于顺利推进新农村建设将会起到重要的保障和促进作用，如果处理不好，将对推进新农村建设产生相应的负面影响。

一、关于农民土地承包经营权问题

农民土地经营承包权，是改革开放以来法律赋予农民的基本权利，

---

* 本文原载《上海农村经济》2006 年第 10 期。

也是推进农村改革和发展的基本法律保障。在这个问题上，有必要重申一些基本的政策法律要点。

首先是稳定和完善家庭联产承包为基础、统分结合的双层经营体制。其中最重要的是以家庭承包经营为基础，这不仅符合我们国家现阶段生产力的发展水平，也符合现代农业长远的发展要求。我们今后有关土地承包经营权的探讨都要立足于这一点，在坚持家庭承包经营长期稳定不变这个基础上深入研究。

其次是推进规模经营不能动摇农民的土地承包经营权。不可否认，一家一户的分散经营确实有其局限性，目前这种局限性主要表现为与"统一经营"没有很好地结合起来，农户往往以户为单位进行生产经营活动，导致土地经营规模过小、农民组织化程度过低、农产品竞争力过弱。针对这种情况，应当大力加强"统一经营"这个层次，切实做到统分结合。但是，对"统一经营"必须有新的理解和诠释，主要是通过社会化的服务形式和产业化的经营体系来实现，绝不是恢复过去那样的集体统一经营模式。

最后是承包地流转必须用于农业。在土地流转中，不能违法改变承包地的用途，将农业用地转为非农用地，也不得擅自改变承包地的形态，包括不能随意挖鱼塘、栽树木等。现在有些地方未经允许，擅自改变承包地的用途，在耕地上挖鱼塘、栽树木等，甚至通过"以租代征"方式，避开土地审批，将农业用地变成非农用地。这是违反国家土地管理有关法规的错误行为，必须及时予以纠正。

从目前情况来看，土地流转是引发农村土地纠纷的一个重要方面，规范土地流转是一个亟待解决的问题。按照《土地承包法》的规定，作为承包人的农户对承包地采取转让方式流转的应当经过发包人同意，发包人通常是指集体经济组织。对于这一点，在土地流转中应当予以注意。但是，现在的主要问题是，土地流转未经承包人的同意，由村委会或乡镇政府强行流转，严重侵犯了农民利益。因为作为承包人的农户自发流转承包地，通常仍然用于农业，极少涉及改变承包地的用途和形态等问题；而所谓发包人擅自流转农民的承包地，往往涉及承包地用途和形态的改变，并且非常容易转化为非农用地。更为普遍的是，这种利用行政权力的带有强制性质的流转，一般都程度不同地存在侵犯农民合法权益的问题。

由于目前许多地方集体经济组织缺位，在村一级是由村民委员会代替，在乡镇一级则由乡镇政府代替，特别是村委会在土地发包和流转方面拥有相应的权利。但是千万不要忘记，承包地流转必须经过承包人的同意。《土地承包法》第 48 条明确规定："发包方将农村土地发包给本集体经济组织以外的单位或个人承包，应当事先经本集体经济组织成员的村民会议三分之二以上成员或者三分之二以上村民代表的同意，并报乡（镇）人民政府批准。"可见，将土地流转到本集体经济组织以外的单位和个人，必须按法律规定经过村民会议三分之二以上或村民代表会议的同意。这是法律规定的程序，是必须遵守的，而不是可以随意变更的。现在一些在土地流转中发生的矛盾和纠纷，主要是没有履行法定的程序。解决这种矛盾和纠纷的唯一正确办法，是保持法律的严肃性和权威性，真正按照法定程序办事。

承包地流转容易引发争议的另一个突出问题，是如何推进农业规模经营问题。近些年来，有些地方为了提高农业规模效益，引进一些龙头企业带领农户发展农业，提供加工原料，增加农民收入和就业，这无疑应当是提倡的。往往引起争议的是，龙头企业可否大面积租用农户的承包地。对于这个问题，早在 2001 年中共中央《关于做好农户承包地使用权流转工作的通知》中就指出："中央不提倡工商企业长时间、大面积租赁和经营农户承包地，地方也不要动员和组织城镇居民到农村租赁农户承包地。农产品加工、流通企业和农业科技单位如果需要建立种苗繁育、示范推广基地，发展设施农业，应当尽量与乡镇农业示范场或国有农场结合，利用其设施和土地，也可以小范围向农户租赁承包地。"这个文件后来全文公开发表，重申文件规定的各项相关政策，需要引起有关方面的高度重视，在土地流转中认真把握和遵循。龙头企业除了长期租用土地以外，应当说还是有很多办法带领农民扩大经营规模的。例如，可以通过统一良种、种植技术、产品收购、利润返还等方式吸引农民，促进优势农产品集中连片种植，在保持家庭承包经营的基础上，建成批量大、稳定性强的原料生产基地。解决这个问题，关键在于推进规模经营的制度设计，把有关政策法规体现为具体操作方式，在不违背现行政策法规的前提下带领农户发展现代农业。

近些年来，有些地方引进龙头企业已经不是租用农民承包地，而是让农户以承包地入股分红。需要指出，农民以承包地计入龙头企业的股份，必然会带来一些潜在的问题。从股份制的要求来看，入股后农民的承包地就变成了龙头企业的股份，如果龙头企业效益较好农民入股可以分红，如果龙头企业亏损农民收益则难以保证，如果龙头企业破产农民甚至将面临丧失承包地的危险，往往会引发一系列的问题和争议。可以肯定地说，争议到最后农民的承包地是拿不走的。但是何必要留下这样的隐患和无谓的争端呢？所以，在制度设计时就应当消除这些负面因素，通过符合法律规范要求的制度设计将农民利益与龙头企业利益紧密结合起来。最好的办法是建立农民之间的合作经济组织，农民可以在自愿互利基础上以各自的承包地来入股，这种入股实际上是一种合作制。通过合作制形式把农民土地集中起来统筹安排生产活动，不仅有利于推广优良品种和先进技术，推进农业规模经营，而且也有利于与龙头企业的股份制对接。农民合作经济组织作为一个整体，以农产品交易额计入龙头企业的股份，从而把农民利益与龙头企业利益紧密结合起来，在龙头企业经济效益好的时候，合作经济组织成员除了获得产品出售收入外，还可以获得分红，即使龙头企业经营遇到困难时农民至少可以获得产品销售收入，从而构筑起一道保护农民土地承包经营权的防火墙。农民与龙头企业的利益结合，主要表现为农民为龙头企业提供质量达标、货源稳定的农产品原料，这是龙头企业发展农产品加工业、流通业获得较高经济效益的重要保证。龙头企业也应当根据农民交售农产品原料计算的股份，通过合作社对农产品进行加工、流通环节的利润分红。这种形式是龙头企业的股份制与农民合作经济组织的合作制之间实现对接的一种有效形式，既符合法律规范，也受到农民欢迎。当然，合作制的形式是多种多样的，与龙头企业对接的形式也是多种多样的，可以在实践中创新，但是无论如何也要注意保护农民的土地承包经营权和农民利益。

在农业生产中也可以通过合作制将农民自愿流转的承包地集中起

来，并使转出方与转入方都能获利。浙江省上虞市永和镇安渡村"以土地换粮食、以经营换自由"的做法，就很能说明问题。这个村124户农民将自己的412亩土地作价入股，成立了全省第一个粮农合作社，留下6个粮食专业户承包400多亩土地，其余农民都放心从事其他产业去了。收获后入社农户不需任何其他投入，每亩可以得到250公斤稻谷，如有盈利还可以分红。由于经营规模的扩大，这6户农民种粮获得的收益远比自己当初种粮的收益要高。我们知道种粮的经济效益相对是比较低的，既然在种粮方面都可以成立这种合作社，那么种植经济效益较高的经济作物更有条件建立农业合作社。合作经济组织应当成为农民维护自己合法权益的有效组织形式。特别在保护农民土地承包经营权方面，农民有较为充分的发言权和自决权，合作经济组织更显得重要。因为我国大部分地区农村非农产业还不发达，在今后几十年内土地始终是农民最重要的生活保障，其中包括到城市打工的农民，一旦在城里难以坚持下去，回到农村还有承包地可以耕种这样一个退路，可以维持基本生活需要。有了这样一个保障，就有利于维护农村社会稳定，也有利于构建和谐社会。

保护农民土地承包经营权，还要注意牢牢把握两个界限。根据《土地承包法》和《物权法（草案）》的相关规定，对农民举家迁入小城镇的，应当保留其土地承包经营权，同时允许对承包地进行流转。实际上，这里流转的只是土地使用权，而不是收回农民的承包地，这一点应该明确。只有在农户举家迁入设区的城市并且享受与城市人口同等待遇的时候，才可以收回这些农户的承包地。

二、关于征地制度改革问题

我国征地制度改革已经进行了多年探索，各个方面都非常关注。现在我们继续探讨征地制度改革，更要注意把握严格控制占用耕地和保护农民利益这两条重要原则。因为我国现在已经处于人多地少的境况，是以大约占世界9%的耕地养活着超过世界20%的人口。即使根据最乐观的预测，我国人口增长还将持续到2040年左右甚至2050年以后，才会出现全国总人口持续下降的趋势，在这几十年中我国人均耕地还会进一步减少。如果我们现在就过多占用耕地，实际上是剥夺了子孙后代生存和发展的资源保障。今后几十年内经济社会发展还会继续占用相应的土地，如果现在把过多的耕地变成了不可恢复原状的建设用地，将会犯下不可改正的历史性错误。其负面影响甚至可能比 20 世纪 50 年代在人口问题上犯下的历史性错误更大。因此，我国理所应当建立世界上最严格的土地管理制度。在占用耕地上必须严格控制，怎样有利于严格控制占用耕地就怎样设计我国的土地管理制度，推进土地征用制度改革必须符合保护耕地的基本国策。

目前我国经济社会发展面临的最尖锐矛盾之一，就是占用土地过多，明显超过控制指标。我们面临的依然是经济增长偏热，尤其是投资规模过大。很多地方为了追求经济增长，以低地价甚至零地价进行招商引资，导致耕地总量连年过快下降，人均耕地面积更是急剧下降。这样势必继续造成土地资源占用过多，影响到整体经济发展的质量，影响到人们生存和发展的环境，影响经济社会长远发展的目标。对此，针对新的情况和问题，加强和完善宏观调控措施，进一步运用和发挥控制占用土地这个"闸门"的功能，是完全必要的。无论经济社会发展还是基础设施建设，都应当进一步实行节约和高效利用土地，着力提高每个土地资源占用单位的产出水平，尽可能多地保留土地特别是耕地，为子孙后代的生存和发展留下足够的土地资源。

在征用土地方面，应当严格区分经营性和公益性两种不同用途。根据广大农民要求和土地的市场取向，经营性用地应当直接运用市场机制，在与农民协商的基础上，根据土地供求关系变化等因素形成的市场价格来取得。即使是公益性用地，也要注意引进市场机制，参照市场价格决定土地的征用价格。《土地管理法》规定，国家为了公共利益的需要，可以依法对土地实行征收或者征用并给予补偿。应当指出，公共利益与公益性在字面上虽然有所不同，但实际上两者的含义是比较接近的。在大多数情况下，两者的含义是一致的、对应的，不能过多地扩大公共利益的含义和范畴，而应从严界定公共利益的含义和范畴。这样才有利于从严控制占用耕地。与此同时，征地方式也应该进行调整。既然属于经营性用地，就应当由用地单位与农民去协商和议价，至少不能单方面硬性规定一个价格让农民去接受。长期以来特别是近几年来，各地征地价格往往都是偏低，严重地损害了农民利益，引发了一系列矛盾和冲突，极大地影响了社会稳定。现在农村最尖锐的矛盾是征地、环保和农民工权益问题，在这三大矛盾中尤以征地造成的矛盾和冲突最为尖锐，引发的群体性事件一再发生，引起了各方面的高度关注。与征地直接相关的土地批租，也是容易出现问题的环节。由于获得批租土地通常会带来高额利润，而土地批租权力又往往掌握在少数领导手中，许多腐败案件因此产生，使政府形象受到损害。因此，对于土地批租环节也必须作根本性的改革，以维护农民利益和政府清廉形象。

在土地征用后还应防止土地使用者对土地的擅自变性。近些年来，有些地方先以公益性用途低价征地，然后擅自变性为经营性用地，进行房地产开发等商业经营活动，从中赚取了低价公益性征地带来的巨大利润差额。所以，对属于公益性用途的低价征地必须全过程实行监督，防止随意改变土地的用途。即使经过批准将公益性用地改为经营性用地，也必须按照经营性用地的价格支付相关税费，并及时足额给失地农民实行追加补偿。

现行征地制度不仅对房地产开发商和工商企业有巨大的经济利益，对当地政府在预算外的财政收入同样会带来极大的好处，在征地问题上地方政府和企业容易形成共同的利益关系。地方政府和企业的合力推动，造成了农村土地被大量占用、失地农民急剧增加的严峻局面。这几年城市公共设施建设取得明显成效，城市面貌日新月异，其资金来源主要来自土地转让收益。土地转让收益所形成的巨额资金，并没有纳入地方各级财政预算，只是作为预算外资金由地方使用，集中用于城市建设，使用过程中存在许多不规范之处。因此，对土地转让收益的支出应当全额纳入地方财政预算，明确遵守规定的用途和范围，加大用于新农村建设特别是农村基础设施建设和农业土地开发的比重，保证做到用于农村建设的比重有明显提高。

征地制度改革必须兼顾各方面的利益，首先是确保失地农民的利益。近两年征地补偿标准虽然有所提高，但还是建立在行政命令的基础之上，并没有反映市场机制的内在要求，应当在征地过程中加快引进和扩大运用市场机制。在对待失地农民问题上应从多方面加以改进，充分考虑失地农民长远的生计问题：一是住房安置问题，要按照市场价格给予合理补偿，使失地农民能够购房、建房并适当改善住房条件。二是劳动力就业问题，凡是有劳动能力的都应该安排相对稳定的工作，尽量减少和避免刚就业不久就下岗的情况发生。三是职业技能培训问题，对年轻的农村劳动力只要本人愿意学习的都要进行职业技能培训。这个培训不是短期简单培训，而应当按照高级技工、技师的要求进行职业技能培训，使他们经过培训后能够获得相应的资格证书，在激烈的就业市场竞争中能够求得生存和发展的一席之地，所需费用应当从土地转让收益中支出。四是社会保障问题，现行政策规定，在城镇规划区域以内的实行城市社会保障，在规划区域以外的实行农村社会保障。但是现在农村社会保障水平很低，很多地方还没有社会保障，除在农村应当普遍抓紧建立外，对失地农民的社会保障问题要优先考虑，在有条件的地方应当参照或接近城镇社会保障水平。

三、关于土地市场问题

近些年来征地问题上的一种突出现象是，对工业用地给失地农民的补偿标准普遍很低。我们就这个问题进行了一些调查，发现很多地方是以低地价或者零地价吸引工业企业进行投资的，相当一部分地方的政府没有得到多少土地转让收益，有的甚至从财政收入中拿出一部分资金进行补贴，以解决失地农民安置和长远生计问题。而用于发展商业服务和房地产等产业的土地，土地转让的价格相对较高。这里面有一个问题，就是对于工业用地为什么要实行低地价甚至零地价出让呢？其基本原因是很多地方过于追求经济增长速度，争先恐后地进行招商引资，把土地低价出让作为最重要的优惠条件，应当说，这是现阶段我国土地市场上出现的一种奇特现象，是一种不规范的运作行为，非但严重损害了失地农民的利益，并且导致土地的过多占用和粗放经营，造成了土地资源的极大损失和浪费，亟待加以纠正和规范。

解决这个问题的前提是必须正确看待招商引资。从目前各地招商引资的情况来看，引来的工业项目大部分是比较好的，但也有不少工业项目综合效益并不高。有些工业项目看起来经济效益较高，但是资源占用多、能源消耗大、环境污染比较严重、社会效益和生态效益较差。这些项目引进投产以后往往都会带来许多后患，资源占用多会引起原材料价格的上涨，能源消耗多会加剧能源供给紧张状况，特别是环境污染严重损害了当地的人居环境，甚至引发了大规模的群体性事件。所以，不能什么项目都盲目引进，更不能引进资源占用多、能源消耗大、环境污染重的工业项目。目前我国产业结构中第二产业所占比重明显过大，应当重点加大第三产业特别是现代服务业的项目引进力度，对引进工业项目应当注重高科技、低消耗、零污染、高收益。此外，对干部政绩考核指标有必要进行相应调整，应当列入保护耕地、环境和生态的内容，使国家大力倡导的保护耕地这一基本国策能够真正落到实处。

　　如何提高招商引资的水平？一个重要方式就是形成由市场决定土地价格的机制。当前必须解决合理制订工业用地出让价格的问题，很有必要确定工业用地最低出让价格作为底线。最低工业用地出让价格通常由以下三个部分构成：一是取得土地的成本（包括征地、安置的成本）；二是土地前期开发的成本；三是有关的税费。这个最低用地价格不能由当地政府自己来确定，应当由国土资源部门根据不同地区的情况来确定。确定最低用地价格，实际上是对引进的项目设置了一个门槛。跨不过这个门槛的项目就不能进来，真正属于科技含量高、经济效益高、符合可持续发展要求的项目就能够进来，从而有利于提高引进项目整体的质量和效益。

　　在引进项目方面要消除一种恐惧心理，即不要害怕引进不了项目。土地是不可替代的稀缺资源，供求关系越来越趋紧，只要保留着土地，加上其他方面投资环境好，自然还会引来投资项目的。如果现在匆匆忙忙引进一些科技含量和经济社会效益不高的项目，过一段时间又有一些各方面都比较好的项目，可能会因为没有工业用地可以供给而耽误。我国不少开发区和工业园区已经出现过这种情况。所以，对引进项目需要有一个长远考虑，特别是不能仅以本届政府的任期来考虑。同时，引进项目还要学会从宏观上看问题，好多事情从微观上看是有道理的，但是从宏观上看却是不符合要求的。因此，从事微观工作要考虑宏观要求，自觉遵循宏观经济发展和宏观调控的要求。当然，宏观决策也要考虑各地不同情况，避免"一刀切"。

解决经济发展用地问题，应在节约用地、高效用地上狠下功夫。现在对耕地占用是严格控制的，解决经济发展用地要开辟新的渠道。这个新的渠道绝不是在非农用地计划外非法占用土地，而是体现以下几个方面：一是高效利用土地，比如说以前的厂房是平房，现在可以改为多层标准厂房。这就需要有计划地对旧厂房进行改造，提高土地利用率。二是强化耗能环保管理，制订完善和严格执行资源利用、能源消耗和生态保护等硬性标准，在规定期限内不能达标的就要退出，由此腾出一部分土地用于安置符合标准的工业项目。三是推进产业结构调整，今后发展不再偏重第二产业，而应在发展第三产业上大做文章。目前大中城市发展第三产业的余地还相当大，而第三产业占用土地又相对较少，特别是许多现代服务业都可以布局在城市高楼大厦里面，土地利用密度高、容积量大，自然有利于节省土地。

在土地出让方面，必须改变暗箱操作的批租方式，实行公开运作的招标、拍卖、挂牌等方式，运用市场机制形成和确定土地价格，使竞争力强的好项目优先获得土地。对于不能形成竞争格局的土地转让，必须按照不得低于土地最低出让价格标准的规定进行。低于最低价格标准出让土地，或以各种形式给予补贴或返还的，属于非法低价出让国有土地使用权的行为，应按规定追究有关人员的法律责任。这样，才能兼顾各方面的利益关系，才能有效控制土地的过多占用。

目前农民集体土地进入建设用地市场问题已经成为人们关注的一个重要问题。探索这个问题有一个前提必须明确，就是所有非农用地都要纳入非农用地计划。不管是政府征地转为建设用地也好，还是农民集体所有建设用地使用权流转也好，都必须列入非农用地计划，符合土地利用和城乡建设规划，依法办理农用地转用审批手续。确定了这个前提，探索采用何种具体途径转化土地用途才有现实意义。通过政府征地转化为非农用地，即一级土地市场由政府垄断，是我国长期通行的做法。然而事实证明，这种做法存在着许多弊端，近些年来围绕土地批租发生的许多腐败案件都与这种管理方式相关,而最大的弊端是容易忽视农民利益。农民集体建设用地直接进入市场作为一种新的探索,有其存在的合理性,对于控制占用土地和保护农民利益方面起着独特的有效作用,应当在认真总结、不断完善的基础上逐步推广和扩大。

我国今后相当长时间内仍将处于经济高速增长期,土地的增值效应是非常明显的。工商企业占用土地以后可以迅速形成财富积累,特别是一些地方暴富的房地产开发商更是赚取了高额利润,实现"无中生有"的跨越式发展,从原来几乎什么都没有很快变成亿万富翁。但是农民在失地以后生活境况很少能够获得根本性改善,大多数仍然处于低收入阶层,有些甚至连生计问题也不能得到保障。为什么房地产开发商能够暴富,而失地农民却不能较大幅度地增加收入呢?我们正在建设社会主义和谐社会,正处于由总体小康向全面小康迈进的过程中,一个公认的理论观点是要扩大中等收入群体的比重。农村土地是属于农民集体所有的,也就是说农民拥有最重要、最短缺、最宝贵的土地资源,工业化、城市化进程应当成为农民受惠最多的过程,土地由农用地转为非农用地是失地农民较快进入中等收入阶层的一个重要历史机遇。尤其是工业化、城镇化进程较快的大中城市近郊农村,更应该有条件做到这一点。有的地方采用由农民集体建设标准厂房租给企业使用的办法,就是一种较为成功的探索。在这些地方,失地农民除了可以到企业打工和自谋职业之外,还可以从集体厂房出租中获得稳定的收入,收入水平并不比附近城市居民低多少,有的甚至还程度不同地高一些。这种既有利于保证经济发展需要又有利于较快增加农民收入的做法,很有借鉴价值。关键是牢牢把握好两点:一是农民集体建设工商企业用房必须纳入非农用地计划,符合土地利用和城乡建设规划,依法办理农用地转用审批手续;二是对农民集体出租工商企业用房的经营收入坚持依法征税。

四、关于农民宅基地问题

农民宅基地是农民土地的一个重要方面。随着新农村建设的全面推进,这个问题日益显得突出。新农村建设的重要内容是加强农村基础设施建设，改善农村人居环境。这迟早将涉及对原有村庄的整治问题，很多地方需要对村庄的原有布局进行规划和调整。现在多数地方农民住宅凌乱分散、占地较多，许多地方农民纷纷在村外建新房，导致不少村庄形成了"空心村"。这些村庄不仅基础设施建设严重滞后，而且浪费了大量宝贵的土地资源，需要通过村庄整治逐步予以解决。

鉴于目前农民居住过于分散凌乱的状况，今后住房布局调整的总体方向是趋于集中。当然，集中居住是个趋势性的、引导性的和逐步推进的，而不是采用强制性手段在短时间内就要做到的，这一点应该明确。如何对农民住房集中布局进行引导？本人认为，首先是科学规划，在长远规划中对作为农民居住点的村庄加强基础设施建设，加强社会事业发展，搞好生产生活服务，以此吸引分散的农户到这里建房或者购房，逐步实现集中布局的目标。绝不能违背农民意愿搞大拆大建，引发矛盾和冲突。农民住房布局调整，必须把握的要点是一户一宅，并且严格控制占地面积，努力提高土地容积量。因为农民宅基地是集体分配的，不是农民自己购买的，作为一种公共福利必须体现公平原则。但是，事实上现在许多农户不是一户一宅，而是一户两宅甚至多宅，主要是这些农户建了新房，原来的旧房依然保留着。这种状况应当及早改变。根据一户一宅的原则，既然批准建筑新房，对原有旧房就应拆除，或者通过其他适当方法处理，所多占的宅基地则应该收回，以控制和减少农村建设用地。

通过对农民住房布局的调整，在逐步做到集中居住之后，大多数地方农民住房占地总面积会有不同程度的减少，原有宅基地会有相应结余。对这部分结余的宅基地如何处理，是一个需要认真对待的问题。本人认为，对原先属于超过一户一宅（即多占用）的宅基地，应该通过土地整理进行复垦，恢复农业用途，增加农民承包地；对原先属于一户一宅的宅基地节省下来的部分，应当首先用于村庄基础设施建设和社会事业发展；还有结余的可以用于耕地占补平衡。但是，不论采取什么样的使用方式，这部分结余宅基地的利用都要符合国家相关法规，并经过大多数农户的同意，所形成的经济收益应当确保农民得到实惠，努力成为农民增收的新渠道。

深化农村改革

关于农村税收制度改革的探讨*

我国农村税收制度的改革，不能只是局限在自身特定的范围内孤立地进行，必须根据有利于农村经济乃至整个国民经济协调发展的要求通盘考虑和安排，逐步理顺与税收相关的各种经济关系，才能取得预期的改革效果，充分发挥税收制度在宏观调节中的作用。

一

一般说来，农民无偿地向社会提供资金是通过税收形式进行的。这就产生了这样一种误解，似乎我国农民向社会无偿提供的资金仅仅表现为税收形式，在税收形式中又仅仅表现为为数不多的农业税，因而农村税收制度的改革，也就是农业税制度的改革。

由于特定的社会经济原因，我国农民无偿地向社会提供资金是通过三种形式进行的，即税收形式、摊派形式和价格形式。这三种形式互相补充，构成了我国农民无偿向社会提供资金的总体情况。

（一）税收形式。税收形式是人们最容易看到和承认的形式。我国农业税是采用征收各种实物折合细粮计价的方式。总的看来，农业税的实际税率是随着农业总产值的增长而逐渐降低的。1957 年全国农村征收实物农业税按当年统购价格折算为 29.7 亿元，占同年农业总产值的 5.5%。1982 年征收实物农业税为 32.7 亿元，占同年农业总产值（已扣除队办工业产值）的 1.2%。如果按"倒三七"比例（即三成按原统购价、七成按原超购价）计算，1983 年的农业税则为 44.1 亿元，占同年农业总产值的 1.6%。从这一点来看，现行的农业税额确实显得低了一

---

* 本文原载《农业经济问题》1985 年第 6 期。

些。其次，现行农业税额是在 50 年代后期确定、60 年代初期调减并沿用至今，这些年来由于单位面积产量的变化、土地使用面积的调整和多种经营的发展，已经不能适应农村实际情况和商业经济发展的要求，造成了不同地区、不同作物、不同产业之间的严重不平衡，普遍出现了实际负担畸重畸轻的现象，已经到了非改不可的地步。

除了农业税，乡镇企业税也是农村税收形式的一项重要内容。这里说的乡镇企业是指乡（社）村（大队）所举办的企业，是一种农村集体所有制性质的企业。在上缴税金方面，与城市集体所有制企业相比，由于种种原因，乡镇集体企业一般处于不利地位。从税金数额来看，1983 年全国乡镇集体企业向国家缴纳的税金达到 58.9 亿元，比 1978 年的 22 亿元增长 167.7%。税金占纯收入的比重由 1978 年的 11.2% 上升到 16.7%。

（二）摊派形式。通过各种名目繁多的摊派，向社会无偿地提供一部分资金，虽不像税收那样容易被人们看到，但是，对于农民来说它与税收一样，都是实实在在的社会负担。近两年随着农村各项非生产性建设和文化福利事业的发展，许多地区以"民间集资"名义硬性对农民进行摊派，使得农民的这种税外负担有增无减，日趋加重。

根据对许多地区进行的大量调查，除了极少数地区以外，直接对农民进行的摊派数额平均每人每年一般都在 15 元以上，如果加上对乡镇集体企业进行的摊派，平均每个农业人口一年的税外负担将达到 20 元以上。不少地区已经超过 30 元，甚至更多。就全国而言，即使以平均每个农民负担 15 元这个比较保守的数字匡算，全国农民通过摊派提供的资金也要达到 120 亿元左右。

（三）价格形式。与税收形式和摊派形式相比，这种形式更不容易被人们看到，因为它既没有明账列入国家财政收入，也没有直接要农民从自己的收入中提交。这种隐蔽的形式通常被人们称为工农业产品交换剪刀差，通过交换使农业创造的一部分价值转移到工业中，再以工业税收和利润的形式上缴国家财政。可见，剪刀差实际上是农民间接向国家缴纳的"额外税"。

尽管目前理论界对剪刀差的认识还不完全一致，但是剪刀差的存在终究是一个事实，其突出的表现之一是工农业收入悬殊，同样的劳动力从事农业收入很低，而改为从事工业（哪怕是生产条件落后的乡镇工业）就能创造较高的净产值。我国剪刀差在 1978 年以前是趋于扩大的，由于 1979 年以来农业产品收购价格有了较大幅度的提高，加上以净产值计算的农业劳动生产率的增长快于工业劳动生产率的增长，目前剪刀差已经有了明显的缩小。根据我们初步测算，1983 年工业品价格高于价值的幅度由 1978 年的 21.2%下降到 14.8%，农产品价格低于价值的幅度由 37.1%下降到 24.6%，剪刀差总体幅度由 27.0%下降到 18.5%。剪刀差相对数尽管缩小了，但是通过剪刀差提供的资金绝对额却增加了。1978 年农业通过出售农产品、购买工业品提供的剪刀差资金总额为 454.4 亿元，1983 年增加到 617.4 亿元。平均每个农业人口承担的剪刀差资金也由 59.5 元上升到 77.3 元。这是因为近几年来农业提供的商品量大幅度增加，不仅抵消了由于剪刀差幅度下降而造成的剪刀差绝对额的减少，并且使得剪刀差绝对数在原有的基础上又有所增加。需要指出的是，随着农民纯收入的较快增长，平均每个农民承担的剪刀差数额在农民纯收入中的比重，则由 44.5%下降到 25%。也就是说，农民承担的这种形式的经济义务相对减轻了。应当承认，这种变化趋势是对农民有利的。

从以上可以看出，农民无偿地向社会提供资金，主要是通过价格形式，其次是摊派形式，最后才是税收形式。在农民向社会提供的资金中，价格形式占 70%以上，摊派形式占 15%左右，税收形式还不到 15%。如果撇开摊派形式和价格形式，孤立地谈论农村税收制度的改革，既不符合客观实际，也不能从客观上正确地把握农村税收制度的改革。

二

农民向社会提供资金的税收、摊派和价格三种形式并存于我国农村，是有其客观的社会经济原因的。

以税收而言，它是国家为实现其职能、维护其正常活动的财资消耗而取得财政收入的一种重要方式。在我国农村通过税收形式，适当地集中一部分资金，既必要，也合理。

摊派形式虽然是税收外的一种不合理的负担形式，但是其中有些是合理的开支。而不合理的负担往往是与合理的负担混杂在一起，在对农民能够承受的合理负担数额作出有法律效力的明确规定以前，不合理负担的存在往往是难以避免的。

价格形式也是一种不合理的负担形式。然而，它也是我国社会生产力发展到一定阶段的必然产物。在我国原有工业基础十分薄弱的情况下，仅仅依靠工业本身不可能积累到所需要的建设资金，只能在一定程度上通过剪刀差途径使资金从农业流入工业。三十多年来，由于工业劳动生产率的增长远远快于农业，单位工农产品价值之间的差距明显扩大，而工农业产品价格的调整又未能完全弥补这种差距，这就是我国剪刀差长期存在的基本原因。

承认税收、摊派和价格三种形式并存的客观社会经济原因，并不意味着可以忽视三种形式并存的弊端，更不意味着这种局面可以长期保持下去。

首先，三种形式并存的局面使人不容易看清农民对社会作出的实际贡献。有些同志认为农民向社会作出的贡献只是农业税和乡镇集体企业税，合起来只占国家财政收入的8%左右，其原因就在于，他们没有看到摊派形式和价格形式的贡献。如果加上通过这两种形式向社会提供的资金，1983年总计可达800多亿元，我国农民作出的社会贡献就相当可观了。当然，其中以摊派形式提供的资金同国家财政收入没有直接关系，乡镇集体企业税中有一部分由于是通过剪刀差途径取得的，需要与价格形式提供的资金冲销，即使价格形式提供的资金也有一小部分通过返销粮等途径又回到了农民手中。扣除这些因素以后，农民向社会提供的同国家财政收入直接相关的资金，大体相当于国家财政收入的一半。

其次，三种形式并存的状况不利于农村经济以至整个国民经济的协调发展。从理论上讲，农民向社会提供资金通常只应该采用税收一种形式，使农民的经济义务以法律形式固定下来，不容易产生社会负担盲目增加的现象。摊派形式恰恰是与此相反的，其数额没有明确的具有法律效力的限制，增减的程度主要取决于当地农村领导干部的主观意志，这就很难避免过分加重农民负担的现象。通过价格形式向农民征集一部分建设资金，虽然是发展工业所必需的，但终究不是社会主义商品经济所要求的正常途径。长期过多地以价格形式积累工业建设资金，不符合等价交换这一商品经济的基本原则，也在相当程度上影响了农业的发展。同时，价格过低的农产品原料和劳动力再生产费用，也不利于改进工业经营管理，提高工业经济效益，促进整个国民经济的更快发展。

因此，应当积极创造条件，努力改变税收形式、摊派形式和价格形式并存的局面，由三种形式逐步过渡到税收一种形式，并且在此基础上使税收制度不断完善。

农村税收制度的改革不是一个孤立的过程，而是由三种形式并存转化为税收一种形式的过程。在改革中，应当把摊派形式和价格形式结合起来通盘考虑，使税收制度的改革同三种形式单一化的过程相适应。概括地说，就是扩大税收形式，取消摊派形式，缩小价格形式。税收制度改革步伐的快慢，取决于三种形式单一化过程的快慢，之所以这样说，主要原因在于农民的经济承受能力。如前所述，如果把通过税收、摊派和价格三种形式向社会提供的资金合在一起，1983 年平均每个农业人口向社会提供的资金达到 100 元左右，这对于平均年收入只有 300 多元的农民来说负担是不轻的。因此，农村税收制度的改革，目的不在于增加农民为社会贡献的绝对数额，而在于改变农民为社会贡献的表现形式，使农民需要承担的经济义务逐步做到主要通过税收形式来体现。

这里需要解决两个问题：第一，逐步缩小工农业产品交换剪刀差。立即消除剪刀差是不现实的，但是在有计划地放开农产品价格过程中逐步缩小剪刀差却是完全有可能的。一般说来，农产品价格低于价值的幅度不宜超过 10%，工业品价格高于价值的幅度不宜超过 5%，剪刀差总体幅度不宜超过 8%。做到这一步，就比较接近等价交换，也有利于鼓励农村劳动力从农业向工业转移。剪刀差的缩小必然使得从事农业的收入相应增加，从而就能够为增加税收创造比较有利的条件。第二，尽快取消各种形式的摊派。摊派实际上是宏观上难以控制的一种落后的地方性捐税方式。不论是合理或不合理的开支，都不能够利用摊派形式来取得，因为它不符合社会主义法制建设的要求。应当根据不同地区农民的实际负担能力，把目前摊派中合理的部分通过法律固定下来，作为税收形式纳入地方财政收入，同时在税法中规定取消一切税外摊派，违反者将受到经济制裁和法律制裁，以保证切实减轻农民的社会负担。

三

提出由税收、摊派和价格三种形式转化为税收一种形式向社会提供资金，还只是一种理论上的目标。在实际运用过程中必然会遇到这样或那样的问题，尤其是农村税收制度具体如何改革，仍然需要进行深入的探讨。总的说来，农村税收制度的改革，应当体现普遍平衡的原则。具体地说，就是既要考虑国家财政收入的需要，又要兼顾农民的经济承受能力；既要放眼于长远的改革目标，又要从当前的实际情况出发；既要有利于农村多种经济形式的发展，又要注意把个体经济向合作经济引导；既要扶持农村工业、商业、建筑业和运输业的发展，又要有利于农林牧副渔业的稳步增长；既要适当地把一部分级差收益收归国家财政，又要有利于保护农民发展生产的积极性。从普遍平衡的原则出发，我国农村税收制度的改革，不仅要改革和完善现有的税收制度，而且要适当增加新的税种，还应当同建立健全乡级财政结合起来，建立一个多税种并存、互相补充的比较完备的农村税收体系，实现和保持不同产业、不同地区、不同经济形式和不同经营方式之间税收的基本平衡，促进农村经济以至整个国民经济的协调发展。

我国现行的农业税制度极不合理，在不同产业之间偏重于粮食种植业，在不同地区之间偏重老的产粮区，而对经济作物生产和其他各业征税相对较轻，有些生产项目基本上没有征税，使粮食种植业在税收方面处于不利地位，特别是在老的产粮区农民负担畸重的现象更为突出。在农业税制度改革过程中，必须改变这种负担极不平衡的状况，适当减轻老的产粮区农民从事粮食生产的税收负担，相应增补从事经济作物生产和其他各业的纳税义务，借以调节粮食种植业与经济作物种植业以及其他各业之间的协调发展。同时，以实物形式缴纳农业税是为配合粮食统购统销政策而采取的一种方式，也是商品经济不发达的一种表现。应当尽早把实物形式改为采用货币形式，使农业税介入商品货币关系，更好地发挥税收对经济的调节作用。当前农业税制度改革的重点，是解决不同产业、不同地区之间农业税负担不平衡的问题。只要这个问题解决得比较好，即使税率只比原来作较小的提高，随着农业生产的发展，农业税额也必然随之相应增加。为了解决不同产业、不同地区之间农民税收负担不平衡的问题，有的同志提出对农业税采取土地使用税和产品销售税相结合的方法。这是一项值得研究的改革措施。土地使用税的目的在于保护土地资源和促进土地资源的合理利用。至于因为土地等级不同而产生的级差收入，主要通过产品销售税来调节。

完善乡镇企业税制度，是农村税收制度改革的又一项重要内容。在乡镇集体企业方面，1985年开始执行新的八级超额累进税。与原来的八级超额累进税相比，新的八级超额累进税提高了累进起点，拉大了所得额级距之间的距离，降低了所得税的负担，同时规定某些乡镇集体企业可以享受减免所得税的照顾。从以上方面看来，是比原来更加有利于乡镇集体企业的发展。当然，这个税率的实际效果究竟如何，还有待于实践的检验。

随着农村多种经济形式的发展，以各种家庭工厂、联合体形式出现的乡镇个体企业正在逐步增加。它们也是乡镇企业的一个重要方面。在税收方面目前某些地区往往对乡镇个体企业不加区别地一律减免税收，使这些企业在不平等的竞争条件下处于有利地位，在相当程度上影响了当地乡镇集体企业的正常发展。这种状况不仅不利于合作经济的巩固和发展，而且也给偷税漏税造成了可乘之机。应当从税收制度上采取有效措施，改变这种状况。一般说来，乡镇个体企业按劳动力平均的实际所得额将明显高于乡镇集体企业。所以，对乡镇个体企业征税的税率应当适当高于乡镇集体企业，即使目前处于兴起阶段需要扶持，也应当与乡镇集体企业的税率大体一致，实行减免税收的范围也应当大体一致，使两者在平等条件下开展竞争，通过提高经济效益增加收入。

农村税收制度改革的另一项重要内容，是增辟个人所得税。其主要目的，在于取代目前普遍存在的摊派形式的社会负担，相应减轻农民所承受的过重的经济义务。同时也为建立健全乡级财政取得一部分收入。

开征农村个人所得税,既要确保大多数地区能够取得相应的财政收入,更要确保减轻大多数农民主要是收入水平较低农民的社会负担,其基本界限是平均每个农业人口缴纳的个人所得税额,应当明显低于目前通过摊派形式提供的数额。即只能限于目前摊派形式所提供资金数额中的合理部分。对于不合理的部分必须剔除,绝不能并入个人所得税进行征收。这里的关键在于实行什么税制和起征点如何确定。同时,应当实行分级超额累进制,起征点以下的不征税,收入水平低的按照较低的税率征税,收入水平高的则按相对较高的税率征税,根本改变目前按地亩或者人口平均分摊的做法。在缴纳了个人所得税和其他税金以后,任何部门和个人不得以任何理由再对农民进行摊派,这要作为一项法律条款予以确定。至于某些生产性建设项目需要筹集资金,应当根据等价交换和自愿互利的原则,通过入股、借贷等途径解决。此外,也不应当单独在农村开征个人所得税,应当保持城乡之间的基本平衡。在城市开征个人所得税的问题也需要进行研究决定。

建立健全乡级财政,也是与农村税收制度密切相关的一项重要内容。我国财政基本上只有中央、省、县三级,绝大部分地区没有建立或者没有健全乡级财政,导致乡以下财政管理处于混乱状态。农村摊派之风盛行,农民社会负担过重,尽管国家三令五申仍然改变不大,与缺乏有效的乡级财政管理大有关系。存在多少级政府就应当存在多少级财政管理,建立健全乡级财政管理是理所应当和急需解决的。乡级财政的收入,主要来自农村个人所得税和其他纳入地方财政的税种,这就需要合理确定地方财政管理体制,明确纳入乡级财政收入的税收范围。对目前乡镇集体企业提供的补助社会性开支的费用,也可以考虑作为附加税或者其他形式纳入乡级财政收入。通过建立健全乡级财政,将有助于我国财政管理体制的完善,对发展有计划的商品经济必然起到应有的促进作用。

继续深入进行价格改革的几点思考*

价格改革是理顺各种重大经济关系、保证国民经济协调发展和良性循环的最根本的措施，也是推进我国传统计划经济较为顺利地转入社会主义市场经济的最重要的途径。因此，抓紧进行价格改革，并以此推动其他方面的改革，就显得尤其重要和迫切。

一、价格改革已经迈出较大步伐

党的十一届三中全会以来，在推进整个经济体制改革的过程中，我国价格改革也有步骤地进行着，而且不断趋向深入，涉及的内容愈益广泛，改革的目标愈益清晰。现在我们可以说，与起初的实际状况相比，我国价格改革已经迈出了相当大的步伐，其成效也是显著的。我国价格改革本身的演进过程，大体上可以划分为既有明显区别又有相互交叉的三个阶段，即调整价格为主的阶段、调整价格与放开价格并重的阶段和自觉转换价格形成机制的阶段。

第一个阶段是从 1979 年到 1984 年，价格改革的基本内容是调整价格，以改善工农业产品之间及各自内部的重大比价关系，促进国民经济的协调发展。1979 年国务院陆续提高了粮食、食油、棉花、生猪等 18 种重要农产品的收购价格，平均提价幅度为 24.8%。在随后的几年内，诸如此类的价格调整，不仅在部分农产品购销价格方面再次进行过，而且对工业消费品和生产资料的购销价格以及某些服务收费标准也由国家进行了相应的调整。价格调整的方向在于逐步改变原有的不合理的比价关系，使偏低的农产品价格的上升快于工业品价格的上升，使偏低的

---

*本文原载《财经研究》1993 年第 6 期。

能源、原材料等基础工业品价格和交通运输价格的上升快于加工工业品价格的上升，从而刺激这类产业的更快发展。在这期间，虽然也对某些指令性计划外的工农业产品实行议价，开展一定限度的议购议销，并由此开始形成价格"双轨制"，使价格形成机制引进了市场调节的因素，但是从总体上来说，毕竟还局限在传统计划经济范畴以内。

第二个阶段是从 1985 年到 1991 年，价格改革的基本内容是调整价格与放开价格相结合，体现了这段时期的经济体制改革的趋势与特征，即计划经济与市场调节相结合。在这期间，价格改革早期存在的弊端逐步显露出来，其最明显的问题是：国家面对千百种重要商品的价格变化要求，难以及时而又准确地作出反应，因而不得不相应加大对市场调节的运用程度。在这种情况下，放开某些商品的价格，由市场供求关系进行调节，开始被越来越多的人所认识和接受。价格改革由此进入这样一个阶段：对于关系国计民生的重要工农业产品，仍然由国家实行较大比重的指令性计划管理，价格调整仍然由国家直接掌握。计划外的部分主要实行市场调节，价格高低涨落主要取决于市场供求关系变化，国家根据需要对部分产品提出指导性价格。这种指令性价格与市场决定价格并存的状况，构成了我国价格改革在特定时期的价格"双轨制"。实行价格双轨制的，在工业品中主要是煤炭、石油、钢材、水泥等重要生产资料以及一部分耐用消费品，在农产品中主要是粮食、棉花、食油、食糖等大宗农产品。与此同期，对其他工农业产品陆续实行以放开价格为内容的价格管理体制改革。实践结果证明，实行价格放开的工农业产品一般都获得了较快增长，价格在上升到商品供求关系基本平衡时则趋于稳定，而实行价格双轨制的工农业产品生产增长却远远不能令人满意，其中不少产品成为制约国民经济协调发展的"瓶颈"，并且演变为导致通货膨胀和治理整顿的重要因素。

从 1992 年起我国价格改革进入第三个阶段，社会主义市场经济理论的酝酿和正式提出，促使价格改革转上较为自觉地转换价格形成机制的新轨道。人们比较普遍地认识到，价格改革的目标不完全在于放开价格，更不在于调整价格，而是要把着眼点放在转换价格形成机制上，尊重和充分运用市场调节在价格形成中的作用，在此基础上建立健全相应的宏观调控体系。价格放开的产品范围也开始扩大到国民经济中最重要的部分，其中尤为令人瞩目的是，国务院于 1992 年 9 月作出决定，由各地分散决策、全面放开原先属于国家定购计划和对城镇居民定量供应部分的粮食购销价格，实行随行就市。其他重要农产品的价格也积极创造条件，逐步放开。实行价格放开的产品范围在工业消费品和生产资料方面同样在逐步扩大。

十多年来，我国价格改革所取得的进展之快、成绩之大，具体表现在以下三个方面：

（一）极大地缓解了不合理的比价关系。十多年来，国家先后多次进行了价格调整，调整范围涉及主要的农产品、工业消费品、生产资料的价格和服务收费标准（如铁路客货运输价格等），在调整中使各个产业之间及其内部的重大比价关系逐步趋于合理。这种价格调整虽然基本上还是在原有价格管理体制下进行的，但在价格管理体制未作根本性变革的条件下仍然有相当大的积极作用，对于改变重大比价关系中的不合理状况起到了显著作用，促进了国民经济的协调发展。以工农业产品比价关系为例，1991 年与 1978 年相比，农副产品收购价格总指数上升了173.9%，显著高于同期农村工业品零售价格总指数上升 77.4%的幅度，使比价关系发生了有利于农业发展的变化。尽管其中有些不可比的因素未能剔除，然而这个变化趋势是肯定无疑的。在这十多年间，尤其在1979 年到 1984 年，我国农业生产获得较快发展，为整个国民经济的发展奠定了较为坚实的基础，与价格调整所发挥的积极作用是分不开的。

（二）初步形成了市场调节价格的新格局。由于从 80 年代中期开始逐步推进以放开价格为主要内容的价格改革，国家直接管理价格的产品范围日趋缩小，由市场供求关系决定价格的比重相应扩大。以农产品收购价格为例：80 年代初期，由国家定价的农产品为 113 种；到 1986 年，这种情况发生了相当大的变化，国家定价为 17 种，国家指导价为 11种；到 1991 年，情况进一步发生变化，国家定价为 9 种，国家指导价为 19 种；1992 年国务院决定实行放开粮食购销价格等项重大措施，又将市场调节价格或者基本上由市场调节价格的产品范围继续加大。根据有关部门提供的资料，目前全国商品总额中由市场决定价格的比重，已经由 80 年代初期的 10% 左右、80 年代中期的 50% 左右扩大到 80% 左右。其中，农产品和工业消费品由市场决定价格的比重都高于总体平均水平，生产资料价格由市场决定的比重则低于总体平均水平。从以国家定价为主转向以市场决定价格为主，标志着我国价格改革已经达到了新的深度，价格"双轨制"已经进入大规模并轨的阶段，价格形成机制的转换已经取得决定性的重大进展。

（三）开始了建立新型价格调控体系的探索。价格改革的进程既打破了传统计划经济下形成的价格管理体制，又提出了在市场经济条件下建立新型价格调控体系的要求。出于我国是一个商品经济发育程度较低的国家，缺乏发展市场经济的实践经验，更缺乏在市场经济条件下实行价格调控的管理方法和手段。从 80 年代中期开始，部分地区就进行了这方面的努力和尝试。1990 年以来，建立新型价格调控体系的探索已经扩大到全国范围，并且在中央政府机关的指导下进行。目前，在一些大中城市已经开始建立蔬菜等副食品的价格风险调节基金，在一些农业大省也开始筹建粮食等大宗农产品的价格风险调节基金。为了保持农产品价格的稳定，保护生产者、经营者和消费者的利益，国家已经建立了粮食专项储备制度，并着手建立粮食价格风险调节基金。在这同时，与建立新型价格调控体系密切相关的各类农产品、工业消费品和生产资料等方面的商品批发市场，也开始进行筹建或者已经投入运行。

二、价格改革尚需继续抓紧进行

我国价格改革所迈出的步伐是相当大的，但是与全面建立社会主义市场经济体制的长远目标相比，价格改革只是刚完成一小段路程，所取得的成绩还很有限。综观目前我国价格改革的现实状况，主要存在着下列几个问题：

（一）重大比价关系不合理的现象仍然存在，有的方面还比较严重。在我国国民经济发展的历史上，重大比价关系不合理集中表现在两个方面：一是工农业产品之间的比价关系不合理；二是基础工业、基础设施与加工工业之间的比价关系不合理。经过十多年来的价格改革，这两个方面的不合理状况有了很大改变，但时至今日，这两种重大比价不合理的状况依然存在，比较利益偏低的矛盾还远远没有根本消除。在国民经济低速发展的情况下，农业和基础工业、基础设施的适应能力则问题不大。一旦国民经济转入高速发展的轨道，农业和基础工业、基础设施不能适应整体要求的矛盾就相当突出。如 1984 年到 1988 年，国民经济出现了持续几年的高速增长，然而由于农业和基础工业、基础设施的发展跟不上，导致国民经济重大比例关系严重失调，成为进行治理整顿的重要因素之一。在 1989 年到 1991 年的治理整顿期间，这种矛盾有了很大程度的缓和。1992 年我国国民经济开始进入又一个高速增长期，农业和基础工业、基础设施不能适应的矛盾再一次渐渐显露出来。不可否认，这是由多种因素造成的。然而，比价关系不合理、比较利益严重偏低、自我积累和发展能力差也是其中至关重要的因素。

（二）市场决定价格的机制尚不成熟，与之相关的市场体系还未真正形成。尽管目前已有 80% 左右的产品价格是由市场决定的，但这仅仅是一个开端。对于关系国计民生的重要工农业产品价格究竟如何由市场形成，短时间内还拿不出较为成熟的规范性方法，主要还是听任市场自发作用的摆布。我们在价格形成机制的转换过程中常常面临着两难选择：或者由市场自发形成价格，但是伴随而来的往往是价格的大起大落；或者仍由国家定价，但是又不能及时有效地对市场供求关系变化作出正确反映。因而，在价格改革中围绕着"放"还是"统"的争论已经持续多年，即便现在还没有完全停息，更难以保证今后不会出现反复。之所以出现这种两难选择，是因为我国的价格改革与市场体系建设不同步，价格形成机制在阵阵改革浪潮的冲击下被推向了市场，而"市场决定价格"所需要的市场体系却很不完善，甚至还没有全面建立起来。既然如此，就没有理由认为目前价格形成机制的转换已经大功告成。相反，对于这种含有太多不确定因素的价格形成机制必须深入研究，使之及早趋于成熟、规范和稳定。

（三）价格调控体系还没有全面建立，市场价格出现过大波动的可能性依然存在。迄今为止，我国已经作出的建立价格调控体系的努力只是处于尝试阶段，一旦市场价格发生较大波动，所能运用的经济手段并不多，至于法律手段更是短期内难以出台，考虑得比较多的可能还主要是依靠行政手段。如果真的出现这种状况，对我国正在进行的价格改革无疑会增加新的困难，甚至可能产生极为不利的影响。而如果放弃采用行政手段，价格波动过大的局面就难以控制。问题的严重性在于：由于目前我国市场体系很不健全，在市场体系基础上建立的价格调控体系还没有真正形成，市场自发行为所固有的盲目性导致价格波动过大的危险性仍然存在。根据国内外的经验教训，经济高速增长往往容易导致经济过热现象，经济过热又往往容易引发严重的通货膨胀。1988 年我国出现的高通货膨胀率，已经充分说明了这一点。在 1992 年开始的又一个经济高速增长时期，高通货膨胀率同样是需要高度重视和尽力避免的问题。因而，以经济手段为主的价格调控体系的及早建立，显得尤为迫切和重要。

上述三个方面表明，我国价格改革确实还只是初步的，我们需要继续深入进行价格改革。不仅如此，今后我国价格改革步伐的加快，还要受到扩大对外开放的影响和制约。在这方面，关系最为重大的举措是我国恢复关贸总协定缔约国地位的谈判进程正在加快。这就要求我国的经济运行机制和管理体制尽早与国际通行的原则接轨。对于价格改革来说，不但要适应国内全面建立社会主义市场经济体制的要求，而且还要适应重返关贸总协定的要求。尽管两者对价格改革基本方向的要求是大体一致的，但是重返关贸总协定却使加快价格改革步伐在时间进度上变成了刚性要求。重返关贸总协定对我国经济发展，既是一种机遇，也是一种挑战。我国既享受关贸总协定的权利，又要履行关贸总协定的义务。我国目前的价格体系与关贸总协定其他缔约国的情况相比，优势条件是明显的，同样劣势条件也是明显的。除了众所公认的汽车、机电、化学等行业会在价格上受到较大冲击外，我国不少农产品在价格上也将受到国际市场的挑战。受到挑战的基本原因，是我国上述产品在价格与质量、性能对比等方面，市场竞争能力不是很强。这就要求我们立足于全面开放的国内外市场，进一步把价格与质量、性能等因素结合起来，加快建立一种更具国际市场竞争能力的价格体系。

三、继续深化价格改革的基本思路

从现在起到本世纪末，既是我国国民经济发展的关键时期，也是我国经济体制改革的关键时期。从今后几年我国的实际情况看，国民经济发展的第二步战略目标有可能提前实现，与此密切相关的经济体制改革也需要相应加快。因而，对价格改革的紧迫性和重要性要有新的认识，并且体现在加快价格改革步伐的实际进程中去。

今后几年内价格改革的努力方向是：在保持市场零售物价总水平基本稳定的前提下，继续扩大市场调节价格的范围，逐步理顺价格关系，建立健全以市场形成价格为主的价格机制和国家对市场物价的调控体系。在这里，应当把握好几个要点：要点之一，是保持市场零售物价总水平基本稳定。这是价格改革能否得以顺利进行的保证条件。1988 年由于价格上涨过猛而引发的全国性抢购风潮，至今还记忆犹新。经过近几年的价格改革，人们对价格变动的心理承受能力已经有所增强，但是切切不可估计过高。要点之二，是继续扩大市场调节价格的范围。这是深化价格改革的基本内容。我国目前价格由市场决定的比重尽管已经达到 80%左右，但是距离价格改革的要求还有不少距离，仍然需要继续向前推进。只有继续扩大市场调节价格的范围，建立健全新的价格形成机制，才能最终解决理顺价格关系的问题，即尊重客观运行的经济规律，由市场决定和自动调节各类价格关系。要点之三，是建立健全国家对市场物价的调控体系。放开价格并不意味着国家可以撒手不管，市场调节也不等于国家可以放弃调控。鉴于我国市场经济发育还很低，建立健全价格调控体系更显重要。当然，价格调控体系必须适应发展社会主义市场经济的要求，主要利用属于间接调控的经济手段。

确立上述要点，远远不能概括今后价格改革的内容，而只是明确深化价格改革的前提，在这些前提下继续进行价格改革还需要付诸相对具体一些的操作性举措：

（一）继续全面有步骤地放开粮食购销价格。虽然国务院已经明文确定放开粮食购销价格，但是这个重大举措的全面贯彻落实还需要有一个过程。这是因为放开粮食购销价格采取了分散决策、逐步推进的方式，在全国不搞"一刀切"，允许各地有先有后。一般说来，沿海地区省份应当早些放开，以利于吸引主产区粮食流入。与此相适应，粮食主产区也应当保持同步，促进当地粮食以合理的价格流出，逐步形成较为健全的粮食市场。在粮食价格放开过程中，可以先放开粮食收购价格（即国际上通称的粮食生产者价格），然后创造条件放开粮食销售价格（即国际上通称的粮食消费者价格）。为保证消费者的利益不受损害，粮食销售价格放开所引起的价格上涨不能高于城镇居民实际收入水平的提高，否则就需要采取相应的弥补措施，保证粮食价格改革所必备的安定社会环境。

在粮食购销价格放开以后，用于社会基本消费需求的原先国家定购部分的粮食，其收购价格也实行随行就市。由于这部分粮食主要是供应城镇居民作为基本口粮消费的，为了保证这部分粮食有足够的来源，还需要制定相应的保障措施。其中，主要一条是对原先国家定购粮食实行的化肥、柴油等生产资料供应"三挂钩"政策，改为按国家平价与市场价格之间的差价折成现金，由粮食经营部门直接下发到农民手中，并且与粮食收购合同挂起钩来。这样，农民交售原先国家定购部分的粮食，除了能够获得接近于市场价格的价款外，还可以获得生产资料差价部分的加价款，即通常所说的粮食价外加价，其综合价格水平将略高于市场价格，以此调动农民的种粮积极性，使社会对粮食的基本消费需求得以保证。在大部分粮食主产区，还可以对原先国家定购部分的粮食，实行定量不定价的方式，即粮食经营部门保证收购相应数量的粮食，农民也要保证交售相应数量的粮食，而粮食的收购价格实行随行就市和价外加价。除此以外的粮食，农民可以通过多渠道销售，粮食经营部门可以自主经营。

（二）继续推进生产资料价格"双轨制"逐步并轨。价格"双轨制"作为价格改革过程中的一种过渡形态，虽然在特定时间内有一定的客观必然性，但是其弊端是相当严重的，是造成不公正竞争和诱发腐败现象的重要因素。全面实行价格并轨，转由市场价格形态取而代之，已经成为不可扭转的价格改革进程的一个重要组成部分。我国煤炭、电力、石油、铁路运输等基础产业价格偏低和企业政策性亏损问题突出，都同价格"双轨制"有直接关系。推进生产资料价格并轨,主要是逐步扩大煤炭、电力、石油、铁路运输等价格形成中的市场调节比重。基本方式有两种:一种是价格由市场直接决定;一种是由国家参照市场价格确定。不论采用哪一种方式,都必须遵循市场调节价格的原则。就价格改革的要求而言,凡是适宜采用价格由市场直接决定的生产资料,都应当及早采用这种方式。一时确有困难而不能采用的,也要尽快地向这个改革目标靠拢。

此外,对于少数稀缺商品的价格和重要基础设施、公益事业的收费,由于具有强烈的垄断经营色彩,其中大多数又是由国家直接控制的,一般还不宜全面实行市场竞争,因而还需要由国家定价或批准,企业可以通过价格申报等途径提出变动价格的要求。即使由国家定价或批准的价格项目,同样也要根据价值规律和供求关系及时进行调整,保持生产、经营和消费等环节的衔接与协调运转。

(三)继续扩大运用价格调控中的经济手段。价格放开与价格调控,是市场经济条件下价格运动中不可分割的两个侧面。前者是为增强经济运转的活力,后者是为保持经济运转的秩序。市场经济体制与传统计划经济体制对是否需要价格调控这一点并没有太大分歧,主要不同之处在于:传统计划经济体制是完全运用(至少是主要运用)行政手段进行价格调控,以至于取消了价格放开及其由此所产生的经济活力;而市场经济体制是在实行价格放开的基础上主要运用经济手段进行间接的价格调控,以造就和改善经济运转中既有活力又有秩序的局面,推进国民经济较快而又稳定协调的发展。在全面转入价格由市场决定的新阶段以后,我们面临的一项重要任务,就是继续扩大经济手段在价格调控中的作用,逐步建立以经济手段为主的价格调控体系,并逐步将经济手段推向成熟、完善以致用法律形式确定下来,同时尽可能减少行政手段的运用。

在市场经济条件下,国家进行价格调控的基本途径,包括建立价格风险基金、商品储备制度和其他经济手段。尤其是关系国计民生的主要工农业产品,对保持社会商品价格总水平相对稳定的作用举足轻重,更应当及早建立一套较为健全完善的价格调控体系。这是以资金形态进行价格调控的必要经济手段。例如,对保持社会稳定最为重要的粮食等主要农产品，应当通过多种渠道筹集资金建立价格风险基金，使国家在粮食价格出现较大幅度波动时能够以适当方式进行干预，以保持市场粮食价格的相对稳定。粮食价格风险调节基金的重要来源之一，是原有的财政补贴。在粮食放开价格以后，原有财政补贴不应当抽走，而应当转成价格风险调节基金。同时，还可以从粮食批发环节以及新增财政收入中提取一定比例，充实粮食风险基金。而建立商品储备制度，则是以实物形态进行价格调控的重要经济手段。这与价格风险调节基金是相辅相成的，两者缺一不可。商品储备制度对于保持市场价格相对稳定，同样具有重大的作用。根据国外的已有经验，国家以吞进吐出方式调控市场的粮食数量，一般占市场粮食交易总量的 5%—10%，就能起到保持市场粮价相对稳定的显著作用。国家用于进行吞吐式调控的资金，则来源于所建立的价格风险调节基金。不仅粮食价格调控是这样，其他重要工农业产品的价格调控大体也是如此。

在国家进行价格调控过程中，还必须重视各类商品批发市场的建设，以期逐步建立健全以批发市场为中心的市场体系。在市场经济条件下，市场体系既是合理价格体系形成的依托，又是国家进行宏观调控（主要是价格调控）的依托。这是因为，国家进行吞吐调控不可能直接与各个生产者、经营者和消费者打交道，也不可能直接介入各个城乡贸易市场、零售商业等初级市场，而只能与交易量较大、对全局有重大影响的批发市场（通常是中央级批发市场）打交道，即在批发市场上进行买进或卖出的间接调控活动，再由批发市场牵动初级市场，从而产生预期的调控效果。我们前面所说到过的"市场调节价格"中所指的市场，就是以批发市场为中心、联结各个初级市场的市场体系。规范化的市场体系有一个重要标准，即大宗贸易必须在批发市场中以拍卖等公平竞争方式公开进行，批发市场以外的任何大宗贸易行为都视为非法并将受到法律追究和制裁。如果不能做到这一点，合理的价格体系就难以形成，国家对价格进行的调控也难以充分发挥作用。当然，市场体系建设还包括市场基础设施建设等多项内容，但是从保持市场经济的正常运转和国家进行宏观调控的要求来说，健全的交易规则是万万不可忽视的。

农产品流通体制改革与市场制度建设[*]

农产品流通体制改革与农产品市场制度建设是一个问题的两个侧面，都包含在农村经济改革的大体系之中。从相互关系来看，农产品流通体制改革是农产品市场制度建设的前提，农产品市场制度建设是农产品流通体制改革的结果。改革农产品流通体制，正是为了建立一个比较健全完善的农产品市场制度。农产品流通体制改革是否成功，也取决于是否建立了比较健全完善的农产品市场制度。

一、农产品流通体制改革的回顾与评价

众所周知，我国经济体制改革是从农村开始的，确切地说，是从农产品流通体制改革开始的。与联产承包责任制相比，农产品流通体制改革的起始时间更早，经历的过程更为复杂和曲折。应当说，农产品流通体制改革是最早出台的改革举措之一，却又是进展最为艰难的改革举措之一。在农村改革开放 20 年之后，可以理直气壮地宣称，农村家庭联产承包责任制的实行和推广已经实现甚至超过了当初设想的目标，但是还不能宣称已经建立了比较健全完善的农产品市场制度。这项改革和建设至今仍在努力推进和继续深化之中。

农产品流通体制改革的历程，大体上可以归纳为以下几个阶段：

一是调整价格、开放集市贸易的阶段。从 1979 年到 1984 年，农产品流通体制改革的基本内容是调整价格，以改善工农业产品之间及各自内部的重大比价关系，促进国民经济的持续协调发展。1979 年国务院陆续提高了粮食、食油、棉花、生猪等 18 种重要农产品的收购价格，

＊ 本文原载《中国农村经济》1999 年第 6 期。

平均提价幅度为 24.8%。在随后的几年内，诸如此类的价格调整在部分农产品的购销方面相继进行过。农产品价格调整的方向，在于逐步改变原有不合理的比价关系，使偏低的农产品价格的上升幅度快于工业品价格的上升幅度，从而刺激农业的更快发展。在此期间，虽然也对某些指令性计划外的农产品流通实行议购议销，并由此开始形成"双轨制"的雏形，使农产品流通体制引进了市场调节的因素，但从总体上来说毕竟还是局限在传统计划经济体制的范畴内。

二是计划经济与市场调节相结合的阶段。从 1985 年到 1991 年，农产品流通体制改革的基本内容是推进"双轨制"，具体表现为计划流通与市场流通并存，体现了这段时期的经济体制改革的趋势与特征。在这期间，农产品流通体制改革前期未能消除的弊端逐步显露出来，其最明显的问题是：国家面对千百种重要商品供求关系变化的要求，难以及时而又准确地作出反应，因而不得不相应加大对市场调节的运用范围。在这种情况下，放开某些商品的价格和经营，由市场供求关系进行调节，开始被越来越多的人所认识和接受。农产品流通体制改革由此进入这样一个阶段：对于关系国计民生的重要农产品，仍由国家实行较大比重的指令性计划管理，价格调整和产品购销仍然由国家直接掌握；计划管理外的部分则实行市场调节，价格高低涨落主要取决于市场供求关系变化。这种指令性计划管理与市场调节并存的状况，构成了我国农产品流通体制改革在特定时期内的"双轨制"。实行流通"双轨制"的农产品，主要是粮食、棉花、食油、生猪等大宗产品。与此同时，对水果及水产品等实行放开经营、放开价格为内容的流通体制改革。实践结果证明，实行放开的农产品生产增长较快，商品供求关系基本平衡，市场价格相对稳定。而实行"双轨制"的农产品供求关系却远远不能令人满意，不少农产品成为国民经济持续协调发展的"瓶颈"，并且演变为导致通货膨胀和治理整顿的重要因素。

三是探索农产品流通全面引入市场机制的阶段。从 1992 年起，我国农产品流通体制改革出现了新的变化，这就是社会主义市场经济理论的酝酿和正式提出，促使农产品流通体制改革开始全面转入市场经济的轨道。农产品放开经营的范围也开始扩大到国民经济中最重要的部分，其中尤为令人瞩目的举措是，由各地分散决策，逐步放开国家粮食定购计划和对城镇居民定量供应部分的粮食购销价格，即保持国家定购粮数量不变，价格实行随行就市，简称为"保量放价"。对其他重要农产品的价格和经营也积极创造条件，逐步放开。这项重大的改革政策措施，先在少数地区进行试点，但在准备不够充分的情况下，很快由试点扩展到其他许多地区。由于1993年第4季度南方地区市场粮价暴涨，并迅速波及北方地区，全国粮食市场价与定购价的差距急剧拉大。出于保持社会稳定和保证分税制、外汇并轨等重大改革措施顺利出台等方面的考虑，中央决定加强粮食市场的宏观调控：一方面采取抛售中央储备粮等措施，稳定市场粮价；一方面通过较大幅度提高定购粮价格，缩小定购价与市场价的差距。在1994年和1996年先后两次大幅度提价措施出台后，粮食定购价与市场价在总体水平上已经大体相当，并且由于1995年开始的连续几年粮食大丰收，粮源供给充裕，全国市场粮价普遍回落，致使定购价已经明显高于市场价。棉花和其他农畜产品也出现了类似现象，其中许多农畜产品价格下滑、低迷的状况比粮食更为严重。这种情况为继续推进农产品流通体制改革、加强市场制度建设，提出了许多新的课题。

四是进一步深化农产品流通体制改革的阶段。1998年4月出台的深化粮食流通体制改革措施，最为令人瞩目。这次粮食流通体制改革的指导思想是：贯彻落实党的十五大精神，通过深化改革，真正建立起在国家宏观调控下中央和地方责权分明、适应社会主义市场经济要求、适合我国国情的粮食流通体制。改革的基本原则是"四分开一完善"，即实行政企分开，储备与经营分开，中央与地方的责任分开，新老粮食财务挂账分开，完善粮食价格形成机制。改革的主要目标是转换国有粮食企业机制，理顺粮食价格机制，完善粮食宏观调控体系，减轻国家财政负担，进一步搞活粮食流通，促进粮食生产稳定发展。深化粮食流通体制改革的政策措施已经产生了初步的效果。从1998年下半年开始，全国市场粮价出现了回升的趋势。同时，深化棉花流通体制改革的政策措施也已出台。整个农产品流通体制改革正在朝着市场化方向继续推进。

从以上几个阶段可以看出，我国农产品流通体制改革是在逐步深化的，取得的成绩也是明显的。农产品流通体制改革的深化，在相当程度上推动了我国农业和农村经济的持续发展，形成了目前我国农产品供给相对充裕的局面。与农产品短缺相比，供给充裕虽然也派生出许多新的问题，但毕竟是农业生产力的巨大进步，是我国综合国力增强的一个重要标志。当然，我国农产品流通体制改革所取得的成绩还是有限的，许多棘手的问题仍然需要花费很大精力去解决，比较突出的问题是农产品价格改革、农产品市场制度建设和国家宏观调控体系完善等，必须坚定不移地继续向前推进。

二、逐步深化农产品价格改革

改革农产品流通体制，加强市场制度建设，在很大程度上是与深化农产品价格改革的进程联系在一起的。农产品价格改革在农产品流通体制改革中具有特殊的地位，尤其在 80 年代中期以来往往被视为深化改革的重要内容，是农产品流通体制改革的核心问题，也是我国农业转入社会主义市场经济轨道的基本途径。不断推进农产品价格改革，建立与市场经济要求相适应的农产品价格形成机制，具有极为重要的现实意义和深远意义。

我国农产品价格改革是从提高农产品收购价格开始的，这是国家为增加农民收入采用最多的政策措施之一。改革开放以来，国家多次提高了农产品收购价格，使农产品价格总水平有了相当大的提高。1996 年农产品收购价格总水平比 1978 年上升了 4.5 倍，明显高于同期农村工业品零售价格上升 1.9 倍的水平，工农业产品比价不合理的状况有了根本性的改变。提高农产品价格，实际上是调整国民收入分配关系，从整体上增加农民的收益。在我国农产品价格长期偏低、工农业产品交换剪刀差过大的情况下，无疑是必要的和正确的，实践结果也是良好的。但是，提高农产品收购价格会受到各种条件的限制，主要是物价总水平、居民收入水平和国家财政收入水平的承受力，不可能支持农产品收购价格的无限制上升。同时，随着经济发展国际化趋势的加强，国内农产品价格的上升还受到国际市场农产品价格水平的制约。70 年代以来，世界性的农产品生产过剩问题日益突出,美国等西方农产品出口大国纷纷把目标对准中国,力图以较低的价格扩大在中国的农产品市场份额。我国国内农产品价格如果过高,与国际市场价格差距过大,必然导致外国农产品的大量进口,进而对国内农业发展造成巨大冲击,使农民收入增长目标更加难以实现。现在我国农产品市场价格整体上已经明显高于国际市场价格,再提高农产品价格的空间已经很小,有的几乎不存在提价的可能性,除非国际市场农产品价格出现暴涨的情况。更为重要的一个问题是,在国内农产品价格已经明显高于国际市场价格的情况下,还要提高农产品价格,只能是政府行为,不能从根本上转换农产品价格的形成机制,不能保证农业发展转入市场经济轨道,不利于增强我国农业的整体竞争能力。这与农产品价格改革的初衷是不相符的。因此,对于提高农产品价格这个手段只能有限度地使用,应当更多地在转换价格形成机制上做文章。

转换农产品价格形成机制的前提是放开农产品价格。所谓放开农产品价格,就是在国家宏观调控下更多地发挥市场在农产品价格形成中的基础性作用,通过市场形成的价格对农产品供求关系进行调节。在这里,农产品市场价格的起伏波动是难以避免的,只要波动幅度不太大,也属正常。不仅一般农产品的市场价格允许正常波动,粮食、棉花等重要农产品的市场价格也要允许正常波动。粮食虽然被视为关系国计民生的特殊商品,但毕竟还是商品。凡是商品都必须尊重市场经济的规律,价格都会发生波动。正是由于市场价格的正常波动,农产品供求之间的相对平衡才能得以实现。这是在市场经济条件下实现农产品供求平衡的基本调节机制,也是不同于计划经济体制的一个重要区别。但是,由于不同农产品的重要程度不同,价格放开的程度也应当有所不同。对于一般农产品的价格可以完全放开,由市场机制进行调节;对于某些关系国计民生的重要农产品的市场价格,则需要在尊重市场规律的基础上,由国家进行必要的宏观调控。尤其对粮食等重要农产品,国家有必要制定相应的指导价格,以确保供求关系的相对平衡,防止市场价格的过大波动和社会经济生活的剧烈震荡。

价格由市场形成和决定,是深化农产品价格改革的重要目标。不仅一般农产品的价格是这样，而且包括粮食在内的重要农产品的价格也是这样；不仅农产品的销售价格由市场形成，而且农产品的收购价格也要由市场形成。这是衡量农产品价格形成机制是否转换的基本标志。目前，我国农产品销售价格特别是零售价格由市场形成的机制已经全面建立，也就是说农产品的零售价格是完全放开的，其中包括粮食等重要农产品的零售价格。批发环节的销售价格由市场形成的机制基本上也已经建立。只要市场价格波动幅度控制在合理范围内，政府一般不进行干预。尚未完全放开的只是部分重要农产品的收购价格，主要是粮食、棉花的收购价格，国家仍然制定相应的指导价格和规定一定的浮动幅度，具体收购价格由各地政府根据实际情况分散决策。尽管有国家指导价格在发生作用，但是严格地说，我国农产品收购价格由市场形成的机制也已经初步建立。第一，除粮食、棉花等少数重要农产品的计划收购价格实行国家指导外，其余农产品的收购价格是完全放开的，是完全由市场形成和决定的。第二，粮食、棉花等少数重要农产品之所以实行指导价格，是由于这些农产品具有特别的重要性，是保持国民经济正常发展和社会稳定的主要基础，不能发生过大的波动。否则，必然影响国民经济的正常发展和社会的稳定。第三，即使粮食、棉花等少数重要农产品收购环节的指导价格，也是参照市场价格制定的，可以说是由市场形成和决定的，或者说国家指导价格与市场价格基本上是接轨的。当然，指导价格只是参照市场价格，与市场价格比较接近，但并不完全等同于市场价格。这种做法符合市场经济的要求。即使市场经济发育程度较高的一些西方发达国家也是如此。那种把价格由市场形成等同于完全放任自流的市场自由价格的观点，不符合市场经济发展的客观要求，也是不现实的。

农产品价格改革的一个重要趋势是国内市场价格将逐步与国际市场价格接近，并尽可能实现两者的并轨。这是经济发展全球化的客观要求，也是保持和增强我国农产品及其加工品竞争能力的客观要求。根据最终消费市场的划分，我国农产品有两种情况：一类是最终消费市场在国内的农产品，主要以粮食为代表；一类是最终消费市场在国外的农产品及其加工品，主要以棉花为代表。两类农产品的市场价格都应当逐步与国际市场价格接近，但是接近的程度可以有所不同。最终消费市场在国内的农产品,如果国内市场价格过多地高于国际市场价格,必然面临国外农产品大量进口的巨大压力,客观上要求国内市场价格尽可能接近国际市场价格。最终消费市场在国外的农产品,如果国内市场价格过多地高于国际市场价格,必然面临出口竞争能力下降的巨大压力,客观上要求国内市场价格与国际市场基本接轨。这两种情况相比,后者的压力比前者更大,但都不利于我国农业和国民经济的发展。在目前国际市场农产品价格较大幅度低于国内市场价格的情况下,使国内市场价格接近国际市场价格的最简单的办法是降低国内市场价格,但这势必导致农民收入的减少和生产积极性的下降,甚至造成国内农业的衰退和农村的凋敝,产生灾难性的严重后果,确实是很难决断的一项政策措施。比较理想的政策选择是降低国内农产品的生产成本,为增强国内农产品及其加工品竞争能力奠定牢靠的基础。这就要求加快农业过剩劳动力向非农产业转移,逐步扩大国内农业生产的经营规模,努力做到既增强农产品及其加工品的竞争能力,又能够逐步增加农民收入。应当说,农产品价格改革引发的农业生产方式变革,对于人多地少、经济仍然比较落后的我国,确实具有相当大的难度,将是今后较长时期内农业发展的一个重要努力方向。

三、进一步加强农产品市场制度建设

尽管目前我国农产品价格基本上是由市场形成和决定的,然而这仅仅是一个开端。我国农产品流通体制改革(包括农产品价格改革在内)面临的主要障碍在于,市场形成和决定价格的制度基础尚未完善,与之相关的农产品市场体系和运行规则尚未健全,很大程度上还是在听任市场自发作用的摆布。就农产品流通体制改革的整个进程而言,当务之急是加快价格形成机制所需要的农产品市场制度建设,使之及早趋于健全完善、成熟规范。

迄今为止,我国农产品价格形成机制的转换过程仍然含有许多不确定因素,常常面临着两难选择:或者由市场自发形成价格,但是伴随而来的往往是价格的大起大落;或者仍然由国家制定价格,但是又不能及时有效地对市场供求关系变化作出正确的反映。因而，在农产品流通体制改革中围绕着"放"还是"统"的争论已经持续多年，即使现在还没有完全停息，也难以保证今后不会反复出现。之所以出现这种两难选择，是因为我国的价格改革与市场体系建设不同步，价格形成机制在阵阵改革浪潮的冲击下被推向了市场，而"市场决定价格"所需要的市场体系和运行规则却很不完善，农产品市场制度建设严重滞后，至今还没有全面建立起来，更没有在实际操作中得以贯彻执行。因此，目前我国农产品价格形成机制所赖以生存和发展的制度基础并不牢靠。

继续抓紧农产品市场体系建设，建立一批大型农产品批发市场，是加快农产品市场制度建设的一项重要内容。在前些年转换农产品价格形成机制的同时，我国大多数农产品的经营也已经放开，但是人们往往存在一种误解，以为放开经营就是放任不管，对于市场体系建设没有给予足够的重视，因而市场体系建设进展缓慢。长期以来，我国农产品市场体系建设主要还停留在传统集市贸易的水平上，由于集市贸易量大面广、过于分散，交易方式落后，信息传递反馈缓慢，远远不能适应市场经济发展的要求。市场经济所要求的农产品市场体系，是以批发市场为中心、联结各个初级市场和零售市场的市场体系。我们前面所说的"市场决定价格"中所指的市场，就是这样的市场体系。在市场体系中，批发市场由于交易量大、辐射面广，对全局产生着重大影响，在全国农产品流通中发挥着主导作用。以批发市场为中心的农产品市场体系，既是农产品价格形成的依托，也是国家进行宏观调控的依托。因此，应当把以批发市场为中心的农产品市场体系建设作为发展市场经济的一件大事来抓，根据经济区域和农产品流向的要求，建立若干个中央级的大型农产品批发市场，并通过现代信息系统与农产品初级市场、零售市场以及国外大型批发市场、期货市场联结起来，形成开放式和运行高效有序的市场网络，充分发挥这些批发市场在全国农产品流通中的决定性作用。只有建立了这样的农产品市场体系，农产品价格形成机制的转换才能具有较为坚定的制度基础，国家对某些重要农产品指导价格的制定才能具有较为可靠的客观依据，实行农产品市场宏观调控才能具有可供操作和发挥效能的依托。

实行多家竞争经营，坚持搞活农产品流通，是加快农产品市场制度建设的又一项重要内容。经过多年的改革，目前我国已经打破了计划经济时期农产品流通垄断经营的体制，一批新型的农产品流通组织初步发展起来，大多数农产品多家竞争经营格局也基本形成。除粮食、棉花和极少数实行专营的农产品如烤烟外，其余农产品都是实行多家竞争经营的。即使粮食这个特殊重要的农产品，目前只是在收购环节由国有粮食收储企业统一经营，在批发、零售等环节同样是多家竞争经营的。而且在不同国有粮食收储企业之间，对于所收购的粮食是以单个收储企业为单位实行顺价销售，并不是完全采用过去那种国家定价、统一调拨的销售方式。由于各个收储企业的经营成本和各项费用不同，顺价销售的价格自然也不相同，从而形成了一种竞争经营的局面。严格地说，整个粮食流通体制包括收购环节在内的改革，仍然处于探索过程之中，尚未最后定型。棉花流通体制改革也已经进行了多种尝试，至今仍未取得比较理想的效果，但是实行多家竞争经营已经成为不可避免的政策选择。实践证明，实行独家垄断经营不利于搞活农产品流通，而且容易产生诸多其他严重弊端。与此相反，多家竞争经营可以起到搞活农产品流通的作用，促进农业和农村经济的发展。这已经成为一个无可置疑的事实，今后我国农产品流通体制改革和市场制度建设，仍将需要围绕保持和完善多家竞争经营而深入展开。

健全市场交易规则，规范市场主体经营行为，也是加强农产品市场制度建设的重要内容之一。多家竞争经营固然有许多优点，但是并非天然完美无缺。不规范的多家竞争经营，在搞活农产品流通市场的同时，完全有可能搞乱农产品流通秩序，导致农产品市场价格的暴涨暴跌，诱发农产品生产的大起大落，引起社会经济生活的剧烈震荡。在这方面，我们同样积累了代价高昂的沉痛教训。经验告诉我们，必须把多家竞争经营与规范化经营统一起来，形成一个活而不乱、管而有度的农产品市场秩序。在这方面，至少需要把握好以下几个要点：一是对进入农产品市场的流通组织建立资格审查制度。并不是任何个人和单位都可以随意从事农产品购销业务，只有具备相应条件和愿意遵守市场运行规则的经济组织，经过批准才能进入市场从事农产品购销业务。尤其对从事粮食等重要农产品批发业务的流通组织，必须具有一定规模的资金、仓储设施，否则就不能通过相应的资格审查。二是进入农产品市场的流通组织必须承担一定的社会责任。特别是粮食市场稳定与否，对整个社会稳定关系重大。为了实现和保持粮食市场的相对稳定，在市场供不应求时粮食流通组织不得囤积居奇、哄抬粮价、牟取暴利；在市场供大于求时粮食流通组织必须保持合理库存，不得低于成本价倾销。三是建立健全市场交易规则，规范经营行为，开展正当竞争经营。所有从事农产品购销业务的流通组织，都必须遵守统一的交易规则，服从市场管理。对于违规行为，必须根据情节和后果的严重程度进行处罚，触犯刑律的将追究刑事责任，以确保市场经营活动的正常有序进行。四是培育和发展一批新型骨干流通组织。根据扩展农产品购销业务的需要，选择一批经济实力雄厚、经营行为规范的流通组织，给予必要的支持，更好地发挥这些流通组织的骨干作用，带动整个农产品流通活动的正常有序开展。

四、不断完善农产品市场宏观调控体系

随着农产品流通体制改革的逐步深化，如何适应社会主义市场经济发展的要求，建立一个新型的农产品市场调控体系，已经日益迫切地提到议事日程上来。我国是一个市场制度发育程度较低的国家，缺乏发展市场经济的实践经验，更缺乏在市场经济条件下实行宏观调控的管理方法和手段。从80年代中后期开始，我国就开始进行建立农产品市场宏观调控体系的努力和尝试。进入90年代以来，建立农产品市场宏观调控体系的探索又有了新的进展，取得了一些行之有效的经验。但是，我国仍然需要继续进行实践和总结，使之不断趋于完善和成熟。

建立农产品市场宏观调控体系的目的，是保持农产品市场价格的稳定，保护生产者、消费者和经营者的正当利益，促进农产品生产、加工、流通和消费等环节的协调运转。在这方面，国家已经建立了粮食保护价制度、粮食专项储备制度、粮食价格风险基金和粮食收购信贷资金管理制度等。多数大中城市也相继建立了蔬菜等副食品的价格风险基金。在这同时，与建立农产品市场宏观调控体系密切相关的各类农产品和生产

资料的商品批发市场，也相继开始筹建或者已经投入运行。但是，从总体情况来看，农产品市场宏观调控体系的许多方面运行效率还不高，没有充分发挥应有的作用。完善农产品市场宏观调控体系，除了继续推进农产品价格改革和加强市场制度建设外，在农产品市场宏观调控体系的自身建设方面也同样有许多工作需要做。

完善农产品市场宏观调控体系，首先要明确宏观调控的主体。这个问题看起来简单，实际上并没有完全解决。所谓宏观调控，指的是对全国农产品市场的宏观调控。但是，很长时间以来，宏观调控的概念及其运用的界限模糊不清，中央政府强调宏观调控，省级政府也强调"宏观调控"，甚至一些市县也提出要加强"宏观调控"。在中央政府实行宏观调控的同时，一些地方政府也在进行"宏观调控"，而且"调控"的方向往往与中央宏观调控的方向并不一致。在市场粮食供给偏紧时，中央政府要求产区增加粮食外销，但是产区往往以粮源不足为由不按计划外销粮食，有些地方甚至进行地区封锁，禁止本地粮食外流，从而造成全国市场粮价暴涨。在市场粮食供给充裕时，中央政府要求销区适当增加购入粮食，但是销区往往以库存爆满为由，非但不增加粮食购入量，反而放慢兑现原定粮食购入计划的进度，导致全国市场粮价暴跌。如此循环往复，加剧了市场粮价的波动。这种状况使中央政府的宏观调控失灵，不能取得应有的效果，必须通过体制改革予以改变。需要明确，宏观调控只有一个主体，不能存在多个甚至几十个宏观调控主体，宏观调控的职责只能由中央政府承担，宏观调控的主体只能是中央政府。地方政府不是进行宏观调控的主体，而是贯彻落实中央政府宏观调控措施的主体。不论市县政府还是省级政府都没有独立的调控权，必须服从中央政府宏观调控的要求，不能实行与中央宏观调控相悖的逆向操作措施。当然，地方政府对于本地区范围内的市场波动负有责任，需要采取相应的平抑物价、保持稳定的具体措施，但是必须符合中央政府宏观调控的要求。

完善农产品市场宏观调控体系的另一个问题，是继续改进宏观调控的手段。市场经济体制与传统计划经济体制进行宏观调控的主要不同之处在于：计划经济体制本身就是高度集中的管理体制，对于经济运行的宏观调控是完全运用（至少是主要运用）行政手段，较少运用甚至完全不用经济手段，更谈不上将成熟、完备的经济手段法制化，以至于削弱了经济发展的内在动力和活力；而市场经济体制则重视发挥市场机制在资源配置中的基础性作用，对于市场运行中自发产生的有悖于经济持续健康发展要求的现象，主要运用经济手段进行间接的宏观调控，以造就和改善经济运行中既有活力又有秩序的局面，以保证国民经济发展预定目标的如期实现。在农产品流通体制改革日趋深化的今天，全面建立市场经济体制的要求是继续扩大经济手段在宏观调控中的作用，建立以经济手段为主的农产品市场宏观调控体系，并将经济手段继续推向成熟、完善，以致用法律形式确定下来，逐步过渡到以法律手段为主，进一步减少行政手段在宏观调控中的运用。当然，这并不排斥在必要的情况下采用某些行政手段进行宏观调控。行政调控手段作为一种权宜之计，可以在短期内起到一定作用，但是不能作为基本调控手段而长期运用，应当尽可能快地以经济手段和法律手段取而代之。最为突出的事例是，在保持粮食市场稳定、抑制市场粮价波动问题上，过去通常采用行政性的调出、调入计划来进行，虽然也起到一定的作用，但是总体效果并不太理想。在这次深化粮食流通体制改革中明确提出，要通过储备粮的吞进和吐出来调节供求关系，实现和保持市场粮价的相对稳定。必须看到，这是在农产品市场宏观调控方面的一个历史性进步。今后如果运用得当，必然大大提高我国农产品市场的宏观调控水平，使之上升到一个新的阶段。

完善农产品市场宏观调控体系，还必须增强宏观调控所需的经济手段和法律手段。以往对农产品市场的宏观调控时常采用一些行政手段，并非完全出于主观意愿，往往是不得已而为之。因为在粮食市场发生较大波动时，急切需要实行政府干预，对市场进行宏观调控，但是却缺乏应有的经济手段和法律手段，或者已有的经济手段运行效率不高，只能采用行政调控手段。出现这种状况的原因，主要是平时对用于宏观调控的经济手段和法律手段的建设与配置没有给予足够的重视，以及将许多应由中央政府掌握的调控手段分散在地方政府甚至企业手中。其中，最明显的是中央储备粮。尽管 90 年代以来中央政府投入大量财力建立了粮食储备制度，所承担的储备粮保管费用和贷款利息不断增加，但是中央储备粮并没有真正掌握在中央政府手中，在需要平抑市场粮价时往往调不出粮食，在需要增加储备时又往往储不进粮食。究其原因，相当部分中央储备粮由于布局分散、交通不便而无法及时运出，或者由于仓储设施落后导致粮食质量下降而不能满足市场需求，甚至有些有账无实、被收储企业私自处理掉。由此可见，强化与农产品市场宏观调控要求相适应的经济手段，不仅是必要的，而且是急需的。就全国粮食市场调控来说，必须尽快建立属于中央政府所有的和直接掌握的粮食储备体系，确保中央专项储备粮储得进、存得住、调得出，在保持粮食市场供求关系和市场粮价基本平衡方面能够及时有效地发挥应有的作用。为此，国务院决定建设一批现代化的大型粮食仓储设施，并从 1998 年开始在粮食主销区和主产区分别建设总规模达 500 万吨的现代化粮库，这完全可以称得上是一项重要的战略措施。今后仍然应当根据实际需要，相应增加现代化粮库建设规模。与此同时，对于粮食保护价制度、粮食风险基金制度、粮食收购信贷资金管理制度等，应当继续改进和完善，确保这些经济手段在宏观调控中充分发挥各自应有的作用。地方政府也应当根据中央政府宏观调控的要求，做好各自应做的工作，确保中央政府宏观调控措施在本地得以顺利贯彻落实。值得指出的是，必须加快与农产品市场宏观调控相关的法制建设。对于行之有效的经济手段，要在总结经验、健全完善的基础上，尽快通过立法程序使之固定下来，成为法律手段，从而将农产品市场宏观调控纳入法制化轨道。

三件大事勾勒农村改革主线*

今年是改革开放 30 周年，我国改革开放是从农村始发的，总结农村改革开放的实践经验，从中获得的启示，有利于今后更好地推进改革开放、促进整个经济社会又好又快发展。

30 年来，我国农村改革开放是成功的，取得的成绩表现在很多方面。我认为，其中最重要的是做了三件大事。

第一，改革开放之初甚至在十一届三中全会之前就已经开始的家庭承包经营。这项改革大体上花了五六年时间，到 1983 年就基本定局，在全国农村建立了统分结合的双层经营体制。但是，这件事并没有完全结束，过去、现在和今后都还有个稳定和完善的问题，以适应现代农业发展和社会主义新农村建设的要求，特别是如何保护农民在土地问题上的各项权益，在有条件的地区发展多种规模经营，深入推进征地制度改革，都需要进一步研究解决。

第二，从 20 世纪 80 年代中期开始推进的市场化改革。当时主要从两条线展开：一条线是农产品流通体制改革，即放开农产品的价格和经营，首先是"两水"即水产品、水果开始，然后再扩大到其他农产品。另外一条线是在所有制方面的突破。农村多种经济成分的发展，特别是乡镇企业由原来的"两个轮子"（人民公社、生产大队）变成"四个轮子"（加上个体、联户），后来发展为个体、私营等非公有制经济。市场化改革极大地促进了农业农村经济的发展，并且对我国整个经济发展特别是对多种经济成分共同发展起到了重要的带动作用，所以说我国改革是从农村开始走向城市的。

第三，从 2000 年逐步展开的农村税费改革。税费改革一开始是规

---

* 本文原载《江苏农村经济》2008 年第 6 期。

范税费管理、实行税费合一，在这个基础上逐步降低农业税，到 2006 年完全取消了农业四税（农业税、屠宰税、牧业税、农林特产税），之后又对国有农场税费实行与农村并轨，共减轻农民负担 1335 亿元。在这个基础上，实行增加对农民的直接补贴，包括种粮直补、良种补贴、购置农机具补贴和农资综合直补，到 2007 年达到 600 多亿元。这样一减一补，使农民得到大约 2000 亿元的好处。这就结束了 2600 年来农民种田纳税的历史，开辟了对农民补贴的时代。

在推进三件大事的过程中，农村改革的主线日趋明晰地显现出来。这几年中央一号文件提出，把固定资产投资和社会事业发展的重点放在农村，也做了很多的工作，但是仍处于初始阶段。之所以说是初始阶段，是因为城乡差距仍然是比较大的，只是在有些方面有所改善，但是总体方面仍然有非常大的差距，特别是城乡居民收入差距还是在持续扩大，这几年尽管农民的收入连续 4 年增长超过 300 元，去年超过了 500 元，但是城市居民收入增长在 1000 元以上，远远高于农村居民。我认为，今后农村改革要围绕这条主线继续推进。到 2020 年我国全面小康社会建成的时候，在这个方面应该有一个重大的进展。

实现城乡经济社会发展一体化新格局，应该实行"双轮驱动"：一方面推进城镇化，另一方面建设新农村。

推进城镇化要从三点着手：一是大中城市扩展要公平对待被征地农民。征地制度必须引入市场机制，由市场决定征地价格，不论经营性用地还是公益性用地都应如此。公益性用地由财政打足预算。这样，既有利于保护农民利益，又有利于控制占用耕地，还有利于防止腐败。二是大中城市提升要合理吸纳农民工。国务院文件明确规定，要优先吸纳优秀农民工在城市落户。今后还应继续扩大，使更多符合条件的农民工能够在城市安家落户。当然，现有农民工及其家属一下子都要在城市安家落户，对城市的压力也是相当大的，应该研究制定相关制度规定，逐步地、分别地解决这个问题，使农民工能够有个盼头，这样有利于城市稳定，有利于城市新老居民融合。三是加快小城镇建设和发展。小城镇包括县城和中心镇，与农村关系很密切。小城镇的城市化可以互相兼顾，上面和城市连在一起，下面和农村连在一起，门槛不高，现在也有越来越多的农民具备进入城镇的条件。我老家的县，原来县城人口7万多，现在扩大到了20多万，到2020年可能会达到50万，再加上其他的镇，能把全县80%的人口吸纳到这里，加上第三产业的发展，可以创造更多的机会，有利于农民收入的增长。

建设社会主义新农村要抓好三个环节。一是村庄应该怎么建。应提倡建比较大的居民点，做到基础设施建设跟上，基本公共服务到位，将会极大地方便群众生产生活，集中居住之后还能腾出耕地。二是农业怎么搞。要加快发展现代农业，逐步改造传统农业。发展适度规模经营的方向是正确的，但是仅仅限于扩大单个农户的经营规模是很有限的，应当健全农业社会化服务体系，充分发挥农民专业合作组织、农业产业化龙头组织在发展规模经营中的带动作用。我觉得应该大力推动区域规模经营，就是在一个区域里面把一个产品做大做强。切实做到批量大、质量好、货源稳，有利于发展农产品加工业，也有利于创造品牌。另外，我们中国小麦收获机械化作业，创造了一条世界上独有的跨区域作业模式，这个做法已经推广到全国许多地区。三是培养农民问题。要培养有文化、懂技术、会经营的新型农民，适应现代农业发展要求。今后培养的农民最起码要达到中等正规职业教育的水平，使这些年轻人能够比较快地吸纳新知识，比较快地适应现代化生产方式，比较快地适应现代信息化高度发展的环境。这些农民成为我国农民队伍的主流之后，我们农业的整体素质就会大大提高。因此，抓好新型农民队伍的建设，使新农村这个轮子能真正充实起来，与推进城镇化一起形成"双轮驱动"的格局，加快我国农业现代化和整个国家现代化的进程。

加强农民工社会保障制度建设[*]

农民工是我国经济社会发展进程中的特殊产物和伟大创举，在推动中国特色社会主义建设中做出了不可磨灭的伟大贡献。农民工社会保障制度建设是我国社会建设的一项重要内容，事关数亿人口切身利益，事关城乡二元结构的调整转变，事关社会主义和谐社会建设。根据中央党校省部级干部进修班的教学要求，我们组成了农民工社会保障制度课题组，先后赴农民工输入大省浙江和输出大省湖南进行了实地调研，经过反复讨论和修改，结合以往的研究积累，形成了农民工社会保障制度建设课题研究报告。

一、农民工社会保障制度建设的发展和现状

农民工社会保障制度建设是近些年来凸显的一项重要工作，也是我国推进工业化、城镇化过程中亟须解决的一个现实问题。随着我国经济社会的不断发展，加快农民工社会保障制度建设日益显得重要和迫切。

（一）农民工队伍的现状及其地位作用。农民工是我国改革开放以来迅速发展壮大的新型劳动大军，日益成长为产业工人的主体。据有关部门统计，目前全国约有农民工 2.26 亿人，占产业工人队伍的 2/3，占据了建筑业劳动力的 90%、煤矿采掘业的 80%、纺织服装业的 60%，以及城市一般服务业的 50%。

自 20 世纪 80 年代以来，亿万农民工凭借相对较弱的就业竞争力，辛勤奋斗在生产服务第一线，一方面努力融入城市经济社会生活提升自己，一方面透过千丝万缕的联系塑造着新型城乡关系。他们不仅为开辟

---

* 本文原载国务院研究室《研究报告》2009 年第 5—6 号。

435

农民增收致富道路、改善农村生产生活条件做出了重大贡献，而且为加快工业化、城市化进程以及推动经济社会发展做出了重大贡献，是我国社会主义现代化建设不可或缺的重要力量。

（二）农民工社会保障制度建设的提出和发展。早在20世纪90年代后半期着手建设城市职工社会保障制度的过程中，有些城市就开始探索建立农民工社会保障制度，并对有特殊困难的农民工实行社会救助。在全国大规模推进农民工社会保障制度建设，则是最近几年才开始的。

国发2006年5号文件《国务院关于解决农民工问题的若干意见》明确提出："高度重视农民工社会保障工作。根据农民工最紧迫的社会保障需求，坚持分类指导、稳步推进，优先解决工伤保险和大病医疗保障问题，逐步解决养老保障问题。"国务院文件精神在各地的贯彻落实，标志着农民工社会保障制度建设进入了一个新阶段。

党的十七届三中全会通过的《中共中央关于推进农村改革发展若干重大问题的决定》，对于农民工社会保障制度建设提出了专门要求："扩大农民工工伤、医疗、养老保险覆盖面，尽快制定和实施农民工养老保险关系转移接续办法。"这进一步明确了农民工社会保障制度建设的方向和目标。

（三）浙江、湖南农民工社会保险制度的建设和探索。我们所到的浙江、湖南两省，高度重视农民工问题，不约而同地把建立农民工社会保障制度作为解决农民工问题的根本，作为省委、省政府的重要职责，在较大范围和不同类型地区进行了积极的探索与实践。

浙江是农民工输入大省，全省农民工总数约1870万人，其中外来农民工630万人，本省农民工1240万人。早在2001年，浙江就出台了"低标准缴费、低标准享受"的参保办法，农民工可自愿申请按"双低"办法参加社会保险。如基本养老保险，用人单位缴费比例由原先19%下降到12%，个人缴费比例由8%下降到2%，调动了农民工和非公有制企业的参保积极性。截至2007年底，全省农民工参加工伤保险374.9万人，参加以大病统筹为重点的医疗保险和当地新型农村合作医疗296.3万人，参加可在省内无障碍转移的养老保险225万人。

湖南省是农民工输出大省，输出农民工数量达904万人。在本省从事第二、第三产业的农民工约 405 万人，到 2007 年底参加工伤、医疗、养老、失业保险人数分别达到 94.5 万人、40.5 万人、5.6 万人、8.5 万人。其中，农民工养老保险缴费由企业和个人共同负担，单位缴 12%、个人缴 4%，14%计入个人账户，2%纳入统筹基金。

值得关注的是，浙江省宁波市基于对农民工"产业工人、城市主人、现代公民"的崭新定位，针对农民工个人不愿缴费、企业保险负担重的实际情况，专门制定了外来务工人员社会保险暂行办法，俗称"五险合一"社保套餐。明文规定由用人单位为每个外来务工人员缴纳 178 元（2008 年社保年度调整为 184 元），目前农民工个人不用缴费。企业缴费标准是，基本养老保险 110.5 元，基本医疗保险 33.83 元，工伤保险6.77 元，失业保险 17 元，生育保险 9.47 元。在养老保险中，有 68 元计入农民工个人账户。

与原先社保制度相比，个人缴费 148.8 元全部免除，用人单位社保缴费由每月人均 460 元下降到 178 元，减少 282 元。参保人数由 2007年底的 35.64 万人扩大到 2008 年 8 月的 94.16 万人，增长了 164.2%。全市绝大多数规模以上企业参加了外来务工人员社会保险制度。通过这种方式，做到了个人、企业、政府"三满意"（个人不缴保费农民工满意，单位保费负担减轻企业满意，参保率大幅度上升政府满意）。

（四）全国农民工社会保障制度建设取得的进展。针对农民工参保率低的问题，各地劳动保障部门实施以矿山、建筑等高风险行业农民工为重点，参加工伤保险为主要内容的"平安计划"。积极推动农民工参加医疗保险带动参保范围扩大到商贸、餐饮、住宿等服务行业。政府还针对农民工流动性强、收入普遍较低的实际情况，正在制定农民工养老保险办法和转移接续办法。一些地方还为农民工办理了失业保险、生育保险。

全国农民工参加社会保险的人数从无到有、逐年增加。截至 2008年 10 月，全国农民工工伤保险、医疗保险和养老保险人数，分别达到4891 万人、4142 万人和 2330 万人。

（五）农民工社会救助工作的成效。各地在建设农民工社会保障制度的过程中，把农民工社会救助作为重要内容来抓，通过政府倡导、社会帮扶等有效途径，对遇到特殊困难的农民工纷纷伸出援助之手，在大病医疗、意外伤害、法律诉讼、子女上学等方面提供了种种帮助，解决了许多困难农民工自己无力解决或难以解决的急难问题。宁波市总工会专门建立困难农民工档案，每年发放慰问金，帮助解决实际困难。杭州市为解决农民工住房困难，规划建筑了 20 万平方米的农民工公寓，缓解农民工住房之忧。虽然目前缺乏全国农民工社会救助工作的统计数据，但是各地都把对农民工的社会救助初步纳入了当地社会救助的政策体系之中。

二、当前农民工社会保障制度建设
存在的主要问题和基本判断

做好农民工工作和建设社会保障制度，都是当代中国经济社会发展中最富有挑战性的难点重点问题。两者具有内在的紧密联系，往往交织在一起。健全完善社会保障制度有利于做好农民工工作，而做好农民工工作的一个重要方面是必须加快社会保障制度建设。

（一）农民工社会保障制度建设亟待加强。相对于农民工社会群体的庞大规模和弱势地位，农民工社会保障面临着一系列不容忽视的突出问题。

第一，社会地位不平等。农民工的基本权益虽然得到了保障，但从"农民工"的称谓，到农民工实际享有的权利待遇，都存在着诸多政策性、观念性的歧视成分，与城镇职工相比存在着较大的差距。老的问题未能根本解决，新的问题又不断涌现，农民工比城市居民承受着更多困难和压力。有的已经在城市打工一二十年，还是脱不了一个与生俱来的"农"字。

第二，农民工参保率低。按照 2008 年 10 月参保人数计算，全国参加工伤保险的仅占农民工总数的 21.6%，参加医疗保险的仅占 18.3%，参加养老保险的仅占 10.2%。如此低的参保率，导致社会保障制度赖以发展的重要规律"大数原则"难以有效发挥作用。主要原因是农民工工资收入低、工作不稳定、参保意识差，同时也有部分企业为降低生产成本，不愿为农民工主动缴纳保费。

第三，社保关系不能转移接续。农民工的最大特点是其流动性。而现行政策制度恰恰在农民工社保关系的转移接续上设置了层层障碍，极大地压抑了农民工参加养老保险的积极性，也限制了社保制度优越性的充分发挥，许多农民工转而较多地选择能够当期受益的医疗保险等。一旦农民工离开原先打工的城市，往往选择退出养老保险，只能拿走个人缴的保费，用人单位缴纳的保费则无法带走，作为统筹基金留在打工的城市。以后农民工到其他城市打工则要重新参保，原先的基础全部消失。

第四，统筹范围过小、层次过低。目前多数省份基本停留在市县统筹范围内，还没有实现省级统筹，在现有基础上也很难实现全国统筹。这不但妨碍了农民工社会保险的顺利扩展，而且在农民工的输出地和输入地之间造成了许多矛盾，产生了许多不合理现象。

第五，缺乏总体设计。农民工的社会保障和社会管理涉及数十个政府部门和工作领域，是一个十分复杂的社会系统，亟须从最顶层进行统筹和设计。但目前从中央到地方还分属几个部门管理，各地自我探索实践，做法差异很大，水平高低悬殊，很可能会重蹈许多制度建设零散纷乱的覆辙，也增加了今后全国规范统一的难度。

（二）正确处理承包地与社会保障制度的关系。目前承包地与社会保险都是农民工不可缺失的。承包地是农民工的一道重要保障线，只要保留"农民工"的身份，就应当保留他们的承包地。严重的问题在于，我国农村劳动力人均耕地面积少，土地的边际效益持续下降，农民收入只有不到 30%来自土地，大部分收入需要依靠第二、第三产业和外出务工。目前，全国约有 1.3 亿农民工全年一半以上时间工作生活在城镇，几千万农民工举家进入城镇长期居住，农村住房闲置或转让，农村承包地也通过各种方式流转出去，他们既不愿意回农村，也难以真正融入城市。

特别是农村的"空巢化"和老龄化问题日渐突出，多数地方乡村集体经济比较薄弱，农民工下岗回流后相当部分选择了"返乡不返土"或者"返乡不返家"的方式，滞留在城乡结合部或中小城市和小城镇。对于他们来说，承包地数量极其有限，往往只能解决吃粮问题，无法满足增收致富的要求，往往在家庭遇到重大变故时连生存都会发生很大困难，仅仅依靠土地保障是远远不够的。相对而言，社会保险制度所起到的保障作用越来越重要，受到城乡居民的广泛欢迎。正是基于这样的原因，目前各地农村也相继开展了社会保险制度的建设或试点。

必须清醒地认识到，以往农民工"进城—返乡"双向可逆的情况正在发生根本变化。据杭州、宁波等输入地调查，大多数（或60%—70%）已经很难返乡返家。特别是20世纪80年代以来出生的新生代农民工，80%以上只是在农村接受过义务教育，从来没有真正务过农，甚至没有去过几次农村，也不愿意再当农民了。不少农民工子女根本就是生在城里、长在城里的，他们享受城市文明、留恋城市生活，生活需求层次迅速提升，已经不可能回到祖辈生活的农村。

各级政府要把农民工社会保障制度建设提到战略高度来认识和对待。要加大资源统筹力度、政策支持力度和实际推进力度。不仅要算经济账，而且要算政治账，要把加强农民工社会保障制度建设作为增强国内消费需求、促进社会和谐稳定、保持国家长治久安的一件带有战略性意义的大事来抓。面对的压力越大，越要不失时机地抓紧农民工社会保障制度建设，力争在近几年内（最好在本届政府任期内）基本建成农民工社会保障制度。

（三）农民工社会保障制度建设滞后可能引发的问题。社会保障是体现社会公平的最重要的尺度，也是缓解社会矛盾的最重要的措施。经济社会越是发展，综合国力竞争越是激烈，应对就业和经济增速下滑等现实问题的压力越大，这一制度安排就越是紧迫重要。如果农民工社会保障制度建设长期滞后，不仅会使数亿人口的基本生活得不到保障，使居民之间的贫富差距趋于扩大，使国内消费需求难以拉动，而且会使社会矛盾趋于加剧，使社会和谐稳定受到影响，使群体性事件趋于增加。

与留在农村务农的农民不一样，进城农民工长时间工作和生活在城镇，直接耳闻目睹城镇职工、居民的社会保障日趋完善，必然会联想到自己，容易产生心理失衡，加深与城镇职工、居民以及政府的情感鸿沟。农民工在城市务工和生活的经历，开阔了他们的眼界，提高了他们的民主意识、组织意识和维权意识，也激活了他们实现自我发展和改变不合理现状的意愿。对于农民工的民生问题，如果引导、处理得不好，很可能会酿成重大的社会问题甚至政治问题。

特别是有可能引发新生代农民工的不满，容易产生我们不愿看到的群体性事件。一旦发生大规模的群体性事件，必然会使经济社会发展受到严重干扰和冲击，在国内国外都会造成极大的负面影响，进而威胁全面小康社会和现代化建设的大局。对于可能发生的类似情况，我们必须要有清醒的认识和充分的准备，从多方面提前做好化解工作，务必做到防患于未然。加快农民工社会保障制度建设，是其中最扎实、最有效、最持久的根本性举措。

（四）加快农民工社会保障制度建设的条件基本具备。随着以解决民生为重点的社会建设的逐步加强，社会保障意识日趋深入人心，城乡社会保障制度建设逐步推进，特别是各级政府和相关部门对农民工问题的认识普遍有所提高，应当说建设农民工社会保障制度已经有了较好的思想基础。

进入新世纪以来，城市经济社会发展迅速，财政收入快速增加，支持社会保障制度建设的能力明显增强，基本具备了解决农民工社会保障的经济基础。面对迅速扩展的世界金融危机和不断凸显的社会矛盾，可以说，建立和完善包括农民工社会保障在内的中国特色社会保障制度，恰逢其时，必显其效。中央政府理应承担起主要责任。

资本主义国家曾把社会保障视为"增进国家认同、渡过危机时刻、消灭工人革命的必要成本"。早在 100 年前，当英国的人均 GDP 还不到 400 美元时，就颁布了世界上第一部《救济金法》，并在 1948 年宣布建成世界上第一个福利国家。欧洲和美、日等许多国家群起仿效，政府用于社会保障的投资占财政收入的 50%—70%，并普遍获得了预期的社会效果。近些年来，韩国甚至喊出了"国民福利与国民经济同步增长"的口号。

我国改革开放以来的 30 年间，GDP 从 5689 亿元人民币增加到 27 万亿元，增长 47.5 倍；人均 GDP 从 381.2 元人民币增加到 20700 元以上，增长 54 倍；进出口从 355 亿美元增加到 25000 亿美元，增长 70.5

倍；外汇储备从 21.5 亿美元增加到 2 万多亿美元，扩大 930.2 倍。无论从哪方面看，我国现阶段的整体经济实力和人均水平都明显高于当初的发达国家，预计 2008 年全国人均 GDP 接近或达到 3000 美元，尤其是经济社会快速发展的大中城市完全具备了建立比较健全的社会保障体系的客观条件。我们作为最大的和最有希望的社会主义国家，在社会保障体系上没有理由比当初的资本主义国家落后，更没有理由比那些 30 年前比我国还要贫穷的发展中国家落后。

深入学习实践科学发展观，要求我们有效利用各种资源，积极稳妥地解决好面临的各种矛盾和困难，尤其对影响国家长远发展的城乡、区域和贫富差距扩大等重点难点问题更要统筹解决。一方面，通过宏观政策调整，有效遏制城乡、区域和贫富差距不断扩大的趋势；另一方面，坚定不移地推进社会保障制度建设，把促进农民工充分就业与统筹解决民生问题辩证地统一起来。既要妥善应对国际金融危机的冲击，又要抓住中央和地方海量投资的战略机遇，下决心建立健全新的制度结构格局，着力培育增值型的社会保障体系，奠定国家经济社会永续繁荣昌盛的战略基石。

三、加强农民工社会保障制度建设的对策建议

社会保障制度建设是最能体现科学发展观中以人为本这个核心的。在我们这样一个有 13 亿多人的发展中大国，建立健全社会保障制度对于构建社会主义和谐社会具有头等重要的意义，应当尽早列入基本国策，纳入政府工作的重要日程，切实加大工作力度，确保实现预期目标。农民工社会保障制度建设难度极大，更应当作为重点内容来对待。

（一）在积极应对国际金融危机冲击中努力推进农民工社会保障制度建设。不可否认，当前国际金融危机冲击对加快农民工社会保障制度建设已经带来了负面影响，但是也从另一方面凸显出农民工社会保障制度建设的重要性和迫切性。必须强调，解决农民工当前面临的实际困难，只能采用前进而不是后退的办法。说到底，就是"农往工靠、乡往城转、低（技能、素质、社保标准等）往高走"。据调查，农民工最害怕的是

失业，最痛恨的是欠薪，最担心的是生病，最期盼的是社保，最渴望的是孩子在城市继续上学。对于农民工来说，当前就业是最大的保障。失去了就业岗位，农民工的社保缴费就没有企业承担，农民工自己更无力承担。农民工社会保障制度建设，必将成为无源之水、无本之木。在这种形势下，无论经营形势好的企业，还是微利维持的企业，都要为国家分忧，承担社会责任，尽可能在最困难的时候不减员或少减员，想方设法保住农民工就业，使进城农民工尽可能留在城镇就业，使已经转移就业的农民工尽可能少返农。就业方式可以灵活多样，工资可以慢升少涨，最低工资调整也可以相应延后。

在当前积极应对金融危机冲击的情况下，允许企业缓缴社会保险保费，对于当前缓解企业困难是必要的。但是，对于具有保底性质、直接关系农民工长远利益和根本利益的社会保障制度建设，既不能松，更不能停，必须抓得紧而又紧。当前应当抓紧推进农民工社会保障制度的总体设计和实施方案，把各方面可能碰到的问题考虑得更充分些、设计得更周全些、衔接得更严密些，一旦时机成熟立即付诸实施。

加快农民工社会保障制度建设对于扩大内需有着重要的促进作用。建立社会保障制度的最大促进作用表现在：能够有效地缓解农民工的后顾之忧，增强农民工及其家庭即期消费的愿望和能力，从而扩大内需、拉动经济发展。由于农民工及其家庭大多数属于城镇低收入群体，边际消费比例高，还具有接近城镇职工和居民的消费观念，特别是年轻农民工的消费方式正在向城镇青年看齐，完全有可能成为我国扩大消费、拉动内需、促进增长的潜力最大的领域之一。

（二）按照城乡一体化要求推进农民工社会保障制度建设。针对我国现行社会保障制度建设基于城乡二元结构、统筹层次低、缺少灵活性等"瓶颈"问题，应强化国家意志和国家主导，客观判断哪些事情是应该做、能够做、不能不做和不能晚做的，着眼于我国人口众多的国情和"大数原则"的规模效益规律，对目前多达30项的社会保障制度进行强势整合，大幅增加社会保障投入，全力扩大参保面，优化社会保障的制度格局，奠定社会保障体系良性发展的牢固基础。

可以考虑，农民工社会保险制度建设先建立制度框架、后充实完善内容；先低水平起步、后分步骤提高。首先做到低水平、广覆盖、能转移、可持续，然后再逐步提高保障水平，努力缩小社会保障差距，实现基本公共服务均等化，推进城镇化和新农村建设。

同时，加强社会保障教育，建立健全农民工维权组织和机制，使企业和农民工双方牢固树立同舟共济意识和参保意识。对企业来说，按规定缴纳农民工保费是履行企业社会责任的重要表现，也是增强企业凝聚力、有利于企业长远发展的必然途径；对农民工来说，按规定缴纳保费是对自己负责任的重要表现，也是为建设社会保障体系付出自己的一份努力。

（三）努力做到既要适合农民工特点又能与城镇职工对接。根据工业化、城镇化发展趋势，今后大多数农民工都将在城镇落户，农民工社会保障制度设计应更多地考虑有利于与城镇职工社会保障制度接轨。为此，有必要明确以下几个操作要点：

一是量身订制一套适合农民工特点的社会保险制度。确保农民工能够享受工伤、养老、医疗、生育、失业等项基本社会保险，但要尊重农民工和企业的选择，有条件的尽量参加城镇职工社会保险。

二是农民工养老保险必须做实个人账户。不仅包括个人缴费部分，而且包括企业缴费部分，至少在账面上要计入个人账户，以利于转移接续时能够及时如数转走。

三是实行全国联网和转续。信息化平台和数据库建设先行，建立全国范围的社会保险转移接续机制，包括个人缴费部分和企业缴费部分都可转移，各地社保服务机构均可查询和接续。对于形成积累的养老、医疗和失业保险的个人账户，都应允许转移接续。可以考虑，在人力资源和劳动保障部下属专门设置事业单位性质的服务机构与工作人员承担这项职能。

四是实行强制性社会保险制度。根据劳动合同法的有关规定，所有劳动者在签订劳动合同关系的同时必须参加社会保险，参保者不得退保。所有用人单位都必须按规定为就业者及时足额缴纳保费，除特殊情况经申请批准外，不得拒缴、少缴或缓缴。

五是逐步提高农民工个人缴费和企业缴费比例。随着工资水平的提高，逐步接近和达到城镇职工保费缴纳水平，真正做到承担同等责任、享受同等待遇。

六是创造农民工养老保险的兑现条件。鉴于各地养老保险水平高低不一，对转移接续的养老保险可采取分段计算的办法。在同一个城市交足15年社会养老保险保费、由于种种原因离开打工所在地的农民工，可以在当地保留养老保险关系，到达规定退休年龄时再回到当地社会保障服务机构办理退休和养老金领取手续。通过采取灵活多样的方法，调动农民工参加养老保险的积极性，解除他们的后顾之忧。

七是逐步扩大社会保险统筹范围。尽快实现省内统筹，适当时候推进全国统筹。但是，社会保险统筹并不等于对社会保险实行同一个标准。应当根据城乡一体化的要求，在全国城乡建立统一的社会保障体系，借鉴工资制度的某些做法，可以对社会保险设计成不同的等级或档次，将各地现有的社会保险标准进行整理，本着"就高不就低"的原则，归并到相近的等级或档次中去，以此实现全国社会保险的规范统一。农民工社会保险制度与全国社会保险体系全面对接，融入全国社会保险体系之中。今后随着国家财政支持力度的加大，逐步提高农民工社会保险的保障水平。

八是有条件的企业可实行企业年金制度。推进补充养老保险和补充医疗保险，提高养老保险和医疗水平，至少使农民工养老和医疗的实际保障水平接近或达到城镇职工社会保险平均水平，同时促进农民工稳定就业，愿意为企业发展持续作出贡献。

（四）加强农民工社会救助制度建设。健全相应的规章制度，完善农民工社会救助工作的相关制度。进一步把农民工社会救助纳入城镇社会救助体系，政府加大支持力度，使农民工在遇到重大困难时能够及早得到社会救助，帮助他们渡过难关。在发挥政府社会救助主导作用的同时，积极鼓励发挥民间组织、慈善机构和社会援助的作用，拓宽农民工困难人群获得社会救助的路子。

除了生活救济、子女上学等社会救助外，还应综合考虑农民工困难人群的其他社会救助，特别要重视援助，重点在为农民工讨薪、工伤、交通事故等方面提供法律帮助，切实维护农民工的合法权益。同时，要加强对各类社会组织的培育和引导，发挥社会组织在正确排解社会矛盾、促进社会和谐方面的积极作用，避免有的自发性维权组织成为影响社会稳定和谐的消极因素。

当前，受国际金融危机的冲击和影响，我国沿海地区许多从事出口产品生产加工和贸易的企业都陷入停产半停产境地，大量农民工下岗，其中找不到工作的农民工返乡回流，春节前后将达到高峰，各类社会矛盾、问题正在积累和增多。据湖南省抽样调查推算，2008 年 1—11 月全省返乡回流农民工 170 万人，约占跨省转移就业 904 万人的 17.7%。预计 2009 年该省跨省外出务工的农民工返乡回流人数约占 30%，接近 280 万人，所带来的经济社会压力将持续增大。全国其他省份返乡回流的农民工数量也在逐步增加。

应把积极做好返乡回流农民工社会救助工作作为当前保持社会稳定、促进农村发展的一件大事切实抓紧抓好，作为做好农民工社会救助工作的一项重要内容切实抓紧抓好。在当前特定的形势下，更要充分彰显政府的责任，体现以人为本的关怀，最大限度地增加积极因素，最大限度地减少消极因素，使所有返乡回流的农民工在最困难的时候能有一种归宿感、温暖感。在健全农民工返乡回流报告制度、积极引导和鼓励创业就业、扩大培训规模的同时，还要关心和帮助返乡农民工解决生活困难。目前农民工大量返乡回流可以说成提前回家过年，但是如果到 2009 年三四月份还是重新就业无望就可能会产生新的困难和矛盾，除积极帮助他们联系再就业工作岗位外，对陷入生活困难境地的返乡回流农民工及其家庭，符合农村低保条件的要纳入低保救助对象，不符合农村低保条件的要及时实行临时性社会救济。

（五）逐步吸纳进城农民工在城镇落户。国发 2006 年 5 号文件明文规定："中小城市和小城镇要适当放宽农民工落户条件；大城市要积极稳妥地解决符合条件的农民工户籍问题，对农民工中的劳动模范、先进工作者和高级技工、技师以及其他有突出贡献者，应优先准予落户。"农民工在城镇落户，由农业户口转变为城镇户口，不仅是解决农民工社会保障问题的根本办法，而且是推进工业化、城镇化的有效措施。从总体上看，农民工在城镇落户工作进展较慢，主要是各地城市担心附着在户籍上的各种社会福利所带来的压力太大，忧虑城市财力、住房和基础设施、公共服务难以承受。2007 年全国人口城镇化率为 44.9%，其中进城的农民工及其赡养人口并没有真正融入城镇，如果扣除这个数量庞大的社会群体，人口城镇化率至少下降 6 个百分点。

由于长期不能在打工城市落户，已经给农民工带来许多个人难以解决的困难和问题。其中，最突出的是农民工子女只能在打工所在地接受九年义务教育，读高中和参加普通院校高考则需要回到户口所在地，这往往需要家长放弃工作陪同子女回家乡读高中。即使勉强在打工城市读完高中回家乡参加高考，也因为打工城市与家乡的高中教材和高考试卷不同而难以取得较好成绩。对于这个问题应当采取妥善方法加以解决。可以考虑，对于一直在父母打工城市接受九年义务教育的外来人员子女，不受户口所在地的限制，允许他们在同一城市读高中并参加高考。当然，最终解决这个问题则有赖于允许农民工在工作所在地落户。

实际上，我国在今后一个相当时期内仍将处于经济高速增长阶段，城镇经济增长更是快于农村，财政收入增加也主要在城镇实现。这个时期正是加快推进人口城镇化的最佳时期，适当吸纳农民工落户完全符合推进城镇化的大趋势，也具备了一定的财力基础，应当不失时机地加以推进。如果错过了城镇经济快速发展的有利时机，将来农民工在城镇落户的门槛会更高，对城镇自身带来的各方面压力会更大。从缩小城乡差别、贫富差别的要求来看，宁可适当放慢城镇原有居民收入和福利待遇的增长步伐，也应积极创造条件吸纳符合条件的农民工在城镇落户。还要看到，适当吸纳农民工在城镇落户，固然会增大城镇财政压力，但更重要的是将会引发落户农民工的工作热情和消费愿望，从而增强城镇经济发展的动力和活力，促进城镇经济又好又快发展。

我们认为，根据国务院 2006 年 5 号文件精神，大中小城市都要努力推进农民工落户问题，除了对农民工中的劳动模范、先进工作者和高级技工、技师以及其他有突出贡献者应优先准予落户外，对一般农民工也应从实际出发制定相应规定。比如，在所在城市打工满 10 年或 15年、没有违法记录、没有重大诚信问题的可以在城市落户。在一些人口达到几百万甚至超过千万的超大型城市，可以考虑在郊区小城镇适当接受一部分农民工落户，以降低他们进入城镇的门槛。我们建议，通过持续不断的努力，力争到 2020 年基本解决符合条件的农民工及其家属在各地大中小城市和小城镇的落户问题，中小城市和小城镇的步子应当迈得更快一些。农民工一旦在城镇落户，则应享受城镇原有居民同等待遇，其中包括享受城镇职工社会保障和廉租房政策，并在制度上彻底融入城市社会，取消他们的"农民工"称谓，真正实现城镇化。同时，城镇发展也充分考虑农民工落户这个新的因素，把农民工列入城镇公共财政支出和固定资产投入的服务对象，逐步满足他们对住房和基础设施、公共服务等方面形成的需求增长。

此外还可考虑，把农民工社会保障与国家管理体制改革、预算决算和审计制度改革、党风廉政建设和压缩节约非必要行政性开支等宏观措施更好地统筹起来，真正从巩固党的执政地位的高度关注民生，关注社会保障制度建设，关注越来越突出的农民工问题。要通过完善社会保障体系，把党的全心全意为人民服务的根本宗旨和实现国家民族振兴的伟大事业统一起来，把国家经济社会发展的实惠撒向普罗大众，用城乡和谐、工农和谐撑起社会和谐的大厦。